W0047114

Peter Löcherbach · Wolfgang Klug ·
Ruth Remmel-Faßbender · Wolf Rainer Wendt (Hg.)

Case Management

Fall- und Systemsteuerung in der Sozialen Arbeit

3., aktualisierte Auflage

Mit 24 Abbildungen und 19 Tabellen

Ernst Reinhardt Verlag München Basel

Prof. Dr. *Peter Löcherbach*, Dipl. Päd., Dipl. Soz.-Päd. (FH). Rektor der Kath. FH Mainz

Prof. Dr. *Wolfgang Klug*, Dipl. Soz.-Päd. (FH), Professur für Methoden der Sozialen Arbeit an der KU Eichstätt-Ingolstadt

Prof. *Ruth Remmel-Faßbender*, Dipl. Päd., Dipl. Soz. Arb. (FH), Dipl. Rel. Päd. (FH), Lehrstuhl für Interventionslehre an der Kath. FH Mainz

Prof. Dr. phil. *Wolf Rainer Wendt*, Dipl.-Psych.; Leiter des Ausbildungsbereichs Sozialwesen der Berufsakademie Stuttgart

Alle vier Herausgeber sind Case Management Ausbilder (DGS, DBSH, DBfK).

Coverbild unter Verwendung eines Fotos von Peter Stone, Corbis

Bibliografische Information der Deutschen Bibliothek

Die Deutsche Bibliothek verzeichnet diese Publikation in der Deutschen Nationalbibliografie; detaillierte bibliografische Daten sind im Internet über ‹http://dnb.ddb.de› abrufbar.
ISBN 10: 3-497-01775-2
ISBN 13: 978-3-497-01775-1
3. Auflage

Printed in Germany
Reihenkonzeption Umschlag: Oliver Linke, Augsburg
Satz: KompetenzCenter, Mönchengladbach
Druck und Bindung: Friedrich Pustet, Regensburg

Ernst Reinhardt Verlag, Kemnatenstr. 46, D-80639 München
Net: www.reinhardt-verlag.de Mail: info@reinhardt-verlag.de

Inhalt

Perspektiven

Anhang

Vorwort

Case Management ist zu einem verbreiteten Handlungsansatz im Sozial- und Gesundheitswesen geworden. Interessiert an ihm sind Sozialarbeiterinnen und Sozialarbeiter, Pflegefachkräfte und andere Berufsgruppen in Humandiensten. Case Management verspricht ein effektives und effizientes Arbeiten und eine bessere Gestaltung des Vorgehens, insbesondere bei komplexen Problemen. Aus ökonomischen Gründen sind daran auch die Leistungsträger und sozialpolitischen Akteure interessiert und entwickeln für verschiedene Anwendungsbereiche Modelle, die sie mit dem Begriff „Case Management" belegen. Der vielfältige und durchaus uneinheitliche Einsatz des Verfahrens bedarf nun allerdings in Theorie und Praxis einer kritischen Begleitung, die sich am Konzept des Case Managements orientiert und es für den Alltag im Berufsfeld wie für die Ausbildung erläutert. Das ist der Zweck des vorliegenden Buches.

In seiner Anwendung werden die Möglichkeiten, die das Verfahren bietet, oft nicht hinreichend genutzt. Das Konzept ist offen und variabel genug, um es auch in einzelnen Ausschnitten zu dem Zweck einzusetzen, die bisherige Praxis zu verbessern. Das bringt die Gefahr mit sich, dass Flickschusterei betrieben wird und das Ergebnis für die Beteiligten enttäuschend ausfällt. Das Potenzial von Case Management wird nicht ausgeschöpft, wenn es nur auf der Ebene eines einzelnen Dienstes oder gar nur von der einzelnen Fachkraft als Methode eingesetzt wird und nicht mit einer Organisationsentwicklung verbunden ist, in der das Konzept des Case Managements als Prinzip der Systemsteuerung genutzt wird.

In diesem Band werden aus verschiedenen Perspektiven der Verwendungszusammenhang des Case Managements, damit verbundene Probleme und Ausbildungsanforderungen dargestellt. Der erste Teil bezieht sich auf übergreifende theoretische, methodische und forschungsrelevante Fragen zur aktuellen Positionierung von Case Management im deutschsprachigen Raum. Hier werden wesentliche Entwicklungslinien der letzten Jahre aufgezeigt, um Case Management in der Vielfalt der humandienstlichen Versorgungsgebiete und Versorgungswege systematisch zu verorten.

Im ersten Beitrag reflektiert *Wolf Rainer Wendt* zunächst die Bedeutung des Fallbezugs und des Systembezugs im Verfahren des Case Managements. Er zeigt auf, dass das methodische Vorgehen im Einzelfall letztlich nicht optimal realisiert werden kann, wenn nicht gleichzeitig auch Veränderungen auf der systemsteuernden Ebene erfolgen, also sich eine Organisationsentwicklung vollzieht. Unterschiede in den Begrifflichkeiten und Konzepten von Care und Case Management sowie Managed Care werden, auch in ihrer Beziehung zueinander, verdeutlicht. Es wird ein praxisbezogener Überblick über den zunehmenden Einsatz von Case Management in der stationären und ambulanten Versorgung von Kranken und Pflegebedürftigen, in der Altenhilfe, der Suchtkrankenhilfe, der Sozialhilfe, der

Jugendhilfe, der Rehabilitation, der Straffälligenhilfe, der Sozialpädiatrie und der Psychiatrie gegeben. Die Vielfalt der Anwendungen ist Ausdruck einer Entwicklung (die auch verstärkt gesetzlich verankert wird) hin zu effektiveren und effizienteren integrierten Versorgungssystemen. Dabei werden gelingende, vorbildliche Entwicklungen ebenso aufgezeigt wie Probleme, die durch eine fragmentierte Anwendung, mangelnde Rollenklärung und strukturbedingte Reibungsflächen bei der Implementierung entstehen.

Im Mittelpunkt des Beitrages von *Wolfgang Klug* stehen der Stand der Forschung zum Case Management im „Ursprungsland" USA und daraus abgeleitete Forderungen für den Forschungsbedarf hier zu Lande auf verschiedenen Wirkungsebenen. Die Entwicklung von Standards für die Ausgestaltung der verschiedenen Phasen des Case Managements sowie die Entwicklung von Kriterien zur Evaluation sind dabei zentrale Fragestellungen. Nach einem Rückblick auf den Entstehungszusammenhang in den USA ab den 70er Jahren und der starken Ausdifferenzierung nach zielgruppenspezifischen Konzepten in den 90er Jahren setzt Klug sich kritisch mit einer bisweilen vorzufindenden einseitigen ökonomischen Orientierung einiger zentraler Case-Management-Verfahren auseinander. Er zeigt die programmatischen Leitlinien auf – im Streben nach Effizienz und Effektivität, Qualitätsstandards, Kundenorientierung und in der Empowerment-Haltung –, die der Implementierung und Verbreitung des Konzepts zugrunde liegen. Ebenso setzt er sich (auch unter berufsethischen Fragestellungen) mit der Bedeutung und Zielsetzung unterschiedlicher Auftraggeber auseinander und benennt daraus Konsequenzen, auch auf der Systemebene, für eine Nutzung von Case Management in Deutschland.

Ruth Remmel-Faßbender setzt sich mit Fragen des Case Managements als einem spezifischen Methodenkonzept Sozialer Arbeit auseinander. Sie zeigt den zögerlichen Weg mit vielen Vorbehalten seit den Anfängen in Deutschland vor etwa 15 Jahren bis zur aktuellen Etablierung in vielen Arbeitsfeldern mit komplexen Problemlagen auf. Dabei wird einerseits der Einfluss gesellschaftlicher Veränderungen, deren Bedeutung für veränderte Problemsituationen, der stärker werdende Ökonomisierungsdruck und die damit verbundene Qualitätsentwicklung als Wegbereiter für Case Management analysiert, andererseits werden fachliche Anforderungen benannt, die zum konkreten Einsatz dieses systematischen Verfahrens in vielen Handlungsfeldern geführt haben. Sie reflektiert kritisch Einwände und Missverständnisse eines technokratischen, routinemäßig anmutenden Verfahrens im Rahmen einer personenbezogenen Dienstleistung, verdeutlicht aber am Beispiel konkreter Arbeitsfelder und gesetzlicher Grundlagen die Chancen dieses methodischen Verfahrens für die Ausgestaltung einer individuellen bedarfsgerechten Hilfe, auch wenn in der Praxis noch Klärungs- und Handlungsbedarf hinsichtlich organisationsbezogener Rahmenbedingungen und Rollenklärung bestehen.

Die Beiträge im zweiten Teil des Buches beschäftigen sich mit praktischen Anwendungen in verschiedenen Handlungsfeldern der Sozialen Arbeit und des Gesundheitswesens. Sie analysieren Entwicklungen von Case Management in unterschiedlicher Weise, richten ihr Augenmerk auf einzelfallbezogene wie auf systembezogene Aspekte. Sie setzen sich dabei auch mit Grenzen, Widerstandserfahrungen und der notwendigen Veränderung von Strukturbedingungen auseinander.

Friedrich Porz, Andras Podeswik und Horst Erhardt schildern am Beispiel der Augsburger Kinderklinik ein interdisziplinäres Nachsorgemodell für Früh- und Risikogeborene sowie chronisch- und schwerstkranke Kinder und deren Familien. Eine Case Managerin (das kann je nach medizinisch-therapeutischen oder psychosozialen Erfordernissen eine Krankenschwester oder eine Sozialpädagogin sein) wird einer Familie möglichst frühzeitig, also bereits während der stationären Versorgung ihres Kindes, an die Seite gestellt. Sie hat die Aufgabe, durch Schaffung und Koordination eines Betreuungsnetzes und dessen Steuerung einen optimalen Übergang von der Klinik zur häuslichen Betreuung sicherzustellen. Dies geschieht durch multiprofessionelle Koordination, unabhängig von der fachlichen, hierarchischen oder institutionellen Zuordnung, und in enger Zusammenarbeit mit den Eltern. Oberstes Ziel ist dabei, die Eigenkompetenz der Familien zu unterstützen und eine erfolgreiche Integration der kranken Kinder zu ermöglichen. Insbesondere wird in diesem Projekt der Blick vom erkrankten Kind auf eine Stabilisierung des gesamten familiären Systems erweitert. Fragen der Schulung von Case ManagerInnen, der noch ungenügenden Finanzierung, der Qualitätssicherung und Begleitforschung werden dabei kritisch erörtert.

Siglinde Bohrke-Petrovic und Rainer Göckler greifen die gesetzliche Neuregelung im SGB II (besser bekannt unter dem Kürzel „Hartz IV") auf und stellen Entwicklung und Grundkonzeption eines beschäftigungsorientierten Fallmanagements vor. Der Begriff des „Fallmanagements" wird im Sinne eines Case Managements definiert, die einzelnen Prozessschritte differenziert erläutert. Neben den fallbezogenen Aktivitäten werden die organisatorischen Erfordernisse für eine sinnvolle Umsetzung vorgestellt. Das reicht von Fragen der fallübergreifenden Differenzierung der Kunden, über die Steuerung von Unterstützungsprozessen bis hin zu Aspekten der Feldverantwortung im regionalen Kontext. Dieses Fachkonzept übernimmt für die Entwicklung von Standards in der Beschäftigungsförderung Pilotfunktion. Inwieweit die Implementierung dieses Fachkonzeptes in der Praxis gelingt, wird die Zukunft zeigen.

Im nächsten Beitrag beschreibt *Martina Schu* die Entwicklung von Case Management in der Suchtkranken- und Drogenhilfe anhand der Ergebnisse eines Modellprojekts. Sie zeigt differenzierte Erfolge auch hinsichtlich der Unterschiede bei der Abhängigkeit von verschiedenen Suchtmitteln auf. Die Bedeutung aufsuchender und aktiv nachgehender Hilfen bei mehrfachbeeinträchtigten Abhängigen wird besonders akzentuiert. Durch diesen Ansatz konnten viele Suchtkranke erreicht werden, die noch nie vorher die Hilfe von Fachkräften angenommen hatten. Schu betont besonders die Qualität der professionellen Beziehungsarbeit als einen zentralen Faktor für die Motivation zur Inanspruchnahme des Case Managements. Die Ziele der individuellen Betreuung gingen über die Suchtprobleme allerdings weit hinaus. Kritisch merkt sie auch die teilweise mangelnde Qualifikation der Case ManagerInnen an. Sie benennt Widerstände in den Einrichtungen, die die Arbeit der Case ManagerInnen eher behinderten bzw. diesen nicht den bestmöglichen Zugang zu bestimmten Ressourcen ermöglichten.

Christine Sellin untersucht den Einsatz der Case-Management-Methode in der Arbeit mit HIV-infizierten und AIDS-kranken Menschen. Auch hier liegt der Fokus auf der Anwendbarkeit des Case Managements in der individuellen Fallsteuerung. Bundesweite Erhebungen in Gesundheitsämtern und AIDS-Hilfen (Beratungsstellen) führten zu dem Ergebnis, dass Case Management als Methode zur Begleitung von Menschen mit komplexem Hilfebedarf zwar überwiegend bekannt, aber vielerorts nur in Teilen und nicht systematisch (konzepttreu) angewandt wird. Die beiden Dimensionen des Assessments und der Hilfeplanerstellung werden realisiert, die Schritte des Monitoring und der Evaluation zur Überprüfung der Zielerreichung werden kaum gegangen. In einzelnen Modellregionen sind Case Manager an Beratungsstellen angebunden (Leitstellenprinzip), um Voraussetzungen für eine optimale Versorgung unter Nutzung von Ressourcen aller Beteiligten, aber auch unter Aspekten der Wirtschaftlichkeit, zu schaffen. Insgesamt bietet sich in der AIDS-Hilfe aber noch ein recht unterschiedliches Bild mit erheblichem Verbesserungsbedarf, besonders auch hinsichtlich der verantwortlichen Einbindung der Betroffenen selbst.

Claus Reis gibt einen Einblick in das Anwendungsspektrum von Case Management in neueren Modellvorhaben und Konzepten einer Sozialhilfepraxis, die sich ausdrücklich als Dienstleistung versteht. Durch systematisierte Bedarfserhebung, Hilfeplanung und Steuerung soll individuell eine Aktivierung von hilfesuchenden und hilfeabhängigen Menschen erreicht werden. Der Autor zeigt dabei sowohl die Anforderungen auf, die ein bedarfsgerechtes Case Management in der Vermittlung von maßgeschneiderten, materiellen und persönlichen Hilfen für den Einzelfall (vertikale Integration) als auch auf der systemsteuernden, fallübergreifenden Ebene (horizontale Integration) für eine Umstrukturierung der Sozialhilfe zu erfüllen hat. Er setzt sich nicht nur mit verschiedenen Konzepten, sondern auch mit methodischen Fragen – angefangen von der Struktur der Beratung bis zur Evaluation – auseinander. Dabei verweist er auf den umfassenden gesetzlichen Auftrag der Sozialhilfe und bewertet kritisch Programme, die oft schnell und einseitig (besonders bei Jugendlichen) durch Vermittlung in Arbeit eine „Verselbstständigung", allerdings ohne langfristige Perspektive, erreichen. Ebenso dürfen strukturverändernde Maßnahmen der Sozialplanung und Sozialpolitik zur Unterstützung der sozialen Integration von Menschen nicht aus dem Blick geraten.

Michael Wissert stellt anhand eines Modellversuchs in Berlin, der das Ziel hatte, bei alten Menschen zwischen 70 und 85 Jahren eine nicht erwünschte Heimunterbringung abzuwenden oder zeitlich hinaus zu zögern, Anforderungen an das Case Management in der Altenhilfe dar. Besondere Bedeutung kommt dabei der Selbstbeurteilung der alten Menschen und ihrer Zustimmung zu den vorgeschlagenen Hilfen zu. Diese können je nach ermitteltem Bedarf von rehabilitativ-therapeutischen Hilfen über Unterstützung im Haushalt bis zu baulichen Wohnungsanpassungen reichen. Über die Hälfte der im Modellvorhaben aufgenommenen Personen, die von Heimunterbringung bedroht waren, konnte mit Hilfe des Case Managements nach Hause zurückkehren, wobei auch die subjektive Befindlichkeit sich besserte. Institutionelle und personenbezogene Erschwernisse, angefangen von Kommunikationsproblemen bis hin zu interdisziplinären Vorbehalten, erschwerten u. a. eine effektivere Arbeit des externen Beratungsteams.

Im letzten Teil des Buches befasst sich *Peter Löcherbach* mit dem Anforderungsprofil eines Case Managers / einer Case Managerin. Er vermittelt, was von Case ManagerInnen auf verschiedenen Ebenen an unterschiedlichen Kompetenzen erwartet wird. Es wird ein Kompetenzprofil entwickelt, das neben dem beruflichen Selbstverständnis die Bereiche Sach- und Systemkompetenz, Methoden- und Verfahrenskompetenz, Soziale Kompetenz sowie Selbstkompetenz umfasst. Die Ausführungen machen deutlich, wie wichtig gezielte Aus- bzw. Fortbildungsangebote für diesen Bereich sind. Eine Analyse der zertifizierten Weiterbildungsangebote verdeutlicht die Relevanz verbindlicher Standards und deren Entwicklung in Deutschland, der Schweiz und Österreich. Er schließt den Beitrag und den Band mit einem Ausblick auf die Zukunft von Case Management ab.

Die Darstellungen zeigen, wie und bei welchen Problemsituationen Case Management sinnvollerweise als Verfahren konkret angewandt werden kann und wo eine weitere Qualifizierung der Praxis und Forschung notwendig ist. Der Stand der Dinge ist das eine; dass sie sich ändern, das andere und ein Motiv für methodische und organisatorische Entwicklungsarbeit. Wir wünschen uns, dass die Diskussion über interessante und fruchtbare Anwendungen und die weitere Ausgestaltung von Case Management im Sozial- und Gesundheitswesen mit diesem Buch fortgesetzt wird.

Besonderer Dank gilt *Melanie Wolf* für die Überarbeitung des Textes.

Mainz, im Juli 2005   Die Herausgeber

Grundlagen

Case Management

Stand und Positionen in der Bundesrepublik

Von Wolf Rainer Wendt

Im deutschen Sozialwesen und Gesundheitswesen ist von Case Management viel – und immer mehr – die Rede. Es geht um die Optimierung von Prozessen der humandienstlichen Versorgung, um Prozessverantwortung und Fallführung, um Aktivierung von Selbsthilfe und um Durchsichtigkeit des Verfahrens für alle Beteiligten. Aber oft ist dort, wo Case Management drauf steht, Case Management nicht drin. Seine Einführung bedeutet und verlangt eine Systemveränderung; erfolgt sie nicht, setzt sich das Case Management nicht durch. Allein mit dem Einsatz eines Case Managers wird es nicht systematisch und erfolgreich realisiert.

In der Systematik seines Verfahrens zielt das Case Management auf eine integrierte Versorgung bei Nutzung formeller und informeller Ressourcen. Im zeitlichen Ablauf soll eine bruchstückhafte Versorgung vermieden und eine rationale Leistungserbringung erreicht werden. Dem Verfahren wird Zweckmäßigkeit und Wirksamkeit an jeder Stelle abverlangt, und das Vorgehen soll für alle Beteiligten geklärt sein. Die Durchsichtigkeit ist eine Bedingung dafür, dass Maßnahmen in ihrem Nacheinander aufeinander abgestimmt werden können und dass sich in einem Verbundsystem kontrollieren und evaluieren lässt, was wann wo geschieht oder geschehen ist. Nicht zuletzt ist man in der heute verlangten Qualitätssicherung und bei der Qualitätsentwicklung in Sozial- und Gesundheitsdiensten darauf angewiesen, die Wege, Ansatzpunkte und Entscheidungen im Einzelfall verfolgen, prüfen und bewerten zu können.

1 Organisation und Handeln

Unterschieden werden muss zwischen Case Management als methodischem Konzept auf der personalen Handlungsebene und Case Management als Organisations- oder Systemkonzept in administrativer Funktion. Hier wie dort geht es um die wirksame Handhabung und Gestaltung von *Prozessen.* Aber wer auf der Organisationsebene von Case Management spricht, meint nicht ohne weiteres die professionelle Methodik und den Handlungsablauf im Management eines Einzelfalles, worin bei möglichst weitgehender Abstimmung mit dem Nutzer planmäßig, koordiniert und kontrolliert vorgegangen wird. Hat man andererseits die personenbezogene Methode Case Management im Blick, ist zu bedenken, dass sie in Humandiensten nur dann erfolgreich eingesetzt werden kann, wenn sie mit einer *Organisationsentwicklung* verbunden ist, welche die Strukturen der humandienstlichen Versorgung auf die prozessualen Anforderungen des Case Managements abstimmt und ihm das *Netzwerk* zur Koordination und Kooperation der beteiligten Stellen und Fachkräfte schafft.

Das Grundmuster des Verfahrens setze ich als bekannt voraus. Das Case Management ist zunächst als Arbeitsweise in der professionellen Sozialarbeit rezipiert worden. Hier wird primär das nutzer- und ressourcenorientierte Vorgehen bei der Unterstützung im Einzelfall ins Auge gefasst und systematisch in den Dimensionen / Schritten / Stadien ihrer Ablauforganisation bedacht. Case Management erfolgt in der direkten personenbezogenen Arbeit. Es beginnt mit der Entscheidung über das Engagement in einem Fall und endet nach Vereinbarung mit der abschließenden Feststellung des Erfolgs der gemeinsamen Bemühungen. Allerdings kann sich eine einzelne Sozialarbeiterin in einem Dienst oder in einer Einrichtung nicht für das Case Management als „ihre" Methode entscheiden: die Organisationsstruktur muss das zulassen. Nur wenn die Sozialarbeiterin selbstständig in freier Berufsausübung tätig und ihr Einsatz mithin identisch ist mit dem Dienstbetrieb, kommt das Systemkonzept Case Management unmittelbar überein mit dem methodischen Konzept des personenbezogenen professionellen Arbeitens.

Zum Verständnis dieses individualisierten Managements in einem Versorgungsregime ist zu bemerken (und kann nicht oft genug betont werden), dass „*case*" hier nicht für den Menschen steht, sondern für seine problematische Situation, die es – im Ganzen und im Detail – zu bewältigen gilt. Sie „ist der Fall" und Gegenstand der ziel- und lösungsorientierten professionellen Bemühung. Sie ist auch Gegenstand des Bewältigungsverhaltens (*coping behaviour*) und der Selbsthilfe der zu versorgenden Person, seiner Angehörigen und der Mitwirkung von anderen Helfern. Im ganzen Verlauf des personbezogenen Case Managements wird die subjektive Fallauffassung von Betroffenen mit der mehr oder minder objektiven Fallauffassung beteiligter Fachkräfte abgeglichen. Die gemeinsame Reflexion und Verständigung darüber, „*was der Fall ist*", führt zur Zusammenarbeit der Beteiligten. Man verstieße gegen die Autonomie einer Person und missachtete ihre Selbstsorge und mündige Mitwirkung, betrachtete man die Person als „Fall". Im Case Management wird der Prozess der Bewältigung bzw. der Weg zur Lösung einer Problematik gemanagt. Was der Fall ist, lässt sich immer nur ad hoc feststellen und bleibt individuell.

Im Rahmen der Gesundheitsreform hat dagegen ein „Fallmanagement" in das stationäre und ambulante Medizinsystem und neuerdings in die „integrierte" Versorgung von Kranken und Pflegebedürftigen Einzug gehalten, mit dem überindividuell ein effektives und effizientes Vorgehen erreicht werden soll. Hier geht es vornehmlich um die Systemsteuerung (Optimierung der Versorgungsstrukturen). Dafür ist eigentlich eher der – oft mit Case Management gleichgesetzte – Begriff „*Care Management*" angebracht (und bekanntlich in Großbritannien nach 1990 so eingeführt worden). Er bezeichnet die überindividuelle *Versorgungssteuerung* und *Versorgungsgestaltung* als administrative Aufgabenstellung. Für die Steuerung der Gesundheitsversorgung hat überdies der amerikanische Begriff „*Managed Care*" international Verbreitung gefunden. Er wird auch für die „integrierte Gesundheitsversorgung" – seit längerem schon in der Schweiz (Müller 1997) und nach und nach in Deutschland – in Anspruch genommen (Amelung/Schumacher 1999; Rachold 2000; Baumberger 2001; Preuß u.a. 2002). Managed Care ist ein Konzept, zu dem Case Management oftmals in Beziehung gesetzt wurde und wird. Im deutschsprachigen Raum kann auf die Zeitschrift „Perspectives on Managed Care. Impulse für das Gesundheits- und Sozialwesen", die vierteljährlich im Selecta Verlag München erscheint (online unter *www2.medizin-forum.de/managed-care),* und die „Schweizer Zeitschrift für Managed Care und Care Management" (Rosenfluh Publikationen, Neuhausen/Schweiz, URL: *www.fmc.ch)* verwiesen werden.

Ein wesentlicher Fortschritt im Verständnis und in der Anwendung von Case Management besteht nun darin, die Steuerung der humandienstlichen Leistungserbringung (als Versorgungsmanagement) auf die Steuerung des Prozesses der Aufgabenbewältigung im Einzelfall (als methodischem Case Management einzelner professionell Handelnder) abzustimmen. Informationstechnologisch sind hier die Software-Anbieter zur Stelle. Sie nennen ihre Programme „Case Management" oder „Case Manager", mit denen der Dienst die Verwaltung der Daten in den Griff bekommt und sie auf der Organisationsebene verfügbar hält. Diese Art „Fallführung" entlastet die tatsächliche Systemsteuerung, ändert sie aber nicht. Zum Beispiel bleibt die Verteilung von Zuständigkeiten auf viele Stellen wie sie ist, wenn der Datenfluss zwischen ihnen elektronisch beschleunigt wird.

Eine Strukturveränderung wird indes unabdingbar, wenn wir die Nutzerorientierung radikaler begreifen. Die Adressaten von Humandiensten sind für ihr Ergehen erst einmal selbst verantwortlich und potenziell Case Manager in eigener Person, insbesondere wenn sie von sich aus das Leistungssystem in Anspruch nehmen. In der Komplexität heutiger Lebensführung wird das Zurechtkommen einer Person oder Familie zu einer Managementaufgabe: Das formelle Management der Unterstützung oder Behandlung muss an das informelle *life management* oder *Selbstmanagement* derjenigen, die Humandienste in Anspruch nehmen, anschlussfähig sein. Oft ist die Entwicklung des Selbstmanagements sogar das Ziel des Verfahrens, etwa bei chronisch Kranken, die mit ihrer Situation zurechtkommen müssen (Rantz/Scott 1999, 215ff). In anderen Fällen ergänzt und stärkt das formelle Case Management von der Systemseite her die informellen Bewältigungsbemühungen. Das Verfahren setzt auf Kompetenz und Partizipation. Die Nutzer bestimmen mit und stimmen ab. Ihr Gegenüber sind regelmäßig verschiedene Professionelle, Leistungsträger und Leistungserbringer, die bei integrierter Versorgung Abstimmungsbedarf (u.a.

im „Schnittstellenmanagement") haben – und Case Manager für die Koordination untereinander und die Kooperation mit dem Nutzer einsetzen.

Eine funktionale Verknüpfung von allen Dimensionen des Case Managements auf der Ebene der Systemsteuerung (Zugang und Auslese der Klientel, Bedarfserhebung im Sozialraum, Versorgungsplanung, Kontrolle der Durchführung, Evaluation und Rechenschaftslegung) mit allen Dimensionen von Case Management auf der Ebene des Handelns im Einzelfall (Fallaufnahme, Bedarfsklärung, Hilfe- und Behandlungsplanung, Begleitung bei der Leistungserbringung, Evaluation und Dokumentation) erfolgt allerdings noch selten. Oft werden nur einzelne Schritte im Case Management vollzogen. Man wählt aus den Dimensionen des Verfahrens „Schlüsselprozesse" aus, um Abläufe in den Diensten zu verbessern, etwa indem man den *Zugang* zu Humandiensten „niedrigschwelliger" gestaltet, die Bedarfsklärung im *Assessment* optimiert, es in die *Planung* von Hilfen einbezieht und den Prozess der Hilfeplanung so mit deren Umsetzung und Kontrolle verbindet, dass dieser Prozess sich zum Case Management der Stelle ausweitet, die für die Planung zuständig ist. Öfter finden wir die einzelnen Schritte aber auf verschiedene Dienste verteilt, so dass kein durchgehendes Case Management stattfindet und keine einheitliche Fallführung gegeben ist. Neue gesetzliche Regelungen – insbesondere zum Verhältnis Leistungsträger-Leistungserbringer-Leistungsnehmer dürften uns hier weiter bringen (auch im Sinne des *purchaser-provider-split* in Großbritannien).

2 Zuständigkeit und Fallführung

In der Fallführung spielen Case Manager eine unterschiedliche Rolle, je nachdem, wer sie zu welchem Zweck einsetzt. Ich habe die Rollen von Case Managern (1) als Systemagenten, (2) als Kundenanwälte, (3) als Versorgungsmanager und (4) als Dienstemakler beschrieben (Wendt 1997, 145 ff). Praktisch kommt vor allem die Rolle als „Versorgungsmanager" zum Tragen. Im Gesundheitswesen sind in den letzten Jahren die Leistungsträger unter der Devise „vom Payer zum Player" mit der Anwendung des Case Managements vorangegangen, um zumindest in kostenintensiven Fällen die Fäden in der Hand zu haben und den Aufwand zu reduzieren. Die Rede ist vom *Fallmanagement* (oder von Fallsteuerung) der *Krankenkassen*. Sie nennen es auch gerne „Gesundheitsmanagement" und stellen dafür Fachkräfte ein, die sie intern schulen. Man legt Wert auf gute Zusammenarbeit mit den Leistungserbringern. Optimiert werden soll die Kommunikation zwischen Klinik und Kasse. Sie lässt sich u. a. dadurch verbessern, dass man sich auch räumlich näher kommt. In Mainz hat die AOK eine Filiale im Universitätsklinikum eingerichtet, von der aus die Betreuung der AOK-Mitglieder erfolgt, die im Klinikum stationär behandelt werden. In regelmäßigen Fallbesprechungen mit dem medizinischen

Personal und dem Sozialdienst im Krankenhaus wird den Behandlungs-
pfaden nachgegangen, um reibungslose und zügige Verläufe zu erreichen.
Ziel ist allgemein eine Senkung der Verweildauer in Kliniken und die Vermeidung einer Chronifizierung von Leiden.

Die BARMER Ersatzkasse setzt Case Manager zur Steuerung der (stationären) medizinischen Versorgung in mehreren Richtungen ein. Einerseits zur Kostenbeeinflussung im „Krankenhausfallmanagement", wie eben
bei der AOK beschrieben. Das nennt sich auch „Versorgungsmanagement"
und erfolgt in der Versichertenbetreuung per „Krankenhausberatung im
Vorfeld" (über Versorgungsalternativen), „administrative Unterstützung
während des Krankenhausaufenthaltes" und „Hilfe für den Versicherten
nach der Krankenhausbehandlung". Auch begann die BARMER 1997 damit, ihre Krankengeldausgaben „fallbezogen zu managen". Wie das geschieht, erläuterte die Kasse in ihren Internet-Informationen seinerzeit an
folgendem Beispiel:

> *„Eine Kindergärtnerin im öffentlichen Dienst war in den letzten Jahren immer
> wieder arbeitsunfähig. Die Erkrankungen wechselten, zunächst eine Grippe,
> dann Gastritis, Erschöpfungszustände sowie weitere krankhafte Symptome
> folgten. Von Mal zu Mal dauerte die Arbeitsunfähigkeit länger. Die BARMER
> schaltete den Medizinischen Dienst der Krankenkassen ein, dessen Gutachter
> darauf hinwies, dass möglicherweise psychosoziale Probleme die eigentliche
> Ursache der immer wiederkehrenden Krankschreibung sein könnten.*
>
> *Eine Vermutung, die sich im Gespräch mit der Versicherten bestätigte: Sie
> werde von den Kolleginnen in ihrem Kindergarten gemobbt, die große psychi-
> sche Belastung führe zu körperlichen Beschwerden, die Arbeitsunfähigkeit
> folgt da schon fast zwangsläufig. Am Ende des Gespräches stand ein Angebot:
> Die BARMER versucht im Gespräch mit dem Arbeitgeber, der Kindergärtnerin
> einen Wechsel in einen anderen Kindergarten zu ermöglichen. Der Wechsel
> klappt, der Kreislauf von Mobbing und Krankheit ist gestoppt.*
>
> *Hätte die BARMER nicht steuernd eingegriffen, würde die Kindergärtnerin
> wahrscheinlich heute noch unter ihrer Situation leiden, würde die BARMER
> immer wieder Krankengeld zahlen, würde am Ende vielleicht eine Frührente
> stehen." (www.barmer.de)*

Eine Versorgungsmanagement übernimmt die Kasse in diesem Falle auch,
weil die unmittelbaren Dienstleister, die Ärzte kein Case Management betreiben, dem Fall über ihr diagnostisch-therapeutisches Handeln und die
Bescheinigung der Arbeitsunfähigkeit hinaus nicht nachgehen.

Mit der mangelnden Versorgungsintegration hat sich zuletzt (2001) der
Sachverständigenrat für die Konzertierte Aktion im Gesundheitswesen im
Band III seines Gutachtens „Bedarfsgerechtigkeit und Wirtschaftlichkeit"
unter dem Titel „Über-, Unter- und Fehlversorgung" befasst (www.svr-
gesundheit.de). Der Rat kommt im Vergleich der gegenwärtigen Verhält-

Tab. 1: Neue Regeln für das System der Gesundheitsversorgung im
21. Jahrhundert

Gegenwärtiger Ansatz	Neue Regeln	Umsetzungs- möglichkeiten
Die Versorgung basiert primär auf Besuchen.	Die Versorgung basiert auf dauerhaften Heil- beziehungen (healing relationsships).	Langzeitbetreuung; Sicherung der Reha- bilitationserfolge; verhaltensbezogene Maßnahmen der Risiko- modifikation
Die professionelle Autonomie ver- ursacht eine Varia- bilität der Versor- gung.	Die Versorgung ist auf die Bedürfnisse und Werte des Patienten zugeschnitten.	Individuelle Behand- lungspläne; Berücksich- tigung der lebenswelt- lichen Bezüge; ein breites, flexibles und differenziertes Versorgungs- spektrum
Die Professionen kontrollieren die Versorgung.	Der Patient kontrolliert die Versorgung (source of control).	Patient als selbstverant- wortlicher Manager seiner Krankheit und kompe-Nutzer des Systems; Partizipation
Die Information ist eine Akte (retro- spektiv, archiviert, passiv, unbeweg- lich).	Wissen wird geteilt. Es besteht ein freier Informationsfluss.	Information und Schulung; evidenz basierte Patienten- informationen, Nutzung neuer Informations- technologien
Die Entscheidung basiert auf Training und Erfahrung.	Die Entscheidung ist evidenzbasiert.	evidenzbasierte Medizin, evidenzbasierte Leitlinien; Health Technology ▪ Assessment; Entscheidungs- analysen, ▪ Versorgungs- forschung

Gegenwärtiger Ansatz	Neue Regeln	Umsetzungs-möglichkeiten
Die Vermeidung von Schädigungen liegt im Bereich der individuellen Verantwortlichkeit.	Sicherheit wird als Systemeigenschaft betrachtet.	Qualitätsmanagement, Risk Management
Heimlichkeit ist notwendig	Transparenz ist notwendig.	zertifizierte und öffent-lich zugängiche Leistungs- und Qualitätsberichte; Aufklärung
Das System reagiert auf Bedürfnisse.	Bedürfnisse werden antizipiert.	umfassendes, individu-elles Assessment; Erhebungen zu Präfe-renzen der Bevölkerung bzw. der Versicherten, Needs Assessment
Es wird eine Kostenreduktion angestrebt.	Verschwendung (Überversorgung) wird kontinuierlich abgebaut.	Qualitätssicherung, Leitlinien, evidenz basierte Medizin, Ver-gütungssysteme
Die Rollenbilder der Gesundheitsberufe sind wichtiger als das System.	Die Kooperation zwischen den Leistungserbringern/ Professionen hat Priorität.	Integration, Vernetzung, Inter-/Multidisziplina-ritätsystem

nisse mit den Erfordernissen zu „Neuen Regeln für das System der Gesund-heitsversorgung", die als ein Rahmenwerk für den Einsatz von Case Mana-gement gelesen werden können (S. 34 in der Online-Fassung, vgl. Tabelle 1).

Der Patient wird „als selbstverantwortlicher Manager seiner Krankheit" gesehen; die Versorgung soll sich flexibel und evidenzbasiert darauf ein-lassen. Bei chronisch Kranken kann man sich im Fallmanagement auf die Standards beziehen, die für die jeweilige Krankheit dem *disease manage-ment* vorgegeben werden. Die Patientenbetreuung seitens der Kranken-kasse hat ja nicht den Charakter einer Behandlung, sondern zieht medizinisches, möglichst evidenzbasiertes, Wissen heran, um Behandlungen zu prüfen. Strittig bleibt, wie weit die Kontroll- und Steuerungsbefugnisse eines fallbezogenen „Gesundheitsmanagements" der Kassen reichen. Denn die Stellung der Kassen ist durch das „Gesetz zur Reform des Risikostrukturausgleichs" gestärkt worden, das seit 2002 zur besseren Versorgung chronisch Kranker Disease-Management-Programme vorsieht, für die sich Versicherte bei ihrer Kasse entscheiden können. Es gibt auch schon gewerbliche Anbieter, die den Versicherungsträgern ein externes Gesundheitsmanagement anbieten. So offeriert die Medvantis Holding AG, Wiesbaden, eine Tochter von Winterthur Insurance, ein Case Management für die Betreuung schwerer und kostenträchtiger Krankheiten durch ein „Medical Expert Center".

Das Problem der Kompetenzverteilung und der Zusammenführung von Zuständigkeit ergibt sich auch im Management beruflicher Rehabilitation seitens der Bundesagentur für Arbeit und der Dienste von anderen Rehabilitationsträgern. Jeder Dienst beansprucht zunächst aus seiner Handlungsperspektive die Fallführung. So bietet z. B. die Bundesagentur für Arbeit seit längerem Case Management zur Erhaltung von Arbeitsverhältnissen Behinderter nach § 19 SGB III an:

> *„Der Case Manager des Arbeitsamtes fungiert als Vermittler zwischen Rehabilitand, Arbeitgeber und Rehaträgern wie Rentenversicherungsanstalt (BfA, LVA), Berufsgenossenschaft, Hauptfürsorgestelle. Er pflegt Kontakte mit den Medizinischen Diensten der Krankenkassen, dem Ärztlichen Dienst (ÄD), dem Psychologischen Dienst (PD) des Arbeitsamtes sowie Betriebsräten, Schwerbehindertenvertrauensleuten, Betriebsärzten, Arbeitsassistenten und Bildungsträgern. In Abstimmung mit allen Beteiligten wird festgelegt, welche Hilfen der Rehabilitand benötigt. Case Management verlangt von allen Beteiligten den Willen, einen Arbeitsplatz zu erhalten, Flexibilität und Kreativität, um schnelle und unbürokratische Entscheidungen treffen und diese dann zügig umsetzen zu können. Der Behinderte gibt eine schriftliche Einverständniserklärung ab, daß er mit einer Intervention des Case Managers bei seinem Arbeitgeber einverstanden ist." (www.arbeitsamt.de / nuernberg / information / casemanagement.html)*

Hier bringt das SGB IX den Fortschritt, dass die im Gesetz vorgesehenen *Servicestellen* erst einmal die zur Rehabilitation nötigen Verknüpfungen herzustellen haben. Allerdings behalten die Servicestellen die Fäden nach Beratung, Bedarfsermittlung und Planung nicht in der Hand – und können mithin auch nicht verfolgen und evaluieren, was erreicht wird. Für die berufliche Eingliederung haben die *Integrationsfachdienste* ein Mandat, im weiteren Gang der Dinge ein Case Management zu übernehmen.

Die Abkopplung vom weiteren Vorgehen ist ein allgemeines Problem von Beratungsstellen, die Hilfen nachweisen und sie personbezogen zusammenführen sollen. Seit Anfang der 90er Jahre hat man das Case Management in der Pflege mittels einer Clearing- oder Koordinierungsstelle (Ambulantes Hilfezentrum, Beratungs- und Koordinierungsstelle, Informations-, Anlauf- und Vermittlungsstelle) in mehreren Bundesländern zu realisieren versucht. Man ist dabei jedoch nicht sehr weit gekommen. Denn weder die Leistungserbringer und ihre Träger noch die Pflegekassen als Leistungsträger wollen sich ihre Handlungsmöglichkeiten durch eine unabhängige Beratung und Begleitung der Nutzer beschneiden lassen. Die Idee eines *„one desk service"*, der für den Bürger alle erforderlichen Hilfen erschließt, bündelt und bereitstellt, hat sich deshalb bisher selten realisieren lassen. Die Fallführung kommt meistens über Information, Bedarfsfeststellung und eine erste Hilfeplanung nicht hinaus und kann auch bei Beschwerden über die Leistungserbringung kaum in Anspruch genommen werden.

Die Beschränkung der Zuständigkeit ist ein Problem auch bei der Einführung der *Soziotherapie* für Menschen, die wegen schwerer psychischer Erkrankung nicht in der Lage sind, ärztliche oder ärztlich verordnete Leistungen selbstständig in Anspruch zu nehmen. Nach § 37 a SGB V umfasst die Soziotherapie nur „die im Einzelfall erforderliche Koordinierung der erforderlichen Leistungen sowie Anleitung und Motivation zu deren Inanspruchnahme". Die Begleitung bei der Inanspruchnahme ist nicht genannt, so dass ein rehabilitatives Case Management, wie es nach Modellversuchen empfohlen worden ist, kaum geleistet werden kann.

Die Lotsenfunktion, die einem Case Manager zugeschrieben wird, weitet sich zu einer Fallführung aus, wenn der „Lotse", um im Bilde zu bleiben, während der ganzen Fahrt nicht von Bord geht. *Gatekeeping* im Hausarztmodell ist besonders in der Schweiz verbreitet: Der Hausarzt lotst den Patienten möglichst kostengünstig durch das medizinische Versorgungssystem. Die gleiche Funktion übernimmt eine Patientenleitstelle in Ärztenetzen. Es liegt im Interesse der Allgemeinärzte, mit der Lotsenfunktion insbesondere ihre chronisch kranken Patienten, die auch fachärztlich versorgt werden müssen, „bei der Stange" zu halten. Der BDA (Bundesverband der Allgemeinärzte Deutschlands) hat mehrere „Case-Management-Manuale" (bei Asthma, Diabetes, Demenz) herausgegeben, die den Hausärzten bei der Zusammenarbeit mit beteiligten Fachärzten, Kliniken, Pflege- und Sozialdiensten zur Hand gehen.

Die Zuständigkeit für die einzelnen Dimensionen im Case Management, die nacheinander und nebeneinander wahrzunehmen sind, kann in einem Leistungsverbund geteilt werden, sollte aber nicht voneinander isoliert werden. Es liegen praktische Erfahrungen mit einer Funktionsaufteilung bei gleichzeitiger computergestützter Vernetzung vor. Hier hilft die Informationstechnologie mit spezieller Software. Problematisch wird es, wenn die Organisationsaufgabe von der Zuständigkeit im Verfahren abgehoben wird. So hat man Koordinatoren (als Netzwerker im regionalen Versorgungssystem) und Case Manager (als Lotsen) im Bundesprojekt „Nachgehende Sozialarbeit bei chronisch mehrfach beeinträchtigten Abhängigen" (durchgeführt von FOGS, Köln) eingesetzt, womit die Position der Sozialarbeiter im Verfahren schwach blieb (s. dazu den Beitrag von Martina Schu in diesem Band).

3 Case Management in der Erbringung von Komplexleistungen

Humandienste haben sich in den vergangenen Jahren darauf eingestellt, dass ihnen immer öfter komplexe Lösungen, zugeschnitten auf den Nutzer und seine Situation, abverlangt werden, wozu die Erbringung von Einzelleistungen nacheinander und nebeneinander nicht ausreicht. Bei einer chronischen Problematik liegt es auf der Hand, ihren inneren und äußeren Zusammenhängen nachzugehen, nachdem Teillösungen sichtlich nicht zum Erfolg führen. Aber auch im akuten Fall liegt oft im Hintergrund eine Verstrickung vor, die aufzulösen eine komplexe Aufgabe darstellt. Man wird deshalb bei psychosozialen Krisen nicht bloß momentan intervenieren und in schwierigen Fällen nacheinander verschiedenen Fachstellen konsultieren, sondern die Krisenintervention möglichst von vornherein mehrdimensional und systematisch beginnen. Zur Krisenintervention in der Sozialen Arbeit schreibt Manfred Neuffer:

> „Unerläßlich erscheint eine ordnende Hand. Sie trägt zumindest für die Zeit der Krisenintervention die Verantwortung für das Fallgeschehen anhand eines in einem Arbeitsfeld abgestimmten Konzeptes und betreibt insofern Krisen-Case Management. Case Manager müssen bei der Krisenintervention auf zwei Ebenen ihre Arbeit entfalten. Sie benötigen eine enge Beziehung zu den Klienten, um deren spezifische Situation berücksichtigen zu können und so schnell wie möglich ihr Vertrauen zu gewinnen. Sie müssen personale und institutionelle Strukturen entschlüsseln können, fallgebende Systeme handlungsfähig machen im Sinne bestmöglicher Kooperation, und diese entsprechend kommunikativ in die Krisenintervention einbinden." (Neuffer 2001, 146)

Die interdisziplinäre Abstimmung ärztlicher, psychotherapeutischer, (heil)pädagogischer und sozialarbeiterischer Leistungen führt zunächst einmal zu einer Statik von Verabredungen. Für die ablauforganisatorische Prozessführung wird ein Case Management gebraucht, das in seiner Anwendung gegenüber den Besonderheiten des jeweiligen professionellen Handelns neutral bleibt und deren Beiträge in eine ganzheitliche Wirkungsorientierung (z.B. der Frühförderung behinderter oder von Behinderung bedrohter Kinder, Sohns 2000; Pretis 2005) einzubinden versteht. Im stationären Behandlungsregime dürften künftig die diagnosebezogenen Fallgruppenpauschalen nach *Diagnosis Related Groups* (DRGs) für die Krankenhausbehandlung seit 2003 den Einsatz des Verfahrens fördern. Medizinische und paramedizinische Einzelleistungen werden in Komplexleistungen einbezogen, für deren Erbringung ein interdisziplinäres behandlungsorientiertes Prozessmanagement angebracht ist, das sich an klinische Behandlungspfade *(clinical pathways)* hält.

4 Fall und Feld

In der Praxis insbesondere der Jugendhilfe wird zunehmend nach dem *sozialräumlichen* Handlungsansatz verfahren. Er rückt das *Feld* der Problementstehung und der Ressourcen, um sie zu lösen, in den Fokus der Interventionsstrategie. Die Anbieter von Diensten wollen im Sozialraum flexible, maßgeschneiderte Hilfen anbieten, wozu sie zunächst fallunspezifisch auf vorhandenen Hilfemöglichkeiten im lokalen Umfeld sehen und diese Ressourcen systematisch zu erschließen trachten. Die Losung „vom Fall zum Feld" (Hinte u. a. 1999) bedeutet dabei nicht, dass man die personenbezogene Lösung hintanstellt. Im Gegenteil, eine vorhandene Problematik soll nicht als „Fall für" das eine oder andere Leistungsangebot von diesem vereinnahmt werden, sondern im Umfeld vorhandene Hilfen sollen auf die Kontingenz des Einzelfalls zugeschnitten werden. Sarkastisch hat Wolfgang Hinte zur bisherigen Struktur in der Jugend- und Sozialverwaltung festgestellt, sie fördere „die Fachkräfte als Einzelkämpfer/innen und damit eine besonders schwere Form professionellen Suchtverhaltens, nämlich die Fallsucht" (Hinte u. a. 1999, 87). Die vorgehaltene Angebotspalette der spezialisierten Hilfen verführe die Fachkräfte dazu, „eben bezogene auf diese Hilfen die Kinder und Jugendlichen in ihren Defiziten zu beschreiben" (Hinte u. a. 1999, 88). Wichtig wäre demgegenüber, dass die Fachkräfte einen Bedarf mit den im Lebensfeld nutzbaren informellen und formellen Hilfen abzudecken verstehen. Bedarf dürfe nicht bestimmt werden anhand „einer gerade vorgehaltenen Hilfeart, sondern anhand dessen, was die Familie will (gleichsam ein ‚Maßanzug'). Und wenn die Familie Bedarf an einer Putzhilfe hat, dann ist das der Bedarf und nicht ‚sozialpädagogische Familienhilfe'." (Hinte u. a. 1999, 92)

Als Kunde von Dienstleistern und als Leistungsberechtigter gegenüber amtlichen Stellen besitzt der Bürger *Souveränität.* Auch wenn er sie nur unzulänglich ausüben kann, sollte die Klienten- bzw. Patientensouveränität stets beachtet werden. Sieht man Bürger mehr als Case Manager in eigenen Angelegenheiten und bestärkt man sie in dieser informellen Rolle, müssen sich die Professionellen auf eine breitere Kooperation mit ihnen verlegen. Die Fachkraft agiert im sozialaktiven Feld, in dem eintritt, „was der Fall ist", und in dem flexibel darauf reagiert werden kann. Die Sozialraumorientierung widerspricht nach allem nicht der Fallorientierung im Case Management. Die Gegenüberstellung von Fall und Feld missversteht das Case

Management als eine sich in der Behandlung des Einzelfalls erschöpfende Methode. Als *Systemkonzept* hat das Case Management gerade das Feld der formellen und informellen Ressourcen im Blick, deren Heranziehung zu koordinieren und auf das Handeln im Einzelfall abzustimmen ist.

5 Einzelne Anwendungen

Die Neutralität des Konzepts gegenüber der Spezifik persönlicher, sozialer und gesundheitlicher Probleme bringt mit sich, dass ein Case Management grundsätzlich in allen humandienstlichen Bereichen erfolgen kann (vgl. meine Beschreibung der Einsatzgebiete in Wendt 1997, 165 ff). Im im Jahr 2001 herausgegebenen „Curriculum" der Case Management Society of America werden aus berufspraktischem Interesse besonders die folgenden Formen erörtert: Workers' Compensation Case Management, Disability Case Management, Occupational Health Case Management, Behavioral Health Case Management, Maternal-Infant Case Management, Pediatric Case Management, Geriatric Case Management. (Powell/Ignatavicius 2001).

Zum gegenwärtigen Einsatz von Case Management in einzelnen Feldern des Sozial- und Gesundheitswesens in Deutschland, auch in Österreich und der Schweiz, wird im folgenden ein Überblick gegeben, der aber nicht den Anspruch erhebt, vollständig zu sein.

Case Management in der Altenpflege

In der *Altenhilfe* wird mit dem Case Management in erster Linie angestrebt, durch einen individuellen Zuschnitt vorwiegend ambulanter Dienstleistungen die Selbständigkeit und Selbstversorgung alter Menschen bei eingetretener oder vorauszusehender Pflegebedürftigkeit möglichst zu erhalten (s. die vergleichende Studie von Engel/Engels 1999 und den zugehörigen Materialband: Case Management 2000), speziell auch in der geriatrischen Versorgung (Döhner 1999). Um dem Prinzip „ambulant vor stationär" zu entsprechen, kommt es auf ein rechtzeitiges und umfassendes Assessment unter Einbeziehung von Angehörigen und auf eine mit den Beteiligten abgestimmte Hilfeplanung an, und zwar *vor* Inanspruchnahme einzelner Dienste. Pflegefachdienste mit einem breiten Leistungsangebot wenden das Case Management an, um ihre Leistungserbringung mit den Nutzern fortlaufend abzustimmen und um die Qualität der Pflege anforderungsgerecht und kosteneffizient zu sichern. Dabei wird das Case Management oft mit dem Prozessmanagement der fachlichen Pflege gleichgesetzt, ohne darüber hinaus die Lebensgestaltung von Pflegebedürftigen und soziale Fragestellungen einzubeziehen. Man beschränkt sich auf die fallbezogene Optimierung der Organisation und der Abläufe des pflegerischen Handelns und bedient sich des Case Managements zum Ausweis einer qualifizierten Arbeitsweise. Generell kann man sagen, dass sich die professionelle Pflege hierzulande die Methodik analog ihrer Verbreitung im *nursing case management* in den USA aneignet (Ewers/Schaeffer 2000).

Von den Koordinationsbemühungen in der Altenhilfe ist bekanntlich in den 90er Jahren die Einrichtung von Stellen ausgegangen, die bürgernah über Dienstleistungen informieren und für eine Vernetzung der Leistungserbringer sorgen (Wendt 1993). Während die Entwicklung dieser Stellen in Deutschland wegen mangelnder finanzieller Förderung stagniert, ist man in Österreich mit den *(Integrierten) Sozial- und Gesundheitssprengeln* besser vorangekommen. Ihre Aufgabe ist die gemeindenahe flächendeckende und bedarfsgerechte Versorgung mit sozialen, pflegerischen und medizinischen Diensten, insbesondere ambulanten Angeboten, durch zweckmäßige Information der Bürger einerseits und Koordination der Dienstleister bzw. der Bedarfsdeckung durch sie andererseits. Um diese Aufgabe erfüllen zu können, ist in den Sprengeln in Österreich (und analog in Südtirol) das Case Management eingeführt. Interessant ist die hier (in Innsbruck) getroffene Unterscheidung zwischen einem „Externen Case Management", in dem der Dienst im Sozialraum auf Hilfebedürftige zugeht und die Versorgung für sie koordiniert, und einem „Internen Case Management", in dem der Sprengel als Anbieter von Altenhilfe, Hauskrankenpflege und Haushaltshilfen seine Arbeitsweise nach dem Case Management ausrichtet (Saischek 2000, 415 ff). In Wien hat der *Dachverband Wiener Pflege- und Sozialdienste* 1998 ein Konzept für das Case Management in den „Sozialen Stützpunkten" für das System der ambulanten Pflege und Betreuung in der Stadt entwickelt *(http://bildung.dachverband.at/info7.htm; 31. 5. 05)*. Hier wird unterschieden zwischen dem Case Management der Sozialen Stützpunkte, das die Koordination des Pflege- und Betreuungsprozesses bis zur Weiterleitung des Antrags an eine Anbieterorganisation umfasst, und dem Care Management der Anbieterorganisationen, das die Koordination des Pflege- und Betreuungsprozesses nach der Übernahme des Auftrags vom Sozialen Stützpunkt umfasst (Schrems 2001, 190 ff).

In Deutschland haben die internationalen Erfahrungen mit dem Case Management dazu geführt, dass sich das Bundesfamilienministerium die Empfehlung an die Bürger und an die Dienstleister zu eigen gemacht hat, sich des Verfahrens zu bedienen: Das Ministerium hat im Herbst 2001 eine Broschüre herausgegeben, die unter dem Titel „Lotsendienst im Hilfenetz: Case Management – eine neue Form der sozialen Dienstleistung für Pflegebedürftige" die Nutzerorientierung des Verfahrens betont.

Sozialhilfe und Unterstützungsmanagement

Nicht erst seitdem Politiker hierzulande dem Komplex Sozialhilfe und Arbeitslosigkeit nach dem amerikanischen Muster „Wisconsin Works" beikommen wollen, wird in der Sozialverwaltung mit den Elementen des Case

Managements experimentiert. Kontrollierter als bisher soll das *Sozialamt* seine Mittel einsetzen. Dafür hat die Kommunale Gemeinschaftsstelle ein Prozessmodell der Steuerung der Sozialhilfe entworfen (KGSt 1997). Es sieht für eine effektive und effiziente, zielgenauere Gestaltung der Sozialhilfe eine

▧ qualifizierte Zugangsprüfung,
▧ individuelle Fallanalyse und Hilfeplanung,
▧ Heranziehung von Transferleistungen und Verselbständigungshilfen

vor. Notwendig sei insgesamt ein „Philosophiewechsel" von der „auf Rechtmäßigkeit konzentrierten Verwaltung der Sozialhilfe hin zu einem aktiven und auf ‚Hilfe zur Selbsthilfe' gerichteten Fallmanagement". Dabei wird auf gute Erfahrungen in der Jugendhilfe mit der Erstellung, Umsetzung und Erfolgskontrolle fallbezogener Hilfepläne nach § 36 KJHG verwiesen (KGSt 1997, 26). Bei der Gewährung von Sozialhilfe beschreiten inzwischen einzelne Sozialämter vermittels Hilfeplanung den Weg einer „aktivierenden Sozialhilfe". Beispielhaft hat man das im Projekt „Sozialbüro" in Nordrhein-Westfalen versucht (s. dazu den Beitrag von Claus Reis in diesem Band). Die Ämter ziehen dazu im örtlichen Hilfenetz vorhandene Dienste, Einrichtungen und Personen heran (Kuntz 1999; Kuntz 2000).

Arbeitslose Jugendliche, die in Köln Sozialhilfe beziehen wollen, werden dort seit 1999 an die „Jobbörse Junges Köln" verwiesen, wo ihnen in einer Bürogemeinschaft von Sozialamt und Arbeitsamt Beschäftigung vermittelt wird. Bei Schwierigkeiten übernehmen Fallmanager des Sozialamts Klärungs-, Hilfeplanungs- und Kontrollaufgaben. Durch das Kooperationszentrum konnte die Zahl der auf Sozialhilfe angewiesenen jungen Arbeitslosen zwischen 16 und 24 Jahren in kurzer Zeit drastisch gesenkt werden. Empfänger von laufender Hilfe zum Lebensunterhalt per Case Management (wieder) zu befähigen, ohne Sozialhilfe auszukommen, hat man sich in vielen Kommunen vorgenommen.

Das nordrhein-westfälische Sozialministerium hat zum Ausbau der Zusammenarbeit von Arbeitsämtern und Sozialämtern 2001 ein „*Modellprojekt Sozialagenturen*" begonnen, in dem die Sozialhilfe mit Angeboten der Arbeitsverwaltung und weiteren sozialen Dienstleistungen, wie Wohnungshilfe, Suchtberatung, Schuldnerberatung, Familienberatung, Kinderbetreuung usw., verbunden werden soll, um Sozialhilfeempfänger einzelfallbezogen dahin zu bringen, wieder unabhängig von der Unterstützung zu werden und insbesondere zurück ins Erwerbsleben zu finden. Das Leistungsspektrum der Sozialagenturen soll

▧ intensive Beratung und Einzelfallanalysen,
▧ Auskunft über alle sozialen Hilfen,
▧ einen persönlichen Unterstützungsplan,

- Arbeitsvermittlung,
- zielgenaue Qualifizierungs- und Beschäftigungsmaßnahmen

umfassen. Die individuelle Beratungsarbeit rückt die Abwicklung von Zahlungsvorgängen in den Hintergrund. Das Ministerium spricht von der Etablierung eines „individuell maßgeschneiderten Case-Management", durchzuführen von Mitarbeiter/innen, die sich als „soziale Assistenten" verstehen und für die Menschen in prekären Lebenslagen eine Lotsenfunktion übernehmen. Das Konzept des Ministeriums „Sozialagenturen – Hilfe aus einer Hand" nimmt das Case Management in Anspruch, um über die Sozialagentur einen „final ausgerichteten Leistungsprozess" zu steuern, der „gemeinsam von mehreren Akteuren realisiert" wird. Die Agentur hat danach folgende konkrete Aufgaben:

- Aufklärung über das zur Verfügung stehende Leistungsangebot,
- Anspruchsprüfung,
- Beratung,
- Erstellung einer problemorientierten Diagnose,
- Entwicklung einer von beiden Seiten (Beratung, Rat Suchende) getragener Hilfeplanung,
- Erstellung und Umsetzung eines Hilfeplans,
- Vermittlung in konkrete Hilfeangebote,
- Steuerung des Einzelfalles,
- Entwicklung und Akquise konkreter Hilfeangebote und
- Einzelfallübergreifende Angebots- und Maßnahmensteuerung.

Die Sozialagentur gestaltet somit zusammen mit den Adressaten eine Leistungskette und sorgt für eine effektive Koordination, Kooperation und Vernetzung (www.masqt.nrw.de/…herung/sozialhilfe/sozialhilfre_08.html). Diese innovative Organisation ist ein Beispiel für die Verbindung von Mikrosteuerung per Case Management mit einer entsprechenden Makrosteuerung in einer neustrukturierten Sozialverwaltung (Trube 2001).

Jugendhilfe im Rückstand

In der *Jugendhilfe* ist es in der Regel Sache des Allgemeinen Sozialdienstes, über die Hilfeplanung gemäß § 36 SGB VIII und Flexibilisierung der Erziehungshilfen im Sozialraum für ein Management der personenbezogenen Sozialpädagogik zu sorgen. Einzelne Jugendbehörden haben dafür Arbeitshilfen erstellt, wie z.B. 1999 das Landesjugendamt Westfalen-Lippe. Einer kontinuierlichen Prozessverantwortung stehen allerdings die überkommenen Delegationsmechanismen zwischen öffentlicher Jugendhilfe und den Diensten und Einrichtungen in freier Trägerschaft entgegen.

Hilfen zur Erziehung sind nach dem Kinder- und Jugendhilferecht darauf anzulegen, dass sie dem Kindeswohl und dem Unterstützungsbedarf der Eltern entsprechen. Diese komplexe Aufgabe wird oft pädagogisch verkürzt, indem einzelne Maßnahmen aus dem Repertoire von der Erziehungsberatung bis zur Intensiven Sozialpädagogischen Einzelhilfe ergriffen werden. Typisch ist hier der Umgang mit der Hilfeplanung: Nach einer Entscheidung über die Leistungsgewährung im Jugendamt wird oftmals der ausführenden Stelle, also einem Heim, einer teilstationären Einrichtung, dem Betreuten Wohnen oder einem Erziehungsbeistand die weitere, nicht selten erst die eigentliche detaillierte Hilfeplanung überlassen, bei der dann weniger die gesamte Lebenssituation eines jungen Menschen und seiner Familie im Blick ist, sondern mehr die Anwendung des sozialpädagogischen Handlungsrepertoires in der jeweiligen Hilfe zur Erziehung. Darauf verengt, lässt sich vom Case Management kaum sprechen – und man versteht, warum von ihm im weiten Feld der Jugendhilfe bisher relativ selten die Rede ist.

Schwierige Fälle, bei denen die üblichen Maßnahmen nicht greifen, nötigen indes dazu, die Schnittstellen, an denen der Hilfeprozess immer wieder abbricht, zu übergreifen und Case ManagerInnen zu benennen, die für Kontinuität, die Einhaltung von Vereinbarungen, multidisziplinäre Beratung und gegebenenfalls für unkonventionelle Lösungen sorgen. Neue Möglichkeiten für den Einsatz von Case Management eröffnen sich (wie bereits im Abschnitt 4 erörtert) mit der *sozialräumlichen* Umstrukturierung der Jugendhilfe, insofern hier versucht wird, generell eine die einzelnen Leistungsbereiche der Jugendhilfe übergreifende, im Einzelfall flexible, auf die Problematik und Lebenssituation des Kindes oder Jugendlichen und seiner Familie zugeschnittene Leistungserbringung zu erreichen, also etwa die offene Jugendarbeit, eine Tagesstätte und ambulante Erziehungshilfen in koordinierter Weise für ein Kind oder einen Jugendlichen heranzuziehen.

Case Management in der Suchtkrankenhilfe

In der *Drogenhilfe* hat man in Deutschland insbesondere bei chronisch mehrfach beeinträchtigten Abhängigkeitskranken gute Erfahrungen mit dem Einsatz von Case Managern gemacht. Hier ist das Kooperationsmodell nachgehende Sozialarbeit des Bundesministeriums für Gesundheit von 1995–2000 einschlägig (Engler/Oliva 1997). Das Modell setzte Koordinatoren ein für die Vernetzung der lokalen Dienstleister neben den personbezogen agierenden Case Managern. Ihnen wurde im Modellprojekt die Aufgabe zugeschrieben, die Betroffenen zunächst durch direkte Ansprache vor Ort zu erreichen, sie und ihre Angehörigen zu beraten und ihnen Hilfen zu vermitteln oder diese (bei der Wohnungssuche, bei der Schuldenregulierung, bei Beziehungsproblemen, bei der Tagesstrukturierung usw.) zu leisten. Das aufsuchende Vorgehen der Case Manager im Projekt führte dazu, dass viele Abhängige erstmals von der Suchthilfe erreicht wurden. Die Planung und Dokumentation der Hilfen trugen zur Verbindlichkeit bei. Diese wurde von den Nutzern positiv geschätzt. Nicht wenigen von ihnen gelang mit Hilfe des Case Managements der Ausstieg aus der Drogenabhängigkeit. Zu den Resultaten des Projekts gehört die Empfehlung, bei einer derart schwierigen Arbeit eine Relation von etwa 16 Klienten pro Case Manager vorzusehen. Neben den positiven Erfahrungen, die sie machten, beklagten allerdings viele Case Manager im Projekt, dass ihnen ein „Mandat" fehle, um mit Leistungsanbietern fallbezogen verbindliche Absprachen zu treffen und deren Einhaltung zu kontrollieren (Schu u.a. 2001).

Strukturell vorbildlich geregelt hat man dieses Mandat in der Schweizer Region Solothurn, wo sich verschiedene Dienste und Träger der Sozialarbeit mit Suchtmittelabhängigen zur *„Perspektive Solothurn"* zusammengeschlossen und die Arbeitsweise Case Management zum durchgängigen Verfahren gemacht haben (Stoop/Leber 2001). Jeder, der mit einer der Dienststellen in Kontakt kommt und Hilfen nicht nur einmalig beansprucht, wird auf das Case Management aufmerksam gemacht und lässt sich bei einer weitergehenden Unterstützung auf es ein. Schon deshalb, weil die Informationsverarbeitung in der „Perspektive Solothurn" systematisch für ein Case Management ausgelegt ist. Dem Klienten wird das Merkblatt *Klienteninformation* vorgelegt (siehe unten); auf die darin genannte Vereinbarung lassen sich erfreulicherweise fast alle Betroffenen ein.

Klienteninformation
Case Management – das müssen Sie wissen ...

1. Die Perspektive ist eine Fachstelle für soziale Dienstleistungen in der Region Solothurn. Unter einem Dach bietet sie gut aufeinander abgestimmte und koordinierte Dienstleistungen an.

2. Die Angebote sind Spritzentausch und -verkauf, Injektionsraum, ambulante Wundversorgung, Cafeteria, Dusche, Waschmaschine und Tumbler in der Gassennahen Anlaufstelle. Begleitetes Wohnen. Arbeitseinsätze tageweise oder längerfristig. Gassenküche. Beratung und Therapie. Präventionsprojekte.

3. Eine Ansprechperson für alle Fälle vermittelt Ihnen die benötigten Angebote, bringt Sie mit den verschiedenen Leistungserbringer in Kontakt und koordiniert bei Bedarf alle benötigten Leistungen. Ihre Ansprechperson nennen wir Case Manager.

4. Sie allein entscheiden, ob Sie Spritzen tauschen, einige Tage arbeiten oder eine Therapie in Angriff nehmen wollen. Im Rahmen dieser vorliegenden Leitplanken definieren und verantworten Sie allein über Ihren Bedarf an Dienstleistungen.

5. Eine schriftliche Vereinbarung hält unsere Abmachungen fest. In ihr wird z. B. festgehalten, dass Sie drei Monate alle Dienstleistungen der Gassennahen Anlaufstelle benutzen wollen, oder, dass Sie mit einer Kostengutsprache der Gemeinde für vorläufig sechs Monate ins begleitete Wohnen eintreten, oder, dass Sie an einem Arbeitsprogramm teilnehmen wollen. Im letzten Fall erstellen wir aus versicherungstechnischen Gründen zusätzlich einen Arbeitsvertrag.

6. Alle Daten sind geschützt Und die Mitarbeiter der Perspektive unterstehen zudem der Schweigepflicht. Informationen werden nur weitergegeben, wenn Sie die Perspektive oder andere Behörden entsprechend ermächtigt haben.

7. Der nächste Schritt liegt nach dieser Information bei Ihnen. Sie können sich überlegen, welche Dienstleistungen der Perspektive Sie nutzen möchten. Ihre Ansprechperson, der Case Manager wird mit Ihnen die notwendigen Vereinbarungen treffen und schriftlich festhalten.

Sicher verstehen Sie, dass ohne schriftliche Vereinbarungen längerfristig keine Dienstleistungen der Perspektive zur Verfügung gestellt werden können.

Case Management bezieht in der Arbeit mit Suchtkranken eine Position systematischer *Nüchternheit* (Wendt 2001). Das Verfahren ist geeignet, den Abhängigen in der Behandlung zu halten und diese durch parallele Bearbeitung der anderen Probleme, die der Patient hat, abzustützen (Siegal 1998, XIII). Während in der spezifischen Behandlung der Substanzabhängigkeit verschiedene Methoden angebracht sein können und nebeneinander oder nacheinander eingesetzt werden, steht im Case Management die Sicherung und Verbesserung der Lebensqualität mit ihren verschiedenen Aspekten des Wohnens, Arbeitens, der Schuldenregulierung, der sozialen Integration und psychischen Stabilisierung im Fokus (Schu / Sommer 1998; Baudis 2001).

Suchtkranke leben mit einer komplexen Problematik, und die Hilfeangebote für sie sind entsprechend vielfältig. Die Dienste müssen zweckmäßig koordiniert werden, damit ihre Leistungen auf den Einzelfall abgestimmt und zugeschnitten werden können. Im Positionspapier *Diakonische*

Drogenhilfe konstatiert der Gesamtverband für Suchtkrankenhilfe im Diakonischen Werk:

> *„Ziel des Case-Managements ist, die bestmöglichen Behandlungswege bei bestmöglicher personaler Kontinuität für den Betroffenen zu sichern. Bei differenzierten Angeboten und vielen Partnern müssen alle Arbeitsschritte für alle Beteiligten klar und transparent geregelt sein. Case-Management sorgt dafür, dass Drogenabhängige sinnvoll an weitere Fachdienste und Behandlungsangebote vermittelt werden können. Der Klient ist dabei im Sinne des Selbstmanagements zu jeder Zeit in alle Entscheidungen (Indikation, Behandlungsplanung, Setting, Wahl etc.) eingebunden. Case-Management kann am besten von einer psychosozialen Beratungsstelle erbracht werden, die für die Grundversorgung Drogenabhängiger zuständig ist."* (Gesamtverband 2000, 25)

Wohnungslosenhilfe, Straffälligenhilfe

Weil Drogenabhängige oft Wohnungsprobleme haben und regelmäßig straffällig werden, bezieht ein Case Management für sie die damit verbundenen Schwierigkeiten ein. Andererseits ist bei von Wohnungslosigkeit Betroffenen eine Alkoholabhängigkeit die Regel. Aber auch Menschen ohne Suchtmittelmissbrauch haben bei Verlust der Wohnung oder nach Entlassung aus der Strafhaft einen komplexen Hilfebedarf.

In der *Wohnungslosenhilfe* liegt folglich ein Case Management nahe, weil der Verlust der Wohnung zumeist mit anderen Problemen (Beziehungsbrüche, Arbeitslosigkeit, Alkoholabhängigkeit, Schulden) ursächlich verbunden ist und zu deren Bewältigung verschiedene Ressourcen nebeneinander und nacheinander gebraucht werden. Wie in der Drogenhilfe erfüllt ein Case Manager personbezogen vor allem die Funktion, die Fäden zusammen zu halten. Organisatorisch kommt das Verfahren mit der Absicht zum Zuge, einzelne ambulante und stationäre Angebote der Wohnungslosenhilfe im regionalen Hilfeverbund zu organisieren (Walter-Hamann 1998).

Viel versprechend erscheint ein Case Management in der *Resozialisierung* von Straftätern, sofern in dieser Aufgabe die strukturelle und ideologische Trennung zwischen Bestrafung und Strafvollzug einerseits und helfenden Diensten andererseits überwunden wird. Dann verbindet man im Einzelfall die Komponenten der Strafe mit den Komponenten der Wiedereingliederung, so dass der Strafvollzug und die Bewährung mit dem Vollzug der Resozialisierung zusammenfallen. Case Management in diesem Sinne ist in der *Straffälligenhilfe* und *Bewährungshilfe* in Deutschland weiterhin rar, während im Ausland, musterhaft in den Niederlanden, die Sozialarbeit in der Justiz häufig mit dem Verfahren arbeitet bzw. entsprechend organisiert ist. Für das Zusammenwirken von Sozialdiensten mit der

Rechtsprechung ist die in England von Lord Woolf entworfene Reform der Zivilgerichtsverfahren von Interesse, in der Case Management durch den Richter das Schlüsselelement darstellt (Malterer 1999).

Case Management zur Integration und Rehabilitation behinderter Menschen

Die Vereinheitlichung, die das SGB IX in der „Rehabilitation und Teilhabe behinderter Menschen" vorsieht, erfordert eine „Koordinierung der Leistungen" (§ 10 SGB IX) und ein „Zusammenwirken der Leistungen" (§ 11 SGB IX), wonach es nahe liegt, ein Case Management anzuwenden. Es hätte eigentlich in Anwendung des § 46 BSHG, der einen Gesamtplan zur Eingliederung vorsieht, schon lange praktiziert werden können, denn ein solcher Plan schließt naturgemäß ein umfassendes Assessment, ein koordiniertes Vorgehen und eine Kontrolle der Umsetzung der Hilfeplanung ein. Da die Sozialhilfe am Auftrag des § 46 BSHG lange vorbeisah, blieb auch die angemessene Steuerung des Verfahrens aus. Das ändert sich aber: Es gibt eine Reihe von Initiativen, die mit der Gesamtplanung auch das Management ihrer Durchführung realisieren wollen (Kronenberger 2001).

Die Bundesarbeitsgemeinschaft für Rehabilitation (BAR) hat sich seit längerem für eine „Sicherstellung des Rehabilitationsverlaufs durch Fallmanagement" eingesetzt. In einem Positionspapier zur Weiterentwicklung der medizinischen, beruflichen und sozialen Rehabilitation vom 15. 12. 1998 wird verlangt, „daß bereits während einer medizinischen Rehabilitationsmaßnahme die Grundlagen in Form eines individuellen Eingliederungsplans auch für die berufliche Rehabilitation gelegt werden müssen. Vorgeschlagen wird, ein koordiniertes effizientes Fallmanagement der Rehabilitationsträger zu schaffen". Die BAR führt seit 1999 in Abstimmung mit der Bundesanstalt für Arbeit, den Hauptfürsorgestellen und den anderen Rehabilitationsträgern ein Modellprojekt „Case-Management zur Erhaltung von Beschäftigungs- und Ausbildungsplätzen behinderter Menschen" wissenschaftlich begleitet durch. Mit dem Case Management sollen hier zu einem möglichst frühen Zeitpunkt diejenigen Arbeitnehmer herausgefunden werden, „deren gesundheitliche Disposition und / oder bestehende Arbeitsplatzsituation voraussichtlich zur Aufgabe des Beschäftigungsverhältnisses führen wird", was zielstrebig „durch frühzeitige Einwirkung auf die individuellen und betrieblichen Rahmenbedingungen" vermieden werden soll. Dem Case Management wird hier die Rolle eines „Ausgliederungsverhinderungsmanagements" zugedacht. Es sind meistens ältere Arbeitnehmer, die in das Modellprojekt an verschiedenen Standorten einbezogen sind. Nach ersten Erfahrungen liegt die Quote der erhaltenen Beschäftigungsverhältnisse zwischen 10 % und 40 %.

Vorher schon hatte man in Bayern begonnen, modellhaft das „Case Management in der beruflichen Rehabilitation berufstätiger Rehabilitanden" zu erproben. Gefördert vom Bayerischen Staatsministerium für Arbeit und Sozialordnung wurde ein „Regionales Informationssystem (RIS)" eingerichtet, das als Expertensystem über Anbieter und ihre Leistungen informiert. Es wird im „CASE Management System (CMS)" herangezogen, das als Arbeitsinstrument für Arbeitsassistenten und Integrationsfachdienste in Bayern eingeführt ist. Es besteht aus folgenden Teilschritten:

- Stammdaten anlegen / pflegen; Strukturen / vertraglichen Rahmen klären,
- Situationsanalyse (Klient, Umfeld),
- Ziele definieren / Bandbreite / Aufwand einschätzen; Eingliederungsplan erstellen; Vorbereitungs- / Qualifizierungsmaßnahme abklären; Akquise veranlassen / durchführen,
- Unterstützungsleistungen: Betrieb / Klient / Umfeld,
- Controlling des Gesamtprozesses,
- Umfeldarbeit, Unterstützungsstruktur aufbauen, PR (Matzeder / Schopf 2000, 217).

Integrationsfachdienste werden gemäß § 110 SGB IX bei Maßnahmen zur Teilhabe schwer behinderter Menschen in einer Schnittstellenfunktion tätig, indem sie einerseits die Fähigkeiten eines schwer behinderten Menschen einschätzen, ihn auf einen Arbeitsplatz vorbereiten und ihn am Arbeitsplatz begleiten, andererseits die Arbeitgeber informieren, beraten und ihnen Hilfe leisten.

Zusammenfassend ist festzustellen, dass ein Rehabilitationsmanagement als trägerübergreifende Aufgabe Eingang in das neue SGB IX gefunden hat. Ihm zufolge sollen generell örtliche gemeinsame *Servicestellen* der Rehabilitationsträger die Steuerung der Rehabilitation behinderter Menschen übernehmen. Den Servicestellen (§§ 22 f. SGB IX) wird eine umfassende Beratungs- und Unterstützungsfunktion zugeschrieben. Per Information, Bedarfsklärung und Entscheidungsvorbereitung soll erreicht werden, dass der Ablauf der Maßnahmen den sachlichen Erfordernissen und den persönlichen Bedürfnissen entspricht.

Explizit ist das Case Management in der Behindertenhilfe auch zur Aufgabenerledigung in der *gesetzlichen Betreuung* aufgegriffen worden. Hier haben die Berufsbetreuer ein Interesse, die Qualität ihrer Arbeit in den fallweise übernommenen Aufgabenkreisen differenziert ausweisen zu können (Wendt 1998). Adressat der Darstellung ist das Gericht, das den Berufsbetreuer zur Vertretung in personenbezogenen Angelegenheiten beauftragt. Ein Case Manager braucht den Systembezug, um sich profilieren zu können. In Projekten zu einem Case Management bei geistiger Behinderung allgemein zeigt sich, dass das Profil des Case Managers oft undeutlich bleibt, wenig abgehoben vom Aufgabenspektrum eines gewöhnlichen Betreuers. Wegen des geringen Selbstmanagements von Menschen mit geistiger Behinderung spielt der Case Manager nolens volens viele Rollen:

Koordinator der Hilfen, Informant, Vermittler, Führung, Regler, Dreh- und Angelpunkt, Stimulator, Verantwortlicher, Vertrauensperson, Anwalt, Vertreter … (Laake 1999, 213).

Case Management im Zusammenhang mit medizinischer Versorgung

Die Anwendung des Verfahrens in der primären medizinischen Versorgung verhindert vorläufig die Vergütungsordnung für Ärzte, die Einzelleistungen honoriert, aber nicht komplexe, an ein Fallmanagement gebundene Dienstleistungen. Der einzelne Arzt kann auch eine übergreifende Budgetverantwortung, wie sie die Gesundheitsreformen anstreben, nicht übernehmen. Komplexe Versorgungslösungen bietet indes ein *Ärztenetz*. Mit ihm soll die sektorielle Gesundheitsversorgung mit den Missständen von „Doppeluntersuchungen und Überdiagnostik, Vernachlässigung der Prävention, geringe Förderung von Selbsthilfe und Selbstbehandlungsmöglichkeiten, Schnittstellenproblemen an den Übergängen des Behandlungsprozesses" ansatzweise überwunden werden (Wahler / Waller 2000, 291 ff). Man richtet eine Patientenleitstelle ein, die über eine Datenbank verfügt, mit der die medizinische, pflegerische und sozialdienstliche Infrastruktur am Ort im Einzelfall passend genutzt werden kann. Die Leitstele lotst den Patienten durch die vernetzten Praxen und übernimmt die Koordination der Versorgung. Für sie wird das Case Management in *sachwaltender* Funktion beansprucht: „Der case manager ist der ‚Sachwalter' eines Patienten in jeder Krankheitssituation, so wie man sich früher den ‚guten alten Hausarzt' vorstellte. Er bedient sich des disease managements, d. h. bestimmter krankheitsspezifischer Leitlinien für Diagnostik und Therapie." (Rüschmann u. a. 2000, 25). Die beteiligten Ärzte stellen gemeinsam die Versorgung der freiwillig teilnehmenden Versicherten sicher, wobei sich die Zusammenführung der Gesamtverantwortung auch in einem kombinierten Budget des Praxisnetzes manifestiert. Dieser Punkt ist allerdings einer, der den Widerstand von Interessenvertretern herausfordert.

Naturgemäß interessiert sich paramedizinisch die *Krankenhaussozialarbeit* für das Case Management, hat sie doch oft komplexe Aufgaben in der Nachsorge für und mit Patienten zu erledigen. Erlangt die Sozialarbeit im Krankenhaus die Zuständigkeit für ein Case Management, klärt und bessert sich damit die (bisher marginale) Stellung dieser Arbeit im Rahmen der medizinischen Versorgung. Die Deutsche Vereinigung für den Sozialdienst im Krankenhaus fördert deshalb die Anwendung von Case Management in der Art und Weise der Aufgabenerledigung (Weis / Nau 1998; Wiegert 1999).

Auf das Versorgungsmanagement der Kassen wurde oben bereits eingegangen. Im *medizinischen Behandlungszusammenhang* selbst liegt es nahe, das Case Management bei komplexen chronifizierten Problemlagen (Schaub 1998) respektive der (kostenintensiven) Behandlung chronisch

Kranker sowie in der Nachsorge für Schwerkranke heranzuziehen. Hier kann Über-, Unter- und Fehlversorgung vermieden werden. Auf die entsprechenden Darlegungen des Sachverständigenrates für die Konzertierte Aktion im Gesundheitswesen (2001) ist bereits oben hingewiesen worden. Im Falle von Langzeiterkrankungen, wie z.B. Diabetes oder Asthma, sind stationäre Aufenthalte und ambulante Versorgungen abzustimmen, Selbsthilfe ist angebracht und insbesondere eine kontrollierte Regulation der persönlichen Lebensführung. In der Nachsorge liegt es z.B. bei Herzkranken nahe, ihnen einen Case Manager zur Seite zu stellen: An der Berliner Charité gab es von 2000 bis 2004 ein Projekt „Poststationäres Fallmanagement zur Verbesserung der Compliance von Maßnahmen der Sekundärprävention bei Patienten mit nachgewiesener koronarer Herzkrankheit". Zu Standards der Prozessqualität in der kardiologischen Rehabilitation sind seitens der Sozialen Arbeit Empfehlungen im Sinne des Case Managements erstellt worden (Held/Gödecker-Geenen 2001).

Für den Bereich der *Sozialpädiatrie* sei musterhaft das „Augsburger Nachsorgemodell" genannt, das seit 1994 zur ganzheitlichen Krankheitsbewältigung im Einzugsbereich der Kinderklinik Augsburg praktiziert wird. Hier organisieren und koordinieren Case Managerinnen für krebs- und schwerstkranke Kinder, auch für Frühgeborene, und ihre Familien die notwendigen Maßnahmen, wie Pflegenachsorge mit Kinderdiätberatung, psychosoziale, spiel- und familientherapeutische Nachsorge, Krisenhilfe und Trauerbegleitung (Porz/Erhardt 1999). Das Augsburger Modell beschreiben Friedrich Porz, Andreas Podeswik und Horst Erhardt in diesem Band. Generell ist die *Familienmedizin* ein Anwendungsgebiet für Case Management, insoweit hier mit Patienten und ihren Angehörigen zusammen in interdisziplinärer Zusammenarbeit die Bewältigung von Krankheit erreicht werden soll. Das Forschungsprojekt KISMED (Kooperationsprojekt Interdisziplinärer Sozialarbeit und Krankenhaus-Medizin) der Hochschule für Sozialwesen Mannheim und der Universitätsklinik Heidelberg verbindet seit 1999 Familienmedizin und Sozialarbeit im Krankenhaus, ohne dass im vorgegebenen Rahmen der stationären Behandlung ausdrücklich ein Case Management erfolgt (Hoevels u.a. 2000).

Für chronisch Kranke sind zuerst Behandlungspfade *(clinical pathways)* als indikationsbezogene Standardisierung von Praktiken entwickelt und in das Konzept des *Disease Managements* aufgenommen worden, das seit längerem in den USA zum Case Management in Beziehung gesetzt wird, wobei letzteres nicht selten als eine Funktion im systematischen Disease Management erscheint (Ward/Rieve 1997; Todd 2001). Auch hierzulande wird es mit dem Case Management abgeglichen und mehr oder minder mit ihm gleichgesetzt (Szathmary 2000). Disease Management hat Krankheitsverläufe und die optimale Behandlung überindividuell im Blick. Es kann als ein „Instrument zur Steuerung der Behandlung und Betreuung von Patienten mit definierten Gesundheitsstörungen" verstanden werden (Greulich

u. a. 2000, 1). Der Anspruch auf Kosteneffizienz kreuzt sich mit dem Anspruch an Qualität. Ich verweise zu dem hier leitenden Interesse auf einen Beschluss der 72. Gesundheitsministerkonferenz am 9./10.Juni 1999 in Trier. Darin wird zu einer sektorübergreifenden Qualitätsstrategie ausgeführt:

> *„Die Betrachtung von Krankheitsverläufen macht insbesondere aus Patientensicht auf die unzureichende Verzahnung der Versorgungsstrukturen aufmerksam. Hierdurch entstehen auch Qualitätsdefizite, die sich insbesondere bei der Behandlung und Pflege chronisch Kranker und multimorbider Patienten auswirken. Ziel einer Qualitätsstrategie muß es daher sein, symptom- bzw. diagnosebezogene ärztliche Leitlinien und Pflegestandards zu entwickeln und umzusetzen, die sowohl prozeßorientiert als auch auf den Zustand des Patienten nach der Behandlung und Betreuung ausgerichtet sind. Für die Steuerung dieser Prozesse müssen sowohl innerhalb der Versorgungssektoren als auch sektorenübergreifend symptom- bzw. krankheitsorientierte Versorgungsketten im Sinne eines ‚Disease Management'/‚Case Management' definiert werden" (http://www.geocities.com/(ollenschlaeger/).*

Als zugelassene strukturierte und qualitätsgesicherte Behandlungsprogramme bei chronischen Krankheiten hat das „Gesetz zur Reform des Risikostrukturausgleichs" inzwischen Disease-Management-Programme eingeführt (siehe dazu auch das Gutachten von Karl W. Lauterbach unter www.vdak.de/dmp/dmp_gutachten.pdf).

Case Management im Kontext der Psychiatrie

Anwendungen in der *Psychiatrie* bzw. in der psychiatrischen Rehabilitation finden wir in Deutschland in Modellprojekten zur außerstationären Versorgung chronisch psychisch Kranker und zur ambulanten Wiedereingliederung vor. So ist von 1995 bis 1998 in der Region München-Süd ein Vorhaben zur „Verbesserung der Behandlung schwer und chronisch psychisch Kranker" durchgeführt und als „psychiatrisches Case Management" referiert worden (Schleuning/Welschehold 2000). Man ging von folgenden Ansätzen aus:

> „Beschreibung und Identifikation der sog. Risikogruppe nicht nur nach konventionellen Aspekten wie Diagnose, soziodemographische Daten und Krankheitsvorgeschichte, sondern mittels zusätzlicher Merkmale wie Problemlagen, Ressourcen, Hilfebedarfe.
>
> → *Kenntnis und Operationalisierung der Zielgruppe*

Anwendung eines modifizierten und erweiterten Krankheitsmodelles, mit dessen Hilfe nicht nur Symptome im engen Sinn, sondern auch andere relevante, den Krankheitsverlauf und die Lebensqualität beeinflussende Ursachen und Wirkfaktoren erfaßt werden.

→ *mehrdimensionales Krankheitsmodell*

Entwicklung und Einsatz einer an den Bedürfnissen des einzelnen Patienten orientierten Vorgehensweise, mit der die spezifischen Bedingungen des Einzelfalls systematisch ermittelt und bedarfsgerechte, individuell zugeschnittene und sinnvoll aufeinander abgestimmte Hilfen zur Verfügung gestellt werden.

→ *personenzentriertes Behandlungsmodell*

Benennung von strukturellen und organisatorischen Rahmenbedingungen, die eine Verankerung des angestrebten Behandlungsmodelles ermöglichen und die Entwicklung eines Gemeindepsychiatrischen Verbundes mit Übernahme von Verantwortung und Versorgungsverpflichtung für eine definierte Region fördern.

→ *Abstimmung und Vernetzung im Versorgungsverbund."*

(Schleuning / Welschehold 2000, 18)

Als projektbezogenes Ergebnis wurde festgehalten, dass es ein „bestes" Case-Management-Modell nicht gebe und man sich an die örtlichen Gegebenheiten halten müsse. Im Versorgungsgefüge seien Indikationskriterien, Auswahl- und Zuweisungsmodalitäten abzustimmen. „Die Einführung von Case Management setzt eine auf einem Minimalkonsens basierende Akzeptanz dieses Ansatzes im Versorgungsumfeld der Zielgruppe voraus. Da Case Management bisherige Versorgungsstrukturen und -abläufe, aber auch Grundhaltungen berührt, muß die Implementierung von einem kontinuierlichen Informations- und Diskussionsprozeß in der Fachöffentlichkeit begleitet werden". Erwarte man vom Case Management koordinierende und therapeutische Leistungen, ergebe sich ein komplexes fachliches Anforderungsprofil, für das eine spezifische Aus- und Weiterbildung nötig sein dürfte. (Schleuning /Welschehold 2000, 98f.)

Ein Case Management liegt in der Psychiatrie generell nahe, wenn man von „von institutions- zu personenzentrierten Hilfen in der psychiatrischen Versorgung" (Kunze/Kruckenberg 1999) kommen will. Angestrebt wird eine „fortlaufende therapeutische Integration des Behandlungs-/Rehabilitationsplanes (im Sinne des clinical case management amerikanischer

Autoren). Dabei sind neben den psychiatrischen Leistungen des Komplexleistungsprogramms auch etwaige weitere psychiatrische Hilfen wie auch alle Hilfen des sozialen Umfeldes und Leistungen nichtpsychiatrischer Dienste und Einrichtungen einzubeziehen" (Kunze / Kruckenberg 1999, 201). In den Empfehlungen dazu wird die notwendige „Mehrschichtigkeit des Handlungsrahmens" gesehen:

> „a) Auf der Arbeitsebene geht es um die ambulante bzw. teilstationäre Leistungserbringung in Form personenbezogener integrierter Behandlungs-, Rehabilitations- und Eingliederungsprogramme (Komplexleistungsprogramme),
>
> b) auf der organisatorischen Ebene um die Verfügbarkeit der notwendigen Hilfefunktionen (Gemeindepsychiatrischer Verbund),
>
> c) auf der Finanzierungsebene: Sozialrechtsänderungen und (Budget-) Techniken zur flexiblen Umschichtung vorhandener Ressourcen und
>
> d) auf der Ebene der Steuerung von Leistungen und Ressourcen: die dazu notwendigen Informations-, Abstimmungs-, Entscheidungs- und Umsetzungsprozesse (regional- und überregional)" (Kunze / Kruckenberg 1999, 20).

6 Fazit

Die Beispiele zur Anwendung von Case Management und die Probleme mit ihr zeigen die Strukturabhängigkeit seiner Implementierung. Die institutionellen und dienstlichen Kontexte variieren auch die Art und Weise der praktischen Umsetzung von Case Management. Deshalb halte ich es für wichtig, es als Konzept und Instrument *neutral* gegenüber seinen Anwendungen zu verstehen und es *generalistisch* (Woodside / McClam 1998; Holt 1999) zu lehren, einerseits auf Konzepttreue bei seiner Implementierung zu achten und es andererseits auch (in Reflexion der Abwandlungen in der Praxis) weiterzuentwickeln. Die Stärke des Konzepts Case Management beruht auf den allgemeinen Prinzipien der Zielausrichtung in der Ablauforganisation, der gesteuerten Zusammenarbeit, der Beteiligung der Nutzer, der Transparenz des Verfahrens, seiner Überprüfbarkeit in jedem Schritt, und sie beruht in der Flexibilität, mit der diese Prinzipien, wenn man sich organisatorisch und in der Einstellung der Beteiligten an sie hält, unter den besonderen Umständen der jeweiligen humandienstlichen Leistungserbringung zum Zuge kommen können.

Case Management im US-amerikanischen Kontext

Anmerkungen zur Bilanz und Folgerungen für die
deutsche Sozialarbeit

Von Wolfgang Klug

Case Management ist eine Methode, die in den USA lange vor ihrer Implementierung in Deutschland entwickelt wurde. Schon dies ist Grund genug, sich der Grundlagen zu vergewissern, vor allem aber die Erfahrungen zu reflektieren, die Soziale Arbeit mit dieser Methode macht. Es erscheint auch gerade für die am Anfang stehende deutsche Case-Management-Forschung von großer Bedeutung, die Quellen der immensen Wissensbestände in Forschung und Ausbildung kennen zu lernen.

In folgendem Artikel sollen Erfahrungen referiert werden, soweit sie in der Literatur reflektiert werden. Am Schluss möchte ich einen Ausblick wagen in die Themenbereiche, von denen ich glaube, dass wir anhand der US-amerikanischen Erfahrungen Diskussionsbedarf haben.

Ich danke Frau Diplom Sozialpädagogin Heidi Schaitl, die mit Literaturrecherchen im Rahmen ihrer Diplomarbeit für diesen Artikel wichtige Vorarbeiten geleistet hat.

1 Das Konzept des Case Managements in den USA und seine Entwicklung

„Case coordination, service integration, service coordination" als Konzepte sind seit Anfang des letzten Jahrhunderts bekannt. Richmond, eine der Pionierinnen der Sozialen Arbeit, spricht bereits 1917 davon. Allerdings ist Wendt Recht zu geben, wenn er betont, mit dieser Bemerkung Richmond zur Gründermutter des modernen Case Managements zu machen, sei so, als wolle man behaupten, die ersten Christen seien auch die ersten Sozialarbeiter gewesen (Wendt 1997, 11). Moxley (1989) diagnostiziert sechs Faktoren, die in den 70er und 80er Jahren Triebkräfte für die Entwicklung des modernen Case Managements waren:

■ *Enthospitalisierung („deinstitutionalization"):* Statt als Hilfe in großen Einrichtungen, wie z. B. Krankenhäusern oder Heimen, wird der Service in gemeindenahen Diensten angeboten. Dadurch können Klienten unabhängiger leben, gleichzeitig aber entsteht bei ihnen das Problem, selbstständig in ihrem Umfeld diese Dienste akquirieren zu müssen.
■ *Dezentralisierung der Dienste:* Es entstehen viele lokale Anbieter statt großer zentraler Dienste. Dies ist eine Folge der staatlich gewollten

Privatisierung. Moxley (1989, 13) beschreibt die Konsequenzen drastisch: „From the perspective of many clients and their families, accessing and using community services can be as difficult as untangling a Gordian knot."

■ *Klienten mit sehr komplexen Problemlagen:* Insbesondere Klienten mit vielschichtigen Problemlagen (z. B. Verschuldung, Wohnungsprobleme, Sucht, Arbeitslosigkeit) fällt es schwer, die hochspezialisierten Dienste überhaupt zu koordinieren, um die vorhandenen Ressourcen in der richtigen Weise nutzen zu können.

■ *Zugangslogik der sozialen Dienste:* Unbemerkt von den Diensten selbst erleben die Klienten häufig Zwänge, die sich aus der Zugangslogik der Dienstleister ergeben: Von Klienten wird bereits vorab verlangt, über eine ausreichende Problemdefinition zu verfügen, um die richtigen Dienste zu finden. Diese sind nur für speziell definierte Probleme „zuständig". In der Praxis sind es häufig genau diese Zugangsschwellen, die Klienten hindern, den richtigen Dienst zum richtigen Zeitpunkt zu finden.

■ *Fehlende soziale Netzwerke:* Vereinzelung, fehlende oder brüchige soziale Unterstützung sind Kennzeichen vieler Klienten, denen das „Lebensmanagement" nicht gelingt. Sie werden zu Klienten, ohne in die Logik eines Spezialdienstes zu passen.

■ *Kostenexplosion bei den sozialen Diensten:* Während viele der oben genannten Gründe an der Effektivität sozialer Dienste zweifeln ließen, ist es besonders auch die Kostenexplosion (z. B. im Gesundheitswesen), die zu Gegenmaßnahmen zwingt.

Eine Untersuchung von drogenabhängigen Frauen in New York Mitte der 70er Jahre ergab, dass insbesondere die Gruppe der „powerless" es schnell aufgeben, sich an die entsprechenden Dienste zu wenden, weil die Hürden für sie zu hoch sind. Mit speziellen, schon Ende der 70er Jahre etablierten Case-Management-Programmen für schwangere, drogenabhängige Frauen konnten die Zugangsprobleme deutlich verringert werden (Brindis / Theidon 1997).

Besonders in den 80er Jahren setzte – initiiert durch begünstigende politische Rahmenbedingungen – eine starke Ausdifferenzierung des Case Managements nach Zielgruppen ein, die sich in den 90er Jahren beschleunigte (Cesta u.a. 1998). Case Management wurde zunehmend als Werkzeug gesehen, um Kosten zu reduzieren und die überhand nehmenden und als ineffektiv angesehenen Dienstleistungen einzudämmen (Poertner 1996, 100; und Stroul 1995, 12). Die Organisation im medizinischen Sektor nach dem „Component Management Model" führte zu einer Fragmentierung von medizinischen Leistungen, und alle Versuche, die Qualität über die Optimierung der Komponenten zu sichern, führten nur zu einer weiteren Kostensteigerung. Einige Beispiele für gesetzliche Rahmenbedingungen, die Case Management zur Leitmethode der Sozialen Arbeit machten (Miley u. a. 1998, 346):

> 1970 Developmental Disabilities Act
> 1972 Medicare waivers and Medicaid, Social Security Amendments
> 1975 Education for All Handicapped Children Act
> 1987 Homeless Assistance Act
> 1988 Family Support Act
> 1990 AIDS Resources Emergency Act

Nicht zuletzt wegen seiner kostenreduzierenden Wirkung ist Case Management heute in den USA eine sehr weit verbreitete Methode, die in fast allen Feldern Sozialer Arbeit angewandt wird. Die Problemstellung, der Ewers nachgeht, ist für das tiefere Verständnis des US-amerikanischen Case Managements sehr entscheidend und wird uns im Laufe unserer Überlegungen noch beschäftigen: In seiner historischen Entwicklung, so Ewers, wurde Case Management „für die Überwindung systemimmanenter Probleme und Zugangsbarrieren instrumentalisiert und in den Sog einer einseitig ausgabenzentrierten Sozial- und Gesundheitspolitik gezogen" (Ewers 2000, 44).

Neuerdings bildet sich mit der Ausdifferenzierung eines eigenen „Disease Managements" ein medizinischer Zweig des Case Managements. Wegen des Case-Management-Grundgedankens (Unterstützungsleistung für medizinisches Personal) und seiner starken Orientierung an wirtschaftlichen Paradigmen (eine der Gründungsstudien wurde von der Pharmaindustrie gesponsert) ist diese Entwicklung nicht unumstritten (Powell 2000, 8).

2 Programmatische Grundgedanken des US-amerikanischen Case Managements

Case Management beruht, wie der geschichtliche Überblick zeigt, auf bestimmten programmatischen Grundlagen. Man könnte auch sagen: Wer Case Management implementiert, verbindet damit bestimmte Erwartungen.

Effizienz und Effektivität

Im Zentrum zumindest des Gesetzgebers stand das Ziel, Kosten einzudämmen und gleichzeitig die Wirksamkeit der Dienstleistung zu steigern. „Service effectiveness", „service efficiency" und „cost-effectiveness" sind „structural elements of case management" (Weil / Karls 1985, 15). Insofern gehört es zu den konstitutiven Elementen des praktischen Case-Management-Gebrauchs, die Effektivität eines Programms zu evaluieren. Für das

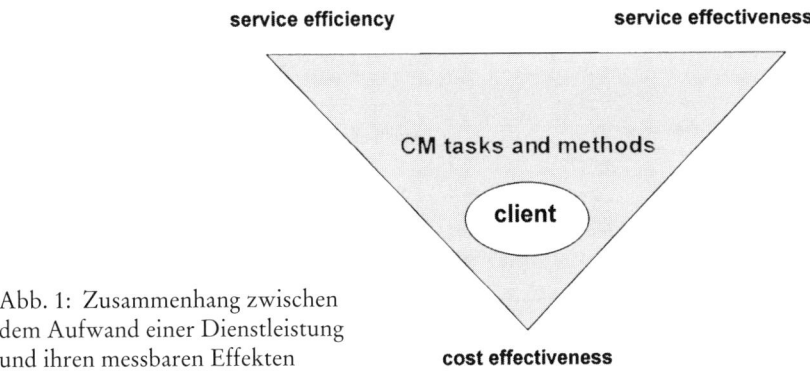

Abb. 1: Zusammenhang zwischen
dem Aufwand einer Dienstleistung
und ihren messbaren Effekten

Case Management ergibt sich ein zwingender Zusammenhang zwischen dem Aufwand einer Dienstleistung und ihren messbaren Effekten (siehe Abbildung 1). Ein von diesem Zusammenhang losgelöstes Case Management ist im US-amerikanischen Kontext schwer vorstellbar.

Mit der Effizienzfrage ist eine oft beschriebene Rolle des Case Managements verbunden: die der „gatekeeper"-Funktion, die innerhalb eines Dienstes zu klären hat, welche Klienten zu welchen Diensten sollen und wo der kostengünstigste Anbieter ist. Darüber hinaus stellt der „gatekeeper" fest, welcher Klient am bedürftigsten ist bzw. bei wem die Erfolgsaussichten am höchsten sind.

Qualität der Leistung

Weil und Karls sehen die Prinzipien der Effektivität und Effizienz in engem Zusammenhang mit der Qualität der Leistung: „The most basic goal of any case management program is to provide the best possible quality of service as efficiently and cost-effectively as possible" (Weil/Karls 1985, 15; Raiff/Shore 1993). Applebaum und Austin (1990) sehen es gar als eine der wichtigsten Aufgaben der Case-Management-Agenturen an, die vom Klienten benötigte Dienstleistung in einer hohen Qualität effizient und effektiv zu gewährleisten. Dabei sind ihrer Meinung nach nicht nur der eigene Prozess, sondern auch die Dienste, an die der Case Manager vermittelt, qualitativ zu sichern (Applebaum/Austin 1990, 163). Insofern bedarf es eines zweistufigen Qualitätsmanagementprozesses: Zum einen muss sich der Case Manager selbst der Qualitätssicherung unterziehen, zum anderen ist Case Management nach dieser Auffassung ein Instrument der Qualitätssicherung für die Dienste, die in den Hilfeprozess eingeschaltet sind. Ridgely ordnet dabei den vermittelten Leistungen die größere Bedeutung zu:

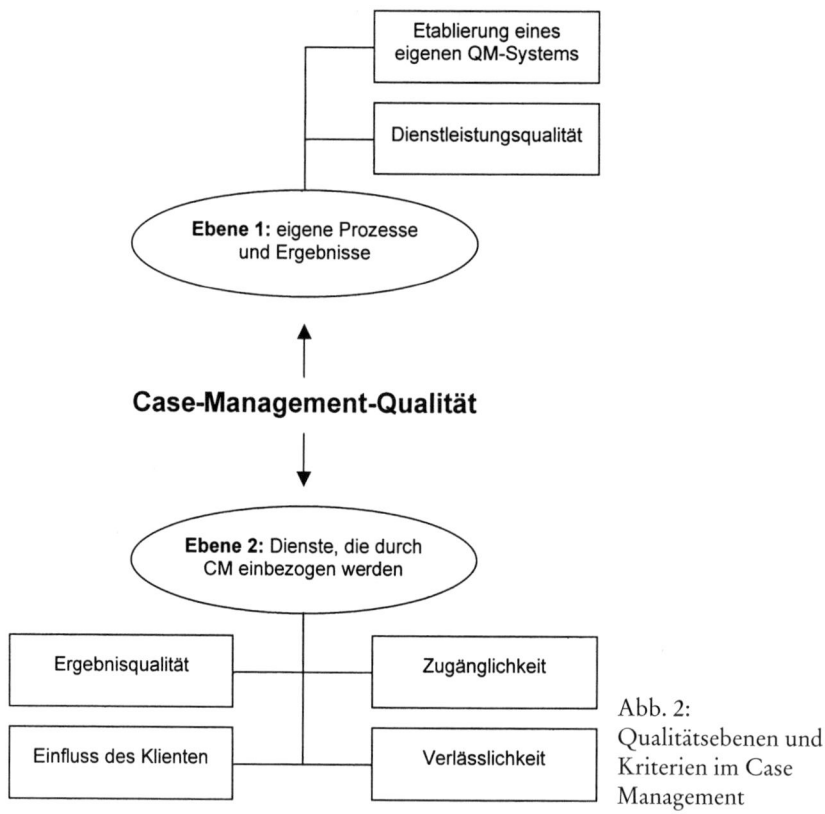

Abb. 2:
Qualitätsebenen und
Kriterien im Case
Management

> „... effectiveness of case management may have more to do with the service
> environment in which it is embedded than with the case management pro-
> gram per se ... if case management programs are set up to coordinate ser-
> vices, there must be services to coordinate, and these must be of high quality"
> (Ridgely 1994, 136).

Weil der Case Manager darauf Wert legen muss, dass qualitativ hochwertige
Leistungen verfügbar sind, ist es für ihn unabdingbar, seinen Einfluss gel-
tend zu machen, dass die eingeschalteten Dienste qualitativ hochwertige
Dienstleistungen zur Verfügung stellen (Kaplan 1990). Die Qualität des
Case Managements lässt sich nach Geron und Ghassler (1994, 95) insbe-
sondere an folgenden Kriterien messen:

■ Zugänglichkeit der Dienstleistungen,
■ Zeitrahmen (timelines), innerhalb dessen die Dienstleistungen bereit-
gestellt werden,

- Verlässlichkeit bei der Leistungserbringung,
- Menschlichkeit des Leistungserbringers,
- Zweckmäßigkeit der Leistung und
- positive Ergebnisse der bereitgestellten Hilfsangebote.

Die Übersicht auf der vorhergehenden Seite (siehe Abbildung 2) veranschaulicht die Qualitätsebenen und Kriterien.

Diese Qualitätsmerkmale sind eher allgemein. Konkrete vereinheitlichte Manuale sind nicht vorhanden. So kritisieren Bulger und Feldmeier (1998) das Fehlen breit gefasster, allgemeingültiger Standards für alle am Case-Management-Prozess beteiligten Praktiker (Bulger / Feldmeier 1998, 99).

Kundenorientierung

Insbesondere Moxley (1997) betont sehr stark das, was er „consumerism" nennt, und was man nur sehr frei mit „Verbraucherschutz" umschreiben könnte. Seit den 60er und 70er Jahren wird dieser Begriff mit der „consumer movement" assoziiert, die im Interesse der Verbraucher um die Qualität der Leistung kämpft. Insbesondere geht es dieser Bewegung darum, Druck auf die Regierung auszuüben, um die Rechte von Dienstleistungsempfängern gegenüber großen Organisationen zu stärken.

Eng verbunden mit dem Begriff des „consumerism" ist der für die US-amerikanische Case-Management-Literatur zentrale Begriff der „advocacy": der Parteinahme für den Klienten. Kisthardt und Rapp (1992, 121) machen diese Funktion an vier Fragen fest:

- Ist die Ressource für den Klienten überhaupt vorhanden?
- Hat der Klient Zugang zu dieser Ressource?
- Trifft der Soziale Dienst die notwendigen Vorkehrungen für den Klienten?
- Ist die Ressource den Problemen des Klienten angemessen?

Im Zusammenhang mit der Kundenorientierung geht es also nicht nur um Koordination der Dienste im Hinblick auf die Klientenziele. Vielmehr beschreibt Moxley (1997, 21) das „Metaziel" der Kundenorientierung mit „personalization" und weist diesem Hauptziel vier Teilziele zu (siehe Abbildung 3).

Mit dem Terminus „The consumer's voice" will Moxley (1997, 22) ausdrücken, dass der Case Manager im Prozess der Hilfe Antwort auf die ausdrücklichen Bedürfnisse des Klienten finden muss. Entscheidend bei der Identifizierung der Bedürfnisse des Klienten ist für Moxley, nicht die eigenen fachlichen Maßstäbe der adäquaten Hilfe anzulegen, sondern dem Klienten geduldig bei der Suche nach dessen Problemdefinition zu helfen – nach seinen Maßstäben und seinem eigenen Welt- und Lebensbild.

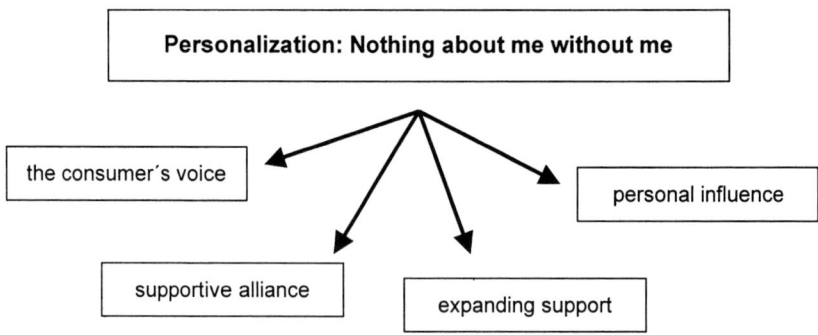

Abb. 3: Zieldimensionen im Case Management

„Supportive alliance" ist im Sinne des Case Managements ein Schlüssel-begriff. Unterstützende Bündnisse für Menschen in bedrängenden Situationen stärken deren soziales Netz, reduzieren die Isolation und vergrößern das Angebot stabiler Unterstützungsquellen.

Durch systematische Einbeziehung der Ressourcen des Gemeinwesens wird die mögliche Unterstützung auf neue Ressourcenquellen ausgedehnt („expanding support") und dadurch die Gefahr der Abkapselung des Case Managers durch eine zu enge Sicht der Hilfsmöglichkeiten verhindert.

Schließlich ist es auch die persönliche Beziehung des Case Managers, sein persönlicher Einfluss („personal influence") auf die Lebensgestaltung und das Haushaltsmanagement, der die personale Kompetenz des Klienten stärkt, damit dieser Kontrolle über wichtige Lebensressourcen erlangt.

Empowerment

Eng verknüpft mit der Kundenorientierung ist die Haltung des Empowerments, die der Case Manager einnehmen sollte. Der Empowerment-Gedanke ist der US-amerikanischen Sozialarbeit so vertraut, dass er in der Case-Management-Literatur oft als selbstverständlich vorausgesetzt wird (Raiff/Shore 1993; Weil/Karls 1985; Yarmo 1998). So gehört nach Holt (2000) das Empowerment zu den das Case Management definierenden Grundelementen, ohne dass die Autorin meint, dieses Schlüsselwort definieren zu müssen. Die folgende Definition ist dem Vorwort zu den Standards der National Association of Social Work (NASW), des US-amerikanischen Berufsverbandes der Sozialen Arbeit, entnommen und zeigt die Selbstverständlichkeit, mit der Case Management mit Empowerment assoziiert wird: „Case Management is based on the principle that a trusting and empowering direct relationship between the case manager and the client is essential to expedite the client's use of service along a continuum of care and to restore or maintain independent functioning to the fullest degree extent possible" (NASW 1992). Die folgenden Grundsätze des Empowerments sind dabei Erkenntnis leitend:

1. Alle Menschen sind potenziell kompetent, sogar in extremen Veränderungssituationen.
2. Alle Menschen unterliegen als Subjekte verschiedenen Graden von Selbsthilfefähigkeit. Die Unterschiede liegen graduell in der mehr oder weniger ausgeprägten Kompetenz zu sozialen Interaktionen mit dem Umgebungssystem, und zwar in der Weise, dass für sie Unterstützungsleistungen aus der Umwelt verfügbar sind oder eben nicht.
3. Die in bestimmten Lebensphasen nachlassende Wirkung sozialer Interaktion liegt häufig weniger an einem völligen Verlust von Interaktionskompetenzen, als vielmehr an den mit den vorhandenen Fähigkeiten nicht zu bewältigenden Veränderungen in der eigenen Person und ihrem Austauschverhältnis zur Umwelt. Gründe dafür sind z. B. Gesundheitsprobleme, Verlust von Unterstützungssystemen durch Tod oder Wegzug, erzwungenes Ausscheiden aus Arbeitsverhältnissen etc.
4. Alle Menschen sind daran interessiert, die Wirksamkeit („efficacy") ihrer sozialen Interaktionen zu erhöhen. Insofern ist es das Ziel einer professionellen Empowerment-Haltung, dass der Klient die Kontrolle über die Umwelt-Ressourcen wiedererlangt (Cox/Parson 1994).

Die vier Schlüsselkomponenten für den Empowerment-Prozess sind:

1. Einstellungen und Werte: Wenn der Klient den Glauben an die Wirksamkeit seiner Interaktion, letztlich den Glauben an sich selbst und die Möglichkeiten eigener Kontrolle, wiedererlangen soll, ist seine Selbstbestimmung in jeder Phase des Case-Management-Prozesses zu wahren. Dieser so eingängige Grundsatz liest sich leicht, bedeutet aber auch in der Praxis, beispielsweise bei der Arbeit mit psychisch Kranken, die Achtung zu wahren vor den Erfahrungen und vor den Rechten des Klienten auf seine eigenen Ziele (Walsh 2000).

2. Wertschätzung kollektiver Erfahrungen: Gemeinsame Erfahrungen reduzieren die Tendenz zur Selbstbeschuldigung und lenken den Blick auf andere Tatsachen als das persönliche Scheitern. Die eigene Geschichte mit anderen zu teilen, führt zur Wertschätzung der eigenen Geschichte und der des anderen. Diese Einsicht legt die Schaffung informeller Netze als wesentliche Unterstützungsfunktion des Case Managers nahe.

3. Wissen und Fähigkeit zum differenzierten Denken: Die Unterscheidung zwischen internen und externen Aspekten des Problems (Makro- und Mikro-Strukturen) führt einerseits zur Entlastung des Klienten durch

Differenzierung der Gründe für ein Scheitern des Lebensmanagements. Andererseits führt dieser Gedanke zu einer differenzierten Lösungsstrategie, die sich nicht auf die Mikroebene beschränken kann.

4. Aktionsorientierung: Empowerment-Prozesse zielen auf Aktivierung der Betroffenen. Durch Bildung (education), weitergehende Versorgung und Unterstützung der Klienten und die Einbeziehung der Ressourcen der Gemeinden sollen Menschen unterstützt und befähigt werden, ihr eigenes „Lebensmanagement" optimal zu betreiben.

Roberts-DeGennaro weist auf die zunehmende Bedeutung von Kundenorientierung und Empowerment im Case Management hin. Er betont, dass auf Grund des Druckes durch die Verbraucherverbände zukünftig wesentlich stärker darauf geachtet werden wird, ob eine soziale Organisation ihre Verlässlichkeit und Effizienz dokumentieren kann. Dadurch, so Roberts-DeGennaro: „… the role played by case managers will become increasingly significant in assuring that clients receive quality services" (1993, 111).

3 „System-driven case management" versus „consumer-driven archetype"

Unterscheidungen

Unschwer lassen sich aus den ausgeführten Zielperspektiven und Leitgedanken des Case Managements Schwerpunkte herauslesen, die auch in der Literatur thematisiert werden. So unterscheidet Moxley (1997) zwischen dem „system-driven" und dem „consumer-driven" Case Management. Ersteres definiert er wie folgt:

> *„System-driven case management embodies those values that prioritize a more efficient and effective organizational approach to human service delivery. The role of case management from the perspective of this archetype is found in its contribution to the realization of better organized human services, ones that are more efficient in their use of resources and more effective from the standpoint of service delivery" (Moxley 1997, 15).*

Die wichtigsten Kennzeichen dieses Case-Management-Typs sind:

- Definition der Ziele liegt weitgehend in der Hand des Case Managers,
- bessere Koordination der Dienstleistungen und Vermeiden von Überschneidungen,
- Erschließen von Alternativen zu teueren Angeboten,

Tab. 2: Case-Management-Orientierung (Moxley 1997, 53)

system-driven Case Management administrative Funktion	consumer-driven Case Management klientenorientierte Funktion
Kontrolle der Ressourcen	Bedürfnisse des Kunden stehen im Mittelpunkt
Case Manager bestimmt den Gang der Untersuchung	Klienten definieren ihre Bedürfnisse und werden bei deren Befriedigung unterstützt
Rationalisierung und Kostenmanagement	Anwaltschaft und verstärkendes Vertrauen
geteilte Loyalität des Case Managers	Loyalität gilt allein dem Klienten
Ziel ist eine optimale interorganisatorische Organisation (z. B. Vermeidung von Doppelbetreuung, Überbetreuung, unangemessener Betreuung)	Ziel ist erreicht, wenn Ziele des Klienten erreicht sind

▨ Ersetzen von teuren Dienstleistungen durch billigere bzw. informelle Hilfen und
▨ Überwachung des Verhaltens von Klienten, die Kosten und Ineffizienz im sozialen Dienstleistungssystem verursachen.

Die kundenorientierte Variante des Case Managements definiert er folgendermaßen: „Case Management based on this archetype aligns itself with consumers and assists people to organize those supports and services that are most responsive to needs as they define them" (Moxley 1997, 20). Die zentralen Anliegen dieses Case-Management-Typs sind:

▨ Die Bedürfnisse des Kunden stehen im Mittelpunkt.
▨ Es soll für das Klienteninteresse eingetreten werden (advocacy).
▨ Menschen mit sozialen Problemen bestimmen selbst Zweck, Richtung und Inhalt der Dienstleistung.
▨ Klienten erhalten Selbstvertrauen stärkendes Vertrauen von professioneller Seite.

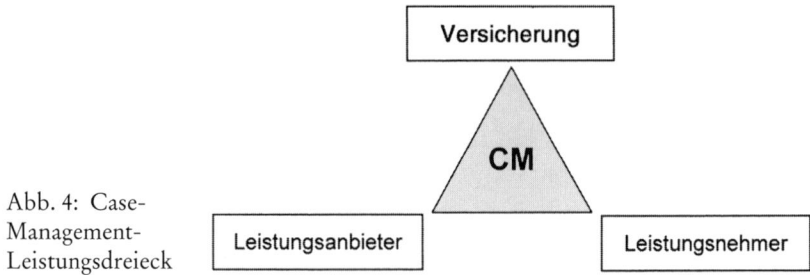

Abb. 4: Case-
Management-
Leistungsdreieck

Beide Archetypen des Case Managements stehen in einer Spannung und führen nicht selten zu Zielkonflikten (Powell 2000, 70). Im Vergleich stellen sie sich wie folgt dar:

Rollen und Anstellungsträger

Wenn man sich die Unterscheidung zwischen system-driven und consumer-driven Case Management vergegenwärtigt, wird sehr schnell deutlich, dass es für die tatsächliche Ausgestaltung des Dienstes von entscheidender Bedeutung ist, wer als Auftraggeber fungiert. Im klassischen Fall von Gesundheitsdienstleistungen gibt es prinzipiell drei Möglichkeiten, die sich im Leistungsdreieck abbilden lassen (siehe Abbildung 4).

Gesetzt den Fall, der Case Manager fungiert in einer privaten Profit-Organisation und stellt seine Dienste einer Versicherung zur Verfügung, dann hat er im amerikanischen „managed care system" mit seinen Health Maintenance Organizations (HMO), die mittlerweile große Teile der US-Amerikaner versorgen, die Aufgabe, nach der kostengünstigsten Behandlungslösung zu suchen. Er arbeitet dabei mit einem Vertragsarzt zusammen. Der Leistungsnehmer (der Versicherte, der Klient) spielt bei diesem Case Manager kaum eine Rolle, außer dass er sich aufklären lassen muss über sein etwaiges kostentreibendes Verhalten, das er unterlassen sollte. Ansonsten hat er, wie Holt (2000, 18) betont, nur wenig Wahlmöglichkeiten.

Case Manager in Diensten des Leistungsanbieters, beispielsweise eines Krankenhauses, sind natürlich auch mit dem Kostenfaktor befasst, denn es ist ihre primäre Aufgabe, die Effizienz des Versorgungssystems zu verbessern. Dies muss, wie Holt (2000, 21 f) unterstreicht, nicht gegen die Interessen des Klienten sein.

Schließlich könnte der Klient Auftraggeber sein, wenn der Case Manager beispielsweise bei einer öffentlichen oder privaten Non-Profit-Organisation angestellt ist. Dann wird er es als seine erste Aufgabe erachten, die Interessen des Klienten zu sehen und die in dessen Augen bestmögliche Lösung zu suchen (Holt 2000, 23).

Ethische Probleme

In einer eigenen Festlegung hat der US-amerikanische Berufsverband NASW 1992 ethische Standards für Case Management entwickelt. Der Standard in Bezug auf das Verhalten gegenüber Klienten lautet wie folgt: „The social work case manager shall use his or her professional skills and competence to serve the client whose interests are of primary concern." (NASW, Standard 2)

Auch im Verhältnis zum Gemeinwesen und gegenüber anderen Dienstleistern ist der Maßstab das wohlverstandene Interesse des Klienten. Damit schreibt die NASW die ethischen Prinzipien ihres „Code of Ethics" konsequent auf das Case Management fort. Dort verpflichtet sich jeder Sozialarbeiter, die Interessen des Klienten in den Mittelpunkt seiner Arbeit zu stellen – auch gegenüber der eigenen Organisation. Diese klare ethische Haltung bringt Konflikte im Zusammenhang mit der oben ausgeführten Zielperspektive eines „system-driven" Case Managements. Welches Ziel soll die Fachkraft, die z. B. an einer Klinik angestellt ist, ansteuern: das ökonomische oder das des Klienten? Zwar lassen sich sicher im Einzelfall gemeinsame ökonomische und klientenorientierte Ziele finden. Prinzipiell muss man sich jedoch dem Problem stellen, dass zwischen der ökonomischen Realität einer Krankenversicherung, den Ablauforganisationen eines Krankenhauses, den wirtschaftlichen Interessen von Ärzten und Pharmaindustrie einerseits und den Bedürfnissen von Klienten andererseits nicht unbedingt Schnittmengen entstehen müssen. Im Bewusstsein dieser Problematik gibt Powell (2000, 70) zu, dass es keine klare Methode gibt, alle „Mitspieler" zufrieden zu stellen. In der Tat ist auch ihre „Lösung" wenig zufrieden stellend: „However, case managers are not new to juggling different perspectives, and this provides another opportunity for case managers to shine and to demonstrate case management negotiation and diplomacy skills." (Powell 2000, 71)

Immer dann wird die ethische Problematik besonders sichtbar, wenn es um Entscheidungen geht. Die Antwort des Empowerments (Entscheidungen fallen in Zusammenarbeit zwischen Case Manager und Klient) wird nicht immer dieselbe sein wie diejenige, die Organisationen aus ihrer Logik und Kostenträger aus ökonomischem Kalkül treffen (Dinerman 1992). Moxley (1997, 62) weist darauf hin, dass selbst die klientenzentrierte Version des Case Managements nicht ohne ethische Probleme ist: Die Klienten könnten den Empowerment-Ansatz ablehnen und lieber die Verantwortung beim Case Manager belassen wollen. Ethisch problematisch für den Case Manager könnte es sein, seine normativen Vorgaben, z. B. seinen Empowerment-Ansatz, auf den Klienten zu übertragen. Ist der Klient nicht motiviert, selbstständig zu werden, fehlt es ihm an der Bereitschaft, etwas zu seiner Emanzipation beizutragen, könnte der Case Manager die Hilfe verweigern. Dies widerspräche dem „consumer-driven" Case

Management. So könnte auch ein sehr klientenorientierter Case Manager in das ethische Dilemma kommen, den Wunsch des Klienten respektieren zu müssen und gleichzeitig die eigenen normativen Grundsätze zu beachten.

An anderer Stelle wurde die Frage der ethischen Konflikte zwischen Sozialer Arbeit und ökonomischen Grundsätzen sozialer Organisationen ausführlich erörtert (Klug 2000), so dass sich die Diskussion hier auf einige wenige Bemerkungen beschränken soll. Es soll genügen, auf den fundamentalen Konflikt hinzuweisen, der aus dieser ethischen Problemstellung erwächst. Wenn den Krankenkassen (Tophoven 1995) oder der Reha-Beratung (Meierjürgen 1997) neuerdings Case Management als adäquate Strategie zu mehr Wirtschaftlichkeit und Effizienz im Sozial- und Gesundheitswesen empfohlen wird, mag dies als neue Professionalisierung der Sozialen Arbeit begrüßt werden. Aus den US-amerikanischen Erfahrungen jedoch wird man sich dem genannten ethischen Dilemma stellen müssen. Im Sprachschatz mancher Sozialarbeiter in den USA werden die Case Manager schon als „Money Manager" bezeichnet, was auf einen fundamentalen Konflikt zwischen der ökonomischen und der sozialarbeiterischen Rationalität hinweist und das Problem des „doppelten Mandats" auf neue Weise deutlich macht: Lassen sich mit den ökonomischen Vorgaben der Organisationen die ethischen Verpflichtungen gegenüber den Klienten überhaupt noch einhalten? Dieses Problem verdient eine ausgiebige ethische Bewertung. Mit „sanften" Lösungen, wie sie der deutsche Berufsverband (DBSH, 17) ethisch vertritt („Sie [die Berufsangehörigen, W. K.] haben das Recht und die Pflicht, den/die Arbeitgeber/in schriftlich über schwerwiegende Mängel oder Überforderung zu informieren.") wird sich dieser Konflikt jedenfalls ethisch nicht befriedigend lösen lassen.

4 Does Case Management work? – Anmerkungen zur Forschung

Es verwundert nach den obigen Ausführungen nicht, wenn im US-amerikanischen Kontext für die Case-Management-Forschung valide Kriterien für die Wirksamkeit der Case-Management-Praxis entwickelt werden, die einer empirischen Überprüfung standhalten müssen. Besonders interessant ist die Wirkungsforschung. Powell (2000, 68) nennt einige der Fragestellungen:

■ Sind die Kosten bei einem durchschnittlichen bzw. Risiko-Krankheitsverlauf mit Case Management nachweislich geringer als ohne?
■ Ist die Lebensqualität eines (Risiko-)Klienten durch das Case Management höher als ohne?
■ Lassen sich nachweisbare Wirkungen des Case Managements belegen?

Voraussetzungen für eine solche Forschung sind selbstverständlich einheitliche Instrumente und standardisierte Materialien wie Ablaufschemata, Protokolle, Dokumentationen. Diese Materialien werden in großer Zahl entwickelt und in der Literatur vorgestellt (Powell 2000; Cesta u.a. 1998; Holt 2000; Klug 2003). Dies stellt Anforderungen sowohl an die Forschung als auch an die Praxis: Letztere muss ihre Prozesse stabil halten und in gewisser Weise vorhersehbar, denn wenn kein Hilfeprozess vergleichbar ist mit einem anderen und jedes Mal die Methode neu erfunden wird, ist kein Zusammenhang zwischen der Intervention und dem Ergebnis festzustellen.

Nicht übersehen werden darf dabei, dass Teile der Forschung von dem Interesse geleitet sind, das Managed Care System zu unterstützen. Deshalb werden nationale Benchmark-Modelle entwickelt, die „the best of the best practice" herausfinden sollen. Dabei wird angestrebt, für bestimmte Fallgruppen (z.B. Patienten nach Herzinfarkt) die optimalen Kennziffern zu erforschen (Verweildauer im Krankenhaus, Lebensqualitätsindex, Kosten, Qualitätsgrößen) und öffentlich zu machen (Camp/Tweet 1994). Dies geht selbstverständlich nur über statistisch erhobene Daten. So lässt sich beispielsweise der Prozentsatz derjenigen, die nach einer intensiven Diabetes-Schulung („self-monitoring blood glucose education") wegen falscher Insulineinstellung wieder in die Notaufnahme kommen, exakt bestimmen und als Benchmark festlegen. Es lässt sich allerdings unschwer ausmalen, was schlechte Benchmarks für einen Case Manager einer Organisation bedeuten, wenn Wettbewerb zum wichtigsten Steuerungsmittel gemacht wird.

Der Suche nach der „best practice" hat sich mittlerweile das „American College of Emergency Physicians" (ACEP 2005) angenommen. Seine Aufgabe besteht in einem „Outcomes movement Management". Es sind folgende Richtungen, in die das ACEP bezüglich des Wirkungsmanagements denkt:

- routine and systematic interval measures of patient function and well-being, with disease-specific clinical outcomes;
- pooled clinical and outcome data, and
- appropriate results from the data base analyzed and disseminated to meet the concerns of each decision maker" (ACEP 2005).

In eine ähnliche Richtung gehen andere Vorschläge, die sich ebenfalls damit beschäftigen, welche Größen für den Erfolg ausschlaggebend sind. So schlagen Nelson u.a. (1996) für den klinischen Bereich einen „clinical value compass", bestehend aus vier Zielrichtungen, vor:

1. medical outcomes,
2. patient satisfaction,
3. functional status and
4. cost.

Zusammen mit anderen Vorschlägen zur Erfassung des Forschungsbedarfs (z. B. Powell 2000, 62) lassen sich folgende Bereiche identifizieren, die einer zielgerichteten Case-Management-Forschung unterliegen müssten:

Wirkungsstudien: Wie wirken Interventionen des Case Managements auf den Prozess? Die spannende Frage ist, ob und was sich durch das Case Management verbessert oder verschlechtert. Interessant ist es vermutlich, diese Daten mit anderen Diensten zu vergleichen, die nicht mit Case Management arbeiten. In diese Kategorie gehört beispielsweise die Fragestellung, ob und wie sich die Unterstützungssysteme (Familie, Freunde, formelle Ressourcenquellen) verändert haben. Eine besondere Art der Wirkungsforschung sind Studien über die Verbesserung oder Verschlechterung der Lebensqualität.

Klientenzufriedenheitsstudien: Einer der wichtigen Parameter ist die Zufriedenheit des Klienten mit der Dienstleistung. Eine umfangreiche Sammlung von Literatur zu „satisfaction surveys" hat das ACEP zusammengetragen.

Mitarbeiterzufriedenheitsstudien: Zu fragen ist, ob die Sozialarbeiterinnen, die mit Case Management arbeiten, zufriedener sind und sich mehr mit ihrer Arbeit identifizieren als ihre Berufskolleginnen. Untersuchungen bei Krankenschwestern in Kanada, wo Case Managerinnen häufig als „money manager" bezeichnet werden, lassen erhebliche Zweifel darüber erkennen (Connors 1996).

Effizienzstudien: „Cost-effectiveness" und „cost-benefit analyses" sind zentrale Themen für die US-amerikanische Forschung. So sind die Kosten einer Behandlung mit und ohne Case Management ebenso Themen wie die Aufenthaltsdauer in stationären Einrichtungen mit und ohne Case Management (Powell 2000, 68). Frankel und Heft-LaPorte (1998) untersuchen die Effizienz von verschiedenen Case Managern, die in einer Einrichtung nach demselben Konzept arbeiten. Sie stellen die Fall-, Kontakt- und Vermittlungszahlen an andere Dienste sowie die Zielmenge und -erreichung in einen Zusammenhang. Dabei sind signifikante Unterschiede feststellbar, die die Effizienz und Effektivität Sozialer Arbeit messen. Erste Überlegungen zur Effizienz von sozialarbeiterischem Case Management in Deutschland liegen mittlerweile vor (Klug 2004).

Metastudien: Zur genaueren Evaluation dessen, was Case Management ist, was seine Effektivität ausmacht und welche organisatorischen Formen sich als günstig erweisen, bedarf es Metastudien. So haben beispielsweise Rothmann und Sager eine Begleitforschung bei 50 ausgesuchten hervorragenden Case Managern gestartet, um herauszufinden, was in der nationalen Praxis an Case-Management-Wissen vorhanden ist (Rothmann/ Sager 1998, 279 ff).

Von den Schwierigkeiten, die einer systematischen Forschung entgegenstehen, berichten Brindis und Theidon (1997): Angesichts der uneinheitlichen Case-Management-Konzepte ist es nicht einfach, einheitliche und miteinander vergleichbare Forschungsdesigns zu entwickeln. Mit Einzelstudien, die noch dazu sehr zielgruppenspezifisch und mit unterschiedlichen theoretischen Ansätzen operieren, sind allgemeine und dann auch politisch verwertbare Aussagen über Wirksamkeit von Case Management oder auch „best practice" kaum möglich (Frankel/Heft-LaPorte 1998).

Ein letztes Forschungsproblem sei angesprochen. Summers (2000) hat eine vergleichende Studie zur Evaluationsforschung vorgelegt. Sein Ergebnis ist ernüchternd: Es gibt sehr viele Forschungsdesigns zu Zielgruppen, Wirkungsfaktoren und Effizienz. Jedoch sind diese Studien untereinander nicht vergleichbar, da sie ihre eigenen Voraussetzungen nicht offen legen. Um aufeinander aufbauende Forschung betreiben zu können, bedarf es einer Offenlegung und Vergleichbarkeit von Evaluationsprogrammen. Summers (2000, 86) plädiert für ein einheitliches Grundschema und unterbreitet folgenden Vorschlag für eine Klassifizierung von Case-Management-Programm-Evaluationen (Summers 2000, 91):

I. Vorüberlegungen zum Evaluationskonzept
A. Art der Evaluation (Prozess- oder Ergebnisevaluation)
B. Perspektive der Evaluation
   1. Werte/Prinzipien
   2. wissenschaftliche Zugänge
   3. Zielgruppe der Veröffentlichung
   4. Organisatorische Einbettung
C. Fokus der Evaluation
   1. Zweck der Evaluation
   2. Stufe der Intervention (nur Begleitung? Praxisintervention?)

II. Case-Management-Programm-Beschreibung
A. strukturelle Elemente
   1. Ziele des Case-Management-Programms
   2. philosophische Grundannahmen (Menschenbild, Wertvorstellungen)
   3. einzelner Case Manager oder Arbeit im Team
   4. Ausmaß der Budget-Kontrolle (Befugnis der Steuerung von Budgets)
   5. Status des Case Managers innerhalb der Organisation

6. Spezialisierungsgrad (Generalist? Spezialisierter Case Manager?)
7. Professioneller-Klient-Verhältnis
8. angestrebte Zielgruppe
9. Ausstattung
B. Prozess-Elemente
   1. Grad der direkten Intervention oder Vermittlung
   2. Intensität der Intervention
   3. Ausmaß der Fokussierung von Bedürfnissen
   4. Grad der Partizipation der Klienten
   5. Stufen der Intervention (Individuum, Netzwerke, System)
   6. kulturelle Kompetenz

5 Struktur- und Prozessstandards

Die umfangreichen empirischen Forschungen führen zu Erkenntnissen der Prozess- und Ergebnisqualität und diese Erkenntnisse wiederum zu Standards. Grundsätzlich ist der Zusammenhang zwischen Standards und Forschung unabweisbar: Ohne Einhaltung von Standards (z.B. Protokolle, Guidelines, Selbstevaluation) gibt es keine vergleichbare Forschung, ohne Forschungsergebnisse („best practice") sind keine Standards zu entwickeln. Beispielhaft sollen hier einige Prozessstandards (Intake, Assessment, Dokumentation, Evaluation) referiert werden.

Zunächst bedarf es Kriterien, unter denen ein Case-Management-Service eingeschaltet wird. Für den klinischen Bereich könnten dies folgende Merkmale sein:

- komplexe Probleme (Risikopatienten, ungewollte Schwangerschaft, keine Geburtsvorbereitung erfolgt; Missbrauchserfahrung),
- Unfähigkeit zur Selbsthilfe in Bezug auf psychischen/physischen Bedarf (Case Manager als „broker": Verhandeln um den bestmöglichen Mix der Dienste),
- Mobilitätsprobleme (Zugangsprobleme zu spezialisierten Diensten),
- Bedarf intensiver Gesundheitsfürsorge für Familien in Verbindung mit Bildungsbarrieren,
- finanzielle Probleme in Verbindung mit Gesundheitsproblemen,
- Risiko einer Dauerbelegung im Krankenhaus,
- besondere Risiken (Case Manager als Risk-Manager),
- Zugangsprobleme zur medizinischen Versorgung (Obdachlosigkeit: Fehlen ärztlicher Versorgung),
- geriatrische Probleme (Pflegeheim, Demenz, Gebrechlichkeit, keine sozialen Support-Systeme, Gewaltproblematik) (Cesta u.a. 1998, 40; 49).

Für das Erstgespräch ist es Standard, über alle den Klienten betreffenden Aspekte zu informieren. Das ist insbesondere

- eine klare Definition der Case-Management-Abläufe,
- die Möglichkeiten und Grenzen des Case Managements,
- die möglichen Interessenkonflikte des Case Managements durch die Vielzahl der verschiedenen Zielperspektiven,
- die Rechte des Klienten (Moxley 1997, 62).

Raiff und Shore entwickeln für die einzelnen Phasen des Case-Management-Ablaufes Standards. So entwickeln sie für das Assessment folgende formale Festlegungen:

1. Bei jedem Klienten wird ein umfangreiches schriftliches Assessment durchgeführt.
2. Die Mitarbeiter entscheiden, ob psychiatrische oder medizinische oder sonstige spezielle Einschätzungen erforderlich sind. Wenn entsprechende Daten fehlen (z.B. neuere Informationen aus den letzten drei bis sechs Monaten) wird ein geeignetes Gutachten eingeholt.
3. Das Assessment ist in wenigen Werktagen nach der Überweisung zu erstellen.
4. Das Assessment soll Aussagen zur häuslichen Situation des Klienten machen.
5. Das Assessment sollte von einem interdisziplinären Team durchgeführt werden.
6. Bevor Dienste aktiviert werden, muss der Klient einwilligen.
7. Die Einwilligung des Klienten ist auch für die Weitergabe von Daten erforderlich. (Raiff/Shore 1993, 54)

Neben den formalen Festlegungen sind eine Reihe von inhaltlichen Standards für ein umfassendes Assessment entwickelt worden. In Tabelle 3 findet sich eine Übersicht über die wichtigsten Felder des Assessments, die selbstverständlich erfasst und dokumentiert werden müssen. Um dies standardisiert durchführen zu können, liegen „Assessment Tools" vor. Es wäre zu umfangreich, diese Skalen (z.B. Diagnostic and Statistical Manual of Mental Disorders; Specific Level of Functioning Scale, Rothman/Sager 1998, 56f) hier abzudrucken.

Auch was die Dokumentation betrifft, sind Standards entwickelt. Eine Dokumentation beispielsweise im klinischen Case Management soll folgende Informationen enthalten:

1. Wer überweist an das Case Management?
2. Patienten-Screening für Angemessenheit des Case Managegements (kriteriengeleitete Entscheidungsüberprüfung),

Tab. 3: Assessment Sheet (Rothman/Sager 1998, 53 f; Übersetzung des Autors)

Bedürfnisse des Klienten	Fähigkeiten des Klienten, seine Bedürfnisse zu befriedigen	Mögliche Unterstützung durch informelle Ressourcen	Mögliche Unterstützung durch soziale Dienste
Einkommen (Klient kann sich selbst versorgen)			
Haushalt und Obdach (Fähigkeiten des Klienten zur unabhängigen Lebensführung)			
Beschäftigungsverhältnisse (berufliche Qualifikationen, Berufsbiographie)			
Gesundheitsfürsorge (physische, optische, präventive Aspekte)			
Geistige Kapazitäten (Fähigkeit, sein tägliches Leben zu führen)			
Soziale Beziehungen (Soziale Integration, Selbstwertgefühl)			
Muße und Freizeitbereich (Möglichkeiten/Gelegenheiten)			
Aktivitäten des täglichen Lebens (Fähigkeit zum selbstständigen Führen eines unabhängigen Lebens: Einkaufen, Saubermachen, Bezahlen von Rechnungen)			
Mobilität (Klient ist selbstständig bewegungsfähig)			
Rechtsbeistand (Anklagen; Kontakte zum Anwalt oder Rechtsberatung)			
Bildungsstand (Schlüsselqualifikationen wie Kommunikationsfähigkeit, soziale oder andere Fähigkeiten)			

3. Einschätzung der Bedürfnisse (wichtigste Beschwerden, Risiken, Support-Systeme, Bildungsdefizite, geplanter Entlassungszustand (z.B. „Entlassung in eine gesicherte Umgebung"),
4. Identifizierung von aktuellen und potenziellen Problemen (Ergebnisse der Assessment-Interviews, Prioritätenliste der Probleme und der Support-Systeme),
5. Etablierung und Implementierung des Hilfeplans (Kontrakt, Übereinstimmung der Klienten),
6. Ermöglichung und Koordination der Hilfeplan-Aktivitäten (Dokumentation der Aktivitäten der Organisationen, Konsultationen),
7. Aufklärungsarbeit mit dem Klienten bzw. seiner Familie (Supervisionen der Familie z.B. Schmerzmanagement, Instruktionen zur Gesunderhaltung),
8. Patienten-Entlassung und Vorkehrungen (Einschätzung der Entlass-Bedürfnisse, Begründung für Nachsorge),
9. Evaluation des Hilfe-Ergebnisses (Ergebnisse der Behandlung, Fortschritt soll dokumentiert werden) (Cesta u.a. 1998, 87f).

Schließlich gehört die Evaluation des Case-Management-Verlaufes zum Pflichtprogramm. Für ein „consumer-driven" Case Management legt Moxley (1997) folgende Evaluationskriterien vor:

1. Das Case-Management-System richtet seine Intentionen darauf, Menschen zu helfen, ihre Entscheidungen zu realisieren und in den Zielen, die sie anstreben, erfolgreich zu sein.
2. Von der Person wird nicht erwartet, dass sie das Ergebnis alleine erreicht. Die Verantwortung für das Erreichen des Ergebnisses liegt bei der Person und dem Hilfe-System. Die Verantwortung ist geteilt, und das System verfolgt mit starkem Engagement die Realisation der Ergebnisse.
3. Das Hilfesystem steht und fällt mit seinem praktischen Nutzen. Die Beteiligten erkennen die Bedeutung ihrer Arbeit an den praktischen Leistungen.
4. Das Hilfesystem ist flexibel und kann auf Probleme antworten, die von Menschen in ihrem Gemeinwesen in ihrer unmittelbaren Umgebung ihrer Wahl erfahren werden und die in Beziehung stehen zu den lebensverändernden Umständen.
5. Das Hilfesystem ist durch ein hohes Maß von nicht-hierarchischer Zusammenarbeit geprägt. Weil gegenseitiges Vertrauen geschätzt wird, können Mitarbeiter mit der Erlaubnis des Klienten miteinander über den Stand der Unterstützungsleistung sprechen. Die kollegiale Unterredung wird nicht durch Status, Verdienste oder hierarchische Stellung beeinflusst. Diese Form der kollegialen Kommunikation unterscheidet sich von den typischen Diskussionen über Fälle oder Probleme. Die Fallbesprechungen sind von Respekt, Vertrauen, Unterstützung geprägt.

6. Die Unterstützung durch das Hilfesystem wird definiert durch die Nöte des Klienten. Das Hilfesystem stellt sicher, dass alle notwendigen Hilfeleistungen verfügbar und alle notwendigen Informationen und Fähigkeiten vorhanden sind, um der Person zu helfen. Das Hilfesystem stellt die ganze Palette der Hilfemaßnahmen zur Verfügung. Die Professionellen, die Familie, die Peer-Group werden als legitime und potenzielle Dienstleister der Unterstützung angesehen.

7. Der Klient kann die Unterstützung auf einfache Weise erhalten, und er versteht, wie er die Unterstützungsleistung bekommen kann. Genauso einfach kann er diese Leistung stoppen.

8. Das Hilfesystem ist dem Klienten gegenüber verantwortlich, und seine Aufgabe ist es, dem Klienten zum Erfolg auf dem Gebiet zu verhelfen, das dieser für sich gewählt hat. Der Klient kann andere Entscheidungen treffen, die vom System verlangen, seine Hilfskonzepte zu verändern. Das System begrüßt solche Veränderungen und stigmatisiert den Klienten nicht wegen einer abweichenden Entscheidung. Die Kultur des Systems erkennt Erfahrungen mit abweichenden Entscheidungen an und weiß, dass eine wachsende Fähigkeit des Klienten zum Widerspruch zu seiner besseren Information und zu befriedigenderen Entscheidungen verhelfen kann. (Moxley 1997, 127)

6 Ertrag – oder: worüber die deutsche Soziale Arbeit in Wissenschaft und Praxis nachdenken muss

Alte Fürsorge im neuen Kleid?

Was ist eigentlich neu an Case Management? Vernetzte Hilfe, Dokumentation, Fallkonferenzen – alles das gab es doch schon. Neu oder zumindest herausfordernd ist vielleicht weniger das Ablaufschema, das in Deutschland gern und bereitwillig rezipiert wird. Vielmehr müssen wir uns mit den Hintergründen des US-amerikanischen Ansatzes auseinandersetzen, um die Frage beantworten zu können, ob es sich tatsächlich nur um die „alte Fürsorge im neuen Kleid" handelt. Neuffer zog in einem Artikel, der sich mit der Übertragbarkeit des US-amerikanischen Case-Management-Ansatzes auf Deutschland befasste, folgendes Fazit: „Das Rollenverständnis eines Sozialarbeiters [...] orientiert sich in erster Linie an dem helfenden Geschehen, der direkten Arbeit mit dem Klienten, stadtteilorientiertes Arbeiten mit eingeschlossen. Sozialarbeiter werden sich daher Case Management nur zuwenden, wenn das Konzept für ihr Arbeitsverständnis und für die Klienten Vorteile bringt." (Neuffer 1993, 15)

Wenn man auch nicht übersehen darf, dass mittlerweile über ein Jahrzehnt seit dieser Feststellung vergangen ist, so müssen Sozialarbeiter doch vor einer möglichen fundamentalen Fehleinschätzung gewarnt werden:

Wer die amerikanische Literatur rezipiert, wird sich sehr schnell darüber klar, dass Sätze wie „Sozialarbeiter werden sich daher Case Management nur zuwenden, wenn das Konzept für ihr Arbeitsverständnis und für die Klienten Vorteile bringt" von der Vorstellung ausgehen, Sozialarbeiter hätten die Wahl. Gerade das US-amerikanische Beispiel zeigt jedoch, was passiert, wenn sich Soziale Arbeit den Anliegen des Case Managements verweigert: Es wird ihr verordnet und zwar in einer Weise, die eine Einführung erst recht problematisch erscheinen lässt (vgl. Beispiel der US-amerikanischen Bewährungshilfe in: Klug 2003, 143 ff). Effizienz der Sozialen Arbeit, Kundenorientierung, nachvollziehbare und geplante Hilfe sind schon seit längerem nichts mehr, dem sich ein Sozialarbeiter zuwenden kann oder auch nicht. Viel zu lange hat sich der Berufsstand den Anliegen mit dem Argument verweigert, das Konzept bringe keine Vorteile. Mit der Ökonomisierungswelle wurden diese Argumente weggefegt. Heute geht es darum, Konzepte zu finden, die das sozialarbeiterische Anliegen mit dem ökonomischen verbinden und an beiden „Enden" der Skala wird sich die gesellschaftliche Akzeptanz messen lassen: an der Klienten- und an der Systemorientierung der Hilfe.

Zwar lässt sich m. E. von Case Management nicht behaupten, es delegiere die „hautnahe Hilfe" (Neuffer 1993, 15) an andere Dienste, jedoch ist eine Akzentverschiebung wohl unübersehbar. Wenn Case Management als neuer Ansatz in der Sozialen Arbeit einen Sinn haben soll, wenn es nicht die Fortsetzung alter Konzepte mit anderen Mitteln sein will, dann bedarf es in der Tat einer Disziplinierung der Professionellen. Denn Case Management gibt klare Prozessstandards vor, und es ist nicht ins Belieben des einzelnen Sozialarbeiters gestellt, ob er sich, wie Neuffer meint, „in die Karten schauen lässt" (Neuffer 1993, 15). Er wird, wenn Case Management verbindlich eingeführt ist, sich in die Karten schauen lassen müssen und er wird es nicht eklektisch tun können. Eklektizismus im Case Management führt wie im gesamten Qualitätsmanagement nur dazu, dass Qualitätsstandards nicht verbindlich zugesagt werden können – und das führt sie ad absurdum.

Mit den praktischen Veränderungen, die ein konsequent betriebenes Case Management mit sich bringt, sind zweifellos ethische Probleme verbunden. Die Gefahr eines vereinseitigten Verständnisses von Case Management als Hilfe zur Systemeffizienz muss nicht, aber kann zu Interessenskonflikten führen. Ein Modell wie „managed care", das mit dem Prinzip des „system-driven Case Management" arbeitet, kommt unweigerlich in Konflikt mit der Berufsethik, sofern sie klar formuliert ist wie die des NASW. Die Erfahrungen, die Soziale Arbeit mit diesem Dilemma hat, sind groß, es gehört zu ihrer Konstitution: Seit ihren Gründungstagen hat sie mit dem doppelten Mandat zwischen Hilfe und Kontrolle zu kämpfen, sie ist diesem Dilemma mit umfassender Information des Klienten und gemeinwesenorientierter Aktion entgegengetreten. Insofern ist der ethische

Konflikt im Case Management nichts grundsätzlich Neues, Soziale Arbeit wird es in diesem Fall mit einer doppelten Loyalität zu tun haben: loyal gegenüber den Zielen des Hilfesystems (effiziente, kostengünstige Versorgung) einerseits und loyal gegenüber den Wünschen des Klienten (umfassende, ganzheitliche Hilfe) andererseits. Sollte dieser Spagat nicht gelingen, wird sich eine eigene Berufsgruppe abspalten, die ausschließlich im Interesse des Gesundheits- und Sozialsystems arbeitet. Ihnen wird mit der Budgethoheit dann zu Recht der Name „money manager" zukommen. Eines aber erscheint mir im Zusammenhang mit Case Management evident: Die Probleme mit doppelter Loyalität werden in dem Maße geringer, in dem es gelingt, innerhalb des Systems der Sozialen Arbeit selbst Effizienz und Effektivität als Standards zu etablieren und sich diese nicht von Ökonomen vorschreiben zu lassen. Dies aber kann nur gelingen, wenn neben dem fallbezogenen Case Management in jedem Fall systembezogene Aktivitäten zum Grundprogramm des Case Managers gehören. So meine ich, er muss neben der Koordination und Integration der Dienste im Einzelfall die Qualität und damit auch Effizienz und Kundenorientierung der einbezogenen Dienste während der Versorgungszeit beobachten. Es muss zum Standard innerhalb der Berufsgruppe werden, sich dieser Frage im kollegialen „Peer Review" zu stellen, statt sein vermeintliches Recht zu proklamieren, sich zugunsten seines (!) Klienten nicht in die Karten schauen zu lassen. Diese kollektive ethische Selbstbindung der Berufsgruppe, wie sie etwa in den Prozessstandards des NASW entwickelt wurde, gibt der Gesellschaft und ihrem Sozialsystem, was sie verlangt, ohne dass sie Qualität und Effizienz erzwingen muss.

Wer das alles nicht will, dem ist Case Management nicht zu empfehlen. Nur um traditionellen Methoden bei gleichzeitigem Fehlen der Überprüfbarkeit einen neuen Namen zu geben, dafür taugt dieses Konzept nicht.

Advocacy – Case Management als Renaissance der Gemeinwesenarbeit?

Ganz gleich, welchen Ansatz man im Case Management verfolgt, ob eher einzelfallbezogen oder eher systemorientiert, kein Weg führt an dem vorbei, was die US-Literatur „working with other agencies" (Holt 2000, 99) nennt. So rekurriert die „brokering"-Funktion des Case Managements darauf, dass Hilfeleistungen im Verbund mit verschiedenen anderen sozialen Organisationen erbracht werden, zu denen der Case Manager hin verweist. In Zusammenhang mit einem aktiven Advocacy-Verständnis (zentrales Charakteristikum: die Letztverantwortlichkeit des Klienten) kann ein Problem entstehen: Wie kann Case Management für den Klienten das optimale Dienstleistungspaket erreichen? Wie sollen Dienste koordiniert werden, wenn keine Koordinationskompetenz vorhanden ist? Was helfen die besten Case-Management-Programme, wenn die einzelnen Dienstleistungen nicht aufeinander abgestimmt sind oder gar an Dienstleister weitergeleitet werden, die selber zum „Problem-Netzwerk" werden (z.B. Stigmatisierung von Obdachlosen, psychisch-kranken Patienten in der Psychiatrie) (Holt 2000)? Bislang hat Case Management nichts als gute Worte, um die notwendige Koordination zu leisten. Selbstverständlich mag es gelingen, mit informellen Kontakten die Ziele zu erreichen, wie Ribbert-Elias u.a. (1996, 166) vorschlagen. Als „Strukturstandard: Zugang zu den Kooperationspartnern" bezeichnen sie folgende Maßnahmen des Case Managements:

■ persönliche Kontaktaufnahme und Präsentation des eigenen Anliegens,
■ Überreichen von Informationsmaterial,
■ Suchen von Kooperation und Vermeiden von Konkurrenz durch das Abstecken von Grenzen,
■ Vermeidung von Doppelungen / Überschneidungen zu anderen Stellen,
■ ggf. Schaffung gemeinsamer Planungsinstanzen.

Ungeachtet der Tatsache, dass man die genannten Maßnahmen üblicherweise wohl nicht Standards nennen kann, ist ihnen doch eines gemeinsam: Sie setzen auf Freiwilligkeit oder informelle Absprachen. Allenfalls der letzte Vorschlag weist in die Richtung, die in der US-amerikanischen Literatur überzeugend dargelegt wird. Der Grund ist einfach: Wo es nur informelle Wege gibt, die der Case Manager beschreiten kann, sind ihm im Konfliktfall weitgehend die Hände gebunden. Er kann allenfalls den Klienten raten, einen anderen Dienst zu suchen. Auf die Qualitätsverbesserung hat er keinen Einfluss. Letztendlich ist der Klient mit seinen Wünschen doch wieder alleine. Das aber ist mit einer konsequenten Advocacy-Strategie unvereinbar. Insofern erscheinen diejenigen Ansätze, die auf eine geregelte Zusammenarbeit setzen, allemal besser als rein informelle und damit immer anfällige persönliche Absprachen. Analog zu den Überlegungen von Rothman (1992) sind vier Möglichkeiten denkbar, dieses Problem zu lösen:

1. **„Administrative authority"**: Durch Verträge zwischen Dienstleistern erhält der Case Manager verbriefte Rechte. Er hat die Aufgabe, die Qualität der Dienstleistung zu beobachten, zu kontrollieren und zu beenden, wenn die Ziele nicht erreicht sind.

2. **„Legal authority"**: Das Weisungs- und Entscheidungsrecht über eine Dienstleistung wird per Gesetz einer Behörde oder einer Einrichtung zugewiesen. Zu denken ist hier beispielsweise an das Hilfeplanverfahren nach § 36 KJHG, das mit der Autorität des Jugendamtes arbeitet.

3. **„Fiscal authority"**: Eine spezifisch US-amerikanische Form des Case Managements ist deren Verfügungsgewalt über Budgets, beispielsweise

durch eine Versicherung. Von dieser autorisiert kauft der Case Manager Dienste ein, was eine für deutsche Verhältnisse bislang noch undenkbare Variante ist.

4. „Joint funding authority": Darunter wird eine Vermittlungsstelle verstanden, die Klienten zu den entsprechenden Diensten leitet. Die Dienste etablieren eine externe Qualitätskontrolle, die sie überwacht. Eine solche, für alle Dienstleister vorteilhafte Lösung käme dann in Frage, wenn Dienste sich gemeinsam auf die Einrichtung von Case Management verständigen und es finanzieren, weil sie Interesse an Qualitätsüberprüfung, Effizienz und Kundenorientierung haben.

Ganz gleich, welche der Formen gewählt wird: Wir erleben mit dieser Form der Kooperation eine Wiederauferstehung gemeinwesenorientierter Strategien, geht es doch um „efforts made by professionals and community residents to enhance the social bonds among members of the community, motivate citizens for self-help, develop responsible local leadership, and create or revitalize local institutions" (Barker 1995, 69).

Mit anderen Worten: Mit anderen Sozialen Diensten hat auch Case Management die sozialplanerische Aufgabe gemeinsam, das lokale Gemeinwesen zu gestalten, umfassend (und nicht nur fallbezogen) Nöte aufzuspüren und gemeinsame Lösungen zu suchen.

Noch ein Problem stellt sich in diesem Zusammenhang, worauf die US-amerikanische Literatur immer wieder hinweist: Case Management funktioniert nur dann, wenn es Dienste gibt, die für den Klienten verfügbar und erreichbar sind. Ohne auf die breite Empowerment-Literatur eingehen zu können, soll doch an diese Tradition der US-amerikanischen Sozialarbeit erinnert werden. Ihre Erfahrungen in „Legal action", um politische Veränderungen voranzubringen, sind angesichts objektiv schwieriger werdender Rahmenbedingungen sicherlich hilfreicher als das bei uns häufig übliche Klagen gegen vermeintlich neoliberale Sozialpolitik.

Case-Management-Forschung

Mit einem von ihm so genannten „heterarchischen Wissenstransfermodell" entwirft Sommerfeld (1998) das Forschungskonzept einer Handlungswissenschaft. In enger Zusammenarbeit mit der Praxis wird in klarer Rollenverteilung Wissen produziert, das in reflexiver Weise Handlungsprobleme löst. In gemeinsamen Arbeitsgruppen „[...] können Austauschprozesse im Sinne einer gemeinsamen theoretischen Problembearbeitung stattfinden. Auf Seiten der Praxis wird das erzeugte Wissen unmittelbar handlungsrelevant, indem es in eine neue Problemlösungsstrategie einfließt und dadurch zu Praxiswissen transformiert wird. Darüber hinaus sind an diesen Schnittstellen auch die Systemreferenzen zu anderen gesellschaft-

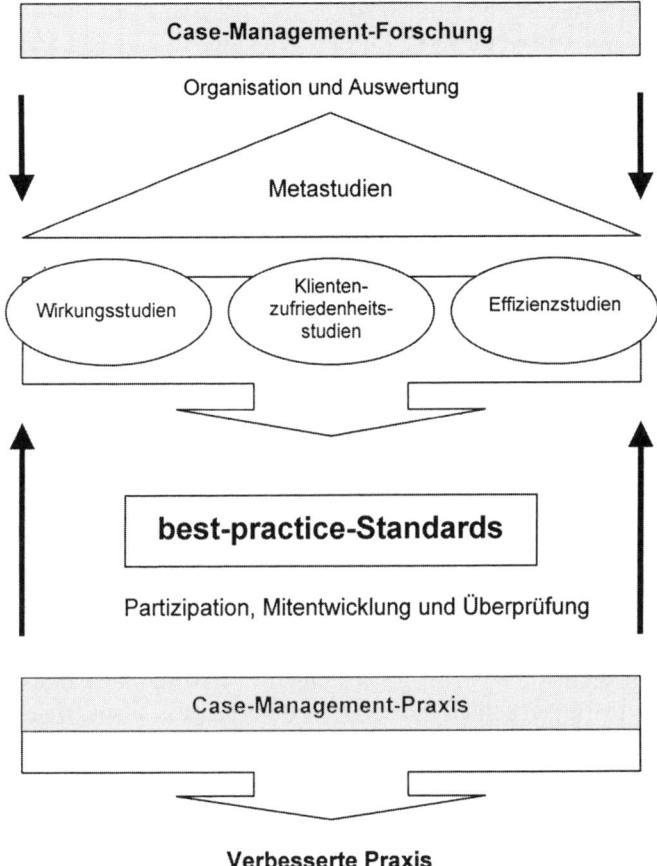

Abb. 5: Aufgabenstellung für Forschung und Praxis im Case Management

lichen Teilsystemen gestaltbar, z.B. zur Ökonomie und zur Politik, vor allem aber auch den […] KlientInnen der Sozialen Arbeit" (Sommerfeld 1998, 25 f)

Das bedeutet für die Wissenschaft im Falle des Case Managements, reflektiertes Praxiswissen zu erzeugen und dieses in „best practice"-Standards festzuhalten (siehe dazu auch Klug 2003, 170 ff). Dadurch kann die bestehende Praxis evaluiert und verbessert werden. Dabei ist die von Sommerfeld angemahnte Arbeitsteilung zu beachten: Wissenschaft ist nicht Handlungsakteur, und Case Manager sind keine Wissenschaftler. Im Sinne des im vorigen Kapitel ausgeführten Forschungsbedarfs ergibt sich für Wissenschaft und Praxis die in Abbildung 5 aufgezeigte Aufgabenstellung.

Einige Anmerkungen mögen das oben skizzierte Programm verdeutlichen: In Anlehnung an Powell (2000, 62) sind sowohl klientenbezogene als auch systembezogene Studien nötig, um Case Management dauerhaft zu etablieren und zu verbessern. Zu den Wirkungsstudien gehören Untersuchungen der Veränderung der Lebensqualität, der Nachhaltigkeit der Veränderung (nach einem Monat, einem halben Jahr, nach einem Jahr) oder auch die Veränderung im Netzwerk des Klienten. Das California Assembly Select Committee empfiehlt Reassessment-Studien, die anhand standardisierter Assessment-Bögen überprüfen, welche Ziele in welchem Maße erreicht wurden (Rothman/Sager 1998, 168).

Zum selbstverständlichen Bestandteil der Case-Management-Forschung sollten Studien über die *Zufriedenheit der Klienten* stehen. Hier stehen zumindest in der US-amerikanischen Literatur zahlreiche Instrumente zur Verfügung (z.B. Reid/Gundlach 1983).

Schließlich bleibt die Notwendigkeit von *Effizienzstudien*, die die Kosten des Case Managements in ein Verhältnis zu seiner Wirksamkeit stellen. Dies ist sicher die schwierigste Form der Evaluation, da diese Fragestellung für die Wissenschaft der Sozialen Arbeit nicht gebräuchlich ist. Problematisch ist diese Aufgabe schon deshalb, weil wir bislang sehr wenig wissen, was Soziale Arbeit kostet und uns daran gewöhnt haben, Maßnahmen, die wir für nötig halten, nur pädagogisch, nicht aber ökonomisch zu begründen. Hier gibt es noch ein weites Feld auch für die interdisziplinäre Zusammenarbeit.

Bleiben schließlich *Metastudien*, die zur Klärung der Rolle des Case Managers beitragen sollen, indem sie evaluieren, was er tut, welche Funktion er im Gemeinwesen einnimmt, welche Programme verfolgt werden und was als „best practice" („Benchmarking" des Case Managements) beschrieben werden kann.

Vermutlich gilt für den gesamten Forschungsbereich, was an anderer Stelle gesagt wurde, in erhöhtem Maße: Wenn es Forschung zur Legitimation der Sozialen Arbeit geben soll, kann das nur funktionieren, wenn sich die Praxis der Sozialen Arbeit zur Forschung kooperativ verhält. Doch selbst dann ist das Unterfangen schwierig genug, wie die US-amerikanischen Erfahrungen zeigen.

Case Management als Methodenkonzept der Sozialen Arbeit

Erfahrungen und Perspektiven

Von Ruth Remmel-Faßbender

1 Der Weg in die Praxis

Case Management – reizte dieser Begriff noch Anfang der 90er Jahre eher zu Wortspielen und fragenden Blicken, so hat diese methodische Arbeitsform als erweiterte, ressourcen- und sozialräumlich orientierte Einzelfallhilfe in vielen Arbeitsbereichen zu einer Neuorientierung geführt.

Besonders in den Bereichen Altenarbeit, Pflege und Gesundheit, Gesetzliche Betreuung, Kinder-, Jugend- und Familienhilfe, aber auch in der Straffälligenhilfe, für chronisch Suchtkranke, der psychiatrischen Versorgung und der Integration arbeitsloser Jugendlicher und behinderter Menschen in den Arbeitsmarkt wird Case Management als sinnvolles Vernetzungskonzept eingesetzt. Durch die differenzierten Ausführungen von Raiff und Shore (1997) und Wendt (1999) sowie zahlreiche Modellvorhaben in der Bundesrepublik hat sich Case Management methodisch weiter ausdifferenziert, und in der Folge sind neue Aufgabengebiete entstanden. Angebote in Literatur, Tagungen und Weiterbildungen haben stark zugenommen.

Woher kommt dieser Zuwachs, die Begehrlichkeit vieler Träger, nun mit Case Management zu arbeiten, wo diese in den USA Mitte der 70er Jahre entwickelte Methode anfänglich in der BRD auf große Skepsis und Widerstand stieß?

Neuer Wein in alten Schläuchen – mit diesem Tenor wurde eine kritische Auseinandersetzung in Fachkreisen geführt. Was sei denn das entscheidend Neue, das Innovative am Case Management, wurde provokant gefragt. Professionell verstandene Soziale Arbeit habe schließlich seit Alice Salomon die Lebensweltorientierung und Aktivierung der KlientInnen (Hilfe zur Selbsthilfe) zwingend eingefordert, auch wenn dies nicht in allen Phasen des letzten Jahrhunderts beachtet wurde. Case Management „entpuppt sich als Neo-Amerikanismus für etwas, was Soziale Arbeit seit jeher ausmachte, nämlich: die Ermittlung von Ressourcen und Kompetenzen irgendwelcher Art für und zusammen mit Individuen, Familien oder Gemeinwesen" (Staub-Bernasconi 1991, 39).

Diese sozialräumliche Grundausrichtung des Case Managements ist tatsächlich nicht neu. Das hat auch niemand behauptet! Durch die Beteuerungen von Selbstverständlichkeiten allein ändert sich aber dauerhaft keine Praxis.

Auf die Notwendigkeit eigenständiger identitätsbildender Methoden wurde zwar immer wieder verwiesen, weil nach der Methodenkritik in Folge der 68er-Jahre mit den klassischen Methoden „kein Staat mehr zu machen ist" (Groddeck/Schumann 1994, 7), aber es blieb oft bei Postulaten und wenig hilfreichen Abgrenzungen. Die gesellschaftskritischen, radikal-reformerischen Bewegungen der 70er Jahre brachten keine für die Soziale Arbeit eigenständigen Methoden hervor, sondern mündeten in den 80er Jahren in den so genannten „Therapieboom" ein. Die Grundausrichtungen Einzelarbeit und Gruppenarbeit blieben erhalten und wurden mit psychologisch-therapeutischen Konzepten angereichert oder inhaltlich ersetzt. Der Allgemeinheitsanspruch und die identitätsbildende Funktion, die die klassischen Methoden, besonders die ausgeprägte Einzelhilfe noch für die Soziale Arbeit beinhalteten, ging damit verloren (Neuffer 1990).

Im Zuge dieser Entwicklung entstanden zahlreiche neue Arbeitsfelder, die teilweise aus Initiativen erwuchsen, z. B. in der Mädchen- und Frauenarbeit und im Suchtbereich. Eine große Differenzierung und Spezialisierung vieler Dienste erfolgte, die das Angebot für die Betroffenen unübersichtlich werden ließen.

Es gab eine Methodenvielfalt und SozialarbeiterInnen/Sozialpädagog-Innen suchten sich für Zusatzqualifikationen das, was sie angesprochen hat, nicht unbedingt das, was die Arbeit erforderte. Es ist kein Geheimnis, dass Beratungsstellen das Angebot eher nach den Zusatzausbildungen der MitarbeiterInnen ausrichteten als nach dem tatsächlichen Bedarf der Klientel.

Sozialökologische Wende und Methodenentwicklung

Entscheidende Entwicklungen der letzten 25 Jahre, z. B. die Übernahme der systemischen und sozialökologischen Ansätze (Wendt 1982; Mühlum u. a. 1986), führten zum Perspektivwechsel: Von der stigmatisierenden Zuschreibung individuellen Versagens zu einer Sichtweise, bei der kritische Lebensereignisse, der Mangel an Ressourcen, also soziale und räumliche Faktoren als Entstehungsbedingungen von Problemen wieder stärker erfasst werden. Entscheidungs- und Mitbestimmungschancen der KlientInnen sollen durch bedarfsgerechte Hilfsangebote erweitert werden. Aber auch lebensweltorientierte und sozialökologische Ansätze wurden methodisch nicht konkretisiert. Die Erarbeitung methodisch-didaktischer Konzepte blieb ausgeblendet. Diese Aufgabe wurde an die Fachhochschulen verwiesen, die aber keine lehr- und lernbaren Verfahren entwickelten. Es entstand daher wie in der Gemeinwesenarbeit eher das handlungsleitende Prinzip des sozialraum- und lebensweltorientierten Arbeitens.

Wir haben aktuell immer noch eine starke Ausdifferenzierung der Dienste, wir haben eine Verschiebung von stationären zu ambulanten Maßnahmen. Wir haben eine Veränderung von Problemlagen durch gravierende gesellschaftliche Veränderungen und damit verbundenen widerlaufenden Anforderungen an viele Menschen, wir haben weitreichende Umstrukturierungsmaßnahmen in Verwaltungen und bei freien Trägern, und wir haben immer weniger Geld für soziale Aufgaben.

Die Vielfalt an Interventionsformen, verbunden mit der Anforderung, Hilfeleistungen unter komplexen Bedingungen und knapper werdenden Finanzen abzustimmen, brachte die Gefahr der Verunsicherung des professionellen Selbstverständnisses und der Fremddefinition durch andere Disziplinen mit sich und erforderte die Entwicklung innovativer Konzepte.

In diese (auch methodische) Lücke führte Wendt in konsequenter Fortführung seiner bereits Anfang der 80er Jahre veröffentlichen Überlegungen zu Sozialarbeit und Ökologie zu Beginn der 90er Jahre in Deutschland in die Methode des Case Managements ein.

Case Management will als soziale Unterstützungsarbeit für Menschen mit vielschichtigen Problemen sowohl Ressourcen der KlientInnen als auch der Umwelt aktivieren und zur Problembewältigung nutzbar machen. Die beteiligten Hilfeleistungspotenziale sollen im Sinne einer ganzheitlichen Handlungsperspektive optimal vernetzt werden. Das methodische Vorgehen gliedert sich in fünf Phasen und erhebt den Anspruch auf Transparenz und „prozedurale Fairness" (Wendt 1999), in dem in jeder Phase mit den Beteiligten der Arbeitsauftrag (nach vorher gemeinsam ausgehandelten Zielen) hinsichtlich Effektivität und Effizienz fachlich überwacht wird.

Lowy (1988), Wendt (1991) sowie Raiff und Shore (1997) haben von Anfang an betont, dass es sich um eine Erweiterung, um eine Ausdifferenzierung der Einzelfallhilfe, des Case Work, handelt. Es geht um eine neue Einordnung der Einzelhilfe, nicht um Abkehr. Der gerne benutzte Ausdruck „Paradigmenwechsel" suggeriert zwar, alles, was vorher in der Entwicklung Sozialer Arbeit war, sei nicht mehr gültig, das wäre hinsichtlich der Professionsgeschichte aber eine grob unzulässige Verkürzung.

Eine klare Fokussierung auf Alltags- und Lebensweltorientierung im Case Management bedingt allerdings ein anderes Verständnis von Realität als die traditionell psychologisch orientierten Konzepte.

Das bedeutet, dass Einzelhilfe in der BRD durch das Konzept des Case Managements erweitert wurde, um die *konsequente* Einbeziehung der KlientInnen zur Erarbeitung „passgenauer" Hilfen, um Zielfindung und -definition, um eine Ablauf-(Entwicklungs-)Planung, um Evaluation durch verpflichtende Leistungsdokumentation, erweitert um die planmäßige und systematische Vernetzung aller an der Problemlage Beteiligten, um die Entwicklung eines umfassenden Hilfeplans und die Steuerung des Hilfeprozesses. *Steuern* meint aber nicht nur eine gezielte Prozesssteuerung der personenbezogenen Unterstützung, sondern auch eine Steuerung nach betriebswirtschaftlichen Gesichtspunkten: fachliche Qualität durch Zusammenführung der vorhandenen Ressourcen auf verschiedenen Ebenen, auch hinsichtlich eines effizienten Einsatzes der Mittel zu optimieren.

Argumente, besonders der Jugendhilfe, man habe doch immer zielorientiert und systematisch gearbeitet und dokumentiert (Aktenführung), allein die Psychosoziale Diagnose erfordere dieses Vorgehen, werden immer noch ins Feld geführt. Es soll nicht bezweifelt werden, dass es viele KollegInnen gab, die fachlich immer achtbar gearbeitet haben. Aber ungeachtet aller fachlichen Qualität und guter Konzepte in all den Jahren, musste Soziale Arbeit sich den Vorwurf gefallen lassen, ihre Leistungen nicht differenziert dargestellt und belegt zu haben.

Gerade das Kontraktmanagement, das Aushandeln der Ziele und Hilfen mit den unterstützungsbedürftigen Menschen vor dem Hintergrund ihrer Lebensgeschichte, ihrer aktuellen Lebenslage und Lebensperspektive sowie ihre aktive Mitarbeit (einschließlich der Kontrolle der getroffenen Vereinbarungen) blieb aber eine zentrale Schwachstelle der Sozialen Arbeit.

Nur vereinzelt werden auch heute, nach Jahren der Reformen, die sozialen Dienste den KlientInnen so zugänglich gemacht, indem man sie ihren Bedürfnissen anpasst. Weitgehend ist uns die Angebotsstruktur gängiger Hilfen erhalten geblieben, die (ob wir das hören wollen oder nicht) hauptsächlich noch von den Normen und Werten der Mittelschicht geprägt sind. Prävention und Aktivierung wird auch in der Jugendhilfeplanung erst allmählich Rechnung getragen. Die selbstkritische Überprüfung von Strukturen und Abläufen wird nicht selten aus Angst vor Bedeutungsverlust innerhalb von Organisationsprozessen mit dem Rückzug auf das „rein Fachliche" vermieden.

Da es lange Zeit keine Notwendigkeit zur Legitimation und Rechenschaftslegung der Dienstleistung gab, fanden viele Beratungen in der Abgeschiedenheit des Zweierprozesses statt. Trotz des Perspektivenwechsels im Sozialgesetzbuch, achter Band (SGB VIII) – Kinder- und Jugendhilfegesetz (KJHG), gelingt der innere Wandel nur zögerlich, Jugendhilfe als soziale Dienstleistung zu verstehen, bei der mit den Betroffenen geplant wird und lebensweltorientiert Hilfen flexibel entwickelt werden. Selbst bei Hilfeplanverfahren nach § 36 KJHG wird oft noch der oben erwähnte „herkömmliche" Interventionskatalog angeboten, ohne gezielt im Assessment den ganz individuellen Hilfebedarf mit allen Beteiligten im persönlichen und professionellen Netzwerk abzuklären und während des Verlaufs zu modifizieren.

Festzustellen ist, dass vorhandene Hilfeleistungen in einer Region zu einer ganzheitlichen Begleitung und Betreuung kaum zusammengeführt werden. Die Potenziale informeller Netzwerke von Verwandten, Nachbarn, Freunden und ehrenamtlichen HelferInnen werden mit Blick auf die Ressourcenaktivierung nicht genügend angestoßen, gefördert und genutzt. Auch bestimmt der individuelle, konkrete Unterstützungsbedarf der hilfebedürftigen Einzelnen oder Familien längst nicht immer das Handeln, und Ressourcen vergeudende Doppelbetreuungen sind noch an der Tagesordnung. Dokumentation bestand oft nur aus Statistiken, eine Evaluation mit den KlientInnen war lange Jahre gar nicht im Blick.

Wie oft wird KlientInnen (Menschen, für die aufgrund von Erkrankungen oder Krisen vorübergehend die Verantwortung übernommen werden muss, sind hier nicht gemeint) immer noch die Verantwortung für ihr Tun ganz abgenommen und für sie statt mit Ihnen gehandelt?

Wie schwerfällig erweisen sich Institutionen immer noch trotz der im KJHG und 8. Jugendbericht (1990) zentralen Forderung, die Lebensweltorientierung in Konzepte umzusetzen: „junge Menschen in ihrer individuellen und sozialen Entwicklung zu fördern … Benachteiligungen zu vermeiden oder abzubauen, … positive Lebensbedingungen für junge Menschen und ihre Familien sowie eine kinder- und familienfreundliche Umwelt zu erhalten oder zu schaffen" (§ 1 KJHG, Abs. 3).

Postulate und Gesetzesänderungen allein haben in vielen Bereichen Sozialer Arbeit wenig bewirkt, wenn ein Arbeitsinstrument fehlte, das die Kontrolle ermöglichte. Case Management beansprucht im Konzept, diese zielwirksame Arbeitsweise anzubieten, „… in der die einzelnen Vorgänge transparent, jeweils für sich handhabbar und zu kontrollieren, zu bewerten und abrechenbar sind." (Wendt 1999, 28) und „verbindet *Organisation* und *Verfahren* (Methode) enger miteinander als bisher" (Wendt 1999, 8).

„Die einzelnen für sich genommen nicht wirklich neuen Merkmale des neuen Denkens sind in ihrer Gesamtheit und in ihrer konsequenten Umsetzung für die Praxis neu in dem Sinne, daß vielerorts in Konzeptionen hehre Ziele und Anforderungen stehen, wie etwa ‚Hilfe zur Selbsthilfe', jedoch kaum aufgezeigt wird, wie dies in der Praxis zu realisieren ist und wie dort, wo das einmal gelingt, relativ regelmäßig Prozesse hergestellt werden können, die zur Erreichung dieses Ziels führen – vor allem: welche kleinen Schritte dahin führen?"
(Gehrmann/Müller 1998)

Case Management und die „Beziehungsfrage"

Gegenstand weiterer kritischer Erörterungen ist die Frage nach der Bedeutung der Beziehung zwischen SozialarbeiterIn und KlientIn. Darlegungen von Wendt, dass Case Management „nicht länger vorrangig die persönliche Art und Weise des Handelns – beispielsweise die Gesprächsführung – eines Professionellen, sondern primär die Vorgehensweise zur Bewerkstelligung der Unterstützung insgesamt" darstellt (Wendt 1992, 116) sowie die Aussage: „Das Proprium Sozialer Arbeit enthält nicht den persönlich hingebungsvollen Dienst …" haben den Eindruck verstärkt, dass der interaktionelle Aspekt im Konzept und in den ersten Veröffentlichungen nicht genügend berücksichtigt wurde. Dies haben Raiff und Shore (1997), Wendt (1999) und auch Löcherbach (1996) für das fallbezogene Case Management relativiert. Sie haben unter berufsethischen und professionsspezifischen Aspekten dezidiert dargelegt, dass das Ziel Sozialer Arbeit zwangsläufig nicht in einer reinen Käufer-Kunden-Beziehung besteht, es aber auch kein Widerspruch ist, im Interesse aller die Hilfen rational zu gestalten. Zumindest im fallbezogenen, individuellen Case Management ist die Annahme der Hilfe nicht unabhängig von der professionellen Beziehung SozialarbeiterIn – KlientIn. Löcherbach (1996) hat die Phase der Kontaktaufnahme und des Einstiegs als Grundlegung zum Aufbau einer wertschätzenden Beziehung hinzugefügt. „Durchgehende Fallverantwortung erfordert Beziehungsarbeit, um das Vertrauen der Klienten zu erreichen, so dass sie vom Beginn bis zum Ende einer Hilfestellung emotional und inhaltlich den Hilfeprozess reflektieren, Eigenkräfte entwickeln (Empowerment) und eine verantwortliche Ansprechperson ohne Hemmschwelle konsultieren können" (Neuffer 1998, 18).

Wenn Soziale Arbeit ihre professionelle Identität von der geschichtlichen Entwicklung her wahrt, ist sie nach wie vor kommunikatives und auch solidarisches Handeln. Erfolgreiches Handeln im Sinne der Zielerreichung ist nur möglich, wenn KlientInnen mitarbeiten. Die Beziehungsdynamik zwischen KlientIn und SozialarbeiterIn muss Berücksichtigung finden. Das beinhaltet aber keine Bearbeitung der *helfenden* Beziehung wie in den Anfängen des Case Work.

Trotz einiger Fehlentwicklungen in den therapeutisch orientierten 70er Jahren war noch nie in der Bundesrepublik (im Gegensatz zur Entwicklung des Case Work in den USA) eine dauerhafte Beziehungspflege das Ziel Sozialer Arbeit (Neuffer 1990), auch wenn dies unerlässlich verbreitet wird. In der Frage nach Ressourcen- oder Individuumsorientierung wird ein fachlich nicht zulässiger künstlicher Gegensatz impliziert. Soziale Arbeit konzentriert sich auf Menschen *und* ihre Lebenssituationen. Ressourcen zur Verfügung zu stellen führt bei vielen Menschen nicht zwangsläufig dazu, diese auch nutzen zu können. Die professionelle Beziehung *und* die methodischen Verfahren müssen so gehandhabt werden, dass die Hilfe für den Klienten in seiner individuellen Belastungssituation wirksam werden kann. In komplexen Situationen mit schwierigen Bedingungszusammenhängen werden Veränderungen sich immer auf soziale und persönliche Situationen beziehen.

Der technokratisch anmutende Begriff „Case Management" klingt tatsächlich so, als sei damit keinerlei personenbezogene Hilfe mehr gemeint. Laut Duden (1998) heißt „managen": leiten, zustande bringen, bewerkstelligen, organisieren. Das trifft auf die Arbeitsweise des Case Managements zu. Die soziale Unterstützung mit den Betroffenen organisieren, absprechen, durchführen und auswerten. „Das Management führt zu einem Arrangement, ersetzt aber nicht die Aktivitäten in ihm, Entscheidungen über einzelne Behandlungen, über pflegerische oder erzieherische Maßnahmen fallen auf dem im Case Management gebahnten Weg. Auf ihm wird alles geklärt, was zu tun ist, wie das zu machen ist und wer etwas dazu beitragen kann und soll" (Wendt 1999, 8).

Einfluss ökonomischer Entwicklungen

Wir haben seit Einsetzen der Ökonomisierungsdiskussion auf einmal in der Sozialen Arbeit sehr viel mit dem Begriff *„Management"* zu tun: Sozialmanagement Qualitätsmanagement, Unterstützungsmanagement, Kontraktmanagement, Selbstmanagement und sogar die der Gemeinwesenarbeit zugeordneten Projekte *Soziale Stadt* bedienen sich des Begriffs Quartiermanagement. Das kann bedrohlich auf ein Selbstverständnis wirken, das sich viele Jahre davon abgeleitet hat, in Not geratenen Menschen zu helfen.

Neue Steuerungsmodelle und Leitbilddiskussionen haben mittlerweile fast überall Einzug gehalten, sie ersetzen aber nicht die Fachlichkeit. Auch wenn fast jede Institution heute von strategischen Steuerungs- und Controlling-Aufgaben betroffen ist, z.B. dezentrale Ressourcenverwaltung, Kunden- und Outputorientierung, Verflachung von Hierarchien, der Überprüfung von Ertrag und dafür erforderlichem Aufwand, so entbindet dies die SozialarbeiterInnen nicht, ihre bisherige Arbeit zu reflektieren und die entsprechenden fachlichen Konzepte unter diesen neuen Vorgaben zu entwickeln. Ein unproduktiver Widerstand, um am Gewohnten, Vertrauten festzuhalten, hilft nicht weiter.

Der ohnehin bereits erfolgte Einzug betriebswirtschaftlicher Methoden Ende der 80er Jahre in die Soziale Arbeit und die berechtigte Kritik an der anfangs sicherlich teils unkritischen, euphorischen Rezeption wurde auf das Case Management übertragen.

Eine Dominanz betriebswirtschaftlicher Aspekte, die man von Begrifflichkeiten *Kundenorientierung, Budgetierung, Monitoring* oder *Management* abgeleitet hat, wurde unterstellt. Case Management wurde in die Nähe des reinen Controlling-Denkens gerückt. Rein finanzielle Gesichtspunkte stünden im Vordergrund, besonders da das Konzept in den USA auch unter dem Gesichtspunkt der Kostenreduzierung entwickelt und diskutiert wurde. Sicherlich führte der Zeitpunkt der Einführung von Case Management mit der gleichzeitig stark einsetzenden Kostendebatte und Legitimationskrise zu berechtigten Ängsten, dass unter dem Deckmantel der Qualitätsverbesserung nur eine Kostensenkung statt fachlicher Kriterien Inhalte und Methoden Sozialer Arbeit bestimmen.

Die Übernahme des Konzeptes in die Einzel- und Familienhilfe wurde auch durch das Missverständnis erschwert, Case Management beschränke sich nur auf ein dienstübergreifendes Management (institutionelles Sozialmanagement), die Optimierung von Dienstabläufen, das die persönliche Hilfe vernachlässige oder in altbewährter Weise an KollegInnen „vor Ort" delegiere. Das Konzept erwecke in seinen Begrifflichkeiten und inhaltlichen Ausführungen den Eindruck, als sei der ökonomische Aspekt der Sozialverwaltungen vorrangig hinsichtlich der fachlichen Qualitätssicherung. Die Gefahr des Missbrauchs der Machtposition des Case Managers, über die Entscheidung und Verteilung der Mittel entscheiden zu können, sei groß (Neuffer 1993, 12).

Der Managementbegriff entdifferenziere handlungstheoretisches Wissen und spezifische soziale Problematiken (Staub-Bernasconi 1991, 40).

Dieser Argwohn kann auch von den unterschiedlichen Begrifflichkeiten Case Management und Care Management herrühren sowie von der unscharfen oder synonymen Verwendung beider Begriffe. Es gibt bis heute in der Bundesrepublik Deutschland unterschiedliche Definitionen von Case Management in der Theorie, in Projektveröffentlichungen und in der Praxis.

Case Management wird in diesen Ausführungen als fallbezogener Unterstützungsprozess verstanden. Care Management meint die System- und Versorgungssteuerung, die fallübergreifend bedarfsgerechte Hilfen im Sozial- und Gesundheitsbereich koordiniert, organisiert und die strukturellen Voraussetzungen dafür im Gemeinwesen schafft, z.B. für die Unterstützung von an Alzheimer erkrankten Menschen und ihren Angehörigen oder für die Bereitstellung und Vernetzung von Hilfen der Gemeindepsychiatrie. Bei der Bereitstellung übergreifender Unterstützungsstrukturen auf lokaler oder regionaler Ebene hat der bzw. die Case ManagerIn dann nicht die Funktion, mit dem Einzelnen zu arbeiten, sondern schafft die Strukturen für eine übergreifende Unterstützung, die unter Idealbedingungen mehr Flexibilität in der Leistungserbringung und eine Qualitätsverbesserung mit sich bringen kann. In der Praxis Sozialer Arbeit ist das auf die Einzelhilfe bezogene Case Management verbreitet, das zu seiner optimalen Durchführung allerdings nicht unabhängig von Care Management realisiert werden kann. Der Gefahr der Entdifferenzierung kann aber entgegen gewirkt werden, wenn die Stabstelle eines bzw. einer Care ManagerIn durch eine Fachkraft der Sozialen Arbeit besetzt ist, die durch fach- und zielgruppenspezifische Managementkenntnisse für ihre übergreifende Funktion qualifiziert ist.

Chancen für die Soziale Arbeit, sowohl in den Vorgaben von Modernisierungsstrategien als auch der Steuerung (dem Management) von Unterstützungsleistungen, werden verlangsamt wahrgenommen, wenn z.B. wie in einigen Jugendämtern zwischenzeitlich geschehen, die wirtschaftliche Jugendhilfe in die Allgemeinen Sozialdienste integriert wird, was Flexibilität und Prioritätensetzung ermöglicht. Auch eine Jugendhilfeplanung, die Aspekte der Organisationsentwicklung im Gemeinwesen verwirklichen will, wird in einigen Städten erkennbar.

Die starre Abwehr gegen betriebswirtschaftliche Fragestellungen in der Sozialen Arbeit hat nachgelassen und ist einer konstruktiven, kritischen Betrachtung gewichen. Kritische Auseinandersetzungen sind notwendig, denn wie anfangs aufgezeigt, wurden in der Geschichte der Sozialen Arbeit zeitweise neue Methoden adaptiert, die dem Professionsverständnis nicht dienlich waren. Das Weltbild und die ideologischen Verhaftungen dürfen nicht in eine Abwehr zwängen, die eine offensive Auseinandersetzung verhindern.

Die betriebswirtschaftlichen Begriffe werden aktuell wertfreier in ihrer ursprünglichen Bedeutung genutzt. Nach ersten Fehlentwicklungen – z. B. die unmodifizierte Übertragung von Effizienzkriterien der Wirtschaft auf Non-Profit-Organisationen oder die ausschließliche Schulung des höheren und mittleren Managements ohne Ausdifferenzierung der Konzepte für die konkrete Handlungsebene – hat sich die Entwicklung dahingehend verändert, dass die direkte Ebene der SozialarbeiterInnen heute früher in Organisationsentwicklungsprozesse einbezogen wird (Gehrmann / Müller 1999, 36).

Die nur teilweise Umsetzung in starren Verwaltungsstrukturen, das Weiterbestehen von Hierarchien unter anderen Begrifflichkeiten, erschwert aber nach wie vor, dass Neuerungen, z. B. die dezentrale Ressourcenverantwortung, als Innovationspotenziale genutzt werden.

Nachdem das Verhältnis von Sozialer Arbeit und Ökonomie in den vergangenen Jahren vehement erörtert und die divergierenden Positionen kund getan wurden, haben sich führende Fachvertreter positioniert und die berufsethischen Prinzipien und fachlichen Standards als handlungsleitend konkretisiert (Wilken 2000). Soziale Arbeit auf administrative und ökonomische Aspekte (Warencharakter) zu reduzieren, ist eine unzulässige Verkürzung. Gleichzeitig werden aber die Chancen der Ökonomie für die Soziale Arbeit, z. B. im Sinne einer wirkungsvolleren Durchsetzungsfähigkeit, erkannt (Wilken 2000). Wenn Soziale Arbeit die fachlichen und berufsethischen Vorgaben erarbeitet, ist es sinnvoll und für manche Einrichtungen überlebensnotwendig, über den Einsatz von Mitteln nach betriebswirtschaftlichen Erkenntnissen zu entscheiden.

Innovationsschub durch Qualitätsoffensive

Im Zuge der beschriebenen Entwicklung reicht es nicht mehr aus, den Geldgebern glaubhaft zu versichern, dass man gute Arbeit leistet. Sowohl die öffentlichen als auch die freien Träger arbeiten an Leistungs- und Produktbeschreibungen, Transparenz sowie der Überprüfung der Wirtschaftlichkeit, auch aus Wettbewerbsgründen. Es ist Realität, dass die Finanzierung von Bund, Ländern und Gemeinden für (psycho-)soziale und gesundheitliche Hilfen weiterhin begrenzt sind. Sie zwingen in vielen sozialen Arbeitsfeldern zur Positionierung und / oder Neuorientierung der täglichen Arbeit. Um ein gesteigertes Kostenbewusstsein kommt dabei niemand mehr herum.

Die Verankerung des Qualitätsbegriffs erfolgte auch im Jugend- und Sozialhilferecht. In den §§ 77 und 78 des KJHG und § 93 BSHG sind Vereinbarungen über Leistungsangebote, Entgelte und Qualitätsvereinbarungen festgelegt. Damit besteht die gesetzliche Verpflichtung für Träger und ihre MitarbeiterInnen, die Aufgaben und Leistungsangebote transparent und überprüfbar darzustellen.

Soziale Arbeit wird erstmals in ihrer Geschichte auf dem freien Markt angeboten, was zu gravierenden Veränderungen und einer neuen Wettbewerbssituation, besonders der freien Träger, führt. Über den Nachweis und das offensive Werben mit qualitativ guten Dienstleistungen wird entweder um die Gunst der KundInnen / KlientInnen oder die Finanzierung öffentlich geworben. Die Marktfähigkeit wird damit zunehmend demonstriert.

Qualitätsmanagement ist in aller Munde und dient als Oberbegriff für alle Verfahren der Qualitätssteuerung. Qualitätssicherung ist ein Instrument des Qualitätsmanagements und will im Rahmen eines Gesamtkonzepts durch Erarbeitung von Standards und Kriterien Qualität für die je eigene Einrichtung oder die konkrete Tätigkeit entwickeln und sichern. Qualitätsentwicklung hat in der Sozialen Arbeit einen Qualifizierungsschub bewirkt. Fortbildungen und zahlreiche Veröffentlichungen, wie z. B. die Broschürenreihe QS, Materialien zur Qualitätssicherung, herausgegeben vom Bundesministerium für Familie, Senioren, Frauen und Jugend, wollen für die Aufgabe qualifizieren, Qualität für das jeweils spezifische Handlungsfeld auszuhandeln, zu definieren und Standards sowie Indikatoren zur Überprüfung zu entwickeln. Qualitätsentwicklung dient nicht nur der Beschreibung und Bewertung von Hilfeleistungen, sondern dient auch immer ihrer Verbesserung. Veränderungen müssen folglich grundsätzlich möglich sein. Um den NutzerInnen der sozialen Dienstleistungseinrichtungen das Angebot des Dienstes bzw. des Trägers transparent zu machen und ihnen eine Auswahl zwischen verschiedenen Angeboten zu ermöglichen, ist die Offenlegung der Leistungsstandards und deren regelmäßige Überprüfung notwendig. Im Case Management können die inzwischen für Non-Profit-Organisationen gängigen Qualitätsverfahren European Foundation of Quality Management (EFQM) und / oder das aus der Sozialen Arbeit entwickelte Qualifizierungsverfahren der Selbstevaluation integriert und nutzbar gemacht werden.

Das Case Management kommt mit seiner systematischen Steuerung des Prozesses den Anforderungen eines Qualitätsmanagements mit Bedarfsklärung, Zielvereinbarung, Hilfeplanung, Dokumentation und Evaluation entgegen. Es ermöglicht, Qualitätsverfahren in das alltägliche Handeln zu integrieren. Die Verknüpfung von wissenschaftlich ausgewiesenen Konzepten, Qualitätskriterien, methodischem Instrumentarium und Formen der Evaluation ist dabei immer eine zentrale Fragestellung.

In den 60er Jahren entwickelte der Qualitätsforscher Avedis Donabedian in den USA ein Qualitätssicherungssystem für den Gesundheitsbereich. Dieses wurde in Deutschland auch von sozialen Einrichtungen und Diensten übernommen, da es pragmatisch und für nahezu alle Dienstleistungsbereiche geeignet ist. Avedis Donabedian unterteilt Qualität in drei Qualitätsdimensionen:

▨ *Strukturqualität* bezieht sich auf relativ konstante Voraussetzungen einer Leistungserbringung. Strukturen bilden das Gerüst, in dem Ressourcen vorgehalten oder sich erschließen lassen. Sie setzen im Case Management große Flexibilität voraus.

▨ *Prozessqualität* bezieht sich auf die Durchführung der Dienstleistung. Auf sie hin erzeugt und kontrolliert Case Management die gesamte Arbeitsweise.

▨ *Ergebnisqualität* bezieht sich auf Wirkung (Effektivität), auf Rechtmäßigkeit und Wirtschaftlichkeit (Effizienz). Sie überprüft, auf welchem Anspruchsniveau die Ziele erreicht wurden.

Immer mehr Einrichtungen legen durch fachliche Standards für ihre Ausstattung, Arbeitsweise und Evaluation Qualitätsmerkmale nach den drei Dimensionen von Donabedian fest, um ihr spezifisches Angebotsprofil zu verdeutlichen.

Wendt (1999) überträgt die 3 Qualitätsdimensionen auf das Case Management wie folgt:

Strukturqualität
▨ Organisation der sozialen und gesundheitlichen Versorgung
▨ Personaleinsatz und -ausbildung
▨ Zugangsbedingungen
▨ Räumliche Situation
▨ Informations- und Kommunikationsabläufe

Prozessqualität
▨ Art und Weise der Leistungserbringung (Methoden)
▨ Ressourceneinsatz (Effizienz der Abläufe)
▨ Qualität der Kooperation
▨ Vorhandene oder erforderliche Standards
▨ Güteklasse des Hilfeplans

Ergebnisqualität
▨ Zielerreichung
▨ Soll-Ist-Vergleich
▨ Grad der Ressourcenaktivierung
▨ Zufriedenheit der NutzerInnen
▨ Niveau der erreichten Kooperation

Können wir die Kosten mit Case Management im Einzelfall senken, so ist das wünschenswert. Die Zunahme der Einzelfälle an sich können wir damit nicht senken, denn dafür zeichnet die Soziale Arbeit nicht verantwortlich. Und Pflichtleistungen müssen trotz aller Kostendeckelung gesetzlich erbracht und finanziert werden.

Gesellschaftliche Entwicklungen und Veränderung der Problemlagen

Die sozialpolitischen und gesellschaftlichen Veränderungen und ihre Auswirkungen sind hinlänglich bekannt und publiziert: Tiefgreifende gesellschaftliche Umbrüche, öffentliche Sparzwänge, Strukturreformen in den Verwaltungen, hohe Arbeitslosenquote, veränderte Lebenslagen, wirtschaftliche Veränderungen durch Globalisierung, der weltweiten Öffnung der Märkte, rasante technologische Erneuerungen bedeuten neue Herausforderungen in der Sozialen Arbeit. Wir haben die Schwelle zum 21. Jh. überschritten und die Zukunftsbeschreibungen hinsichtlich individueller Verunsicherungen durch oben skizzierte Entwicklungen erfordern andere Unterstützungssysteme von sozialer Arbeit zur Realisierung von Identitäts- und Normalitätsentwürfen vieler Menschen. Problemlagen haben sich aufgrund von Strukturwandel der Jugendphasen, Pluralisierung der Lebensformen, demographischen Entwicklungen, Arbeitsmarktproblemen, der Überforderung der Lebensgestaltung durch zunehmende Individualisierung sowie einen Werte- und Traditionswandel verändert, fordern die Soziale Arbeit aber in stärkerem Maße „Unterstützungsressourcen" (Keupp 2000) für immer mehr Menschen zu entwickeln, um ihre Ausgrenzung zu verhindern.

Auch zwischen ökologischen und ökonomischen Gesichtspunkten besteht ein enger Zusammenhang, was sich einerseits in der Armutsentwicklung, andererseits in den knapper werdenden finanziellen Mitteln zur Ausgestaltung Sozialer Arbeit zeigt.

Komplexe Problemlagen erfordern demnach umfassende Konzepte, die „an den Beeinträchtigungen, Benachteiligungen und Unwirtlichkeiten (in extremer Form: Notlagen)" ansetzen mit dem Ziel, „Selbstheilungskräfte zu aktivieren, Bewältigungsverhalten zu verbessern, Ressourcen zu mobilisieren … in ganzheitlicher Sicht und ohne den Beteiligten die Verantwortung abzunehmen" (Mühlum 1994, 63).

Als Konsequenz werden Jugendämter (z.B. Stuttgart) völlig umstrukturiert nach den Prinzipien: Adressaten- und Ressourcenorientierung, Flexibilisierung und Lebensweltbezug, strukturierte Kooperation und Vernetzung sowie die Gesamtverantwortung für den Sozialraum, einschließlich sozialraumbezogener Trägerbudgets. Durch Fallmanagement soll vor allem die in den Allgemeinen Sozialen Diensten vertraute Dauerversorgung und Mehrfachbetreuung abgebaut werden. Vernetzungsaktivitäten der formellen Dienste zur bedarfsgerechten Weiterentwicklung des regionalen Hilfesystems sind dafür notwendige Voraussetzungen. Sie optimieren die Einzelfallarbeit, wenn die anderen Leistungsträger und Angebote bekannt und vertraut sind, wenn sie flexibel und schnell ohne lange bürokratische Hürden integriert werden können. Sozialräumliche Bedingungen können, wie die folgenden Praxisbeispiele zeigen, nicht nur als handlungsleitende Prinzipien verstanden werden, sondern müssen in systematischer Form

Eingang in Gesamtkonzepte finden. In diesem Sinne kann Case Management nur ein folgerichtiger Ansatz sein, wenn die Integration von direkten und indirekten Maßnahmen gelingt.

Der Versuch einer vorläufigen Antwort auf die zu Beginn formulierte Frage, was die derzeit rasche flächendeckende Verbreitung des Konzepts und die differenzierten Entwicklungen in der Praxis bewirkt hat: Wir haben ein professionsspezifisches, methodisches Verfahren an der Hand (das zwar je nach Arbeitsfeld modifiziert werden muss, aber doch allgemein lehr- und lernbar ist), das an traditionelle Einzelfallkonzepte anknüpft und das beansprucht, einen ungleich besseren Zugang zu den Ressourcen der KlientInnen zu ermöglichen. Wir bestaunen mit Case Management eben nicht des Kaisers neue Kleider, sondern haben eine Handlungsperspektive, durch die Hilfeleistungspotenziale ganzheitlich und optimal vernetzt werden können. Ziel ist es, den bzw. die KlientIn durch den Prozess selbst zu befähigen, Hilfen zu erschließen und dauerhaft für sich nutzbar zu machen.

Wie Case Management als eine methodische Arbeitsform diese Ansprüche einzulösen versucht, soll an Beispielen verschiedener Sozialer Handlungsfelder aufgezeigt werden.

2 Case Management in der Praxis

Die Gründe, welche verschiedene Leistungsträger und einzelne Dienststellen veranlasst haben, Case Management einzuführen, wurden hinreichend dargelegt. Die wachsenden Bemühungen vieler PraktikerInnen vor Ort, oft ohne Unterstützung der Anstellungsträger oder politischen Gremien, zeigen, dass die Herausforderungen durch die Adaption innovativer Verfahren angenommen wurden. Eine Beachtung der Kosten-Nutzen-Relation wird akzeptiert.

Qualifizierte Beratung für Menschen mit vielschichtigem, verzweigten Unterstützungsbedarf, z.B. alte, behinderte, psychisch und chronisch kranke Menschen und ihre Angehörigen sowie mehrfach belastete Jugendliche, Erwachsene und Familien soll ein weitgehend selbstständiges, menschenwürdiges Leben ermöglichen, sichern und stabilisieren. Beratung wird als Befähigung zur Selbsthilfe, auch in Krisensituationen verstanden. Die Fähigkeit zur Selbstbestimmung (soweit keine Selbst- und Fremdgefährdung vorliegt), die eigene Kompetenz zur Klärung dessen, was einem hilfreich sein kann, muss akzeptiert und durch Kontraktmanagement ausgehandelt werden. Sie ist die Voraussetzung für Kooperation im Case Management.

Menschen mit komplexen Problemlagen benötigen ein individuell zugeschnittenes Angebot und unterstützende Begleitung bei der Organisation eines Netzwerkes und deren Nutzung. Das Angebot der Leistungen ist häufig nicht in seiner Vielfalt bekannt oder nicht unüberschaubar. Hinzu kommen finanzielle und psychische Belastungen, die eine Nutzung erschweren. Im Case Management wird zwischen Versorgungsplanung auf Lebenszeit (z. B. für behinderte Menschen) und einer prozesssteuernden Fallführung mit dem Ziel, die Regelung der Angelegenheiten selbstständig zu übernehmen, unterschieden. Handlungsleitend in beiden Ausrichtungen ist aber die aktive Förderung von Menschen und ihre Einbindung in die Problembewältigung und Erschließung von Ressourcen.

Probleme bei der Umsetzung

In vielen Konzepten, Veröffentlichungen und in Institutionen ist zu lesen und zu hören: „Wir arbeiten jetzt mit Case Management." Eine Nachfrage oder genauere Überprüfung zeigt z. B. in Krankenhaussozialdiensten, dass damit nur eine Art Lotsenfunktion für weitere Maßnahmen innerhalb und außerhalb der stationären Behandlung gemeint ist. Diese wird zwar systematisch und damit besser gesteuert, endet aber in der Regel beim Verlassen des Krankenhauses nach dem Assessment oder der Serviceplanung. Bei Wiederaufnahme muss der Prozess ggf. zeitraubend neu beginnen. Die Zuständigkeitsbegrenzungen erlauben keine weitere Begleitung der Maßnahmen, keine Kontrolle und Auswertung. Modellprojekte versuchen hier zwar, institutions- und berufsübergreifende Kooperationsformen zu entwickeln, diese werden aber teilweise über die Projektzeit (-finanzierung) nicht weitergeführt. Vereinzelte Modelle mit *Brückenschwestern*, die diese Überleitungsaufgaben übernehmen, verweisen auf ein weiteres Problem, das der interdisziplinären Rollenklärung (Höhmann u. a. 1999). Befürchtungen, die Pflege ersetze den Krankenhaussozialdienst, werden laut und verweisen auf die in vielen Bereichen ungeklärte Rollenfindung und -definiton eines bzw. einer Case ManagerIn. An einer interdisziplinär kooperativen Grundeinstellung ist noch viel zu arbeiten.

Krankenhausintern gibt es aber Qualitätskonzepte zur Umstrukturierung des Krankenhaussozialdienstes, die dem Case Management in Verfahren und Anforderungen entsprechen und damit einen erheblichen Beitrag geleistet haben, den Rechten und der Lebensqualität von PatientInnen im Krankenhaus gerecht zu werden.

Berufsspezifische Sichtweisen und Sprachcodes, internalisierte Rollenzuschreibungen und Wertungen, alte „Feindbilder", Hierarchien und gewachsene Strukturen erweisen sich im Gesundheitsbereich noch als zu überwindende Hemmnisse (Höhmann u. a. 1999).

Diese Analyse kann für die anderen Handlungsfelder, besonders für öffentliche Verwaltungsstrukturen der Jugend- und Sozialhilfe, der Arbeitsämter und anderer Behörden, weitgehend übernommen werden. Der Kostendruck im Gesundheitsbereich zwingt aber vermutlich dort schneller, neue Kooperationsformen hinsichtlich einer besseren und wirtschaftlicheren Versorgungsqualität dauerhaft zu schaffen, wie die zahlreichen an Case-Management-Prinzipien angelehnten Verfahren von Hausarztmodellen, Disease-Management-Programmen bei chronischen Erkrankungen, Clinical Pathways, Entlassungsmanagement und Überleitungspflege zeigen.

Clearingstellen, die von Wohlfahrtsverbänden, z. B. den Caritasverbänden in Frankfurt und Mainz als Erstkontaktstellen eingerichtet wurden, um den Hilfebedarf zu ermitteln und eine entsprechend gezielte, fachlich richtige Weitervermittlung zu initiieren, können eigenverantwortlich nur die erste Phase, ein Assessment, begleiten.

Die Einrichtungen von Beratungs- und Koordinierungsstellen für alte und pflegebedürftige Menschen sind ebenso wegweisende Kontaktstellen hinsichtlich einer umfassenden Beratungsorganisation, weisen aber noch strukturelle Mängel hinsichtlich der Vernetzung auf. Aber auch hier bleibt der Einsatz auf die Aufklärung über vorhandene Hilfsdienste mit unterschiedlichen Qualitätsstandards und die Planung und Vermittlung von Diensten beschränkt. Träger der Beratungs- und Koordinierungsstellen in Rheinland-Pfalz sind verschiedene Wohlfahrtsverbände. Dadurch entsteht für die Vermittlung von Hilfen ebenfalls eine Konkurrenzsituation zu den Anbietern vor Ort, die man durch „neutrale" Besetzung dieser Stellen entschärfen könnte.

Diese ressourcenorientierten und auf den Sozial- und Lebensraum der Menschen bezogenen Einrichtungen stellen eine qualitative Verbesserung des Leistungsangebots und eine Verringerung von Kosten dar, erfüllen aber nicht die umfassende systematische, strukturierte Zielstellung eines Case-Management-Verfahrens. Im günstigsten Fall kann an eine Instanz abgegeben werden, die das Case Management weiterführt, sonst bleibt die Situation unbefriedigend.

Es herrscht selbst bei Fachvertretern Verwirrung darüber, was nun tatsächlich als Case Management bezeichnet werden kann, wenn einzelne Schritte, z. B. nur die Vernetzung der Dienste, aus Synergiegründen erfolgen, und alle anderen originären Phasen des Konzepts wegfallen. Aufgrund der zunehmenden Bedeutung von Case Management (unterschiedlichste Bereiche berufen sich mittlerweile darauf – vom „Fallmanager" nach SGB II/Hartz IV, den Migrationsdiensten bis hin zu Unfallversicherungen) erweist es sich notwendiger denn je die Spezifik von Konzeption und Verfahren zu erläutern.

Angesichts der Vielzahl der vorliegenden konzeptionellen und zielgruppenspezifischen Wege, die unter der Bezeichnung Case Management eingeführt werden, und hinsichtlich des schon zu beobachtenden inflationären Gebrauchs, sollte die Benennung ausschließlich dem Gesamtkonzept vorbehalten bleiben (Wendt 2004 c; Remmel-Faßbender 2005).

Case Management wird auch für den psychiatrischen und gemeindepsychiatrischen Bereich als Methode der Wahl diskutiert. In diesen stehen Menschen oft einem vielfältigen Hilfsprogramm gegenüber, das sie hinsichtlich ihrer Alltagsgestaltung nicht selbstbestimmt und den persönlichen Bedürfnissen entsprechend nutzen können. Ein planvolles, zielorientiertes, strukturiertes Arbeiten mit differenzierten diagnostischen Einschätzungs-, Planungs-, Verlaufs- und Auswertungsbögen, die mit den PatientInnen bearbeitet werden sollen, wird mit dem Integrierten Behandlungs- und Rehabilitationsplan (IBRP) (Kauder 2005) angestrebt. Das setzt aber die Bereitschaft aller Beteiligten zur Mitarbeit und vor allem einen Konsens über die Anwendung von Case Management voraus. Beides kann nicht ohne die Schaffung entsprechender gesetzlicher Grundlagen (wie teilweise im europäischen Ausland) verbindlich und regelhaft eingefordert werden (BFSFJ 1999). In Rheinland-Pfalz ist das Arbeiten mit dem IBRP Pflicht und damit auch Verpflichtung für die Fachkräfte der Sozialen Arbeit.

Rechtliche Grundlagen sind eine wichtige Voraussetzung, wie die neuen Vorschriften des SGB IX in Kapitel 3, §§ 22 ff zur Einrichtung von trägerübergreifenden Servicestellen zeigen. Ziel dieser Servicestellen ist es, sicherzustellen, dass Menschen mit Behinderungen (1999: 6,6 Mio. Schwerbehinderte in der BRD) und von Behinderung bedrohte Menschen über alle für sie in Betracht kommenden Rehabilitationsleistungen umfassend, qualifiziert und bürgernah beraten sowie in ihrem Anliegen auf eine unverzügliche Leistungserbringung unterstützt werden. Die Rehabilitationsträger Krankenversicherung, Unfallversicherung, Rentenversicherung, Bundesanstalt für Arbeit und die Stellen der Kriegsopferfürsorge müssen eine trägerübergreifende, vernetzte Auskunfts- und Beratungsstelle vor Ort einführen. Dies ist eine weitere notwendige Grundlegung auf dem Weg, zielgerichtete Systeme von Zusammenarbeit im Sinne der beteiligten Personen einzurichten. Die Wirksamkeit dieser Servicestellen muss sich aber erst in der Praxis erweisen, denn ihnen fehlt letztlich die Möglichkeit, den Fall wirklich übergreifend zu steuern. Ähnlich wie bei den Beratungs- und Koordinierungsstellen, kann auch hier nicht von einem trägerübergreifenden Fallmanagement gesprochen werden. Sie sind letztlich Clearing-Stellen an den Schnittpunkten zum Rehabilitationssystem, was aber auch bereits als Fortschritt in der Versorgungsplanung gesehen werden muss (Feldes 2001; Wendt 2000).

Ungeklärte Fragen des Datenschutzes und Angst, den „gläsernen Klienten" durch die Vernetzung und Abrufbarkeit von Daten und Entwicklungsverläufen durch elektronische Datenverarbeitungssysteme (EDV-gestützte Programme zur Dokumentation gibt es zwischenzeitlich für fast alle Arbeitsgebiete Sozialer Arbeit) zu schaffen, werden von PraktikerInnen als Kritik ins Feld geführt.

Die Akzeptanz der Maßnahmen und die Weitergabe der Daten durch Einverständnisregelung der Betroffenen hat sich im Bereich der Altenhilfe, im Betreuungswesen besonders bei Verwirrtheit oder psychischer Labilität als problematisch erwiesen.

„Insbesondere ältere Menschen waren verunsichert, zumal sie nicht über-schauen können, was sie mit welchen Folgen unterschreiben, die Korrektheit der professionellen Angaben zwar annehmen, aber nicht überprüfen können …" (Höhmann u.a. 1999, 298).

Eine zentrale ungeklärte Frage bleibt: Wer bestimmt die Rolle und Aufgabe als Case ManagerIn? Es gibt KollegInnen, die dies selbst tun und dann an den genannten ungünstigen strukturellen Bedingungen scheitern. Es gibt Vorgesetze, die diese Aufgabe ihren MitarbeiterInnen übertragen und ihnen keine Ausbildung dafür finanzieren. Sie bleiben allein und suchen auf Fortbildungen Hilfe bei der Implementierung. Es gibt aber mittlerweile zahlreiche berufs- und einrichtungsübergreifende Qualitätszirkel und Koordinierungskreise im sozialen und pflegerischen Bereich, die Case Management gezielt einsetzen und begleitend evaluieren. Das Koordina-tionsbündnis „Netzwerk gegen Jugendarbeitslosigkeit" in Krefeld, hat eine Anlauf- und Koordinierungsstelle gegründet und dort das Projekt „Case Management" installiert. Alle mit Jugendarbeitslosigkeit befassten Ämter und Institutionen haben sich zur Zusammenarbeit und zur Wahl der Methode „Case Management" bekannt. So konnte Kooperation vertraglich vereinbart werden. Die bisher vorliegenden Ergebnisse werden sehr positiv bewertet. Jugendliche wurden entsprechend ihrer individuell vorhandenen oder zu fördernden Potenziale bei einer unabhängigen Berufs- und Lebens-gestaltung unterstützt. Es wurde hier, wie auch bei Langzeit-Drogen-abhängigen, eine Gruppe erreicht, die sonst leicht durch das soziale Netz, auch das Hilfenetz fällt. Die Zielgruppe wurde besonders durch die Schaf-fung von niedrigschwelligen, aufsuchenden Zugangsformen angesprochen. Das begleitende Controlling-Verfahren hat neue Erkenntnis über die Zielgruppe der arbeitslosen Jugendlichen und ihre Lebensbedingungen er-bracht, die eine neue Orientierung in der Arbeit mit diesen Jugendlichen ermöglicht. (Welters/Ackermann 2000).

Eine eindeutige, rechtliche Voraussetzung, eine bzw. einen Case Mana-gerIn mit der Fallführung und einer eindeutigen Zuständigkeit zu beauf-tragen, bietet bisher nur der § 36 KJHG im Hilfeplanverfahren an – opti-male Voraussetzungen, das Case Management umzusetzen, wie Neuffer (1998) aufzeigt. Das Hilfeplanverfahren wird aber in vielen Jugendämtern noch sehr formal mit herkömmlicher Angebots- und nicht der erforder-lichen Nutzerorientierung gehandhabt. Die rechtliche Betreuung nach §§ 1896ff BGB bietet sich aufgrund ihres Aufgabengebietes geradezu für Case Management an: Die vielfältigen Aufgaben und Anforderungen der rechtlichen Betreuung erfordern eine zentrale Steuerung von Unterstüt-zungsmöglichkeiten auf ganz verschiedenen Ebenen. Psychosoziale, recht-liche, pflegerische, medizinische, hauswirtschaftliche, wirtschaftliche und finanzielle Fragen bedürfen einer Koordinierung der Dienstleistungen, der Integration informeller Unterstützungskreise (Verwandte, Freunde, Nachbarn), nicht selten auch der Vermittlung bei Konflikten und der Krisenintervention.

Für das Heranziehen der beteiligten Dienste fehlt aber auch hier die „Verpflichtung". Lotsen- und Kooperationsaufgaben werden von den Krankenkassen in diesem Bereich im Sinne von Hausarztmodellen vereinzelt initiiert, ohne dass auch hier eine direkte Verzahnung mit rechtlichen BetreuerInnen gesucht wird (Geißler / Remmel-Faßbender 2000). Die Stärke des Konzepts kann aufgrund mangelnder struktureller Bedingungen noch nicht genügend genutzt werden.

Soziale Arbeit vollzieht sich in vielen Handlungsfeldern, die sich voneinander hinsichtlich der Anforderungsprofile unterscheiden und sich spezialisiert haben. Es wird daher vermutlich kein einheitliches Berufsbild eines bzw. einer Case ManagerIn geben. Nach einer Grundausbildung, die gut verallgemeinerbar konzipiert werden kann, ist eine Spezialisierung sinnvoll. Auch das Anforderungsprofil für die unterschiedlichen Arbeitsfelder wird deutlicher herausgearbeitet werden müssen (vgl. den Artikel von Peter Löcherbach in diesem Band).

Bei kumulativ auftretenden Problemen sind nicht nur verschiedene Institutionen auf der Interventionsebene, sondern auch verschiedene Kostenträger beteiligt, was zu enormen Reibungsverlusten führt. Das Interesse, mit einer planmäßigen, sinnvollen Kooperation und Koordination der Unterstützungsleistungen darauf zu reagieren, wird seit Jahren gefordert.

Die Aktivitäten kooperationswilliger MitarbeiterInnen scheiterten jedoch mehrfach an Behinderungen auf der strukturellen Ebene, deren Veränderungen „… nicht aus sich selbst heraus greifen können, sondern übergeordneter Steuerungsansätze bedürfen, die sich im Rahmen eines Modellprojektes höchstens benennen lassen" (Höhmann u. a. 1999, 88).

Insgesamt war in den letzten Jahren die Tendenz in der BRD zu beobachten, Case Management unabhängig von Veränderungen auf den Organisationsebenen zu realisieren. Die Modellprojekte haben in Anerkennung dieser Realität überwiegend auf der Handlungsebene angesetzt. Die Auswertungen zeigen, dass Case- und Care Management nicht unabhängig voneinander einzurichten sind, auch wenn die Versuchung für die Einzelfallarbeit mit diesem strukturierten Verfahren zielorientiert zu arbeiten, verführerisch ist. Die optimale Gestaltung der Versorgungsstrukturen erweist sich als unabdingbarer Rahmen, damit einzelne Case ManagerInnen nicht frustriert scheitern oder immer wieder ressourcenverschleißend an dieselben Grenzen stoßen. Wenn die systemsteuernden Grundlagen fehlen, verhindern Konkurrenz um Einfluss und Finanzen, die noch anzutreffende „Einzelkämpfermentalität" und der bereits geschilderte (nicht von der Hand zu weisende) Rationalisierungsgedanke, das Einlassen auf innovative Entwicklungen zum Case- und Care Management. Case Management kann nur dann ein folgerichtiger Ansatz sein, wenn die Verbindung von fall- und systembezogenen Ansätzen gelingt.

3 Auswirkungen und Perspektiven

Case Management hat sich in der direkten, klientbezogenen Arbeit, wenn auch noch mit geschilderten Krankheitssymptomen, etabliert. Viele Projekte sind wissenschaftlich abgesichert. Unter Beachtung der zielgruppenspezifischen Bedarfe tragen ressourcenorientierte Maßnahmen zur Verbesserung der Lebenssituation durch Konkretisierung der Ziele und berufsübergreifende Vernetzung bei. Auch die Verbesserung der einrichtungsübergreifenden Kooperation gelingt teilweise. Die Verknüpfung von wissenschaftlich ausgewiesenen Konzepten, Qualitätskriterien, methodischem Instrumentarium und Formen der Dokumentation und Evaluation bietet einen professionsspezifischen, integrativen, ganzheitlichen Ansatz. Durch ganzheitliches Denken und Handeln, unter Berücksichtigung der Dimension des Mikrobereiches (der individuellen Lage der KlientInnen) und des Meso- und Makrobereiches (der sozialen Lage der KlientInnen) kann der spezifische Auftrag Sozialer Arbeit im Case Management durch aktive Beteiligung aller Betroffenen erreicht werden. So kann sich Soziale Arbeit zwischen der Unterstützung des Individuums in seiner sozioökonomischen Lebenslage und den Anforderungen professioneller Intervention unter den veränderten gesellschaftlichen und politischen Erfordernissen positionieren. Die Beachtung berufsethischer Prinzipien ist dabei zentral für die eigenständige Fachlichkeit.

Die beteiligten MitarbeiterInnen zeigen eine hohe Motivation zur Mitarbeit, wenn von Anfang an Transparenz herrscht und die Bereitschaft, sie in die Entwicklung der Konzepte einzubinden. Qualitäts- und Dokumentationsverfahren werden oft kontextangemessen, d.h. zielgruppen- und institutionsspezifisch selbst entwickelt oder modifiziert. Diese Verfahren aus der Praxis können rückgebunden werden, damit eine Sozialarbeitswissenschaft, verstanden als Handlungswissenschaft, Theoriebildung und Interventionswissen bereitstellen kann. Die mehrfach im Rahmen der Methodendiskussion eingeforderte „Zusammenschau" von Handlungswissenschaft und Vermittlung anwendungbezogener Kenntnisse und Fertigkeiten (Mühlum 1997) kann so erreicht werden. Die oft frustrierend erlebte unbestimmte Allzuständigkeit kann fachlich begrenzt werden. Für diese Aufgabe kann das Case Management hilfreich sein, wenn, wie aufgezeigt, die an der individuellen Situation orientierte Hilfe zentraler Bestandteil ist und nicht dem „Management" von Problemen zum Opfer fällt. Die Gefahr einer einseitigen technologischen Ausrichtung besteht dann nicht.

Wie wird sich Case Management weiterentwickeln? Einerseits wird beklagt, dass Soziale Arbeit so viel Geld kostet, andererseits steht Soziale Arbeit durch Auswirkungen der Moderne vor neuen Problemlagen. Sie muss zunehmend mehr Menschen bei der Bewältigung der individuellen Lebensführung unterstützen und Zugang zu Ressourcen ermöglichen, die ihnen nicht zugänglich sind oder deren Nutzung sie überfordert. Für einen

Großteil der Menschen haben die Entwicklungschancen durch Pluralisierung und Globalisierung nicht zugenommen.

Case Management kann unter optimalen Systemvoraussetzungen Menschen ihren individuellen Bedürfnissen entsprechend zu einer möglichst befriedigenden, selbstständigen Lebensführung begleiten. Hinsichtlich Ressourcenverantwortung, Vernetzung, Kompetenzklärung und -erweiterung, Qualitätssicherung durch fachliche Evaluation, verstärkte Einbeziehung der Betroffenen in Fall- und Helferkonferenzen, liegt hier eine Chance, da bisherige Hilfen (z. B. Sozialhilfe, Integration Behinderter in den Arbeitsmarkt) tatsächlich nicht genügend als Wiedereingliederung greifen.

Case Management – keine Wunderwaffe, kein routinemäßiges Abwickeln von Problemlagen, keine Verabschiedung von der individuellen Beratung und Begleitung von Menschen, nicht das Ende von Solidarität und humanitären Zielen in der Sozialen Arbeit, sondern eine innovative, aus der Sozialen Arbeit heraus entwickelte Methode, die, wenn sie weiter methodisch ausdifferenziert wird, letztlich dem immerwährenden Spagat zwischen persönlicher Hilfe und optimaler Dienstleistung gerecht werden kann. Ohne Theorie- und Zieldiskussion, aber genauso wenig ohne methodische Fertigkeiten ist sozialarbeiterische Handlungskompetenz und berufliche Identität nicht zu erreichen.

Wenn Kosten dabei optimiert werden können, ist dies moralisch und ideologisch nicht anrüchig, solange berufsethische Werte und fachliche Kompetenzen den Maßstab des sozialarbeiterischen Handelns bilden. Hocherfreulich, wenn dabei noch ein maßgeschneidertes Leistungsangebot zu einer befriedigenderen Lebensführung entwickelt werden kann.

Ergebnisse und Anwendungen

Case-Management in der Sozialpädiatrie

Das Augsburger Modell

Von Friedrich Porz, Andreas Podeswik, Horst Erhardt

1 Wie eine Idee entstand

In der Kinderklinik des Klinikums Augsburg als einer Klinik der Maximalversorgung mit einem räumlich großen Einzugsgebiet werden eine Vielzahl schwerkranker oder chronisch kranker Kinder behandelt: Zur Patientengruppe zählen sehr kleine Frühgeborene, Neugeborene mit angeborenen Fehlbildungen, Kinder mit schweren Herzerkrankungen, Atemwegserkrankungen, Diabetes und anderen Stoffwechselerkrankungen, krebskranke Kinder und Kinder nach schweren Unfällen.

Allen gemeinsam sind die problematischen Begleitumstände. Die Patientenfamilien sind sehr belastet, denn der Schock, ein behindertes oder krankes Kind zu haben, muss erst verarbeitet werden. Die Eltern müssen sich den Anforderungen einer Krankenhausbehandlung anpassen und manchmal über eine sehr eingreifende Therapie entscheiden. Auch ihr persönliches Umfeld verändert sich in Folge der Erkrankung des Kindes. Die gesunden Geschwister leiden oft im Schatten ihres kranken Geschwisters, denn sie erhalten weniger Aufmerksamkeit und weniger emotionale Zuwendung, weil die überforderten Eltern mit sich selbst beschäftigt sind, oder sie müssen zurückstehen, wenn die Eltern den Patienten besuchen. Die Erkrankung des Kindes führt zu einer Zerreißprobe für die gesamte Familie, längere Krankenhausaufenthalte verschlimmern die Situation (Thyen u. a. 2000, 2004). Ziel muss also eine möglichst frühe Entlassung des kranken Kindes sein.

Da die betroffenen Familien jedoch den speziellen Pflegeanforderungen und psychosozialen Belastungen oft nicht gewachsen sind, bedürfen sie einer stützenden Nachsorge als Bindeglied zwischen ambulanter und stationärer Betreuung.

Das Manko einer fehlenden Verbindung zwischen stationärer, häuslicher und ambulanter Versorgung wollten verantwortungsbewusste Mitarbeiter der Kinderklinik Augsburg nicht länger hinnehmen. Sie suchten Wege, die Kinder nach der klinischen Akutversorgung so schnell wie möglich ins gewohnte Umfeld zurückzubringen, ohne dabei ein medizinisches Risiko einzugehen.

Die anfängliche Idee war, durch eine „familienorientierte Nachsorge" ein dichtes Betreuungsnetz für die Eltern zu knüpfen. 1991 wurde beschlossen, diese Idee der Nachsorge konsequent weiterzuverfolgen.

Kinderklinikpersonal, Klinikseelsorge und Eltern aus den Selbsthilfegruppen gründeten einen runden Tisch, aus dem 1992 die Arbeitsgemeinschaft „Förderkreis Kinderklinik Augsburg" hervorging. Dessen Aufgabe war es, ein praxisfähiges Nachsorgekonzept für Familien mit chronisch, krebs- und schwerstkranken Kindern im Einzugsgebiet der Kinderklinik Augsburg zu entwickeln. Das Angebot sollte als aufsuchende Hilfe konzipiert und für die Eltern leicht zugänglich sein.

Die Mitarbeiter der Klinik (Schwestern, Ärzte und Mitarbeiter des psychosozialen Dienstes) konnten bei der Formulierung der Ziele auf ihre tägliche professionelle Erfahrung zurückgreifen. Als wertvoll und richtig erwies sich die frühzeitige Einbeziehung der Selbsthilfegruppen. Die betroffen Eltern wussten aufgrund ihrer persönlichen Erfahrung, welche Probleme zu bewältigen waren und wo die Nachsorge am sinnvollsten einzusetzen hatte.

Als Grundidee bestimmte der Case-Management-Gedanke, also die auf den jeweiligen Fall orientierte interdisziplinäre Koordination der Betreuung unabhängig von der fachlichen, hierarchischen oder institutionellen Zuordnung, den Aufbau der Nachsorge. Case-Management mit einem Team aus verschiedenen Berufsgruppen bündelt die Hilfen und führt zu kreativen Lösungen für die Patienten (Koenig 2001), wie im Abschnitt „Case-Management und Vernetzung" näher beschrieben.

Für die Identität nach innen und das wahrnehmbare Auftreten nach außen wurde ein schlüssiger und griffiger Name gesucht. Im gemeinsamen Brainstorming wurde der „Bunte Kreis" gefunden. Name und Konzept bildeten die Voraussetzungen, an die Öffentlichkeit zu gehen. 1992/93 wurden die ersten Spendenaufrufe gestartet und die Pressearbeit begann. Um das Konzept in die Tat umzusetzen, gründeten 1994 Klinikmitarbeiter, Seelsorge und Elterninitiativen den „Verein zur Familiennachsorge – Bunter Kreis e. V.".

Im gleichen Jahr wurde die erste Kinderkrankenschwester als Case Managerin eingestellt. Auf die erste Schwester folgten rasch weitere Mitarbeiter. Mittlerweile beschäftigt die Nachsorgeeinrichtung ca. 75 Fachkräfte aus den verschiedensten Berufsgruppen, wie Kinderkrankenschwestern, SozialpädagogInnen, PsychologInnen, DiätassistentInnen, Verwaltungsfachkräfte sowie auf Honorarbasis FamilientherapeutInnen, Kunst- und MusiktherapeutInnen und Seelsorger, die im Jahr über 1700 Familien begleiten.

2 Hauptelemente des Augsburger Modells

Kernpunkt ist die Nachsorge, das heißt der Übergang von der klinischen in die nachklinische Betreuung und Unterstützung chronisch, krebs- und schwerstkranker Kinder und deren Familien. Sie soll einen möglichst frühen und fließenden Übergang von der stationären zur ambulanten Versorgung ermöglichen und begleiten. Als besondere Merkmale des Augsburger Nachsorgekonzeptes sind zu nennen (Porz/Erhardt 1999, 2003b):

- systemintegrierende Vernetzung aller Hilfepartner (Klinik, niedergelassener Arzt, Sozialstation etc.) durch einen Case Manager",
- multidisziplinäres Team kompetenter Helfer mit einschlägiger Ausbildung und Erfahrung,
- die ganze Familie ist „Patient",
- ganzheitliche Hilfe,
- Hilfe zur Selbsthilfe und
- am Bedarf orientierte auf die Familie bezogene Hilfsangebote.

Im Sinne der von Hostler 1991 formulierten „familienzentrierten Versorgung von Kindern mit speziellen Gesundheitsbedürfnissen" wurde das Augsburger Nachsorgemodell aufgebaut. Um möglichst allen chronisch kranken Kindern und deren Familien eine ihnen adäquate Unterstützung und Begleitung zukommen zu lassen, formulierte Hostler u.a. folgende Anforderungen:

- Eltern und Professionelle sollten auf allen Ebenen der Versorgung eng zusammenarbeiten.
- Eltern sollten fortlaufende, komplette, offene und sie unterstützende Informationen über die häusliche Nachbetreuung erhalten.
- Familien sollten entsprechend ihren Bedürfnissen emotionale und finanzielle Unterstützung erhalten.
- Individuelle Ressourcen und unterschiedliche Bewältigungsstrategien der Familien sollten beachtet und die Elternselbsthilfe gefördert werden.
- Angemessene Nachbetreuungsprogramme sollten eine altersspezifische Entwicklungsförderung beinhalten.

Das Augsburger Nachsorgemodell erweitert den Fokus vom Patient Kind mit seiner Erkrankung auf die Familie.

Eine schwere oder chronische Erkrankung eines Kindes belastet die ganze Familie. Die Eltern sind in der Regel unvorbereitet mit der Krankheit oder Behinderung ihres Kindes konfrontiert worden und häufig damit überfordert, sich richtige Hilfen zu holen. Sie sollen langfristig eine Vielzahl von Betreuungselementen für ihr Kind selbstständig übernehmen und brauchen dazu Information, Beratung und Anleitung. Die Betreuung eines schwerst- oder chronisch kranken Kindes in der Familie ist eine enorme Belastung, die aus familien-systemsicher Sicht adäquater, systemischer Betreuungsnetze bedarf. Deshalb wird den Eltern möglichst früh ein Hauptansprechpartner als Case Manager zur Seite gestellt. In der Regel ist dies eine Kinderkrankenschwester, es kann aber je nach Fall auch ein

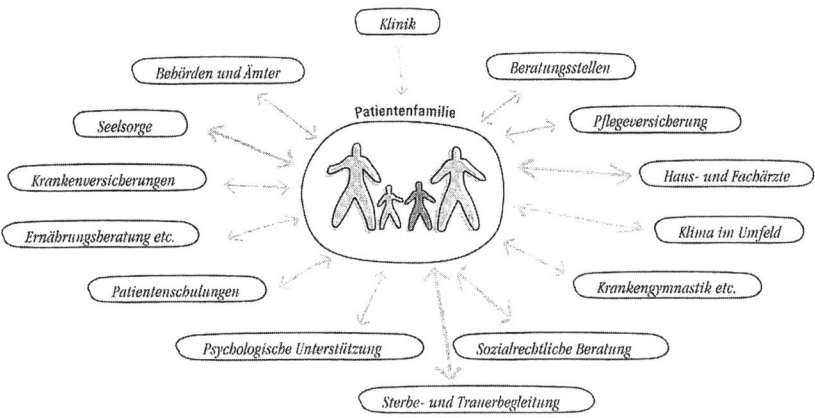

Abb. 6: „Die ganze Familie ist belastet, wenn ein Kind schwer erkrankt ist"

Sozialpädagoge oder eine Diätassistentin sein. Je nach Belastung oder Problemen der Familie zieht der Case Manager weitere Experten hinzu.

Diese individuelle, interdisziplinäre, kindorientierte, sozialorientierte und familienbezogene Nachsorge hat zum Ziel, den medizinischen Behandlungserfolg zu stabilisieren, stationäre Aufnahmen zu vermeiden, eine möglichst optimale Entwicklung des Kindes und die Eltern-Kind-Interaktion zu fördern sowie die Lebenszufriedenheit der gesamten Familie zu erhöhen. Mit der familienorientierten Pflege und häuslicher Betreuung chronisch kranker Kinder verschiebt sich pflegerisches Handeln in einen Bereich, in dem dem Beziehungsaufbau und seiner Gestaltung durch die Kinderkrankenschwestern und der Aufrechterhaltung des Gleichgewichts des Familiensystems wesentliche Bedeutung zukommt (Friedemann 1996, Köhlen/Beier 2001).

Um den Eltern möglichst früh Hilfen und Unterstützung anbieten zu können, wurde in Zusammenarbeit mit dem Bunten Kreis und der 2. Kinderklinik Augsburg im Rahmen der Nachsorge für Eltern von sehr kleinen Frühgeborenen und kranken Neugeborenen eine schon in der ersten Lebenswoche einsetzende „beziehungsfördernde Begleitung und Beratung" eingeführt (Grossmann 2003, Porz 2003): Zunächst ist die Arbeit der Case Manager auf die Stärkung der Feinfühligkeit der Mutter in der Wahrnehmung ihres Kindes und die Eltern-Kind-Bindung gerichtet, erst im weiteren Verlauf auf die Vernetzung und Vorbereitung der Entlassung. Feinfühliges Verhalten der Bezugsperson besteht darin, dass diese in der Lage ist, die Signale des Kindes, die gerade bei Frühgeborenen nicht immer eindeutig und oft nur angedeutet vorhanden sind, richtig zu interpretieren und angemessen und prompt darauf zu reagieren, was die Voraussetzung für die Entwicklung einer sicheren Bindung ist (Brisch 1999, Grossmann u.a. 1997, Sarimski 2000).

Die ressourcen- und lösungsorientierte Philosophie der Beratung soll Hilflosigkeit und Selbstvorwürfe bei den Müttern abbauen, ihr Selbstvertrauen und die Zuversicht stärken, persönliche Bewältigungskräfte mobilisieren und zusammen mit dem in der Klinik praktizierten Konzept der individuellen entwicklungsfördernden Pflege (Porz u.a. 1998) den Eltern schließlich eine bessere Interaktion mit ihrem Kind ermöglichen. Diese frühe Intervention zur Verbesserung der Mutter-Kind-Beziehung schon in der Klinik und der Aufbau eines funktionierenden sozialen Netzwerks als kompensierende Schutzfaktoren sollen spätere Störungen mildern oder vermeiden (Laucht u.a. 1998, Scheithauer/Petermann 1998).

Case Management und Vernetzung

Die Vernetzungsaufgabe im Case-Management besteht darin, die Bedürfnisse des Patientensystems mit den Angeboten der Hilfesysteme kompetent zusammenzuführen (Wendt 1997/2001). Der Case-Management-Ansatz der Nachsorge soll zu einer besseren Abstimmung aller Behandlungsmaßnahmen sowohl im medizinisch-therapeutischen als auch im psychosozialen wie sozialrechtlichen Bereich führen. Der Grundgedanke ist ein fallorientiertes Handeln unabhängig von der fachlichen, hierarchischen oder finanziellen Zuordnung (Koenig 2001). Im Gegensatz zum Disease-Management oder Managed Care steht im Case-Management-Ansatz der Einzelfall, die einzelne Familie und ihre Bedarfslage im Mittelpunkt. Darüber hinaus geht es um die komplexe Versorgung durch verschiedene Disziplinen und Sektoren, was eine Koordination und Steuerung der Anbieter um den Fall herum notwendig macht. Unsere Kernziele im „Bunten Kreis" für Case-Management in der Nachsorge sind:

- Sicherstellung des medizinischen und funktionalen Behandlungserfolges,
- Sicherung und Verbesserung der psychosozialen Versorgung,
- Sicherung und Verbesserung der Lebensqualität,
- Förderung einer ganzheitlichen Bewältigung der Lebenssituation,
- Aufbau der Selbstversorgungskompetenz,
- Abbau von organisatorischen, sozialen, physischen und emotionalen Belastungen und
- Stabilisierung und Verbesserung der Partizipation am Alltagsleben und Integration in die Gesellschaft.

Der Case Manager organisiert und koordiniert die für die jeweilige Familie notwendigen Maßnahmen und vernetzt kompetente Helfer aus allen Bereichen, in denen Hilfe notwendig ist: ärztliche, pflegerische, therapeutische, seelsorgerische, soziale, organisatorische, finanzielle etc. Entscheidend sind immer die Bedürfnisse des kranken Kindes und seiner Familie.

Wichtig ist uns dabei die Bedürfnis/Ressourcenbalance: nicht nur die Erhebung der „Pathologie" und der Defizite, sondern auch die Erfassung von Fähigkeiten und Stärken des Patienten und der Familie und die Beseitigung von Hindernissen in der Nutzung von Ressourcen. Die Aufgabe des Case Managers ist die bestmögliche und umfassende Betreuung und Information der Betroffenen. Er gewährleistet, dass in der entscheidenden Anfangsphase die richtigen Weichen gestellt werden und organisiert in Absprache mit den Eltern die verschiedenen Helfer, die gemeinsam einen schützenden und unterstützenden Kreis um die betroffene Familie bilden. Letztendlich entscheiden die Eltern über den Weg der Behandlung. Ihre Entscheidung ist zu respektieren.

Nachsorge ist ein Prozess der Begleitung und gliedert sich in folgende Phasen:

- Indikationsstellung (Intake),
- Erstellung einer interdisziplinären Anamnese (Assessment),
- Zielformulierung und Erstellen eines Hilfeplans,
- Ressourcen- und bedarfsangepasste Durchführung der Intervention,
- Überwachung und Dokumentation der Intervention und
- Evaluation.

Intensität und Umfang der Nachsorge richten sich nach der Schwere der Erkrankung, der funktionellen Beeinträchtigung des Kindes und der psychosozialen Belastung der Familie (Disease-Staging). Die im Disease-Staging ermittelte Gesamtbelastung kann in fünf Kategorien oder Bedingungen gegliedert werden:

- medizinisch-pflegerische Bedingungen,
- funktionale Bedingungen,
- soziale Bedingungen,
- psychische Bedingungen und
- spirituelle Bedingungen

Diese Einteilung leitet sich ab von der neuen von der WHO vorgeschlagenen „Internationalen Klassifikation der Funktionsfähigkeit, Behinderung und Gesundheit" – ICF, die auf einem erweiterten, auf den sozialen Kontext bezogenen bio-psycho-sozialen Modell basiert: Behinderung wird verstanden als ein Ergebnis von Wechselwirkungen zwischen Gesundheitsproblemen, Partizipationsmöglichkeiten, personenbezogenen Faktoren und Umweltfaktoren (Oepen 2004, Schuntermann 2004).

Im Regelfall fordert der betreuende Klinikarzt die Nachsorge an, sobald erkennbar wird, dass der Entlassung eine kompetente Nachsorge folgen muss. In der wöchentlichen Nachsorge-Teambesprechung wird der entsprechende Case Manager nach den zu erwartenden Anforderungen ausgewählt: Ist eine umfassende medizinisch-pflegerische Betreuung zu erwarten, wird eine Kinderkrankenschwester aus dem jeweiligen Fachbereich der Familie zugeordnet. Liegt der Schwerpunkt auf psychosozialen und sozialrechtlichen Aspekten, wird ein Sozialpädagoge ausgesucht. Die Mitarbeiter des Bunten Kreises sondieren zusammen mit dem Arzt, den Schwestern der Station und dem psychosozialen Dienst die Bedürfnisse. Sie bauen, möglichst schon während das Kind noch in der Klinik liegt, eine Beziehung zu den Eltern auf. Der Case Manager klärt die Voraussetzungen für eine frühe Entlassung in Absprache mit den behandelnden Klinikärzten und den nachbetreuenden niedergelassenen Kinderärzten und organisiert das notwendige heimische Umfeld. Eltern werden, wenn notwendig, in der Klinik oder im Nachsorgezentrum für die Pflege ihrer Kinder geschult.

Die Kinderkrankenschwester begleitet die Familie nach Hause, überwacht die ersten Pflegemaßnahmen und gibt der Familie durch ihre Präsenz und Kompetenz Sicherheit. Die Nachsorgeschwestern beraten und leiten die Eltern zu Hause an: unterstützend-erzieherisches Pflegesystem nach Orem (1997). Sie übernehmen selbst keine Grund- oder Behandlungspflege, sondern vermitteln ihr Wissen an ambulante Kinderkrankenschwestern oder Sozialstationen. Ihr Ziel ist, die Familie und die Helfer vor Ort kompetent zu machen und sich dann zurückzuziehen.

Case-Management im Sinne des Augsburger Modells will nicht eine zusätzliche Leistung etablieren, sondern bestehende Leistungsangebote zum Wohle des Patienten und seiner Familie vermitteln und vernetzen. Die Nachsorge rückt bestimmte Phänomene in den Mittelpunkt, die eigentliche Diagnose wird eher nebensächlich. Entscheidend für die Entlassung eines chronisch kranken Kindes sind z. B.: Kann das Kind zu Hause kontrolliert mit Sauerstoff versorgt werden? Kann die Mutter die Nahrung sondieren oder den Schleim absaugen? Ist ein bestimmter Versorgungsrhythmus rund um die Uhr einzuhalten? Welche Hilfen braucht die Familie, um die Phänomene in den Griff zu bekommen?

Nachsorge erfordert ein hohes Maß an Kreativität und Einsatzbereitschaft, denn das Gesundheitssystem mit seinen teilweise starren Vorgaben erschwert manchen kreativen Lösungsansatz. Die verschiedenen Mitarbeiter des Augsburger Nachsorgemodells, der Kliniken und des Gesundheitssystems im Ganzen praktizieren in der täglichen Nachsorgearbeit ein hohes Maß an Interaktion, was eine enorm hohe Kommunikationsfähigkeit und ein Hineindenken in die Strukturen vorhandener Einrichtungen verlangt.

Deshalb setzt das Augsburger Nachsorgemodell auf Klinikpersonal mit einschlägiger Ausbildung und langjähriger Erfahrung als Fachkinderkrankenschwester sowie Therapeuten verschiedener Fachrichtungen, die möglichst schon mit der Kinderklinik kooperiert haben. Die Nachsorgeeinrichtung sollte organisatorisch und finanziell von der Klinik unabhängig sein. Das erleichtert das phänomen-orientierte Denken, erhöht die Flexibilität der Case Manager und vermeidet systemische Konflikte.

Das Augsburger Nachsorgemodell mit seinem ganzheitlich-interdisziplinären, an der Familie orientierten Ansatz erfordert ein flexibles System, das durch Hierarchien behindert wäre. Eine hierarchisch-fachliche Eingliederung der Nachsorge in das Kliniksystem wäre kontraproduktiv. Die Akzeptanz der interdisziplinären und menschlichen Kompetenz der Nachsorgemitarbeiter wäre gefährdet. Das vernetzende Case-Management würde auf den Status einer klinischen Sozialstation reduziert.

Trotz der organisatorischen und strukturellen Unabhängigkeit der Nachsorge von der Klinik strebt das Augsburger Nachsorgemodell eine möglichst enge Zusammenarbeit mit der Klinik an, um den betreuten Familien einen fließenden Übergang von der Klinik nach Hause zu ermöglichen. Case-Management fördert auch die Vernetzung von Kliniken, weil es im Interesse der Familie eine möglichst wohnortnahe Versorgung anstrebt, nur spezielle diagnostische oder therapeutische Maßnahmen erfordern die Spezialklinik. Im Idealfall reicht das Nachsorgenetzwerk in jede Klinik hinein. Die Verbindung der Nachsorgenetzwerke untereinander vernetzt automatisch auch die Kliniken.

Auch mit den niedergelassenen Kinderärzten ergab sich durch die Nachsorge eine engere Zusammenarbeit. Sie sind wichtige Partner im Netzwerk, die in engem Kontakt mit den Spezialisten der Klinik die medizinische Versorgung vor Ort sicherstellen. Durch die früher mögliche Entlassung chronisch kranker Kinder hat sich der Verantwortungs- und Aufgabenbereich der niedergelassenen Ärzte ausgeweitet. Die Nachsorgeschwestern setzen den in der Klinik erstellten Behandlungsplan zusammen mit den niedergelassenen Ärzten um und berichten ihnen über ihre Besuche bei den Familien. Sie fungieren vor allem anfangs als Kontaktperson und Informationsermittlerin. Durch die Nachsorge entstehen zunehmend direkte Kontakte, welche die Kluft zwischen Klinik und niedergelassenen Ärzten verkleinern.

3 Arbeitsbereiche des Augsburger Nachsorgemodells

Pflegenachsorge im Case Management

Zur Pflegenachsorge zählt die Vorbereitung der Entlassung und Vernetzung zur häuslichen Pflege, auch als „Überleitungspflege" bezeichnet (Schaeffer 2000, Schaeffer/Moers 1994), sowie die Beratung und Anleitung der Eltern zu Hause. Sie wird von Fachkinderkrankenschwestern geleistet entsprechend der Erkrankung des Kindes, z. B. Schwestern der Kinderintensivstation, der Frühgeborenenstationen oder Onkologischen Station.

Als sehr effektiv und sinnvoll erwies sich die Tatsache, dass die im Bunten Kreis tätigen Kinderkrankenschwestern im Sinne einer Personalunion aus der Kinderklinik kommen. Ihr persönlicher Einsatz sowie das Wissen um offizielle Hierarchien und interne ungeschriebene Gesetze überwanden manche Vorbehalte gegen die neue Arbeit.

Die Schwestern werden zu Beginn ihrer Nachsorgetätigkeit für ihr neues Aufgabengebiet ausführlich geschult und weiterhin durch eine monatliche Supervision gestützt. Ihre Haupttätigkeit ist nicht mehr die Pflege, sondern die Beratung der Eltern, die auf eine Verbesserung der Bewältigungskompetenz, der Selbsthilfebereitschaft, der Selbststeuerungsfähigkeit und der Handlungstüchtigkeit ausgerichtet ist (di Piazza 2001). Die drei Hauptziele sind:

- Förderung der elterlichen Ressourcen,
- Förderung der Problemlösungskompetenz und
- Förderung der Verantwortlichkeit für Gesundheit.

Die Eltern sollen durch ein richtiges Erkennen und Umsetzen von Pflegeerfordernissen eine höhere Kompetenz in der Versorgung ihres Kindes erreichen und eigene Lösungswege finden (Orem 1997). Langfristiges Ziel der Pflegenachsorge ist die Wiedereingliederung des Patienten in sein familiäres Umfeld.

Die Nachsorgeschwester ermöglicht eine möglichst frühzeitige häusliche Pflege: sie besucht die Eltern zu Hause und begutachtet die räumlichen Gegebenheiten, berät und gestaltet zusammen mit den Eltern und anderen Helfern das häusliche Umfeld so, dass der Patient zu Hause gepflegt werden kann. Dies kann von der Beschaffung von Medizingeräten bis hin zu einem Umbau reichen, wenn das Kind zum Beispiel eine häusliche Sauerstoff- oder Beatmungstherapie benötigt oder auf den Rollstuhl angewiesen ist.

Des Weiteren schult die Nachsorgeschwester Eltern und anderes Pflegepersonal im Umgang mit dem Patienten. Sie begleitet die Familie nach der Entlassung nach Hause und ist in der ersten Phase oft vor Ort. Sie bindet vorhandene Helfer mit ein und knüpft am Wohnort des Patienten ein Versorgungsnetz: zum niedergelassenen Kinderarzt, anderen Fachärzten oder Ambulanzen, Apotheken und Gesundheitshäusern, Rehaeinrichtungen, Frühförderstellen, Sozialpädiatrischen Zentren, Selbsthilfegruppen u. a.

Ein besonderer Teilbereich der Pflegenachsorge ist die Kinderdiätberatung bei Kindern mit Diabetes, anderen Stoffwechselerkrankungen oder Adipositas. Diätassistentinnen stellen bereits in der Kinderklinik Ernährungspläne zusammen und geben spezielle Kochkurse in der Schulungsküche des Nachsorgezentrums. Das Besondere ist aber die Diätberatung zu Hause, wo die Diätassistentin praktische auf die konkrete Situation abgestimmte Tipps geben kann, und die kontinuierliche Begleitung der Familien.

Psychosoziale Betreuung im Case Management

Die psychosoziale Nachsorge hilft Eltern und Geschwistern zunächst, sich mit der völlig veränderten Lebenssituation auseinander zu setzen, die mit der Krankheit oder Behinderung eingetreten ist. Oft stehen sozialrechtliche Fragen und organisatorische Probleme als unüberwindlicher Berg vor den betroffenen Familien.

Die psychosoziale Betreuung der Familien setzt bereits durch die Begleitung der Familien durch die Nachsorgeschwestern während der stationären Behandlung ein. Je nach Belastung der Familie oder bei besonderen Problemstellungen werden die Sozialpädagogen oder auch die Psychologen des Bunten Kreises mit einbezogen oder übernehmen selbst die Rolle des Case Managers.

Die Sozialpädagogen beraten, kontaktieren Fachstellen, helfen bei Anträgen, begleiten zu Behörden und vermitteln Experten. Dabei arbeiten sie mit psycho-sozialen Fachdiensten und Beratungsstellen zusammen, die die Familien weiterbetreuen. In der ressourcen- und lösungsorientierten Begleitung wird zunächst versucht, die Auswirkung der Erkrankung auf die Familie zu erfassen, um sie dann akzeptieren und in die Familie integrieren zu können. Aus dem Repertoire der möglichen Ressourcen werden die für die jeweilige Familie adäquaten Hilfen ausgewählt und koordiniert, so dass ein Netzwerk für die Familie entsteht. In der weiteren prozesshaften Begleitung wird auf Probleme in der Krankheitsbewältigung reagiert, werden Konfliktsituationen erkannt und entsprechende Hilfen als Krisenmanagement angeboten.

Die Sozialpädagogen beraten die Schwestern in der Nachsorge und sind häufig auch Moderator zwischen Klinikmitarbeitern, Nachsorgeschwestern und den Familien. Die Psychologen im Bunten Kreis geben ebenfalls psychosoziale Hilfestellung in der Krisenbewältigung und unterstützen die Familien und die Case Manager bei Konflikten und Interaktionsproblemen innerhalb der Familie und im Netzwerk der betreuenden Institutionen. Sie bieten Beratung zur Krankheitsbewältigung in Einzelgesprächen und zunehmend im Rahmen von Patientenschulungsprogrammen, z.B. zu Diabetes (Podeswik/Fromme 2003), Asthma, Adipositas und Neurodermitis, an.

Eine weitere vernetzende Tätigkeit sowohl der Sozialpädagogen wie der Psychologen ist die Beratung anderer Förder- und Hilfeeinrichtungen über unterstützende Angebote für chronisch kranke Kinder und deren Familien sowie Aufklärungsarbeit für Erzieher, Lehrer oder Ausbilder im Sinne eines Kompetenz-Transfers.

Die sozialtherapeutische Arbeit im Rahmen der psychosozialen Betreuung hilft auch dem Kind, mit seiner veränderten Lebenssituation zurechtzukommen. Die Angehörigen und das kranke Kind selbst sind enormen psychischen und sozialen Belastungen ausgesetzt. Hier sollen Therapien ganzheitlich ansetzen und sowohl medizinisch-rehabilitative Ziele verfolgen als auch den „Ausnahmezustand" soweit wie möglich entschärfen. Angeboten werden Spieltherapie, Musik- oder Kunsttherapie, Familientherapie in den Therapieräumen des Nachsorgezentrums und der therapeutische Spielplatz. Unterstützt wird die fallorientierte psychosoziale Nachsorgearbeit durch die überregionale Nachsorgeberatungsstelle für hochrisiko- und chronisch kranke Kinder. Die offene Beratungsstelle für betroffene Angehörige kann auf die gesammelte Kompetenz der Nachsorgemitarbeiter zurückgreifen. Zudem fungiert das Nachsorgezentrum als Kontaktstelle für alle Selbsthilfegruppen, die hier durch Bildungs- und Schulungsangebote und Begleitung von Projekten Unterstützung finden.

4 Schulung der Case Manager

Mitarbeiter aus allen Berufsgruppen des Bunten Kreises mussten erst lernen, den ganzheitlich-interdisziplinären Case-Management-Ansatz anzuwenden (Ortiz / Riipi 2001). Zunächst geschah dies noch wenig strukturiert durch interne Schulungen, Unterstützung durch Supervision und Teamsitzungen und hauptsächlich durch das tägliche praktische Tun. Entsprechend den vielseitigen Aufgaben und Tätigkeitsfeldern müssen Nachsorgemitarbeiter als Case Manager vielseitig qualifiziert sein. Eine gute Schulung ist ein wichtiger Bestandteil des Qualitätsmanagements und sichert ein gleich bleibend hohes Niveau des Case Managements in einer Einrichtung (Cohen 2001).

Erst die Gründung des beta Instituts für sozialmedizinische Forschung und Entwicklung im Jahre 1999 ermöglichte es, eine berufsbegleitende Weiterbildung „Case Management im Sozial- und Gesundheitswesen, Schwerpunkt pädiatrische Nachsorge" anzubieten (beta Institut 2004). Die Weiterbildung folgt den 2003 verabschiedeten ersten qualitätsorientierten Richtlinien für die Weiterbildung zum / r Case ManagerIn im Sozial- und Gesundheitswesen in Deutschland (siehe dazu den Beitrag von Peter Löcherbach) und bietet ein breites Basis-Know-how, das die Zusammenarbeit mit anderen professionellen Helfern erleichtert. Die Absolventen erkennen Probleme besser, können die Ursachen orten, die richtige Hilfe vermitteln und andere Fachleute hinzuziehen. Die Weiterbildung setzt sich aus vier Basismodulen und drei Aufbaumodulen zusammen (ausführlich, siehe S. 240 f).

Zielgruppen sind grundsätzlich alle Berufsgruppen im stationären oder ambulanten pädiatrischen Einrichtungen, vor allem (Kinder-)Krankenschwestern, Sozialpädagogen, Pädagogen, Psychologen, Hebammen und Therapeuten aller Fachrichtungen. Die Mischung der Berufsgruppen hat einen für das Case-Management wichtigen Lerneffekt: Die Teilnehmer erfahren die interdisziplinäre Zusammenarbeit unmittelbar und lernen die Denk- und Handlungsweise anderer Berufsgruppen kennen.

Finanzierung der Nachsorge

Die Nachsorge wurde zunächst nur über Spendengelder und Firmensponsoring finanziert. Die Bemühungen um eine reguläre Finanzierung der Nachsorgearbeit wurde durch den ganzheitlichen und umfassenden Anspruch des Augsburger Nachsorgemodells erschwert, da die Leistungen weder alleine der Gesundheit noch der Jugendhilfe noch der Behindertenarbeit zuzuordnen sind (Porz u. a. 2003 c).

Zum 1. 1. 1998 erfolgte nach zähen, jahrelangen Verhandlungen die vertragliche Anerkennung der Nachsorgearbeit durch die regionalen gesetzlichen Krankenkassen (AOK Bayern, BKK, Innungskrankenkassen). Seitdem rechnet der Bunte Kreis die Nachsorgeleistungen als „ergänzende Leistungen zur Rehabilitation" laut § 43 a Sozialgesetzbuch V ab. Im Zentrum steht die Verbesserung der Lebenssituation, nicht die Pflege (Pflegekassen) und nicht die Wiederherstellung (Rentenversicherung). Die bundesweit tätigen Angestellten- und Ersatzkassen erstatten die Leistungen analog ohne Vertrag im Einzelfall, wie dies bis 1998 auch für die Abrechnung mit den regionalen Krankenkassen erfolgte. Es ist zu hoffen, dass nach Abschluss der von den Krankenkassen geforderten unten genannten Effektivitätsstudien (Porz 2003 a) die Nachsorge bundesweit als Leistung der Regelversorgung anerkannt wird.

Ein wichtiger Schritt dahin ist die Verabschiedung eines von Mitarbeitern des „Bunten Kreises und des beta Instituts erarbeiteten Gesetzesentwurfs zur Absicherung der Nachsorge im Sozialgesetzbuch V im Oktober 2004 (von Voß 2004). Zurzeit werden in Verhandlungen mit den Spitzenverbänden der Krankenkassen die Indikationen, der Leistungsumfang und die Anforderungen an die Leistungserbringer festgelegt. Dabei sollen sich die Indikationen der Nachsorge an der ICF-Klassifikation der WHO orientieren (Oepen 2004, Schuntermann 2004). Seit 1996 bezuschussen das Bayerische Sozialministerium und in der Folge der Bezirk Schwaben die Arbeit des Bunten Kreises im Rahmen der „Offenen Behindertenarbeit". Fünf Sozialpädagogen des Bunten Kreises werden so zu 85 % finanziert. Die Leistungen für die Familiennachsorge des Bunten Kreises im engeren Sinn in Höhe von ca. 750 000 Euro jährlich können somit zu zwei Dritteln aus öffentlichen Mitteln refinanziert werden, der restliche Anteil und die vielfältigen zusätzlich übernommenen Aufgaben erfordern jedoch weitere erhebliche Spenden und Sponsorenmittel sowie Bußgeldzuwendungen der Staatsanwaltschaft.

Um für die Nachsorgearbeit langfristig eine solide finanzielle Basis sichern zu können, wurde eine „Offene Stiftergemeinschaft Bunter Kreis Kreissparkasse" gegründet, die verschiedene Möglichkeiten bietet, einmalig, kontinuierlich, mit einer eigenen Stiftung oder als Zustiftung die Familiennachsorge zu unterstützen.

Qualitätsmanagement und Forschung

Um wissenschaftlich zu erforschen, welche Maßnahmen der Begleitung und Nachsorge im Rahmen des Case Managements am besten geeignet sind, die Kompetenz einer Familie in der Krankheitsbewältigung zu stärken, wurde die „Augsburger Nachsorgeforschung ANF" aufgebaut (beta Institut 2001, Porz 2003 a). Die ANF ist ein gemeinsames sozialpädiatrisches Forschungsprojekt des beta Instituts für sozialmedizinische Forschung und Entwicklung Augsburg, des Bunten Kreises, des Instituts für Volkswirtschaftslehre der Universität Augsburg, der 2. Kinderklinik des Klinikums Augsburg, der Abteilung Neonatologie des Zentrums für Kinderheilkunde der Universität Bonn sowie der Kinderklinik im Klinikum Nürnberg-Süd.

Finanziell unterstützt wird die Augsburger Nachsorgeforschung durch die Stiftung Wohlfahrtspflege Nordrhein-Westfalen, die Köhler-Stiftung, den Bezirk Schwaben und die betapharm Arzneimittel GmbH. Unter dem Dach der ANF laufen derzeit drei Projekte:

▪ QUIB: Qualitätsmanagement im Bunten Kreis,
▪ Sozialwissenschaftliche und gesundheitsökonomische Evaluation des Bunten Kreises (soziökonomische Studie) und
▪ PRIMA-Studie: Prospektive randomisierte Implementierung des Modellprojekts Augsburg in Bonn.

Das Qualitätsmanagement im Bunten Kreis verbindet die klinische Optimierungsstrategie mit Ansätzen der Implementierungsstrategie. So entwickelt das Projektteam mit Mitarbeitern des Bunten Kreises auf der Basis des „Care-Service-Science-Konzepts" (Kusch u.a. 1999, 2000) ein umfassendes System der Patientenversorgung. Erforscht wird zugleich – exemplarisch an der Gruppe der Früh- und Risikogeborenen – die Wirksamkeit des qualitätsgesicherten Vorgehens in der Patientenversorgung mit der sozioökonomischen Evaluation und der PRIMA-Studie.

Qualitätsmanagement im Bunten Kreis

Das Qualitätsmanagement strebt eine Qualitätssicherung für alle Nachsorgeleistungen des Bunten Kreises an. Die anschließende Versorgungsforschung soll die Qualität optimieren und die Versorgung weiterentwickeln (Porz u.a. 2003 d). Ziel des Qualitätsmanagements ist, Nachsorge für chronisch kranke Kinder und ihre Familien zu sichern durch:

- Entwicklung und Definition von Leitlinien, Konzeptionen, Ausführungsrichtlinien, Standards, Dokumentationen für die Familiennachsorge,
- Optimierung der Versorgung anhand der Leitlinien,
- Verbesserung der internen und externen Zusammenarbeit des Bunten Kreises und der Vernetzung aller Berufsgruppen,
- Weiterentwicklung der patientenorientierten Familiennachsorge unter Einbeziehung aktueller wissenschaftlicher Erkenntnisse, vorhandener Ressourcen und der Wirtschaftlichkeit,
- Formulierung eines Qualitätsmanagementhandbuches zur Nachsorge und
- Entwicklung von Qualitätsstandards, nach denen auch andere Nachsorgeeinrichtungen arbeiten können.

Alle Mitarbeiter werden in das Qualitätsmanagement miteinbezogen. Diese „interne Evaluation" (Heiner 1999) zeichnet sich aus durch mehr Offenheit hinsichtlich der Abklärung eigener Schwächen und Stärken und eine hohe Akzeptanz bei den Beteiligten, die bereits durch ihre Mitarbeit im Evaluationsprozess weiterqualifiziert werden. Interne Evaluationen führen durch die Professionalität der Mitarbeiter mit ihren langjährigen Erfahrungen zu genaueren und für die Einrichtung passgerechten Optimierungsvorschlägen.

Ablauf des Qualitätsmanagements

QUIB orientiert sich an der bestehenden Struktur des Bunten Kreises und an dem Prozess, den die Patientenfamilien durchlaufen. Anschließend wird die Qualität des Ergebnisses überprüft.

Als erstes wurden die Strukturen der Nachsorgeeinrichtung definiert und beschrieben. Nach Erarbeitung einer Unternehmensphilosophie wurden wichtige Inhalte definiert, wie die Ein- und Ausschlusskriterien für Patientenfamilien, die ganzheitliche interdisziplinäre Versorgung, die Vernetzung und das Case-Management. Sowohl die Unternehmensphilosophie als auch die Definitionen wurden allen Mitarbeitern zur Verfügung gestellt, damit Verbesserungs- und Ergänzungsvorschläge eingebracht werden können. In berufsgruppenspezifischen Qualitätszirkeln erfolgte die Bestandaufnahme aller Leistungen der Nachsorge zur Erfassung der Strukturqualität.

Darauf aufbauend entwickelten interdisziplinäre Qualitätszirkel Richtlinien und Standards für die Prozessqualität, welche die Grundlage für das Qualitätshandbuch bilden. Dafür wurden die jeweiligen Abläufe in der patientenorientierten Nachsorge genau beschrieben. Wichtig ist dabei die Kooperation zwischen den verschiedenen Berufsgruppen und verschiedenen Einrichtungen. Zur Lösung von Schnittstellenproblemen wurden aufgabenspezifische Qualitätszirkel gebildet, die ebenfalls prozessorientiert Vorschläge für die Kommunikation mit externen Einrichtungen erarbeiteten.

Der Schwerpunkt lag zunächst bei den Früh- und Risikogeborenen, da diese Patientengruppe Gegenstand der weiteren Studien ist. Diese Gruppe ist in sich relativ homogen, hat einen großen Anteil an der Nachsorge mit einer relativ hohen Fallzahl und besitzt eine zunehmende Relevanz für das Gesundheitswesen. Ein Prozent aller Neugeborenen – also etwa 7500 Kinder pro Jahr in Deutschland – sind kleine Frühgeborene unter 32 Schwangerschaftswochen mit einem deutlich erhöhten Entwicklungsrisiko: Nach den Ergebnissen der bayerischen Entwicklungsstudie (Riegel u.a. 1995, Wolke 1999) sind bis zu 30% dieser sehr kleinen Frühgeborenen (bundesweit etwa 2200 Kinder pro Jahr) von bleibenden schweren motorischen oder kognitiven Störungen betroffen. Weitere 5000 Neugeborene pro Jahr weisen eine schwere Fehlbildung und 7500 Kinder eine Entwicklungsstörung im Sinne einer geistigen Behinderung auf (Straßburg u.a. 2002).

Die Erkenntnisse aus diesen Qualitätszirkeln sollen für die anderen Patientengruppen entsprechend modifiziert übernommen werden. Sind Strukturen und Prozesse der familienorientierten Nachsorge definiert, können die Ergebnisse dieser Arbeit überprüft werden: möglichst viele Mitarbeiter des Bunten Kreises sollen die Richtlinien mit Hilfe von Evaluationsmethoden im Hinblick auf ihre Wirksamkeit und Effizienz beurteilen.

Versorgungsforschung

Qualitätsmanagement ist ein dynamischer Prozess: Ergebnisse aus der Evaluation können zu Veränderungen der Standards führen, hier setzt die Versorgungsforschung ein. Ziel der Versorgungsforschung im QUIB ist, effektive und effiziente Leistungen für die familienorientierte Nachsorge zu identifizieren, weiterzuentwickeln und laufend zu verbessern. Hierbei orientieren wir uns an dem „Care-Service-Science-Konzept" von Kusch u.a. (1999, 2000), das auf dem Ansatz „Forschung in der Praxis" basiert (Pronovost/Kazandijan 1999) und die klinisch-praktische Kompetenz der Mitarbeiter mit der theoretischen Kompetenz der Forscher verbindet.

Die Versorgungsforschung läuft parallel zur Routineversorgung. Die Ergebnisse der begleitenden Evaluation fließen kontinuierlich in die Patientenversorgung mit ein. Das QUIB-Projektteam wird mit Mitarbeitern des Bunten Kreises auf der Basis des CSS-Konzepts ein umfassendes System der Patientenversorgung entwickeln. Damit kann der Bunte Kreis sein Nachsorgesystem weiterhin umsetzen (Care), die Qualität des Systems sichern (Service) und seine Effektivität und Effizienz belegen und fortlaufend optimieren (Science). Hieraus ergibt sich das Ziel, allgemeinverbindliche Standards in der familienorientierten Nachsorge für chronisch-, krebs- und schwerstkranke Kinder und Jugendliche zu entwickeln.

Die Versorgungsforschung hat ein komplexes Gefüge von Daten zu erfassen, da die Familiennachsorge des Bunten Kreises ganzheitlich und umfassend arbeitet. Als Grundlage dienen Richtlinien und Standards, die im Forschungsverlauf weiterentwickelt werden. Folgende Dimensionen werden dabei berücksichtigt:

- *Bedarfsorientierung:* Darunter versteht man eine quantitative Bedarfsanalyse, die den personellen, zeitlichen und organisatorischen Aufwand für die Nachsorge berechenbar macht, und eine qualitative Bedarfsanalyse mit dem Ziel der Entwicklung von Kriterien für ein „Disease-Staging", das eine möglichst frühe Zuweisung der Patientenfamilien zu den geeignetsten Versorgungsformen ermöglicht.
- *Prozessorientierung:* Jede Patientenfamilie und jedes Familienmitglied erlebt den Krankheitsverlauf anders, geht anders damit um, reagiert individuell. Die Versorgung muss sich immer wieder daran anpassen, deshalb ist ein flexibles und anpassungsfähiges Versorgungs- und Nachsorgesystem notwendig.
- *Hauptbelastungen:* Zur Einteilung in Diagnosegruppen und Belastungen (diagnosebezogenes Disease-Staging) können vier Bereiche unterschieden werden: die Art der somatischen Erkrankung und die abhängig oder unabhängig von der somatischen Erkrankung vorliegenden funktionalen Bedingungen, sozialen Bedingungen und psychischen Probleme.
- *Perspektive:* Die Betroffenen und die Helfer haben je unterschiedliche Sichtweisen der Belastung und Krankheitsbewältigung. Berücksichtigt werden muss die Perspektive der erkrankten Kinder oder Jugendlichen, der Eltern, Geschwister und Bezugspersonen, des Fachpersonals, der Selbsthilfegruppen und der Kostenträger.

Die Versorgungsforschung läuft in drei Phasen ab, in denen die genannten Dimensionen berücksichtigt werden müssen.

- *Diagnostische und anamnestische Phase:* Hierbei erfolgt eine quantitative und insbesondere qualitative Erhebung des Nachsorgebedarfs einer Patientenfamilie. Ziel ist es, Hilfe und Behandlung möglichst effizient planen zu können.
- *Versorgungs- und Nachsorgephase:* Nachsorgeleistungen aus dem QUIB werden erforscht. Ziel sind möglichst effiziente Nachsorgeleistungen, die möglicherweise als Nachsorgemodule für ein Gesamtsystem im „Baukastenprinzip" entwickelt werden.
- *Evaluation:* Während und insbesondere am Ende der Nachsorge wird überprüft, ob bestimmte Ziele der Nachsorge erreicht wurden, z. B. Stabilität der medizinischen Versorgung, die Verbesserung der Lebensqualität, die Verbesserung der Kompetenz der Familien oder die Kosteneffizienz.

Langfristig können statistische Auswertungen von Patientengruppen Aussagen über diagnostisch relevante Daten und über die Effektivität von Versorgungsleistungen zulassen. Dafür könnten Kurzfragebögen verwendet werden, mit deren Hilfe Ärzte und Nachsorgemitarbeiter die jeweils passenden und notwendigen Module der Nachsorge heraussuchen und damit schneller und effektiver umsetzen.

Gegenwärtig wird von Mitarbeitern des „Bunten Kreises" und des beta Instituts mit finanzieller Unterstützung des bayerischen Sozialministeriums ein Versorgungs-Handbuch für Nachsorge in der Pädiatrie entwickelt. Die darin erarbeiteten klinischen Praxisleitlinien sollen anderen Einrichtungen helfen, eine qualitative Nachsorge aufzubauen und können Basis für die Zertifizierung von Nachsorgeeinrichtungen werden.

5 Sozialwissenschaftliche und gesundheitsökonomische Evaluation des Bunten Kreises

Diese Studie wurde geleitet von Frau Prof. Dr. A. Pfaff vom Institut für Volkswirtschaftslehre an der Universität Augsburg. Das Projekt war an den Bayerischen Forschungsverbund „Public Health" assoziiert. Ziele der soziökonomischen Studie waren:

- Erstellung eines umfassenden Profils des gesamten Versorgungskonzepts unter sozioökonomischen Aspekten und Aspekten der Versorgungsqualität (retrospektiv),
- Kosten-Nutzen-Analyse der Nachsorgeleistungen für Früh- und Risikogeborene, die als Bewertungsgrundlage zur Beurteilung von Nachsorge-Versorgungsstrukturen dienen soll (retrospektive und prospektive Längsschnittstudie) und
- Fallkontrollstudie: Kosten-Nutzen-Vergleich des Augsburger Nachsorgemodells mit der herkömmlichen stationären Versorgung Früh- und Risikogeborener (prospektive Längsschnittstudie).

Erstellung eines Profils des Bunten Kreises: Im ersten Schritt wurden die vorhandenen Falldaten des Bunten Kreises gesammelt und gesichtet. Differenziert nach Teilpopulationen / Tätigkeiten des Bunten Kreises bildete dies die Basis für die Darstellung des Aufgabenspektrums der Nachsorge und die künftige Datenerfassung. Der Leistungsverbrauch und die damit verbundenen Kosten wurden auf Basis dieser Daten analysiert. Das Versorgungsmanagement wurde im Hinblick auf die Versorgungsstruktur und die Versorgungsqualität analysiert, wie Kontinuität, Kooperation mit anderen Leistungserbringern, Informationsgrad und Akzeptanz der Leistungsempfänger.

Kosten-Nutzen-Analyse der Nachsorgeleistungen: Die Kosten-Nutzen-Analyse ist ein passendes finanzwissenschaftliches Analyse-Instrument, um angesichts der weitgehend über kollektive Institutionen erfolgenden Finanzierung Effizienz und Wirtschaftlichkeit der Versorgungsform zu beurteilen (Schöffski u. a. 1998).

In die Berechnung gehen ein die direkten Kosten (Behandlungskosten aller Leistungserbringer sowie die persönlichen Kosten der Eltern zur Unterstützung der Behandlung) und die indirekten Kosten (bei den Eltern anfallende Kosten wie Arbeitsausfall, Betreuungskosten Aufenthaltskosten). Ebenso soll der Nutzen umfassend messbar gemacht werden. Es geht dabei auch um die Kategorien der intangiblen Nutzen, wie etwa die Erfassung der Lebensqualität als subjektive Kategorie des Behandlungserfolgs.

Aufgrund der Heterogenität der im Bunten Kreis betreuten Patientengruppen wurden für die Kosten-Nutzen-Analyse nur die Früh- und Risikogeborenen herangezogen. Die benötigten Informationen wurden aus eigenen Primärdatenerhebungen sowie aus Prozessdaten der Leistungserbringer gewonnen. Daten zu den indirekten Kosten und den Nutzen erhielt man durch schriftliche Befragung und Interviews der Eltern mit Instrumenten der Lebensqualitätsforschung.

Fallkontrollstudie: Im Rahmen einer Fallkontrollstudie wurden aus vorhandenen Versorgungsstrukturen ohne etablierte Nachsorge möglichst vergleichbare Fälle zu den Patienten des Bunten Kreises herausgesucht. Kooperationspartner für diese Studie waren die Abteilung Neonatologie des Zentrums für Kinderheilkunde der Universität Bonn und die Kinderklinik des Klinikums Nürnberg, die dankenswerterweise ihre Patienten mit herkömmlicher Betreuung für die Vergleichsgruppe zur Verfügung gestellt haben. Für diese Probanden wurden weitestgehend identische Dimensionen und Indikatoren verglichen, wie sie für die Kosten-Nutzen-Analyse beschrieben wurden.

Die Studie konnte zeigen, dass sich sowohl die stationären Versorgungskosten durch die Verkürzung der Verweildauer als auch die Kosten für ambulante Leistungen durch Nachsorge senken lassen. Die Eltern mit Nachsorge fühlten sich besser informiert, die Zusammenarbeit mit den an der Versorgung beteiligten Institutionen war nach Einschätzung der Eltern ebenfalls besser. Nach der Entlassung ihres Kindes fühlten sich Eltern mit Nachsorge sicherer und kompetenter in der Versorgung und hatten weniger Ängste und Sorgen in Bezug auf die Entwicklung ihres Kindes (Wiedemann 2005).

PRIMA-Studie: (Prospektive randomisierte Implementierung des Modellprojekts Augsburg an der Abteilung für Neonatologie des Zentrums für Kinderheilkunde der Universität Bonn) Die PRIMA-Studie hat zwei Hauptziele. Als Effektivitätsstudie soll sie spezifische Wirkkomponenten der Nachsorgeform „Case-Management" bei einer Teilgruppe des Bunten Kreises (Früh- und Neugeborene) erforschen. Weiter soll im Rahmen einer Wirksamkeitsforschung (Effectnivness-Research) untersucht werden, ob die effektive Intervention Nachsorge nach dem Augsburger Modell unter unterschiedlichen klinischen Bedingungen erbringen kann und ob sie flächendeckend implementierbar ist (Dissemination-Research). Auch für diese Studie wird die Gruppe der Früh- und Neugeborenen wegen ihrer bereits beschriebenen zunehmenden Bedeutung für das Gesundheitswesen herangezogen.

Da im deutschsprachigen Raum bisher keine Studien zur Effektivität und Effizienz von Nachsorgeprogrammen für Früh- und Neugeborene vorliegen, soll die PRIMA-Studie den Nachweis erbringen, dass die angebotene standardisierte, belastungsabhängig individualisierte familienorientierte Nachsorge nach dem Augsburger Case-Management-Modell die Familienkompetenz verbessert und deshalb als Maßnahme der Regelversorgung eingeführt werden sollte.

Das Primärmaß der Familienkompetenz wird gemessen an Interaktionskriterien und Belastungsfaktoren, wobei folgende Merkmale auf eine hohe Kompetenz der Familie in der Krankheitsbewältigung hinweisen:

- erfolgreiche Mutter-Kind-Interaktion bzw. eine gelungene Anwendung von feinfühligen Verhaltensweisen bei gegebenem Ausgangszustand des frühgeborenen oder kranken Kindes,
- hohes Engagement in der Pflege und Förderung des Kindes,
- gelungene Förderung der emotionalen und sozialen Intelligenz des Kindes durch die Familie,
- gelungener Abbau von Angst in der ganzen Familie und
- erfolgreiche Integration der Familien in die Gesellschaft und eine erfolgreiche Integration des Kindes in seine Umgebung (soziale Kompetenz).

Hypothesen: Kernhypothese ist die Verbesserung der Kompetenz des Kindes, gemessen an der Mutter-Kind-Interaktion. Nebenhypothesen sind: Die familienorientierte Nachsorge verbessert die Krankheitsverarbeitung gemessen an der Familienbelastung, verbessert das Gesundheitsverhalten von Kind und Familie, verkürzt die Dauer des Klinikaufenthalts und senkt die Wiederaufnahmerate in die Klinik als sozioökonomische Parameter.

Da psychosoziale Belastungen der Mütter und mütterliche Sensitivität korreliert sind, wird erwartet, dass die Mütter mit unterstützender Intervention im Umgang mit dem Kind feinfühliger sind und adäquater reagieren als die Mütter in der Kontrollgruppe mit Standardversorgung (abhängige Variable). Die Reduktion der psychischen Belastung der Mütter soll zu einer Verbesserung der dyadischen Interaktion und Regulation führen, was positive Auswirkungen auf die Langzeitprognose der Kinder hat (Gutbrod u. a. 1999). Die moderierenden Variablen sind Einstellungen und Belastungen der

Familien. Die Anpassung an die Belastung bzw. Vermeidung einer Fehlanpassung, der psychosoziale Stress, die Familienadversität und die Ressourcennutzung werden als Kriterium der Krankheitsbewältigung und -verarbeitung erfasst. Es wird erwartet, dass die Intervention Nachsorge durch Reduktion der Belastungsfaktoren zu einem besseren Gesundheitsverhalten der Familien führt.

Krankheitsunabhängige Belastungen (psychosoziale familiäre Risiko- und Schutzfaktoren) gehen als Kriterium zur Bestimmung der psychosozialen Risikogruppen, krankheitsbedingte Belastungen zur Bestimmung medizinischer Risikogruppen ein.

Studiendesign: Alle in den Jahren 2002 und 2003 in der neonatologischen Abteilung des Zentrums für Kinderheilkunde der Universität Bonn (Prof. Dr. Dr. Peter Bartmann) behandelten Frühgeborenen unter 32 Schwangerschaftswochen und kranke Früh- und Neugeborene mit besonders hohem Betreuungsbedarf wurden randomisiert entweder der Interventionsgruppe mit familienorientierter Nachsorge oder der Kontrollgruppe mit bisher kliniküblicher Standardversorgung zugeordnet.

Zur Implementierungsforschung wurde eine Vergleichsgruppe von Früh- und Neugeborenen der 2. Kinderklinik Augsburg mit Nachsorge im gleichen Zeitraum erfasst und mit den gleichen Instrumenten untersucht. Erreicht die Interventionsgruppe in Bonn ähnlich hohe Werte für die Familienkompetenz wie die Familien in Augsburg, könnte dies auf eine erfolgreiche Übertragung des Augsburger Modells an eine andere Klinik hinweisen. Instrumente zur Erfassung der Familienkompetenz sind Videobeobachtungen, Elternfragebögen und Interviews. Hauptinstrument war eine Videobeobachtung zur Erfassung der Mutter-Kind-Interaktion mit 6 Monaten (Gutbrod u. a. 1999), ergänzt durch einen vor Entlassung durch die Kinderkrankenschwester erhobenen Index der Eltern-Kind-Beziehung (Zahr / Cole 1991).

Die Beurteilung von Einstellungen und Belastungen der Eltern erfolgte durch Persönlichkeits- und Partnerschaftsfragebögen sowie Interviews zu soziodemographischen Daten und zur Ressourcennutzung vor Entlassung, mit 6 und 18 Monaten. Erste Ergebnisse der Halbjahresauswertung zeigen, dass gemäß unserer Hypothese die Mütter mit Nachsorge feinfühliger im Umgang mit ihren Kind waren und dass die Partnerschaft im zeitlichen Verlauf weniger belastet war als in der Kontrollgruppe. Endergebnisse der PRIMA-Studie sind Ende des Jahres 2005 zu erwarten.

6 Ausblick

Die durch die gesundheitsökonomische Studie belegten und in der PRIMA-Studie erwarteten positiven psychosozialen und sozioökonomischen Auswirkungen einer familienorientierten Nachsorge mit Case-

Management-Ansätzen sollen die Grundlage für eine bundesweite Verbreitung als Angebot der Regelversorgung für schwer oder chronisch kranke Kinder und deren Familien sein. Die Praxisleitlinien, die durch das Qualitätsmanagement des Bunten Kreises erarbeitet wurden, könnten Grundlage für alle nach diesem Modell arbeitenden Einrichtungen sein.

Bereits jetzt entwickelt das beta Institut als Consulting-Partner für andere Standorte in enger Zusammenarbeit mit den vor Ort Tätigen vernetzende Einrichtungen (Baur/Erhardt 2003) und bietet den Mitarbeitern an, sich beim beta Institut zum Case Manager weiterbilden zu lassen.

Im Herbst 2002 wurde ein Qualitätsverbund aller so entstehenden pädiatrischen Nachsorgeeinrichtungen gegründet, um das Case-Management-Modell ständig weiter zu evaluieren und zu optimieren.

Das beta Institut konnte inzwischen erfolgreich Erkenntnisse des für die Schnittstelle kinderklinische und ambulante Betreuung entwickelten Disease- und Case-Management-Modells auf andere Bereiche übertragen (Thorenz u. a. 2003):

■ Übertragung aus dem pädiatrischen Bereich in den Erwachsenenbereich wie die Betreuung von Brustkrebspatienten,
■ Übertragung auf neu aufzubauende Versorgungsstrukturen wie Praxisnetze und
■ Übertragung von sozialmedizinischen Erkenntnissen in sozialpharmazeutische Konzepte

Dabei soll dem eigentlichen Case-Management als „Patientenlotse", also der einzelfallbezogenen Vernetzung, ein Disease-Management als »Systemlotse« übergeordnet werden. Aufgaben dieses Disease-Managements könnten sein:

■ Bedarfsanalyse integrierter Versorgung für bestimmte Erkrankungsgruppen,
■ Aufbau bisher fehlender passender Versorgungsangebote,
■ Vernetzung mit anderen Leistungsträgern im Gesundheitswesen,
■ Strukturierung bestehender Angebote in der Gesundheitsversorgung,
■ Schaffung von Arbeitsstrukturen für Case Manager,
■ Entwicklung von Dokumentations- und Kommunikationssystemen,
■ Schulung der Case Manager,
■ Schaffung von interdisziplinären Teams zur Unterstützung der Case Manager und
■ Schaffung eines Qualitätsverbundes.

Beschäftigungsorientiertes Fallmanagement im SGB II

Von Siglinde Bohrke-Petrovic, Rainer Göckler

Mit Verabschiedung des SGB II im Dezember 2003, bekannt geworden unter dem Kürzel Hartz IV, und der Klarstellung durch das kommunale Optionsgesetz im Sommer 2004 hat der Gesetzgeber versucht, auf die weiterhin dramatische Lage am Arbeitsmarkt durch eine weitgehende Reform der beiden sozialen Sicherungsleistungen Arbeitslosen- und Sozialhilfe zu reagieren.

Gelegentlich war zu hören, dass sich doch durch das SGB II eigentlich in der Aufgabenwahrnehmung durch die beteiligten Kommunen wenig ändere. Das alte Bundessozialhilfegesetz (BSHG) finde sich doch in seinen wesentlichen Grundstrukturen auch im SGB II wieder. Vergleicht man jedoch die Ausgestaltung beider Gesetze, so entwickelt das SGB II von Anfang an einen eindeutigeren Auftrag: die Integration in den Ersten Arbeitsmarkt. Einige Beispiele mögen dies belegen:

- Bereits der § 1(1) SGB II verpflichtet die Grundsicherungsträger, erwerbsfähige Hilfebedürftige bei Aufnahme und Beibehaltung einer Erwerbstätigkeit zu unterstützen. Bei der Ausrichtung der Grundsicherung orientieren sich die ersten zwei Argumente auf arbeitsmarktintegrative Aspekte (durch Erwerbstätigkeit Hilfebedürftigkeit verringern/ beheben und Erwerbsfähigkeit verbessern, erhalten oder wieder herstellen). Im BSHG taucht dieser Aspekt im ersten Abschnitt überhaupt nicht auf!
- Der Grundsatz des „Forderns" (§ 2 SGB II) rückt arbeitsmarktintegrative Aspekte in den Vordergrund.
- § 3 Abs. 1 SGB II legt fest, dass die geplanten Maßnahmen vorrangig „die unmittelbare Aufnahme einer Erwerbstätigkeit ermöglichen" sollen; ebenso der Grundsatz des „Förderns" im § 14 SGB II, der klar formuliert, dass „die Träger der Leistungen nach diesem Buch … erwerbsfähige Hilfebedürftige umfassend mit dem Ziel der Eingliederung in Arbeit" unterstützen.
- Die Dienstleistungen Information, Beratung und umfassende Unterstützung durch die Grundsicherungsträger haben dem Ziel der Eingliederung in Arbeit zu dienen (§ 4(1) Nr. 1 SGB II).

Die Liste ließe sich noch erheblich verlängern (§§ 9, 10, 16 usw. des SGB II), verdeutlicht aber schon die klare Ausrichtung des SGB II auf die Arbeitsmarktintegration. Insofern ist das SGB II eben nicht das BSHG im neuen Gewand!

Nun finden sich im SGB II – ebenso im SGB III – die Begriffe „Fallmanager" bzw. „Fallmanagement" nicht. In den §§ 4 und 14 SGB II erfolgt lediglich der Hinweis auf einen „persönlichen Ansprechpartner" im Zusammenhang mit den SGB II-Regelungen zu den Leistungsarten und dem Grundsatz des Förderns. Um die Begriffe Fallmanager, Fallmanagement und persönlicher Ansprechpartner gibt es immer wieder Verwirrung. Wir schlagen vor, vom persönlichen Ansprechpartner i.S. eines Oberbegriffes zu sprechen, wenn alle Funktionen angesprochen werden, die die Aufgabe der persönlichen Betreuung nach dem SGB II übernehmen. Dies können Arbeitsvermittler sein, die Personen mit geringeren Vermittlungshemmnissen betreuen, Leistungssachbearbeiter, die Menschen betreuen, die sich vorübergehend dem Arbeitsmarkt nicht zur Verfügung stellen müssen und bei denen es primär um die Zahlbarmachung der Grundsicherungsleistungen geht, oder eben auch Fallmanager, die einen Personenkreis mit multiplen Vermittlungshemmnissen betreuen. Wird konkret vom Fallmanager bzw. Fallmanagement gesprochen, so ist nur die letzte Funktion gemeint. Dafür geht der Gesetzgeber jedoch in seiner Begründung zum SGB II wesentlich detaillierter auf Funktionen und Aufgaben des Fallmanagements ein. So schreibt er

„… Zur schnellstmöglichen Überwindung der Hilfebedürftigkeit bedarf es einer maßgeschneiderten Ausrichtung der Eingliederungsleistungen auf den erwerbsfähigen Hilfebedürftigen. Kernelement der neuen Leistung soll deshalb das Fallmanagement sein. Im Rahmen des Fallmanagements wird die konkrete Bedarfslage des Betroffenen erhoben; darauf aufbauend wird dann ein individuelles Angebot unter aktiver Mitarbeit des Hilfebedürftigen geplant und gesteuert. Dabei spielt der Grundsatz ‚Fördern und Fordern' eine zentrale Rolle." (Deutscher Bundestag 15/1516, 44)

Da der Gesetzgeber diese Festlegung im Kapitel „schnelle und passgenaue Vermittlung in Arbeit" trifft, wird deutlich, dass Fallmanagement im SGB II eine vermittlungsorientierte Aufgabe darstellt. Dieses hier erkennbare Verständnis von Fallmanagement verdeutlicht, dass

1. es sich um ein Verständnis von Fallmanagement handelt, welches sich an der Kernaufgabe der erfolgreichen Arbeitsmarktintegration von arbeitsmarktlichen Problemgruppen orientiert,
2. im Rahmen dieser Zielsetzung ein ganzheitlicher Ansatz verfolgt wird und
3. es auch in einem schwierigen Beschäftigungsumfeld nicht darum gehen kann, die Risiken des Arbeitsmarktes einseitig zu Lasten der betroffenen Hilfebedürftigen zu verschieben.

1 Bisherige Szenarien in der Ausgestaltung von Ansätzen zum Fallmanagement

Blickt man auf die Bandbreite kommunaler Organisationsformen der bisherigen Sozialhilfe und die ersten Überlegungen in der Zusammenarbeit zur Gestaltung der Arbeitsgemeinschaften, so findet man eine Fülle von Organisationsmodellen und ein sehr heterogenes Verständnis der Aufgabenwahrnehmung zum Fallmanagement:

- Persönliche Ansprechpartner (pAp), die als Sachbearbeiter „light" die bisherige Sozialhilfesachbearbeitung übernehmen, jedoch nicht vermitteln.
- Fallmanager (FM), die für besonders schwierige Klientelgruppen zuständig sind, jedoch nicht vermitteln und komplexe leistungsrechtliche Aufgaben wahrnehmen („sicherndes Fallmanagement").
- Sachbearbeiter klassisch leistungsrechtlicher Art, die vermittlungsorientiert arbeiten und / oder persönlichen Ansprechpartnern zuarbeiten.
- Wir finden Fallmanager, die ohne Schulung ein neues Türschild bekommen haben, Fallmanager, die nur Teilaspekte eines umfassenderen Fallmanagements übernehmen, Fallmanager, die gut ausgebildet in einem organisatorischen Umfeld arbeiten, welches Fallmanagementstrukturen überhaupt nicht zulässt, aber auch Sozialamtsmitarbeiter, die, ebenso wie die Mitarbeiter der Arbeitsagenturen, Fallmanagement als Organisations- und Tätigkeitsprofil nicht kennen gelernt haben.
- Persönliche Ansprechpartner, die wie bisher, ausschließlich vermittlerische Aufgaben wahrnehmen.

In diesem sehr heterogenen Umfeld ist es nicht ganz einfach Strukturen eines Fallmanagements aufzubauen, die fachlich-inhaltlich, fachlich-organisatorisch an den politischen Zielsetzungen des Gesetzgebers orientiert und nach wissenschaftlichen Standards arbeitend die Zustimmung der überwiegenden Zahl der beteiligten Partner finden.

Trotz aller Heterogenität kommunaler Organisationsformen zum BSHG behaupten die meisten Sozialämter, dass sie den ganzheitlichen Betreuungsansatz verwirklicht haben. Gemeint ist damit, dass die kommunalen Mitarbeiter der Sozialämter die primäre Finanzverantwortung für die Leistungsgewährung wahrnahmen und Assistenzaufgaben bei sozialintegrativen Aufgaben übernahmen. Je größer eine Kommune, umso mehr diversifizierte sie auch bestimmte Standardaufgaben, verlagerte sie auf eine spezialisierte Sachbearbeitung, beispielsweise wenn es um die Verfolgung von Unterhaltsansprüchen ging oder um komplexere Vermögensanrechnungen. Bei den kommunalen Sozialämtern wurden jedoch immer, wenn es um die unmittelbare Vermittlung in Ausbildung oder Arbeit ging, besondere interne Fachkräfte der Hilfe zur Arbeit, kommunale Beschäftigungsförderungsgesellschaften oder sonstige Dritte, darunter gelegentlich auch die Agenturen für Arbeit, eingeschaltet. Anders, aber in der Konsequenz durchaus ähnlich, baute die neuere Steuerungslogik der Bundesagentur auf eine strikte Trennung zwischen Leistungsgewährung und Arbeitsvermittlung. Die Beratungs- und Vermittlungsfachkräfte der Agenturen sollten endlich von verwaltungs- und leistungsrechtlichen Aufgaben entlastet werden, um sich deutlich stärker auf das Vermittlungsgeschäft konzentrieren zu können.

Die beiden Modellformen weisen genau dort eine Schnittstelle, eine doppelte Verantwortlichkeit auf, wo es dem Gesetzgeber um einen ganzheitlichen Ansatz geht. Die Abbildung 7 (siehe Seite 119) verdeutlicht diesen Zusammenhang. Die Problematik dieser Schnittstelle konnte man tagtäglich in den Sozialämtern wie den Agenturen erleben:

- Das „Kundeninteresse" richtete sich auf den Mitarbeiter, der die letztendliche Entscheidungsgewalt innehatte, in aller Regel derjenige, der die Sanktionen verhängt hat. Spannungen traten auf, wenn kommunale Vermittlungsdienste anders entschieden als die Sachbearbeiter im Sozialamt, die Vermittlungsfachkräfte anders als die Mitarbeiter der Leistungsabteilung in den Agenturen. Mitarbeiter wurden instrumentalisiert.
- Es bestand immer die Gefahr einer Aufsplitterung in – aus Kundensicht – „gute Mitarbeiter", die nicht sanktionieren durften, und „schlechte/ gefährliche Mitarbeiter", die auch Entscheidungshoheit über leistungsrechtliche Konsequenzen hatten.
- Unzählige Informationen, die für eine erfolgreiche Arbeitsmarktintegration erforderlich sind, gehen an diesen Schnittstellen verloren oder führen dazu, dass Informationen doppelt erhoben werden. Selbst wenn man einen ungehinderten Zugriff auf alle gespeicherten Daten unterstellt, was zumindest im kommunalen Bereich überwiegend nicht zutraf, bleibt ein erheblicher Mehraufwand und der Verlust alltäglicher „Erfahrungshorizonte" mit den Kunden, die nicht niedergeschrieben wurden.

Einvernehmen lässt sich wahrscheinlich schnell darüber herstellen, dass es den Mitarbeiter wohl nicht geben kann, der alle Aspekte der unterhaltssichernden, leistungsgewährenden, betreuenden, steuernden und vermittlerischen Tätigkeiten in der notwendigen Tiefe in einer Person vereinigt.

Einer Neuorientierung des Fallmanagements in den Arbeitsgemeinschaften kommen folgende Entwicklungen jedoch entgegen:

1. Mit der Verabschiedung des SGB II ist eine deutliche Leistungsvereinfachung bei der formalen Berechnung der Grundsicherungsleistung wie bei den Einmalbeihilfen verbunden. Zahlreiche Aufgaben, die bisher die Sachbearbeitung der Hilfe zum Lebensunterhalt wahrgenommen hat,

entfallen. Es sind keine Kleiderschränke mehr zu kontrollieren, keine Waschmaschinen zu überprüfen etc. Formale Berechnung und grundlegende Kenntnisse der Leistungsgewährung sind leicht zu erlernen und anzuwenden. Unabhängig davon gibt es hoch komplexe sozialrechtliche Fragestellungen, wenn es beispielsweise um komplizierte Einkommens- und Vermögensanrechnungen geht, um sozialversicherungsrechtliche Fragestellungen oder um eine sozialrechtliche Absicherung bei drohender Erwerbsunfähigkeit, die weiterhin ein hohes fachliches Know-how in Sozialrechtsfragen erfordern.

2. Auch die angestrebte Betreuungsrelation ist zumindest für die Agenturmitarbeiter ein wesentlich erleichternder Aspekt. Statt 500–700 arbeitslose Menschen werden sie zukünftig zwischen 75 und 150 Grundsicherungsempfänger zu betreuen haben.

Von daher lassen sich Grundzüge eines beschäftigungsorientierten Fallmanagements in den Arbeitsgemeinschaften entwickeln, die auf folgenden Eckpfeilern beruhen könnten:

▪ Fallmanagement wird differenziert zwischen einem koordinierenden Systemmanagement und einem auf den Einzelfall bezogenen aktivierenden Fallmanagement. Ersteres wird als Bündelungsfunktion schwerpunktmäßig der Leitungsebene der ARGE übertragen. Dies schließt eine übergreifende Feldverantwortung ein, die gebündelt Einfluss zu nehmen versucht auf förderliche Bedingungen im Sozialraum der Kunden. Die Führungskräfte unterstützen die kommunale Sozialplanung. Entsprechend kurzfristig zu konzipierende Schulungen für die Führungskräfte sind erforderlich, will das aktivierende Fallmanagement nicht ins Leere laufen. Der Zugriff auf die Ebene der Systemsteuerung bleibt aber auch für die aktivierenden Fallmanager möglich, insbesondere unter dem Aspekt der Budgetverantwortung.

▪ Das beschäftigungsorientierte (aktivierende) Fallmanagement wird durch speziell geschulte Fachkräfte aus Kommunen, aus den Agenturen und von Dritten ausgeübt, die partiell auch Aufgaben auf der Systemebene (z.B. Kontaktaufbau mit Netzwerkpartnern und Pflege der Kooperation zu Arbeitgebern, Maßnahmeträgern usw.) wahrnehmen, einschließlich der nachgehenden Betreuung ihrer Kunden.

▪ Ein ganzheitlicher Ansatz in einem aktivierenden Fallmanagement erfordert, dass alle relevanten Daten, Entscheidungen und Kontakte auf die Person des Fallmanagers gebündelt werden. Nur so lässt sich eine klare Verantwortlichkeit herstellen, greifen Controlling, Zielvereinbarung und Steuerung ineinander. Fallmanagement beinhaltet in diesem Sinne also die Betreuung bis zur Eingliederung in den Arbeitsmarkt, umfasst demnach alle sozialen und arbeitsmarktorientierten Hilfen. Fallmanager sind in diesem Sinne auch zuständig für Entscheidungen mit leistungsrechtlichen Auswirkungen, nicht jedoch für die Zahlbarmachung und Berechnung der Leistungen, für komplexe leistungsrechtliche Fragestellungen sowie die Erstentscheidung über die leistungsbegründende Hilfebedürftigkeit. Ihre Zuständigkeit umfasst beispielhaft Entscheidungen im Zusammenhang mit der Zumutbarkeit von Arbeits- und Ausbildungsplätzen (§ 10 SGB II), dem Einsatz aktiver Arbeitsmarktinstrumente nach SGB II und SGB III (§§ 16, 29 SGB II), die Fragen der Arbeitsfähigkeit und entsprechender Meldungen (§ 56 SGB II) sowie die Entscheidung über Rechtsfolgen bei fehlender Mitwirkung (§ 31 SGB II). Zentral bleibt aber auch die bewerberorientierte Vermittlung, bei der Fallmanager ihr ganzes Wissen über den Fall zur erfolgreichen Arbeitsmarktintegration einsetzen, u. a. auch Arbeitgebern spezifische Unterstützungs- und Betreuungsangebote unterbreiten können. Auch hier sind unterstützende Dienstleistungen, beispielsweise durch die stellenorientierte Vermittlung, denkbar.

▪ Zu vermeiden ist, dass die Aufgabe „Fallmanagement" willkürlich ausgelegt wird. Standards sind, unabhängig von der jeweiligen organisatorischen Ausprägungsform vor Ort, nicht beliebig veränderbar, will man gegenüber der Politik und der interessierten Öffentlichkeit (insbesondere der Träger) nicht jede Glaubwürdigkeit einbüßen.

Wir wollen die bisherigen Überlegungen noch um zwei inhaltliche Argumente für ein beschäftigungsorientiertes Fallmanagement, welches die Aufgabe der bewerberorientierten Vermittlung umfasst, erweitern.

1. Arbeitsmarktintegration ist zuvorderst gelingende Sozialintegration (zur Identitätsbildung klassischer Erwerbsarbeit Keupp u. a. 1999, 113 ff), von daher von den sozialintegrativen Leistungen des SGB II nicht zu trennen. Sozialintegrative Leistungen sind dann einzusetzen, wenn sie für eine darauf aufbauende Arbeitsmarktintegration erforderlich sind.

2. Wenn Fallmanager erwerbsfähige Hilfebedürftige bei der erfolgreichen Arbeitsmarktintegration unterstützen wollen, müssen sie selbstverständlich auch die Arbeitsmarktanforderungen genauer kennen, müssen betriebliche Sichtweisen bei der Personalrekrutierung nachvollziehen können. Die Aussage, dass das Fallmanagement die Hilfebedürftigen „vermittlungsreif" macht und dann an vermittlungsorientierte Fachkräfte übergibt, lässt sich weder (sozial-)psychologisch begründen (Vermittlungsreife ist kein festgelegter Zeitpunkt, sondern ein Prozess, der zu begleiten ist) noch fachlich, da in diesem Fall klare Indikatoren für eine Vermittelbarkeit vorliegen müssen, die im Regelfall so in der Praxis nicht existieren (regionale Arbeitsmarktgegebenheiten, Berufsabschluss, individuelle psychische und physische Konstitution etc.). Auch hier wird deutlich, wie genau das Fallmanagement die regionalen Arbeits-

marktanforderungen kennen muss, um zu einer derartigen Aussage der „Vermittlungsreife/-fähigkeit" zu gelangen.

Die Chance für einen ganzheitlichen Ansatz im beschäftigungsorientierten Fallmanagement besteht also darin, dass leistungsrechtlichen Kompetenzen auf „Standardinformationen" im Alltagsgeschäft beschränkt und komplexere leistungsrechtliche Fragestellungen durch einen Fachmann als „Leistungsexperten" gelöst werden. Darüber hinaus entlastet ein backoffice von Routinearbeiten. Der Fallmanager kann sich bei seiner Arbeit auf die zentralen Aspekte der Sozial- und Arbeitsmarktintegration konzentrieren, kann dem Kunden auch signalisieren, dass die wesentlichen sozial- und arbeitsmarktintegrativen Betreuungsaspekte an seine Person gebunden sind. Die noch spärlich vorliegenden empirischen Untersuchungsergebnisse zum Fallmanagement in der Beschäftigungsförderung in Deutschland bestätigen überwiegend diese Auffassung. Im MoZArT-Abschlussbericht heißt es hierzu:

> *„Die Kombination von persönlichen Hilfen mit qualifizierenden Maßnahmen und Vermittlungsaktivitäten muss gerade für die speziellen Zielgruppen mit vermittlungshemmenden Merkmalen unbedingt gesichert werden … Dazu zählt auch eine stärkere Verknüpfung der Beratung und Betreuung der Hilfebedürftigen mit der Kontaktpflege zum Arbeitsmarkt und der aktiven Stellenakquisition bei Betrieben vor Ort. Arbeitsmarktexpertise und Bemühungen um die Betroffenen sind notwendige fachliche Eckpunkte der Reform."* (infas 2004, 174)

Erforderlich ist demnach, dass diagnostische, vermittlungsunterstützende Maßnahmen und begleitende Hilfen durch eine Hand organisiert und gesteuert werden, sich Case Management im Kontext der Beschäftigungsförderung notwendigerweise „in das Feld der lokalen Ökonomie" (Wendt 2004a, 42) hinein erstreckt.

Die Arbeitsmarktnähe der Fachkräfte als Erfolgsfaktor zeigt sich auch bei der bisherigen Ausstiegsberatung aus der Sozialhilfe:

> *„Bei den modellhaft beratenen Personen ist sowohl die Quote der Vermittlungen höher, als auch der Anteil derjenigen Personen, die direkt in den Ersten Arbeitsmarkt einmünden"* (Burmann u. a. 2000, 89).

Auch wenn die Ausstiegsberatung selbst noch keine kompletten Fallmanagementstrukturen aufweist, legen die Ergebnisse die Bedeutung der Arbeitsmarktorientierung der Fachkräfte nahe. Ähnlich Evers und Schulz, die zum beschäftigungsorientierten Fallmanagement feststellen:

> *„Die mangelnde Vermittelbarkeit von Sozialhilfeempfängern ist nicht nur eine Frage objektivierbarer Schwächen, sondern auch ein Problem, das viel mit Vor-*

> *urteilen und sozialer Distanz gegenüber dieser Gruppe zu tun hat. Bezogen darauf sind gezielt Anfragen, Interventionen und Unterrichtungsstrategien (z.B. bei Personalmanagern großer Einrichtungen und Unternehmen) besonders wichtig."* (Evers/Schulz 2002, 21)

Von den ersten Qualifizierungen zu den Standards des Deutschen Vereins im Kontext von Fallmanagement in der Beschäftigungsförderung.

Blickt man auf die Wurzeln des beschäftigungsorientierten Fallmanagements in Deutschland, so sind die Ergebnisse aus der Evaluation der Sozialagenturen in Nordrhein-Westfalen sowie die curriculare Umsetzung eines Projekts der Bertelsmann Stiftung „Institutionen übergreifende Fortbildung für Mitarbeiter von Kommunen, Bundesagentur für Arbeit und Beschäftigungsträger" als Meilensteine zu nennen. Ausgangspunkt für die Inhalte dieser Qualifizierung war die Betrachtung der Menschen mit multiplen Vermittlungshemmnissen und in marginalisierten Lebenslagen und die sich daraus ergebenden Bedarfe nach Unterstützung. Ein Schwerpunkt sollte darauf liegen, die unterschiedlichen Kulturen der beteiligten Institutionen (kommunale Sozialämter, Agenturen für Arbeit, Dritte in der Beschäftigungsförderung) zusammenzuführen und auf diese Weise unverzichtbare Kooperationsanstrengungen zu fördern. Herausforderungen waren dabei

- das spezifische Problemlösungsverständnis zu einem integrativen Aufgabenverständnis zu entwickeln,
- die gesetzlichen und normativen Vorgaben zu einer übergreifenden Grundlage des Handelns werden zu lassen,
- die personalen Voraussetzungen und Kompetenzen aller Beteiligten zu professionalisieren,
- konfligierende Interessen- und Bedürfnislagen im Sinne von gemeinsamer Handlungskompetenz zu überwinden.

Die Umsetzung im Rahmen eines „Praxistest" erfolgte an der Fachhochschule für öffentliche Verwaltung, Fachbereich Arbeitsverwaltung, unter Beteiligung der Hochschule in Kehl, Fachhochschule für öffentliche Verwaltung (ausführlich: Bertelsmann Stiftung 2003). Die inhaltliche Ausgestaltung der Qualifizierung orientierte sich an folgenden Themengebieten:

1. Rechtsgrundlagen (BSHG, SGB III, SGB VIII),
2. Informationsmanagement und soziale Netzwerke,
3. Kompetenzerwerb in der Individualberatung,
4. Fallmanagement, Personalmanagement, Vermittlung und
5. Arbeiten in Gruppen.

Insbesondere der Beratungskompetenz kam im Rahmen der Qualifizierung eine hohe Bedeutung zu, deren Rolle für den Erfolg der Arbeit durch Untersuchungen auf europäischer Ebene gestützt wird.

> „… Beratung kann eine wichtige Rolle spielen, nicht nur, um dafür zu sorgen, dass der Arbeitsmarkt effizienter funktioniert, sondern außerdem, um soziale Ausgrenzung zu bekämpfen. Beratung kann darüber hinaus eine zentrale Rolle dabei spielen, jene Umstellung herbeizuführen, wie sie im Weißbuch über die europäische Sozialpolitik erwähnt wird: – von einem passiven zu einem aktiveren Ansatz – eine Umstellung vom Zweck der Unterstützung auf die Wiedereingliederung in den Arbeitsmarkt." (Eurocounsel 1998, 23)

> „Die Evaluation von Beratungsdiensten ist mittlerweile von größerer Bedeutung und Relevanz in Europa, da Arbeitslosigkeit und Langzeitarbeitslosigkeit auch weiterhin zunehmen und eine wirksame Nutzung dieser Ressourcen immer wichtiger wird. In diesem Zusammenhang ist es interessant, dass der abschließende Bericht des ERGO-I-Programms der Europäischen Kommission (über Langzeitarbeitslosigkeit) darauf verwies, dass ‚Beratung im Verhältnis zu anderen Arbeitsmarktinterventionen preisgünstiger und kostenwirksamer ist'." (Eurocounsel 1998, 23)

Die Implementierung des Curriculums in die Praxis wurde von Beginn an durch eine wissenschaftliche Begleitforschung gesichert. Befragungen der Teilnehmerinnen und Teilnehmer sowie der entsendenden Stellen und der beteiligten Dozenten und sonstigen Lehrkräfte wurden regelmäßig durchgeführt und gegen Ende der Fortbildung durch qualitative Befragungen der betroffenen Menschen mit multiplen Problemlagen abgerundet. Diese Qualitätssicherung ergab an entscheidenden Stellen einen Nachsteuerungsbedarf; der zu einer permanenten Weiterentwicklung des Curriculums beitrug. Ein Evaluationsergebnis steht stellvertretend für weitere Aussagen:

> „Der größte Vorteil der Fortbildung ist es, dass sich alle drei Akteure – kommunal, Bundesagentur-Leute und Dritte – miteinander durch ein Curriculum bewegen, und von einem breiten Publikum beobachtet wird, was dort passiert. Das ist für mich der allerspannendste Teil. Es handelt sich für mich um eine Art Experiment, in dem neue Zukunftsideen zur Lösung für das gesellschaftliche Problem der Arbeitslosigkeit entwickelt werden. Neben den eigentlichen Lehrinhalten ist das der spannendste Teil der Fortbildung." (Evaluationsbericht 2004, 86)

Diese Aussage des Vorgesetzten einer Fortbildungsteilnehmerin bringt zum Ausdruck, welch innovativer und erfolgreicher Weg mit dem Curriculum beschritten wurde. Dass dieser Weg begonnen und vollendet werden konnte, ist dem Engagement einer Vielzahl von Personen und Institutionen zu verdanken.

2 Erfolgswirksame Faktoren für die Einführung von Fallmanagement

Grundsäulen für ein gelingendes Fallmanagement in der Beschäftigungsförderung sind die nachfolgenden Faktoren:

- Intensität der Betreuung und hohe Kontaktdichte,
- Einbezug des sozialen Umfelds,
- Qualifikation und Arbeitsmarktnähe der Mitarbeiter,
- Führungsstruktur in den Institutionen einschließlich Organisationsentwicklung,
- unmittelbarer Zugang zum Persönlichen Ansprechpartner oder zum Fallmanager,
- gemeinsame Entwicklung einer Eingliederungsstrategie,
- einfordern von Eigenaktivität,
- schnellstmögliche Integration und
- Instrumente des Sozialgesetzbuch III (SGB III) gezielt nutzen und abrufen können.

Die erforderliche Qualifikation der zukünftigen Fallmanager setzt sich aus Fachkenntnissen (Organisations- und Rechtswissen, Arbeitsmarktkenntnisse) und einem „Strauß" an Kompetenzen zusammen, wie beispielsweise Methoden- und Verfahrenskompetenz, Beratungskompetenz, Sozialkompetenz, interkulturelle Kompetenz, Managementkompetenz und Budgetkompetenz. Daneben ist die Handlungsautonomie des Fallmanagers ein Erfolg sicherndes, unverzichtbares Merkmal, welches die Institution auf jeden Fall einräumen muss (Reis 2004, 9f).

Mit dieser Forderung muss der Führungsstil der Vorgesetzten korrespondieren, um dadurch zu dokumentieren, dass die Aufgabe Fallmanagement auch tatsächlich umgesetzt werden soll. Sind die Führungskräfte in aller Regel dazu auch in der Lage?

Die Erweiterung des Methodenrepertoires im Fallmanagement und in der Integrationsplanung setzt einen „Mitarbeiter orientierten", von Vertrauen geprägten Führungsstil voraus. Entwicklung und Förderung der Mitarbeiter sind elementare Führungsaufgaben, und eine Qualifizierung der Führungsebenen ist daher ein „Muss" für erfolgreich umgesetztes Fallmanagement. Die Erfahrungen in der Umsetzung des Curriculums zum „Manager für soziale und berufliche Integration" flossen auch in die Standards für das Fallmanagement des deutschen Vereins für öffentliche und private Fürsorge ein (Deutscher Verein für öffentliche und private Fürsorge 2004). Die Standards beziehen sich auf das prozesshafte Vorgehen im Rahmen des Fallmanagements:

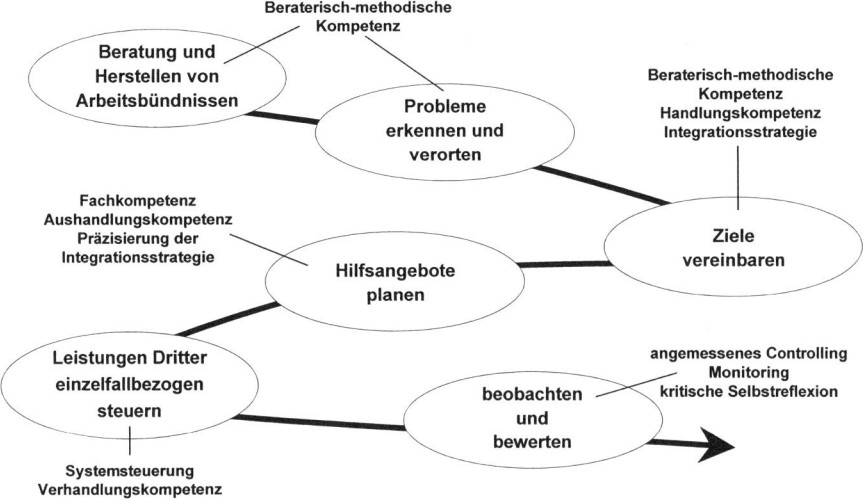

Abb. 7: Systematische Zuordnung von Strategien, Methoden und Techniken im Fallmanagement

1. Beraten und Herstellen eines Arbeitsbündnisses,
2. Probleme erkennen und verorten,
3. Ziele vereinbaren,
4. Hilfsangebote planen,
5. Leistungen Dritter einzelfallbezogen steuern und
6. Den Einzelfall begleitend und abschließend: Beobachten und Bewerten.

Den einzelnen Prozessschritten werden individuelle und institutionelle Ressourcen zugeordnet, um

▨ das Kompetenzprofil eines Fallmanagers abzubilden sowie auch
▨ die Rahmenbedingungen für die Ausgestaltung eines wirkungsvollen Fallmanagements zu dokumentieren.

Die Abbildung 7 unternimmt den Versuch, die jeweils im Schwerpunkt erforderlichen individuellen Kompetenzen im Prozess den einzelnen Schritten zuzuordnen. Es geht deutlich hervor, wie sich die zunächst stark ausgeprägte Orientierung auf den Fall mehr und mehr zu einem integrativen und steuernden Aufgabenverständnis hin entwickelt.

Die Standards des Deutschen Vereins wiederum nahmen Einfluss auf die Erarbeitung eines Fachkonzeptes zum beschäftigungsorientierten Fallmanagement im SGB II.

3 Beschäftigungsorientiertes Fallmanagement im Kontext des SGB II

Die Bundesagentur für Arbeit beschloss im Sommer 2004, ein Konzept erarbeiten zu lassen, welches drei wesentliche Bedingungen erfüllen sollte:

1. Die geschäftspolitische Entscheidung zur Trennung zwischen leistungsgewährenden und vermittlungsorientierten Aufgaben bleibt erhalten.
2. Das Konzept ist anschlussfähig an den Reformprozess der Bundesagentur insgesamt.
3. Das Konzept kann von Kommunen mitgetragen werden und greift die wissenschaftlich abgesicherten Ergebnisse auf

Der darauf hin einberufene Arbeitskreis aus kommunalen Vertretern, Mitarbeitern aus der Wissenschaft und von Wohlfahrtsverbänden sowie der Bundesagentur für Arbeit erarbeitete die Grundzüge eines Fachkonzeptes und legte dieses unter Berücksichtigung der Ergebnisse einer internationalen Fachtagung im November dem Vorstand der Bundesagentur für Arbeit vor. Dieser hat es inzwischen als geschäftspolitische Ausrichtung der Bundesagentur für Arbeit anerkannt.

Das Fachkonzept versteht sich als ein Referenzangebot an die Träger der Grundsicherung. Die Konzeption ist nicht zielgruppen- oder organisationsspezifisch ausgerichtet, sondern klärt vielmehr die Grundlagen, an denen sich später auch zielgruppenspezifische Konzepte zur Betreuung besonderer Personengruppen im Rahmen des Fallmanagements orientieren können. Die Organisationsoffenheit bietet die Möglichkeit, die Umsetzung auch in verschiedenen Organisationskonzepten zu erproben.

Definition und Verständnis des beschäftigungsorientierten Fallmanagements

Das Grundverständnis des beschäftigungsorientierten Fallmanagements beruht auf folgenden vier Eckpfeilern:

1. Alle Fallmanager besitzen grundlegende Arbeitsmarktkenntnisse, haben ein Verständnis von betrieblichen Personalrekrutierungsstrategien und sind mit den Instrumenten und den Vorgehensweisen der aktiven Arbeitsförderung und -vermittlung vertraut. Ziel ist es, in der Person oder dem (arbeitsmarktlichen) Umfeld liegende Vermittlungshemmnisse zu beseitigen oder zu minimieren und den Kunden so zeitnah und nachhaltig wie möglich arbeitsmarktlich zu integrieren. Fallmanager sind damit auch die ersten Arbeitsvermittler ihrer Kunden.
2. Alle Fallmanager erhalten und behalten die Fallführung, d. h. alle sozial- und arbeitsmarktintegrativen Leistungen werden durch sie im Zusammenwirken mit den Kunden entschieden und gesteuert. Vertiefte leis-

tungsrechtliche Fragestellungen werden durch die Fachkräfte der Leistungsgewährung aufgefangen, die dem Fallmanagement zuarbeiten. Back-Office-Support fängt Routineaufgaben auf.

3. Die Umsetzung des Grundprinzips „Fördern und Fordern" ist zentrale Aufgabe des Fallmanagers und wird von diesem unter Berücksichtigung der zu betreuenden Kundengruppen ganzheitlich angeboten (Dienstleistung aus einer Hand). Eingliederungsanstrengungen sollen unterstützt, fehlende Mitwirkung oder die Ablehnung zumutbarer Beschäftigungen bzw. Eingliederungsmaßnahmen im Rahmen gesetzlicher Regelungen sanktioniert werden.

4. Fälle, in denen die Arbeitsmarktintegration als prioritäres Ziel nicht mehr verfolgt wird, werden vom beschäftigungsorientierten Fallmanagement nicht erfasst.

Ausgehend von diesem Verständnis und angelehnt an die Definition der „Case Management Society of America", wird beschäftigungsorientiertes Fallmanagement wie folgt definiert:

> *„Fallmanagement in der Beschäftigungsförderung ist ein auf den Kunden ausgerichteter Prozess mit dem Ziel der möglichst nachhaltigen Integration in den Arbeitsmarkt. In diesem kooperativen Prozess werden vorhandene individuelle Ressourcen und multiple Problemlagen methodisch erfasst und gemeinsam Versorgungsangebote und Dienstleistungen geplant, die anschließend vom Fallmanager implementiert, koordiniert, überwacht und evaluiert werden.*
>
> *So wird der individuelle Versorgungsbedarf eines Kunden im Hinblick auf das Ziel der mittel- und/oder unmittelbaren Arbeitsmarktintegration durch Beratung und Bereitstellung der verfügbaren Ressourcen abgedeckt und seine Mitwirkung eingefordert." (Arbeitskreis „Beschäftigungsorientiertes Fallmanagement" 2004, 10)*

Fallzugang und -abgang

Die Fallübernahme darf nur nach einer gründlichen Beratung und Objektivierung der tatsächlichen Bedarfssituation des Kunden und gegebenenfalls seiner Bedarfsgemeinschaft erfolgen. Die Gebote der Wirtschaftlichkeit und Sparsamkeit (Effizienz und Effektivität) gebieten es, hier klare und präzise Regelungen zu treffen, um die im Regelfall eher teure Ressource Fallmanagement sinnvoll einzusetzen. Er orientiert sich an ethischen Standards, rechtlichen Notwendigkeiten und wirtschaftlichen Effizienzkriterien.

Der erstmalige Kontakt zwischen Fallmanager und potenziellem Kunden ist darüber hinaus so zu gestalten, dass der sich anschließende Betreuungsprozess konstruktiv und kooperativ aufgenommen werden kann. Dabei spielt schon die Art und Weise der ersten Kontaktaufnahme zum

Kunden eine zentrale Rolle. Je qualifizierter die Erstinformation und Überleitung an das Fallmanagement erfolgt, desto günstiger der Einstieg und die Herstellung eines „Arbeitsbündnisses". Der Fallmanager entscheidet die Übernahme des Falles nach fachlichen Kriterien. Die nachfolgende Konstruktion einer Zugangsdefinition soll den Fachkräften bei der Entscheidung die notwendige Orientierung geben und sie absichern. Eine ausschließliche Zuordnung nach „Checklistenverfahren" ist unzulässig.

Der „Charme" einer bundeseinheitlich zur Zugangssteuerung angewendeten Definition liegt in einer vergleichbaren Zugangssteuerung (Controllingaspekt), die dennoch regionale Vielfalt durch Ermessens- und Beurteilungsspielräume erhalten soll. Empfohlen wird als Instrument der Zugangssteuerung folgende Formulierung:

> *„Eine Übernahme in das beschäftigungsorientierte Fallmanagement ist in der Regel angezeigt, wenn*
>
> ■ *ein erwerbsfähiger Hilfebedürftiger drei abgrenzbare schwerwiegende Vermittlungshemmnisse aufweist, die in seiner Person und/oder Bedarfsgemeinschaft begründet sind und*
> ■ *eine Beschäftigungsintegration ohne Prozessunterstützung durch ein Fallmanagement nicht erreicht oder erheblich verzögert würde.*
>
> *Abweichungen von dieser Zugangsdefinition sind möglich, wenn bei Neuzugängen auf der Basis eines abgesicherten Profilings das Risiko der Langzeitarbeitslosigkeit erkennbar und durch Prozessunterstützung des Fallmanagements die Wahrscheinlichkeit des Eintritts minimiert werden kann (Prophylaxeaspekt)" (Arbeitskreis „Beschäftigungsorientiertes Fallmanagement" 2004, 11f).*

Durch eine handlungsleitende Definition (Entscheidungshilfe) wird erreicht, dass der Anspruch auf wirtschaftlichen Einsatz des Produktes sichergestellt werden kann. Es werden nur die Personen erreicht, die durch multiple Problemlagen erhebliche Integrationshemmnisse aufweisen. Die Definition verdeutlicht die Subsidiarität dieser Dienstleistung gegenüber anderen Dienstleistungsangeboten der ARGE. Die Einbeziehung der Bedarfsgemeinschaft sichert den ganzheitlichen Ansatz, den der Gesetzgeber vorschreibt. Mit dem prophylaktischen Aspekt werden für SGB II-Neukunden erprobte SGB III-Instrumente (Profiling) übernommen und Erfahrungen aus dem SGB III-Bereich nutzbar gemacht. In der deutlichen Mehrzahl aller Fälle wird sich die Programmatik Fallmanagement in der Beschäftigungsförderung an Kunden der Kundengruppe IV (Betreuungskunden) wenden.

Die Dienstleistung Fallmanagement ist in regelmäßigen Zeitabständen im Hinblick auf Sinnhaftigkeit und Wirtschaftlichkeit zu überprüfen. Eine vorab festgelegte zeitliche Limitierung der Betreuung ist jedoch angesichts der Vielschichtigkeit von Problemstellungen unzweckmäßig. Gleichwohl ist die Fortsetzung der Betreuung in regelmäßigen Abständen durch die Fallmanager zu begründen, spätestens im Zuge der Anpassung der Eingliederungsvereinbarung. Fallmanagement ist immer dann wirtschaftlich,

- wenn die Komplexität der Fallgestaltung Erfahrungen und Kenntnisse voraussetzt, die in dieser Form den Vermittlungsfachkräften nicht zur Verfügung stehen,
- wenn erwartet werden kann, dass zumindest mittelfristig durch die intensive Fallarbeit und Fallunterstützung eine deutliche Verbesserung i. S. der Arbeitsmarktintegrationsfähigkeit erreicht werden kann,
- wenn spezifische Methoden und Instrumente des Fallmanagements in ihrer Wirkung besser geeignet erscheinen als die der anderen Fachkräfte,
- wenn die besser ausgestalteten Kontakte zu den sozialen Netzwerkpartnern dazu dienen können, die angestrebte Hilfe schneller und gegebenenfalls auch kostengünstiger einzuleiten.

Festzulegen ist auch, wie der Prozess der Begleitung durch den Fallmanager wieder beendet werden kann. Diese regional sicherlich noch detaillierter festzulegenden Kriterien richten sich nach

- der Zielerreichung durch Überwindung der Hilfebedürftigkeit, insbesondere durch erfolgreiche Arbeitsmarktintegration und der dadurch erreichten Unabhängigkeit von öffentlichen Unterstützungsleistungen nach dem SGB II,
- der Überführung in ein anderes Sozialsicherungssystem, welches den Lebensunterhalt sicherstellt, und
- wenn die Integrationsleistung intern wirtschaftlicher erbracht werden kann (Subsidiarität der Dienstleistung Fallmanagement) bzw. eine erfolgreiche Bearbeitung des Falles mit den Möglichkeiten des Fallmanagements nicht mehr möglich ist.

Beratung und Herstellen eines „Arbeitsbündnisses"

Der erste Prozessschritt – in Anlehnung an die Struktur der Standards des Deutschen Vereins – im Kontakt mit dem Kunden erfüllt zwei bedeutsame Funktionen:

a) Er hat zunächst eine Filterfunktion, indem hier die Gründe der Fallübernahme geprüft und dokumentiert werden. Im Ergebnis sind danach möglich:

■ die Fallübernahme,

■ die Abweisung des Falles und die Rücküberweisung an den „Übersteller",

■ die Weiterleitung des Falles an andere kompetente Betreuungsformen, wenn beispielsweise für bestimmte Zielgruppen ein spezialisiertes Fallmanagement vorgesehen ist.

b) Zweitens wird hier die Basis für eine vertrauensvolle Zusammenarbeit gelegt, die Grundlage für ein tragfähiges „Arbeitsbündnis" im folgenden Prozessablauf ist. Das Spannungsfeld zwischen grundsätzlich gesetzlich abgesicherter Sanktionsbedrohung und den Qualitätsstandards der Beratung ist offensichtlich. Den Schlüssel zur Lösung dieses Spannungsfeldes bieten nur zwei Ansatzpunkte:

1. Transparenz für den Kunden und
2. Ausbildung, Training und Rückkoppelungsmöglichkeiten für die Mitarbeiter und Mitarbeiterinnen.

Beratung innerhalb der Dienstleistung Fallmanagement kann verstanden werden als eine befristete „intensive persönliche Kommunikation und Kooperation", die dazu dienen soll, Ratsuchende bei der Integration in den Arbeitsmarkt zu unterstützen. Die beratungskonstituierenden Merkmale sind:

■ Beratung bezieht sich auf konkrete Problemlagen von Ratsuchenden. Sie muss so aufgebaut sein, dass die Ratsuchenden in die Lage versetzt werden, diese Probleme zu formulieren und – wenn nötig – auf Nachfrage hin so zu spezifizieren, dass sie Thema der Beratung werden können.

■ Beratung muss soweit wie möglich „ergebnisoffen" sein. Die Ratsuchenden sollen in größtmöglichem Umfang in die Lage versetzt werden, die Ergebnisse der Beratung selbstständig in ihren Alltag umzusetzen, ohne durch die Berater zu einem bestimmten Handeln genötigt oder gar gezwungen zu werden (Arbeitskreis „Beschäftigungsorientiertes Fallmanagement" 2004, 15).

4 Assessment – Probleme erkennen und zuordnen

Eine vertiefte, zielorientierte Beschäftigung mit dem Kunden und den Mitgliedern der Bedarfsgemeinschaft bildet die Grundlage für die weitergehende Integrationsplanung. Assessment ist nach der Herstellung des Arbeitsbündnisses ein weiteres Glied in der Kette der prozesshaft ausgerichteten Eingliederungsplanung. Es erfüllt drei wesentliche Funktionen:

1. Es gleicht die Selbsteinschätzung des Kunden mit der Fremdeinschätzung des Fallmanagers ab (korrigiert/klärt/informiert).
2. Es bewertet Hemmnisse und Ressourcen des erwerbsfäigen Hilfebedürftigen (eHb) und seiner Bedarfsgemeinschaft unter dem Aspekte der Arbeitsmarktintegration (Ausmaß, Schwierigkeitsgrad, individuelle Bedeutung, Arbeitsmarktbezug).
3. Es regt durch aktivierende Gesprächstechniken und Methoden zur Mitarbeit an und fordert so die Koproduktion des Kunden ein.

Die anamnestische Phase (Assessment) dient dazu, Informationen, Daten und Eindrücke zur Person/der Bedarfsgemeinschaft, zu den vorhandenen Ressourcen sowie Kompetenzen und zur Genese von Fehlentwicklungen oder Blockierungen zu gewinnen und daraus eine Ordnung, Würdigung und Beurteilung der sozialen und arbeitsmarktrelevanten Situation abzuleiten.

Ein fallangemessenes aktivierendes Assessment hat auf verschiedene Grundbedingungen zu achten, die einerseits die professionellen Standards widerspiegeln, andererseits auch die Persönlichkeitsrechte der Kunden reflektieren. Zum Assessment sollten Gesprächsbereiche wie Absicherung der leistungsbegründenden Stammdaten (Familienzusammensetzung, Alter, Erwerbsstatus, Sonderbedarf, Kosten der Unterkunft (KdU)), Ressourcendaten, Persönlichkeitsdaten, Gesundheitsdaten, berufsbiografische Daten und Formen der Selbsteinschätzung und Perspektivplanung gehören, die stichwortartig protokolliert werden. Umfang und Tiefe stehen im Kontext der für die erfolgreiche Sozial- und/oder Arbeitsmarktintegration *notwendigen* Informationen:

5 Integrationsplanung und Eingliederungsvereinbarung – Ziele vereinbaren und Hilfsangebote planen

Die Ergebnisse des Assessments liefern die Grundlage für Überlegungen der konkreten Integrationsplanung. Ergänzt durch die vorliegenden Ergebnisse einer systematischen Standortbestimmung (Abgleich der Informationen aus der Phase des Assessments mit den Gegebenheiten des Arbeits- und Ausbildungsmarktes) lassen sich Chancen einer Arbeitsmarktintegration genauer bestimmen und Schritte zur kurz-, mittel- oder langfristigen Integration in den ersten Arbeitsmarkt entwickeln.

Für die als Fallmanager handelnden Akteure vollzieht sich hier auch der Wechsel von der bis hier notwendigen Sozial- und Beratungskompetenz hin zur Steuerungs- und Arbeitsmarktkompetenz.

Der Integrationsplan und die nach § 15 SGB II vorgeschriebene Eingliederungsvereinbarung bilden eine Einheit. Beide schaffen die notwendige Verbindlichkeit im „Arbeitsbündnis", stellen einen Kontrakt dar, der beim Bruch von Vereinbarungen zu Sanktionen für beide Seiten führen kann. Die Eingliederungsvereinbarung ist vom Gesetzgeber als öffentlich-rechtlicher Vertrag ausgestaltet worden. Die Integrationsplanung und die Eingliederungsvereinbarung erfüllen zusammenfassend mehrere Funktionen:

1. In der Zusammenarbeit mit dem Kunden werden in der Integrationsplanung in kleinen, überschaubaren Einheiten die einzelnen Schritte zur Rückkehr in den Arbeitsmarkt besprochen und festgelegt. Sie bilden die Grundlage für die abzuschließende Eingliederungsvereinbarung. Damit wird im Integrationsplan das Prinzip des *„Fördern und Fordern"* fokussiert und als Ergebnis aus einem interaktiven Prozess in einem Vertrag festgehalten (Eingliederungsvereinbarung).

2. Ein systematischer Integrationsplan liefert, wie die Vereinbarung selbst, eine Reihe von steuerungsrelevanten Daten, beispielsweise zur Dauer und Notwendigkeit integrativer Überlegungen, die nicht unmittelbar auf den Arbeitsmark zielen, zur Prüfung inwieweit kommunale Sozialpolitik hieraus Gestaltungsaufgaben ableiten kann, zum Umsetzungsstand von Teilzielen, gerade im Hinblick auf die Beseitigung oder Minimierung von Vermittlungshemmnissen, sowie bei entsprechender Verknüpfung mit Budgetierungen auch Angaben zum möglichen Kostenaufwand.

3. Gerade der letzte Punkt ist von erheblicher Bedeutung, sind doch Eingliederungsplanung und -vereinbarung einer doppelten Bindung unterworfen. Einerseits wirken sie als „Teilchen" mit an der gesamten Maßnahmeplanung der Institution, gleichzeitig wirken solche Planungsmechanismen zurück auf die unmittelbaren Absprachen zwischen Kunden und Fallmanagern.

Das *Abstraktionsniveau* der geplanten Schritte und der vereinbarten Ziele muss der intellektuellen und sprachlichen Fähigkeit der Kunden angepasst werden (Leistungsfähigkeit der Kunden), die wechselseitige *Verbindlichkeit* der Absprachen muss offen gelegt werden. Hierzu gehört eine verständliche und gegebenenfalls an Beispielen verdeutlichte Aufklärung über die Rechtsfolgen.

Von nicht zu unterschätzender Bedeutung ist das *kulturelle Verständnis* von leistungsempfangenden Migranten zu den Kriterien „Amt" und „Vertrag". Wer aus Diktaturen und Gewaltregimen zu uns gekommen ist, wird sich schwer tun mit einem Vertragsabschluss auf „Augenhöhe", wer aus agrarisch geprägten Regionen der Erde kommt, in denen Stamm und Sippe eine gänzlich andere Bedeutung haben, hat ein anderes Verständnis von Amt und Behörde.

Standardisierte Assessmentverfahren sichern die Fachkräfte einerseits ab, wesentliche Merkmalserhebungen in Belastungssituationen zu „vergessen", und stellen gleichzeitig eine übergreifende und vergleichbare Vorgehensweise sicher. Integrationsplanung und Eingliederungsvereinbarung sind wichtige Instrumente der Qualitätskontrolle. Sie zwingt die Fallverantwortlichen ihre Planungsvoraussetzungen – und dadurch ihr Fall- und Feldverständnis – zu formulieren und zu überprüfen. Wurden vereinbarte Ziele nicht erreicht, muss in beiden Richtungen nach Fehleinschätzungen gesucht werden.

Zu den wesentlichen Voraussetzungen einer verbindlichen Integrationsplanung zählt auch die Festlegung des Zeitrahmens, in dem die Ziele erreicht werden sollen. Hierzu gehört auch die Herstellung der notwendigen Transparenz zwischen den Teilzielen der Planung und den lang-, mittel- oder kurzfristigen Zielen der Arbeitsmarktintegration.

6 Leistungssteuerung

Die bisher dargestellten Prozessschritte hatten den Aufbau und die Ausgestaltung der Beratungsbeziehung zwischen Kunden und Fallmanagern zum Gegenstand.

In der Leistungssteuerung geht es um den Umgang mit Leistungen, die der Fallmanager häufig nicht selbst erbringt, die aber zentraler Bestandteil einer Integrationsplanung / Eingliederungsvereinbarung sind. Eine zentrale Qualität von Fallmanagement bemisst sich damit an der Kompetenz, Hilfsangebote in einer Weise zu vermitteln, dass sie auf die besondere Bedarfslage des Einzelfalls zugeschnitten sind. Dies beinhaltet, dass der Fallmanager Steuerungskompetenzen gegenüber den Leistungsträgern besitzt, deren Angebote in Anspruch genommen werden sollen. Es geht darum, einzelne benötigte Leistungen entsprechend der Eingliederungsvereinbarung *verbindlich* zu erstellen und zu steuern.

Das Spektrum der in Anspruch zu nehmenden Hilfsangebote ist in den §§ 16 und 29 SGB II umrissen. Generell muss die Steuerung der Leistungen Dritter Bestandteil eines umfassenden Controlling-Konzeptes sein. Auch wenn Kunden an Dritte weiter verwiesen wurden, hat der Fallmanager die Fallverantwortung und dies bedeutet, dass er nicht nur wissen muss, „wo" der Klient sich befindet, sondern sich auch stets über dessen „Entwicklungsstand" informieren muss. Im Rahmen der Leistungssteuerung müssen deshalb Monitoring- und Rückmeldesysteme entwickelt werden, die innerhalb des Netzwerks abgestimmt sind, das heißt sowohl die Zielorientierung des Fallmanagements wie die fachlichen Kriterien der Kooperationspartner berücksichtigen.

Es ist bereits jetzt ein großes Spannungsfeld zwischen „Wirksamkeit" i. S. der erfolgreichen Arbeitsmarktintegration und „Bedürftigkeit" von Personengruppen, die ohne Unterstützung keine Chance auf Rückkehr in den Arbeitsmarkt mehr haben, zu erkennen.

7 Ergebnissicherung – Controlling

Ein Controllingsystem muss den Leistungsprozess des SGB II so abbilden, dass sowohl Qualitäts- wie Ergebnissteuerung möglich ist. Die benötigten Daten müssen über eine geeignete Software, die den Prozess des Fallmanagements unterstützt, gewonnen werden.

Das oberste Ziel des Fallmanagements ergibt sich aus § 1 Abs. 1 SGB II, nämlich die Herstellung der Fähigkeit des Hilfesuchenden, den Lebensunterhalt aus eigenen Mitteln zu bestreiten, insbesondere durch Aufnahme einer Erwerbstätigkeit. Darunter können verschiedene Teilziele formuliert werden, die im Sinne einer sozialen Stabilisierung als notwendige Vorbedingungen für eine anschließende Arbeitsmarktintegration als Erfolg verstanden und bewertet werden.

Controlling ist Bestandteil eines komplexen Steuerungskonzeptes, zu dessen Bestandteilen neben der Festlegung strategischer Ziele (s. u.) auch die Definition und beständige Überprüfung der „Qualität" von Leistungsprozessen im Fallmanagement (und darüber hinaus in der gesamten „Arbeitsgemeinschaft") gehört.

Ergebnis und Qualität der Dienstleistung werden von institutionellen, personellen und Umgebungsfaktoren maßgeblich beeinflusst. Ein dem komplexen Leistungsprozess angemessenes Controllingsystem muss einen großen Teil der genannten Faktoren abbilden und zu Kennzahlen verdichten. Damit stellt sich die doppelte Aufgabe „Messpunkte" zu finden, die diese Abbildung in valider Weise erlauben und das Datensystem trotz der Komplexität der abzubildenden Realität nicht zu unhandlich zu machen.

Das SGB II sieht die Dokumentation der Ergebnisse des Leistungsprozesses der Grundsicherung bereits auf gesetzlicher Ebene vor (§ 54 SGB II). Eingliederungsbilanzen und adäquate Systeme für andere Zielsetzungen neben der Eingliederung in den Arbeitsmarkt werden somit „Eckpfeiler" eines Controllingsystems für alle Leistungsträger darstellen. Gleiches dürfte (wenn auch nicht auf gesetzlicher Ebene reguliert) für die „Aktivierungsquoten" gelten, denn sie sind – wenn auch indirekt – eine maßgebliche Kennziffer für die Finanzausstattung der Akteure (ob ARGEn oder optierende Kommunen).

Ein Controlling-System muss sicherstellen, dass es die Etappen des Leistungsprozesses in einer Weise aufnimmt, die Bewertungen im Hinblick auf strategische Ziele erlaubt. Eine Bewertung der komplexen Arbeit von Fallmanagern kann sich somit an integrativen und fiskalischen Zieldimensionen orientieren, die durchaus miteinander korrespondieren können:

Integrative Ziele:

1. Der erfolgreichen Integration in Arbeit, Ausbildung oder in eine tragfähige Selbstständigkeit, ausgedrückt über entsprechende (un-/geförderte) Integrationsquoten.

2. *Der Verbesserung der Beschäftigungsfähigkeit (Annäherung an die Anforderungen des Arbeitsmarktes), ausgedrückt in Aktivierungsquoten (A) analog SGB III.*

3. *Der Aktivierung zur Wiedererlangung potenzieller Beschäftigungsfähigkeit insbesondere durch sozialintegrative Maßnahmen (Entschuldung, psychosoziale Stabilisierung, Suchtbewältigung), ausgedrückt in Aktivierungsquote SGB II (S) (Stabilisierungsquote).*

Fiskalziele:

1. *Vermeidung oder Verringerung der Hilfebedürftigkeit*
2. *Angemessenheit der Aktivierungs- und Integrationskosten je eHb / Bedarfsgemeinschaft*

Jede der hier aufgeführten Zieldimensionen lässt sich weiter verfeinern: nach regionalen Besonderheiten des Arbeits- und Ausbildungsstellenmarktes beispielsweise, nach individuellem Unterstützungsbedarf der Kunden (Zielgruppenzugehörigkeit), nach eingesetzten Instrumenten oder in verschiedenen Detailliertheitsgraden.

Zu den für ein Controlling des Fallmanagements erforderlichen Daten gehören:

- *Strukturdaten:* zur Bildung von Verhältniszahlen,
- *Rahmendaten:* Arbeitslosen- und Leistungsempfängerquoten, Erwerbsbeteiligung,
- *Zugangsdaten:* Gründe für die Übernahme in das Fallmanagement,
- *Beratungsdaten:* Ablehnungsgründe, demografische Struktur der FM-Kunden, Dauer der Beratung,
- *Diagnosedaten:* Standardisierte Problemtypen, standardisierte Ressourcentypen,
- *Daten der Zielvereinbarung:* standardisierte Zielbereiche, Korrespondenz Problemdiagnose und Zielvereinbarung,
- *Integrationsplanung:* Auflistung der vorhandenen Unterstützungsangebote nach Anbietern und Leistungsspektrum, Aktivierungsquote nach Zielgruppen,
- *Daten zum Gesamtprozess des FM:* Termine, Bruttodauer, Arbeitszeit je Fall, Kosten je Fall und Maßnahme, Kooperationspartner und
- *Ergebnisse / Wirkungen:* Zielerreichungsquoten, Abbruchquoten, Eingliederungsquoten.

An die zur Anwendung kommende Software ist die Anforderung zu stellen, nicht nur den Führungskräften, sondern auch den Mitarbeitern den Zugriff auf die Controlling-Daten zu erlauben, damit sie sich stets ein Abbild der von ihnen verantworteten Leistungsprozesse machen können.

8 Organisation/Feldverantwortung

Das Fallmanagement kann in einer arbeitsteiligen Organisationsform sowohl innerhalb eines Job-Centers als Teil der entsprechenden Organisation als auch extern bei Dritten angesiedelt sein, entsprechende Qualität vorausgesetzt. Fallmanagement innerhalb der Job-Center kann sich organisatorisch orientieren an:

▪ Der Zuordnung zum Bereich Beratung/Vermittlung, da *beschäftigungsorientiertes* Fallmanagement ganz klar auf das Ziel der Integration in Arbeit ausgerichtet ist.
▪ Es ist davon auszugehen, dass die Fallzumessung bei Fallmanagern aufgrund der besonderen Komplexität ihrer Fälle niedriger ist als im Durchschnitt, sie also mehr Zeitressourcen in jeden Fall investieren können. Die in der Begründung zum SGB II genannte Schlüssel von 1:75 kann dabei ein Orientierungswert sein. Je nach Schwierigkeit der Klientel können auch höhere oder aber niedrigere Betreuungsschlüssel sinnvoll sein. Das ist vor Ort zu entscheiden.
▪ Weiterhin kann es sinnvoll sein, dass sich Fallmanager spezialisieren. Bestimmte Zielgruppen, etwa bestimmte Migrantengruppen, Sinti und Roma oder aber Jugendliche erfordern besondere soziale und kulturelle Kompetenzen und die Kontakte zu jeweils spezifischen Trägern und Kooperationspartnern (zum Beispiel ausländische Vereine, ethnische Vertrauenspersonen, Jugendzentren etc.)
▪ Unter Umständen kann es sinnvoll sein, Fallmanagement auch bei Dritten anzusiedeln. Das gilt vor allem dann, wenn die entsprechend qualifizierten Mitarbeiter intern nicht verfügbar sind oder wenn für bestimmte Spezialaufgaben intern nur eine unterkritische Zahl von Fällen vorhanden ist, wenn also bei einem externen Fallmanager Fälle von verschiedenen Job-Centern und anderen Auftraggebern gebündelt werden können und damit eine ausreichende Auslastung erreicht werden kann. Wichtig ist, dass auch externe Fallmanager in das Design der Leistungsprozesse im Job-Center eingebunden werden, diese Prozesse also für ihn sehr transparent sind, wie umgekehrt auch das Vorgehen des externen Fallmanagers für das Job-Center sehr gut nachvollziehbar sein muss. Dokumentationsstandards und die Qualitätssicherung sollten bei externem Fallmanagement genau auf die Kompatibilität mit denen des Job-Centers hin überprüft werden. Die entsprechenden Aufträge und Kontrakte mit Dritten sollten entsprechende Standards und Verfahren der fortlaufenden Prozessoptimierung vorsehen.

Fallmanagement erfordert ein gut strukturiertes Netzwerk von Institutionen und Dienstleistern. Die Herstellung und Pflege eines solchen Netzwerks berührt die Ebene der konkreten Fallarbeit (Mikroebene), die

Ebene der Organisation (Leitungsebene, Mesoebene) und durch Rückkoppelung und Lobbyarbeit beim Gesetz- und Verordnungsgeber die
Makroebene.

Aktuelle Problemskizze zum beschäftigungsorientierten Fallmanagement

Die aktuelle Situation in den optierenden Kommunen und den neu ge-
gründeten Arbeitsgemeinschaften ist noch geprägt durch die Bewältigung
massentypischer Phänomene. Viele Fragen, die für eine erfolgreiche Implementierung und Wahrnehmung von Fallmanagement im Kontext der
Beschäftigungsförderung beantwortet werden müssen, sind zurzeit noch
unbeantwortet. Exemplarisch seien die aus unserer Sicht wichtigsten
Fragestellungen kurz skizziert:

- In welchem administrativen und rechtlichen Verhältnis stehen BMWA
  – Bundesländer – Bundesagentur für Arbeit – Arbeitsgemeinschaften
  und optierende Kommunen?
- Welche Freiheitsgrade bei der Einführung regionaler Organisationsstrukturen zur Umsetzung des Fallmanagements werden den Arbeitsgemeinschaften zugestanden?
- Wie tariert man das Spannungsfeld „Wirkung" (zuvorderst orientiert an
  der erfolgreichen Arbeitsmarktintegration) und „Bedürftigkeit" (Menschen, denen auch mittelfristig kaum eine Integrationschance eingeräumt werden kann) im SGB II aus?
- Welche Steuerungs- und Wirkungsindikatoren gelten für die Aufgabenerledigung nach dem SGB II?
- Wird Fallmanagement in der Umsetzung durch optierende Kommunen
  und Arbeitsgemeinschaft eine „Nebenbei-Aufgabe" der persönlichen
  Ansprechpartner für besonders schwierige und arbeitsmarktferne Kunden oder etabliert sich Fallmanagement als ein spezifisch eigenständiges
  Aufgabenfeld?

Case Management in der Suchtkranken- und Drogenhilfe

Ergebnisse eines Modellprojekts

Von Martina Schu

Case Management wird in Deutschland erst seit Anfang der 1990er Jahre angewendet, wobei – angesichts der im Vergleich zur Situation in den USA unterschiedlichen sozialrechtlichen und finanziellen Rahmenbedingungen – bei der deutschen Umsetzung einige Modifikationen notwendig sind (Wissmann/Grabow 1994; Tophoven 1995). Auch im Bereich der Suchtkranken- und Drogenhilfe gewinnt das Konzept an Bedeutung. Aktuell wird Case Management – in Kombination mit Motivational Interviewing – z.B. als eine der zwei zu erprobenden psychosozialen Interventionen im Rahmen des bundesdeutschen Modellprojekts zur heroingestützten Behandlung Opiatabhängiger eingesetzt. Grundlage der Entscheidung für Case Management in der Heroinstudie waren die Erfahrungen in einem anderen Projekt des Bundesministeriums für Gesundheit (BMG). Das BMG förderte von 1995 bis 2000 das so genannte Kooperationsmodell nachgehende Sozialarbeit mit dem Ziel, die Hilfen für chronisch mehrfachbeeinträchtigt Abhängige (CMA) von legalen und/oder illegalen Suchtmitteln zu verbessern. 31 Fachkräfte erprobten einen personenzentrierten ambulanten Hilfeansatz, in dem ein Schwerpunkt auf Organisation und Koordination des Gesamthilfeprozesses gelegt wurde: Case Management (ausführlich Oliva u.a. 2001).

Die Case Manager sollten chronisch mehrfachbeeinträchtigt Abhängige auffinden, Kontakt aufbauen, zu Veränderung motivieren und nach einer ausführlichen Informationssammlung gemeinsam mit den Klienten individuelle Ziele festlegen und eine umfassende Hilfeplanung durchführen. Hierbei sollten vorhandene Ressourcen berücksichtigt und zusätzlich notwendige Hilfen herangezogen werden. Case Management umfasst zwar die direkte Erbringung von Hilfeleistungen, der Fokus sollte jedoch darauf liegen, die Klienten durch den „Dschungel" der Angebote zu lotsen, ihnen bedarfsgerechte Hilfen zu vermitteln und sie bei der Inanspruchnahme zu unterstützen. Die verschiedenen Maßnahmen sollten (fortlaufend) abgestimmt und koordiniert werden (z.B. Wendt 1997; Raiff/Shore 1997). Im Rahmen der ausführlichen Evaluation wurden mit Hilfe von Falldokumentationen die Entwicklungen der Klienten nachvollziehbar dargestellt sowie Zielerreichung und Effektivität der Hilfeleistungen überprüft.

1 Rahmenbedingungen

Case Management für Abhängige wurde bundesweit in 28 Ballungszentren, (Groß-)Städten und ländlichen Regionen realisiert. Die Größe der Regionen variierte nach Einwohnerzahl und Fläche stark. Wichtiger war jedoch, dass die Modellregionen zudem durch unterschiedliche Ausprägungen der Suchtproblematik sowie verschiedene Ausbaugrade des Versorgungssystems für Abhängige charakterisiert waren.

Das hatte Auswirkungen auf die Arbeit der Case Manager: So mussten sie in Regionen mit geringer entwickelten Suchthilfestrukturen – wegen fehlender Delegationsmöglichkeiten – mehr Versorgungsaufgaben selbst übernehmen. Hier engagierten sie sich zudem verstärkt für den Abbau von Versorgungsdefiziten und konnten z.T. sehr erfolgreich zur Erweiterung der Angebote für chronisch mehrfachbeeinträchtigt Abhängige beitragen.

2 Ansiedlung und Ausstattung der Stelle

Die Case Manager arbeiteten überwiegend in Sucht- bzw. Drogenberatungsstellen freier Träger, aber auch in Sozialpsychiatrischen Diensten von Kommunen. Dabei hatte die Ansiedlung bei freien Trägern Vorteile, da sie u.a. mit weniger bürokratischen Hemmnissen als jene bei öffentlichen Trägern einherging und die notwendige flexible Gestaltung von Arbeitszeit und Einsatzort (besser) gewährleistet wurde. Gleichwohl konnten Case Manager in Einrichtungen in öffentlicher Trägerschaft durch die größere Nähe zur Mittel- bzw. Maßnahmenbewilligung geplante Hilfen z.T. einfacher umsetzen.

Mit der Förderung von Stellen in bestehenden Einrichtungen war die Erwartung verbunden, dass die Modellerprobung Initialwirkung auf die Arbeit in der Einrichtung hat. Initiiert werden sollte zum einen eine Erweiterung des Angebotsspektrums mit Blick auf chronisch mehrfachbeeinträchtigt Abhängige und zum anderen eine fachlichen Umorientierung in Richtung Case Management. Doch gelang dies in der Regel nicht. Die Case Manager blieben sowohl in der Ausrichtung auf die spezifische Zielgruppe als auch in der Anwendung von Case Management/nachgehender Arbeit häufig in einer Solisten-Rolle. Die Distanz von Einrichtungsleitungen und Trägern zu dem modellgeförderten Ansatz konnte z.T. nur begrenzt aufgeweicht werden und machte sich u.a. bei (mangelnden) Vertretungen der Case Manager im Urlaubs- oder Krankheitsfall bemerkbar oder hatte (zu) wenig fachliche Austausch- und Unterstützungsmöglichkeiten im Team bzw. in der Einrichtung zur Folge.

Hinsichtlich der sächlichen Ausstattung war zu konstatieren, dass nicht alle Case Manager bei Modellbeginn über ein eigenes Büro und die notwendige Technik verfügten, im Modellverlauf jedoch zunehmend eine adäquate Ausstattung nutzen konnten (z. B. ein Diensthandy). Die häufig anfallenden Dienstfahrten mussten, mangels Dienstwagen, meist mit dem Privatwagen durchgeführt werden.

3 Personalqualifikation

Zu Modellbeginn war vorgesehen, dass fachlich qualifizierte, berufs- und felderfahrene Mitarbeiter (in der Regel Sozialarbeiter/Sozialpädagogen) Case Management für chronisch mehrfachbeeinträchtigt Abhängige erproben. Das ließ sich jedoch nicht immer umsetzen: Zwar waren fast alle Modellmitarbeiter einschlägig ausgebildet, doch verfügten nur drei Fünftel über Berufserfahrung und nur etwa der Hälfte der Modellmitarbeiter war die regionale Versorgungsstruktur zu Modellbeginn bekannt.

Mit Blick auf die spezifischen Anforderungen von Case Management für chronisch mehrfachbeeinträchtigt Abhängige war festzustellen, dass die üblichen Fachhochschulausbildungen allein die Mitarbeiter nicht ausreichend rüsteten. Es fehlten zum Teil fachlich-methodische Grundlagen bzw. Kenntnisse, z. B. über Motivationsstrategien und ressourcenorientiertes Arbeiten – auch und gerade mit CMA – sowie über sozialrechtliche Fragen. Auch war eine akzeptierende Haltung ebenso wenig selbstverständlich wie die Fähigkeit zu eigenverantwortlichem und systematischem Handeln sowie dessen schriftliche Dokumentation. Schließlich standen die für Case Management erforderlichen kommunikativen Kompetenzen und das Wissen über Organisation, Moderation und Steuerung von Abstimmungsprozessen nicht immer zur Verfügung. Ungünstig war darüber hinaus, dass Unsicherheiten von Mitarbeitern nur selten durch die Unterstützung von Einrichtung und Träger ausgeglichen wurden (s. o.).

Das Ergebnis verweist zum einen auf Professionalitätsdefizite: Soll Case Management zukünftig mehr Eingang in Sozialarbeit finden, sollten z. B. Fallsteuerung und Netzwerkarbeit im Studium und im Weiterbildungsbereich verstärkt berücksichtigt werden. Zum anderen wurde jedoch auch deutlich, dass es an der Bereitschaft (und Verantwortung) von Einrichtungsleitungen und Trägern mangelt, auf neue Anforderungen mit entsprechenden Qualifizierungen zu reagieren und neue Methoden gezielt einzuführen. Dabei muss die Implementierung allerdings durch intensive Anleitung und begleitendes Controlling unterstützt werden.

4 Personal-Klienten-Relation

Bei den Erfahrungen im Modellprojekt zur Personal-Klienten-Relation ist zuerst einmal zu berücksichtigen, dass im Modellprogramm – wie überall – auch übergreifende Aufgaben anfielen. Bei den Case Managern nahmen sie über ein Drittel der Arbeitszeit in Anspruch. Zu erledigen waren z. B. einrichtungsbezogene Aufgaben, wie Arbeitsorganisation, Teambesprechungen und Berichtswesen. Außerdem waren auch für diesen so intensiv auf Unterstützung im Versorgungssystem angewiesenen Ansatz Aktivitäten zur Pflege und Gestaltung von Kooperation (z. B. Mitarbeit in Gremien und Arbeitskreisen) notwendig.

Die übrigen knapp zwei Drittel der Arbeitszeit wurden für direkt klientenbezogene Leistungen aufgewendet. In dieser Zeit betreuten die Case Manager zwischen acht und 37 Klienten im Jahr, im Schnitt 17 Klienten. Dabei variierten die Fallzahlen erheblich, in Abhängigkeit zum einen von der suchtmittelspezifischen Ausrichtung der Einrichtung (Drogenhilfe-Modellmitarbeiter betreuten im Mittel 14, die Beschäftigten aus der Suchtkrankenhilfe durchschnittlich 20 Klienten pro Jahr) und zum anderen von projektspezifischen Varianten der Modellerprobung. Dies berücksichtigend wird für zukünftige Case Management-Projekte, die sich an chronisch mehrfachbeeinträchtigt Abhängige richten, eine Personal-Klienten-Relation von 1:12 bis 1:16 empfohlen.

5 Zugang und Klientel

Die Vorbedingung für Hilfe ist das Erreichen der Klienten. Dies gilt insbesondere für hochbelastete Personengruppen, da einige Untersuchungen belegen, dass die Inanspruchnahme von Hilfen mit zunehmender Schwere der Beeinträchtigungen abnimmt (z. B. Wendt 1997; Wienberg 1992). Den Case Managern gelang es jedoch in großem Umfang, die Zielgruppe zu erreichen: Insgesamt kontaktierten die 31 Fachkräfte in drei Jahren 3.068 Klienten, von denen 1.660 im Case Management betreut wurden. Dabei ist besonders hervorzuheben, dass viele Klienten erreicht werden konnten, die – trotz langjähriger Suchtkarriere und vielfacher Problemlagen – noch nie suchtspezifische Hilfen genutzt hatten (gut ein Sechstel der Gesamtklientel). Am hilfreichsten für das gute Erreichen der Zielgruppe erwies sich, dass die Case Manager ihre Klienten aufgesucht haben und aktiv auf sie zugegangen sind (zu Hause, in offenen Szenen und – vor allem – in Krankenhäusern).

Während der Assessments erhoben die Mitarbeiter umfangreiche Informationen zur Situation der Klienten, ihrer Behandlungserfahrung etc. Dabei wurde die hochgradige Belastung der Klienten deutlich: Sie waren zwischen 13 und 72 Jahren, im Mittel 38 Jahre alt und überwiegend langjährig abhängig (durchschnittlich 14 Jahre). Die Klienten hatten erhebliche Probleme im sozialen Umfeld (52 % der Klienten lebten nicht allein, allerdings hatten 55 % der Partner / Mitbewohner selbst Suchtprobleme). Auch die materielle Situation war schwierig (45 % verfügten seit mindestens zwei Jahren über kein sicheres Einkommen, 81 % waren arbeitslos –

und das seit durchschnittlich 45 Monaten, 33 % hatten längerfristig keine sichere Wohnsituation), zudem waren viele justiziell belastet (39 % der Klienten wurden mindestens einmal verurteilt, überwiegend in Zusammenhang mit der Suchtproblematik). Der überwiegende Anteil der Klienten war sozial desintegriert, z. T. lebten sie in völlig verelendeten Verhältnissen (z. B. 25 % der Klienten in einer verwahrlosten Wohnung). In Folge des Suchtmittelkonsums und ihrer Lebensumstände litten 84 % der Klienten an (im Schnitt 3,5) schweren Erkrankungen, 62 % hatten gleichzeitig somatische und psychische Beschwerden.

Durch den aufsuchenden und nachgehenden Ansatz erreichten die Case Manager besonders viele Frauen (insgesamt 34 %, unter den Drogenabhängigen sogar 42 %) und konnten sie auch in Betreuung halten, darunter viele Frauen mit (kleinen) Kindern sowie eine justiziell ungewöhnlich hoch belastete Gruppe von Klientinnen. Fast jeder zweite Klient hatte Kinder und insgesamt 13 % der Klienten lebten mit ihren Kindern zusammen.

Drei Fünftel der Klienten war von Alkohol, ein gutes Drittel von illegalen Suchtmitteln abhängig. Ein hoher Anteil der Opiatabhängigen war von mehreren Suchtstoffen abhängig, darunter sehr häufig auch von Kokain. 52 % der Drogenabhängigen wurden substituiert, wobei sie meist einen erheblichen Beigebrauch hatten.

Die Analysen wiesen darauf hin, dass ein Kernproblem der chronisch mehrfachbeeinträchtigt Abhängigen im Nicht-Nutzen bzw. in der Erfolglosigkeit der Inanspruchnahme von suchtspezifischen, sozialen oder medizinischen Einrichtungen und Diensten lag. Die Inanspruchnahme von Hilfen konnte zum einen klientenseitig begrenzt sein (personale Gründe), zum anderen konnten ihr auch strukturelle Gründe entgegenstehen (Ausbaugrad und Differenzierung des Hilfesystems, keine adäquate Gestaltung der Angebote hinsichtlich ihrer Arbeitsweise, Regeln etc.).

6 Durchführung

Bei der Durchführung von Case Management / nachgehender Sozialarbeit spannten die Case Manager insgesamt ein Spektrum von Leistungen auf, das je nach Hilfe- und Betreuungsbedarf von intensiven Begleitungen und beratend-therapeutischen Interventionen bis hin zu organisierend-koordinierenden Unterstützungen reichte. Die Modellmitarbeiter bezogen ihre z. T. sehr umfangreichen Hilfen eng auf die individuellen Bedarfe ihrer Klienten. Dabei wurde deutlich, dass sich Case Management für die Zielgruppe chronisch mehrfachbeeinträchtigt Abhängiger nicht auf organisierend-vermittelnde Tätigkeiten beschränken konnte (die gleichwohl ein Viertel der Arbeitszeit einnahmen), sondern vielmehr eine eigenständige Beratung und Betreuung notwendig waren. Als ganz wesentlich für das

Tab. 4: Ort der Leistungserbringung nach Nennungen (Anzahl einzelner Leistungen) und Dauer (zeitlicher Aufwand für Leistungen; n = 1548) – ohne Fahrzeiten

Ort der Leistungs- erbringung	Nennungen		Dauer	
	Anzahl	in %	in Stunden	in %
in der Einrichtung des Case Managers	75.454	67,6	22.113	59,5
außerhalb, und zwar in: ... dem sozialem Umfeld des Klienten	36.181 19.137	32,4 17,1	15.024 6.992	40,5 18,8
... der Szene, an suchtbezogenen Treffpunkten	2.157	1,9	758	2,0
... anderer Einrichtung	14.887	13,3	7.274	19,6
Gesamt	111.635	100,0	37.137	100,0

Halten des Kontakts zum Klienten und die Stabilität der Beziehung erwiesen sich die Übernahme der Kontaktverantwortung durch den Case Manager sowie seine aufsuchende und nachgehende Arbeit. Dieser kam im Kooperationsmodell ein großer Stellenwert zu (s. Tabelle 4).

Die Ergebnisse bestätigten die Modellannahmen: Bei chronisch Abhängigen besteht ein hoher Bedarf an aufsuchender und nachgehender Arbeit. Darin darf auch ein Unterschied zum Arbeitsstil „traditioneller" Suchtkranken- und Drogenhilfe gesehen werden, die in der Regel ihre Leistungen in der Grundeinrichtung erbringen (z.B. Raschke u.a. 1999, 49 : 93 % in schleswig-holsteinischen Sucht- und Drogenberatungsstellen).

Nicht nur die Case Manager, auch die Klienten betonten immer wieder die Bedeutung aufsuchender und nachgehender Arbeit für den Kontakterhalt (93 % der Klienten beurteilten dies in einer direkten Befragung als (eher) wichtig).

Die grundsätzlich (auch) aufsuchende Gestaltung der Arbeit erlaubte zum einen dem Case Manager ein besseres Verständnis von der Lebenssituation des Klienten und wurde zum anderen von der Klientel als Wertschätzung und Engagement erlebt – insbesondere wenn Case Manager in Krisensituationen ihren Klienten aktiv nachgingen. Die Qualität der

(Arbeits-)Beziehung zwischen Klient und Mitarbeiter war ein entscheidendes Moment für die Aufrechterhaltung des Kontakts sowie die Motivation der Klienten zu Veränderungen.

Modellerprobtes Case Management für die Zielgruppe umfasste verschiedene Zeiträume: Es wurden für etwa ein Drittel der Klienten eher clearing-orientierte, nur wenige Monate dauernde Prozesse festgestellt. Die Case Manager nahmen hier meist in krisenhaften Situationen ihre Arbeit auf und organisierten mit dem Klienten ein auf ihre Bedarfe zugeschnittenes Unterstützungsnetz (package of care). Oft wurden die Klienten an stationäre Einrichtungen überwiesen, in anderen Fällen genügte nach der Krisenintervention der Case Manager die Unterstützung durch andere Dienste. Die übrigen zwei Drittel der Klienten wurden länger betreut, so dass die Case Manager langfristige Lösungsstrategien und Formen anhaltender Unterstützung entwickeln konnten (continuum of care, z.B. Ewers/Schaeffer 2000).

Insgesamt streute die Betreuungszeit für die im Laufe von drei Jahren durchschnittlich 50 von einer Fachkraft betreuten Klienten erheblich bis zu einem Maximum von etwa 4,6 Jahren und lag im Durchschnitt bei etwa einem Jahr. In diesem Zeitraum wurden pro Klient zwischen einem und 307 Terminen, insgesamt 52.550 Termine dokumentiert (pro Klient im Mittel 34 Termine). Dabei wurden insgesamt 118.370 einzelne Leistungen erbracht.

Der Gesamtbetreuungsaufwand pro Klient lag bei durchschnittlich 31,3 Stunden. Darin waren mit 4,4 Stunden im Mittel gut 14 % Fahrzeit enthalten, was auf den großen Stellenwert – aber auch den „Preis" – der aufsuchend-nachgehenden Arbeit hinweist. Zudem erforderten Planungs-, Koordinations- und Controlling-Leistungen fast ein Fünftel der Arbeitszeit.

Die Leistungen der Case Manager streuten über ein breites Themenspektrum und waren für spezifische Subgruppen je unterschiedlich in Umfang und Art: So wurde für Frauen generell mehr Zeit aufgewendet als für Männer und sie wurden vergleichsweise intensiver zu Problemen in Beziehung, Familie und sozialem Umfeld beraten.

Deutliche Unterschiede konnten auch in Abhängigkeit vom Suchtmittel nachgewiesen werden: Drogenabhängige wurden umfangreicher unterstützt als Alkoholabhängige. Letztere wurden insgesamt häufiger aufsuchend betreut, vor allem in ihrem sozialen Umfeld, während Case Management für Drogenabhängige häufiger in den Einrichtungen der Case Manager oder in anderen Einrichtungen stattfand. Dabei ist jedoch zu betonen, dass Case Management grundsätzlich einen externen Arbeitsschwerpunkt setzte und insgesamt drei Fünftel der Betreuung bei den Klienten zu Hause, auf der Szene oder in anderen Einrichtungen stattfand. Das Leistungsspektrum unterschied sich des Weiteren in Abhängigkeit davon, ob Klienten Kinder hatten oder nicht (Klienten mit Kindern wurden

z. B. vergleichsweise mehr zu Hause aufgesucht und bei ihrer Betreuung wurde verstärkt mit Behörden kooperiert, erwartungsgemäß insbesondere mit Jugendämtern), und in Abhängigkeit vom Konsummuster. So mussten z. B. massiv polyvalent Konsumierende intensiver betreut werden, was aus vermehrten Kriseninterventionen und Fehlbesuchen sowie einem höheren Aufwand für Erschließung und Organisation weiterer Hilfen resultierte.

Bei den Betreuungen wurden andere professionelle Helfer, Dienste, Ämter (bei einem Viertel aller Leistungen) und private Bezugspersonen (bei zehn Prozent der Leistungen) in den Hilfeprozess miteinbezogen (s. u.). Demgegenüber konnte nur sehr begrenzt auf die Unterstützung privater Bezugspersonen der Klienten zurückgegriffen werden. Die Case Manager erschlossen nicht nur andere Hilfen für ihre Klienten, sie unterstützten diese auch bei deren Inanspruchnahme und halfen den Fachkräften der anderen Angebote, adäquat mit dem Klienten umzugehen.

Festzustellen war allerdings auch, dass dem Monitoring, also der laufenden Fallkontrolle, vor allem durch die Abgrenzung und die Intransparenz vieler Einrichtungen enge Grenzen gesetzt waren. Auffällig war, dass gerade die Einrichtungen der Suchtkranken- und Drogenhilfe deutlich ambivalent auf Case Management reagierten, möglicherweise fühlten sie sich in Konkurrenz oder erlebten Case Management als Angriff auf ihre (bisherige) Arbeitsweise. Institutionen der medizinischen Versorgung und Behörden begrüßten das Engagement der Case Manager zwar, da sie in ihnen erstmals verbindliche Ansprechpartner fanden, doch lagen die jeweiligen Arbeitsziele und Vorgehensweisen sehr weit auseinander. Es schien insbesondere schwer zu fallen, das Verständnis eigener Vorrangigkeit und primärer Zuständigkeit zu relativieren.

Abschließend ist zu konstatieren, dass das Tätigkeits- und Leistungsspektrum der Case Manager qualitative Besonderheiten aufwies (u. a. außerhalb der Einrichtung arbeiten, motivieren, planen und kontrollieren, aber auch Abstimmungs- und Hilfeprozesse organisieren und moderieren), für die mehr als die in bisherigen Ausbildungen und Studiengängen i. d. R. erworbenen Fähigkeiten und Kenntnisse erforderlich waren.

7 Hilfeplanung und -steuerung

Ein besonderes Augenmerk der Modellerprobung galt der Hilfeplanung. Unterstützt durch ein Hilfeplaninstrument sollten systematisch und gemeinsam mit den Klienten und weiteren Beteiligten Bedarfe festgestellt, geeignete Hilfen identifiziert sowie konkrete Maßnahmen und Zuständigkeiten vereinbart werden. So verstanden strukturiert Hilfeplanung den gesamten Case-Management-Prozess und ist die Basis für die Steuerung von Abstimmungsprozessen, das Monitoring (die laufende Fallkontrolle), die Überprüfung von Zielen und die (abschließende) Bewertung von Betreuungsverlauf und Zielerreichung. Spätestens hier wird deutlich, dass Case Management und Hilfeplanung auf eine Veränderung von Sozialarbeit (hier in der Suchtkrankenhilfe) zielen – auch weil weitere, bisher ungewohnte Arbeitsprinzipien, wie z. B. die schriftliche Niederlegung von Planung und Hilfeabstimmung, eine umfassende Klientenbeteiligung und schließlich eine transparente Beschreibung des Betreuungsprozesses, eingefordert werden.

Im Modellprogramm zeigten sich deshalb auch genau an dieser Stelle Umsetzungsprobleme: Insgesamt wurden nur für etwa zwei Fünftel der Klienten Hilfeplanverfahren eingeleitet und für deutlich weniger Klienten regelmäßig weitergeführt. Die Case Manager machten vor allem klientenseitige Gründe für die zögerliche Umsetzung von Hilfeplanung verantwortlich: zu große Beeinträchtigungen, geringe Verlässlichkeit, mangelnde Stabilität, kognitive Begrenzungen der Klienten etc. Die Datenanalyse zeigte jedoch, dass gerade für vergleichsweise schwerer belastete Klienten mit intensiverer und langfristigerer Betreuung häufiger Hilfeplanverfahren initiiert wurden. Die Case Manager nutzten und strukturierten also verstärkt schwierigere und umfassendere Hilfeprozesse mit dem Planungsinstrumentarium.

Der Einsatz von Hilfeplanung hing auch mit der Personal-Klienten-Relation zusammen: Case Manager mit weniger Klienten führten wesentlich häufiger eine Hilfeplanung durch. Doch war auch eine geringere Klientenzahl keine hinreichende Bedingung für den Einsatz von Hilfeplanung, vielmehr entpuppte sich die Einstellung der Mitarbeiter (sowie der Einrichtungsleitungen und Träger) zu dem Verfahren als *die* entscheidende Größe.

Hilfeplanung wurde also eher unabhängig von Klientenmerkmalen eingesetzt. Aber die Umsetzung der Planung, d. h. das Erreichen der angestrebten Ziele und damit die Verbesserung der Situation war sehr wohl von Klientenmerkmalen bzw. -einstellungen abhängig. Als besonders wichtig haben sich dabei die Problemeinsicht und die Veränderungsmotivation der Klienten herausgestellt (s. Tabelle 5).

Die Tabelle zeigt deutlich, dass Klienten mit höherer Veränderungsbereitschaft deutlich öfter von Case Management profitieren und ihre Situation verbessern konnten. Eine ähnliche Bedeutung kommt dem Problembewusstsein zu: Auch hier fanden sich ähnliche Zusammenhänge von hohem Problembewusstsein und besseren Ergebnissen.

Diese Zusammenhänge betonten erneut, wie wichtig es war, dass Case Manager an ggf. mangelndem Problembewusstsein und geringer Veränderungsbereitschaft ansetzten und versuchten, diese zu wecken, zu fördern und zu stabilisieren.

Hilfeplanung machte angesichts der vielfältigen Problemlagen der Klienten oft nur im Gesamtkontext Sinn, deshalb war eine zentrale Aufgabe der Case Manager, die Hilfen zwischen allen Beteiligten (Klienten,

Tab. 5: Zusammenhang von Veränderungsbereitschaft und Ergebnis
der Betreuung, Angaben in Prozent (Cramers V = .358, p < .01)

Gesamtsituation des Klienten war zu Ende der Betreuung ...	Klient war veränderungsbereit			
	trifft voll zu (n = 187)	trifft eher zu (n = 358)	trifft eher nicht zu (n = 145)	trifft gar nicht zu (n = 53)
(sehr) verbessert	82,9	55,9	17,5	9,2
stabilisiert	8,2	27,2	23,7	9,2
unverändert	5,9	10,4	43,0	64,6
(sehr) verschlechtert	2,9	6,5	15,8	16,9
Gesamt	100,0	100,0	100,0	100,0

privaten und professionellen Helfern) abzustimmen. In knapp 70 % der
Fälle gelang es den Case Managern, andere Helfer in den Unterstützungsprozess einzubinden (s. Tabelle 6).

Tab. 6: Anzahl weiterer Beteiligter an der Hilfeplanung (n = 667)

Anzahl der Beteiligten	Nennungen	in %
Keiner	201	30,1
Einer	173	25,9
Zwei	137	20,5
Drei	90	13,5
Vier	49	7,3
Fünf	10	1,5
Sechs	7	1,0

Insgesamt waren in 466 Hilfeplanungen (69,9 % aller Pläne) 1005 weitere Personen bzw. Institutionen beteiligt. Dabei handelte es sich an erster Stelle um ärztliche Praxen (bei 34,8 % der Klienten). Es folgten Angehörige und andere Bezugspersonen (26,9 %), Sozialämter (20,0 %), Krankenhäuser (19,1 %) sowie sonstige Institutionen/Personen (17,2 %). Lediglich in 29 Fällen waren gesetzliche Betreuer an der Hilfeplanung beteiligt, wobei für 64 Klienten eine gesetzliche Betreuung bestand. In fast einem Drittel der Fälle (30,1 %) mussten die Case Manager den Prozess allein planen.

Wenngleich also nicht jeder Versuch der Kooperation mit anderen Einrichtungen und Diensten einfach bzw. erfolgreich war, so gelang es den Case Managern insgesamt doch in hohem Maß, andere Helfer im Rahmen der Hilfeplanung einzubeziehen und Aufgaben zu delegieren. Andere Helfer übernahmen dabei ähnlich viele Aufgaben wie die Case Manager. Angehörige fühlten sich hingegen eher selten zuständig und waren auch nicht immer geeignet, konkrete Aufgaben zu übernehmen. Allerdings zeigten die Analysen, dass die im Rahmen der Modellerprobung erarbeiteten Hilfeplanungen nur in wenigen Ausnahmen unterschrieben worden waren (15 % der Hilfepläne trugen die Unterschrift der Klienten und nur fast 2 % von anderen Beteiligten). Ohne diese Bestätigung kann der Grad an Verbindlichkeit jedoch nicht ermessen werden.

In der Fachdiskussion wird häufig auf die Bedeutung von Hilfekonferenzen für die Planung und Abstimmung des Gesamthilfegeschehens mit allen an einem Fall Beteiligten hingewiesen. Doch auch dies wurde im Kooperationsmodell nur begrenzt umgesetzt: Insgesamt wurden für 104 Klienten zusammen 142 Hilfekonferenzen durchgeführt. Der hohe zeitliche und organisatorische Aufwand schreckte einen Gutteil Case Manager, aber auch Vertreter anderer Einrichtungen und Stellen ab – schneller und gewohnter waren (telefonische) bilaterale Absprachen. Die Case Manager vermissten zudem eine (formale) Kompetenz für die Einberufung einer Hilfekonferenz und für verbindliche Absprachen und deren Kontrolle, so dass sie Ablehnungen anderer Helfer nur hinnehmen konnten (und z.T. schon vorher antizipierten). Als ebenfalls hemmend wirkten sich die unzureichende Erfahrung mit dieser Vorgehensweise, Scheu vor Transparenz, mangelnde Routine in Moderations- und Steuerungsfunktionen, Abgrenzungstraditionen zwischen Einrichtungen und Trägern, Skepsis und Beharrungstendenzen etc. aus. Insgesamt wurde deutlich, dass die Steuerung und Abstimmung von Hilfeprozessen, systematisches Strukturieren und nachvollziehbares Dokumentieren noch ebenso wenig Standard wie die Einübung moderierender und fallführender Funktionen sowie Routinen für verbindliche Zusammenarbeit waren. Dabei fehlte jedoch nicht nur den einzelnen Helfern die Bereitschaft oder Übung, Zusammenarbeit neu zu gestalten. Ebenso mangelte es i.d.R. an strukturellen Entsprechungen auf Trägerebene, die Zusammenarbeit zu fordern und zu fördern.

Tab. 7: Beurteilung von Hilfeplanungsaspekten durch die Klienten,
Angaben in Prozent

Wie wichtig war den Klienten, dass …	war sehr wichtig/eher wichtig, für folgenden Anteil der Klienten:
der Case Manager immer wieder mit mir überlegt hat, was als nächstes zu tun war, war …	94,7
wir alles zusammen geplant haben, war …	94,6
der Case Manager meine Situation im Hilfeplan übersichtlich aufgeschrieben hat, war …	88,9
der Case Manager immer wieder unsere gemeinsame Arbeit kontrollierte und den Hilfeplan weiterschrieb, war …	87,4

Doch dort, wo Case Manager (viele) Hilfeplanverfahren durchgeführt
hatten, wurde das Verfahren und das dazu entwickelte integrierte Doku-
mentations- und Planungsinstrumentarium als sinnvoll und prozessunter-
stützend geschätzt, auch weil es die Realisierung von Klientenbeteiligung
förderte. Hilfeplanung und -konferenzen trugen dazu bei, Assessments
systematischer und lückenloser zu gestalten, und ermöglichten somit eine
regelmäßige und intensivere Reflexion. Die somit zielgerichtete Fallführung erleichterte die Arbeit, machte Erfolge für (alle beteiligten) Mitarbeiter und Klienten deutlicher wahrnehmbar und erlaubte, Leistungen
für Außenstehende (besser) darzustellen. Insgesamt führt die Arbeit mit
Hilfeplanung zu einer Haltungsänderung der Mitarbeiter, die ein ernster
Nehmen der Klienten mit sich bringt, eine Versachlichung der Arbeits-
atmosphäre, das Abgeben von Verantwortung an bzw. eine bessere Abgrenzung von den Klienten. Zudem ändert sich die Arbeitsorganisation
(Stichwort: Delegation).
Insbesondere wenn Hilfeplanungsverfahren durch gemeinsame Hilfe-
konferenzen gestützt wurden, verzeichneten die Helfer mehr Verfahrens-
klarheit, erhöhte sich die Verbindlichkeit von Absprachen und wurde am
Ende auch Zeit eingespart. Dazu die Bewertung eines Case Managers:
„Als besonders hilfreich muss auch der besondere Schwerpunkt der
Kooperation und Koordination von Hilfen im Rahmen des Case Manage-
ments gesehen werden. So hat es sich besonders bewährt, die notwendigen

Hilfen in Fallkonferenzen mit allen zuständigen Helfern (Beratern, Betreuern, Ärzten, Therapeuten) abzustimmen und ein gemeinsames weiteres Vorgehen zu verabreden. Diese verabredeten Hilfen in einem Hilfeplan zu dokumentieren, konsequent weiterhin nachzugehen und über einen zeitlichen Abstand immer wieder zu überprüfen, ist sehr effektiv" (Willmann 1999).

Wie beurteilten die Klienten das strukturierte Hilfeplanverfahren? (s. Tabelle 7)

Die Tabelle belegt die Zustimmung der Klienten zur Hilfeplanung. Sie fühlten sich durch das Aufschreiben wertgeschätzt und ernst genommen. Sie schätzten die Sorgfalt, die sich auch im nochmaligen Überprüfen nach einiger Zeit ausdrückte. Sie beurteilten die Vorgehensweise als professionell, insbesondere das gemeinsame Planen und die wiederholte Abstimmung von Maßnahmen, das Kontrollieren und Fortschreiben der Planung sowie das Vermitteln zusätzlicher Hilfen, ihre Information und Einbeziehung in die Planung. Die Klienten begrüßten also, dass die Fachkräfte – im positiven Sinne – „nach Plan" arbeiteten. Zudem wurden ihnen – wie auch den Mitarbeitern – die eigenen Fortschritte und Erfolge deutlicher, was u.a. zum Aufbau oder zur Stabilisierung von Selbstvertrauen beitrug.

8 Ergebnis der Betreuung

Zu einer strukturierten Hilfeplanung gehören als wesentliche Schritte: Definition von Rahmen- und Teilzielen, Prioritätensetzung sowie die Festlegung zum einen von Maßnahmen bzw. Verfahren je mit Zuständigkeiten und zum anderen von Überprüfungszeiten. Das Modellprogramm sah deshalb vor, dass die Case Manager an den Bedürfnissen der Klienten ausgerichtete und im Hinblick auf ihre Realisierung angemessene Ziele formulieren sollten. Angesichts der Schwere der Abhängigkeit und der Vielfalt weiterer Beeinträchtigungen musste Abstinenz dabei häufig ein entfernteres Ziel darstellen.

Die Auswertung der Zielplanung ergab, dass eine Rahmenplanung in fast allen Fällen vorlag (95,2 %) und eine Rangreihe der Ziele in 86,8 % aller Hilfepläne aufgestellt wurde. Davon unterschieden wurde bei fast 90 % eine detaillierte Planung. Inhaltsanalytische Betrachtungen machten deutlich, dass viele Case Manager Schwierigkeiten hatten, operationalisierbare Ziele zu formulieren und diese von Maßnahmen abzugrenzen. Zudem wurden z.T. Ziele festgehalten, die eher diejenigen des Case Managers als des Klienten darstellten und deren Realisierung deshalb naturgemäß oft scheitern musste. Die Case Manager im Kooperationsmodell machten hier – wie Kollegen in anderen Projekten auch – die Erfahrung, dass die Definition von Zielen eine schwierige Aufgabe darstellt, die viel Übung erfordert (z.B. Gromann 2001).

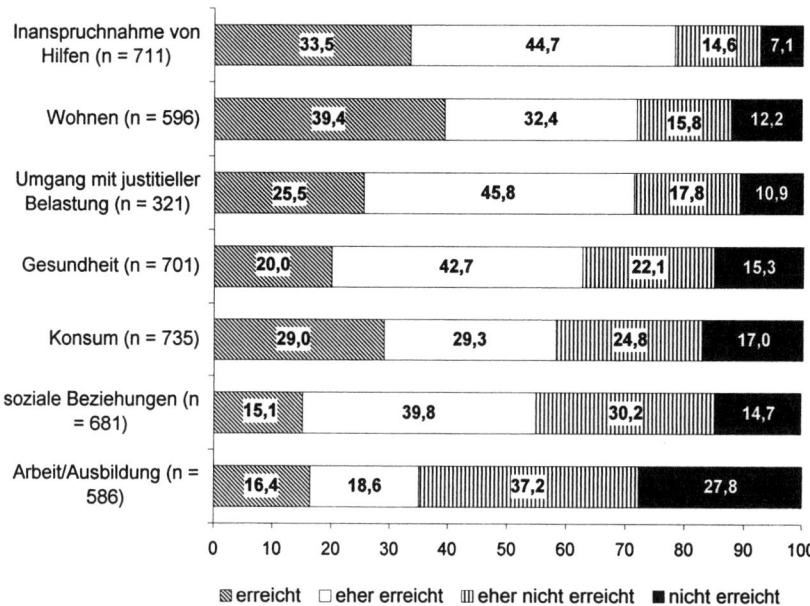

Abb. 8: Zielerreichung aus Sicht der Case Manager

Betrachtet man die in der Hilfeplanung mit erster Priorität formulierten Ziele, zeigte sich, dass bei etwa einem Sechstel der Hilfeplanklienten zu Beginn der Betreuung das Problemfeld Wohnen im Vordergrund stand. Für gut 15 % der Klienten war zunächst eine Entgiftungsbehandlung zu vermitteln, weil ein stationärer Aufenthalt den Klienten eine Konsumpause ermöglichte, in der Veränderungsmotivation sich entwickeln und gefördert werden konnte. Bei etwa jedem achten Klienten wurde auf eine stationäre Therapie hingearbeitet, hierbei handelte es sich insbesondere um Klienten, die im Anschluss an eine Entgiftung oder an einen anderen Krankenhausaufenthalt in die Betreuung übernommen wurden. Konsumreduzierung oder -kontrolle (ohne diesbezügliche institutionelle Hilfe) stand bei etwa jedem zehnten Klienten im Vordergrund der Betreuung. Nur bei etwa jedem neunten Klienten standen Behandlungen somatischer Erkrankungen oder psychischer Störungen an erster Stelle. Für etwa 11 % der Klienten standen definierte Aufgaben von modellgefördertem Case Management, z.B. „Koordination von Hilfen" und – vorerst – „Kontakthalten" im Vordergrund. Viele weitere Einzelzielsetzungen betrafen gesundheitliche und sozial-materielle Bereiche.

Wie dargestellt, basiert Case Management wesentlich auf der Vereinbarung und Umsetzung von Zielen und Maßnahmen. Doch wie wurden die Ziele umgesetzt? Gelang es, die Situation der Klienten zu verbessern? Um genauere Informationen zur Arbeit zu erhalten, wurde in den Abschluss-

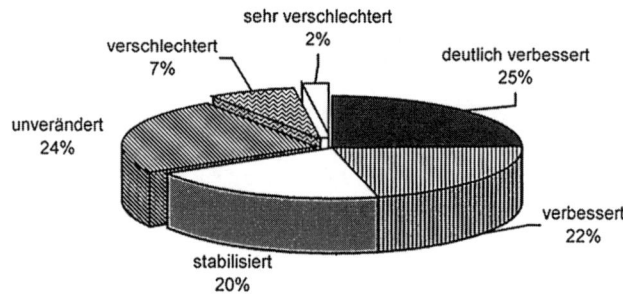

Abb. 9: Entwicklung der Gesamtsituation aus Sicht der Case Manager (n = 750)

bögen dokumentiert, in welchem Ausmaß und in welchen Problemfeldern vereinbarte Ziele erreicht wurden. Die Antwortalternativen reichten von „erreicht", „eher erreicht" über „eher nicht erreicht" bis zu „nicht erreicht" (s. Abbildung 8).

Die Abbildung verdeutlicht, dass ein Gutteil der Ziele gänzlich oder zumindest teilweise realisiert werden konnten, insbesondere aus dem Bereich Wohnen. Bedenkt man, dass die Nicht-Inanspruchnahme von Hilfe ein begünstigender Faktor für die Chronifizierung von Problemen darstellt, muss es als wichtiger Erfolg gewertet werden, dass mit Case Management die Ziele hinsichtlich der Inanspruchnahme von Hilfen überwiegend (eher) umgesetzt werden konnten. Die Case Manager konnten die Klienten näher an Hilfen heranführen, ihnen Angebote erschließen und sie bei deren Nutzung unterstützen und somit eine wichtige Grundlage für zukünftige Verbesserungen schaffen.

Die Ergebnisse verdeutlichen zudem, dass in unerwartetem Maß Ziele aus dem Bereich Konsum umgesetzt werden konnten, die Klienten konnten mit Unterstützung der Case Manager z. B. ihren Suchtmittelkonsum einschränken, risikoärmere Konsumformen anwenden, weniger (verschiedene) Drogen konsumieren oder sogar den Suchtmittelkonsum beenden. Die Ergebnisse zeigen jedoch auch, wie schwierig Ziele aus dem Bereich Arbeit / Ausbildung umzusetzen waren: In etwa zwei Drittel der Fälle wurden avisierte Ziele (eher) nicht erreicht.

Zielerreichung bedeutete ja nicht automatisch Problemfreiheit, sondern ggf. lediglich die Umsetzung von Teilschritten auf dem Weg zur avisierten Veränderung. Deshalb soll betrachtet werden, wie sich – im Vergleich zu den Ergebnissen zur Zielerreichung – die Situation der Klienten im Verlauf des Case Management-Prozesses entwickelte (s. Abbildung 9).

Erfreulicherweise hatte sich die Gesamtsituation von fast der Hälfte der Klienten (z. T. deutlich) verbessert und bei einem weiteren Fünftel stabilisiert. Dieses Ergebnis kann angesichts von Dauer und Schwere der Abhängigkeit und der weiteren Probleme als sehr gut gelten. Detailanalysen

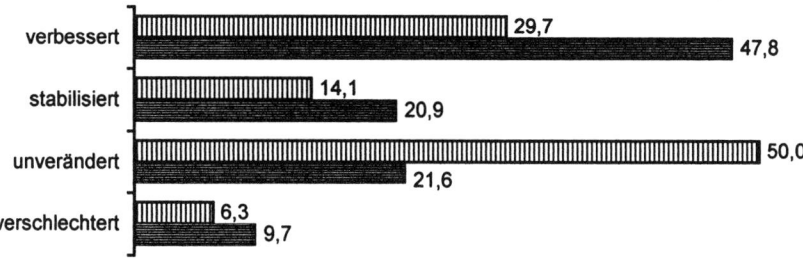

bis zu vier Monaten ■ vier und mehr Monate

Abb. 10: Beurteilung der Gesamtsituation – nach kurzfristig und längerfristig betreuten Klienten (n = 725)

zeigten dabei signifikante Zusammenhänge zwischen dem Ergebnis und der Dauer der Betreuung (s. Abbildung 10).

Die Abbildung zeigt, dass längere Betreuungen häufiger mit positiven Entwicklungen einhergingen. Das Ergebnis wird auch dadurch bestätigt, dass positiv verlaufende, länger betreute Fälle in der Regel auch planmäßig abgeschlossen wurden.

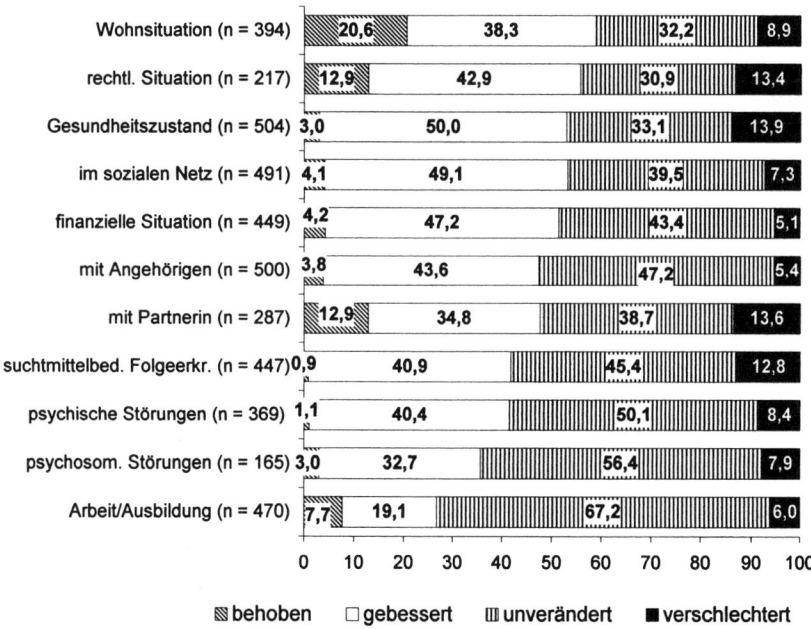

Abb. 11: Entwicklung der weiteren Problemfelder bis zum Ende der Betreuung

Diese Zusammenhänge konnten sowohl hinsichtlich der Gesamtsituation als auch mit Blick auf die Suchtproblematik beobachtet werden. Die Case Manager beurteilten die Suchtproblematik bei gut drei Fünftel der Klienten als behoben oder zumindest gebessert.

Case Management war nicht nur auf das Suchtproblem der Klientel bezogen, die Modellmitarbeiter unterstützten die Klienten vielmehr bei der Bewältigung von vielen verschiedenen Problemen. Und auch diesbezüglich wurden bis zum Zeitpunkt der Betreuungsbeendigung überwiegend Verbesserungen erzielt (s. Abbildung 11).

Am häufigsten konnten Probleme bei der Wohnsituation erfolgreich bearbeitet werden, gefolgt von strafrechtlichen und gesundheitlichen Problemen, womit dieses Ergebnis mit der Umsetzung der Ziele korrespondiert (s. o.). Bei etwa der Hälfte der Klienten gelang es zudem, im Rahmen von Case Management die ökonomische Situation zu verbessern bzw. zu stabilisieren. Dies bedeutete – wie oben schon bei der Zielerreichung deutlich geworden war – jedoch nur ausnahmsweise, dass Klienten eine Arbeit aufnehmen konnten. Angesichts der Arbeitsmarktlage für Problemgruppen kann es nicht überraschen, dass die Arbeitssituation sich am unzugänglichsten für Verbesserungen darstellte.

Die deutliche Besserung der gesundheitlichen Situation war insbesondere darauf zurückzuführen, dass es den Case Managern gelang, für ihre Klienten adäquate medizinische Hilfen zu organisieren und ihre Compliance zu erhöhen, den Behandlungen zu folgen. Hierzu soll beispielhaft auf ein Detailergebnis eingegangen werden:

Im Verlauf des Case Management-Prozesses blieb die Häufigkeit von stationären Krankenhausaufenthalten in etwa gleich: Die Klienten waren vor Aufnahme des Case Managements durchschnittlich 1,8-mal pro Jahr im Krankenhaus und 1,7-mal währenddessen. Allerdings waren die Krankenhausaufenthalte nun verstärkt auf vom Case Manager in die Wege geleitete notwendige medizinische Behandlungen zurückzuführen. Demgegenüber konnte die Anzahl von Notaufnahmen im gleichen Zeitraum deutlich gesenkt werden. Die Veränderung hin zu planvollen Behandlungen mit unterstützender Begleitung durch den Case Manager mit der Organisation von Anschlussmaßnahmen etc. ging zudem mit einer signifikanten Senkung der Verweildauer von durchschnittlich 29 Tagen/Jahr vor Aufnahme des Case Managements auf 16 Tage einher.

9 Sicht und Zufriedenheit der Klienten

Im Rahmen der Modellerprobung wurden die Klienten während und nach Abschluss der Betreuung um ihre Meinungen und Einschätzungen gebeten. An der abschließenden – anonym durchgeführten – Befragung zum Ergebnis und zur Zufriedenheit mit Case Management beteiligten sich

188 Klienten. Drei Viertel von ihnen stuften ihre Situation insgesamt als verbessert ein, wobei sich aus ihrer Sicht insbesondere ihr Konsumverhalten, ihre körperliche und seelische Verfassung und die Inanspruchnahme weiterer Hilfen positiv entwickelt hatten.

Fast alle Klienten (zusammen 96 %) zeigten sich (sehr) zufrieden mit der Art und Weise der Betreuung durch den Case Manager und hoben insbesondere die ganzheitliche und lebenspraktische Gestaltung hervor. Ebenso wichtig war ihnen die Unterstützung im (Hilfe-)Netz: beim Umgang mit Behörden und anderen Stellen, das Organisieren von Hilfen und die Unterstützung bei der Inanspruchnahme. Des Weiteren bedeuteten ihnen die ausführlichen Assessments, die Flexibilität und die schnelle Reaktion der Case Manager viel. Ferner schätzten sie, dass die Case Manager nicht nur Beeinträchtigungen wahrnahmen, sondern auch Fähigkeiten und Ressourcen. Ganz wesentlich war den Klienten zudem, dass die Case Manager sie auch zu Hause oder in anderen Einrichtungen/Institutionen, z.B. im Krankenhaus aufsuchten. Darin, dass die Mitarbeiter ihnen nachgingen, erblickten sie vor allem (Für-)Sorge, Engagement und – einen manchmal notwendigen – Anstoß, weiterzuarbeiten.

In der Beurteilung zeigte sich auch, dass die Klienten originären Merkmalen von Case Management, beispielsweise einer gemeinsamen Hilfeplanung, übersichtlichem Ordnen der Situation und Dokumentieren der Vorgehensweise eine hohe Bedeutung beimaßen und dieses Vorgehen als hoch professionell wahrnahmen (s.o.). Gleichzeitig fühlten sie sich dadurch in einer neuen Qualität ernst genommen.

Im Vergleich mit anderen Angeboten fiel insbesondere die Bevorzugung von Case Management vor niedrigschwelligen Einrichtungen auf, deren Angebote als zu beliebig, oberflächlich und zu wenig zielorientiert beurteilt wurden, was damit korrespondierte, dass einige Klienten sich seitens ihrer Case Manager (noch) mehr Bestimmtheit und Steuerung wünschten. An Sucht- und Drogenberatungsstellen wurden Kommstruktur und feste Zeitraster kritisiert sowie die verengte Konzentration auf das Suchtproblem.

10 Bilanz

Das Kooperationsmodell hat in den Modellregionen wesentlich dazu beigetragen, dass die Suchthilfe in den Modellregionen ihre Verantwortung für chronisch mehrfachbeeinträchtigt Abhängige, insbesondere von Alkohol, (mehr als bisher) annimmt. Defizite der Versorgung dieser Gruppe wurden aufgedeckt, Zugangsschwellen gesenkt und damit die Erreichbarkeit verbessert. In vielen Modellregionen konnten die Versorgungsstrukturen ausdifferenziert, Kooperation ausgebaut und Schnittstellenprobleme vermindert werden.

Um klientenbezogen die oben dargestellten Ergebnisse und Veränderungen zu erzielen bzw. zu initiieren, hatten die Case Manager ihre Klienten individuell und z. T. sehr aufwendig betreut. Dabei gab es im Kooperationsmodell weder „das" Case Management noch „das beste" Case Management. Vielmehr lag die besondere Stärke des Ansatzes in der individuellen und flexiblen sowie gleichermaßen personell-kontinuierlichen und verbindlichen Betreuung einer Klientel mit komplexen Problemlagen und unstetigen, oft krisenhaften Verläufen.

Unter Berücksichtigung dieser spezifischen Bedarfe der Zielgruppe wurde eine angemessene Form von Case Management / nachgehender Sozialarbeit entwickelt und belegt, dass diese Methode für chronisch mehrfachbeeinträchtigt Abhängige geeignet ist. Case Management leistete einen wichtigen Beitrag zur Betreuungskontinuität bei der Versorgung von chronisch mehrfachbeeinträchtigt Abhängigen und half – fallbezogen – Übergänge und Abstimmung zwischen Einrichtungen und Versorgungssektoren besser zu gestalten. Mit der für den Ansatz charakteristischen Klientenorientierung steht Case Management / nachgehende Sozialarbeit im Kontext einer grundlegenden Umorientierung von Suchthilfe weg von einer einrichtungsbezogenen hin zu einer personenzentrierten Hilfeerbringung. Die Ergebnisorientierung von Case Management und der mit den Arbeitsschritten Planung – Kontrolle – Neuplanung beschriebene Kreislauf erfüllen zudem Anforderungen von Qualitätssicherung.

Die Modellerprobung zeigte schließlich, dass die Implementation von Case Management / nachgehender Sozialarbeit für chronisch mehrfachbeeinträchtigt Abhängige mit bestimmten konzeptionellen, organisatorischen und qualifikatorischen Rahmenbedingungen verbunden ist:

1. Die Umsetzung erfordert konzeptionelle Voraussetzungen, wie z. B. Niedrigschwelligkeit und Respekt für die Klientel, Klientenzentrierung, eine kontraktgeleitete Arbeitsbeziehung, Motivationsarbeit und Ressourcenorientierung, Übernahme der Kontaktverantwortung, aufsuchendes und nachgehendes Arbeiten. Neben einer adäquaten Zugangsgestaltung kommt der Übernahme der Kontaktverantwortung große Bedeutung zu: Dies widerspricht vielleicht bestimmten Traditionen von Suchthilfe, insbesondere von Beratung, doch erscheint es zwingend, im Umgang mit schwer beeinträchtigten Abhängigen eine neue Kultur der Verantwortung zu entwickeln, die im Spannungsbogen zum traditionellen Freiwilligkeitsparadigma (und der Kommstruktur) individuell bedarfsbezogene Lösungen ermöglicht.

2. Des Weiteren sind organisatorische Rahmenbedingungen, z. B. die Gewährleistung flexibler Arbeitsbedingungen und einer Verortung in einem Team, eine ausreichende sächliche Ausstattung (z. B. Handy) und prozessunterstützende Instrumentarien, erforderlich. Zudem erfordert Case

Management / nachgehende Sozialarbeit für chronisch mehrfachbeeinträchtigt Abhängige eine hohe Betreuungskapazität: Es ist von einem Stellenschlüssel von 1:12 bis 1:16 auszugehen. Hohe anfängliche Hilfebedarfe – bei tendenziell langfristigen Betreuungsprozessen – lassen zudem eine sukzessive Aufnahme von Klienten ratsam erscheinen.

3. Ein klientenzentriertes, auf Versorgungskontinuität angelegtes Case Management für chronisch mehrfachbeeinträchtigt Abhängige macht in weiten Teilen eine Umorientierung des üblichen beruflichen Selbstverständnisses in der Suchtkranken- und Drogenhilfe und spezielle fachliche, soziale und organisatorische Kompetenzen (z. B. Ziel- und Ressourcenorientierung – auch mit chronisch mehrfachbeeinträchtigt Abhängigen, Planung, Moderation und Steuerung des Hilfegeschehens im Netz) notwendig. Dies erfordert – neben der Motivation der Mitarbeiter – eine intensive Qualifizierung. Notwendig sind zudem eine konkrete Anleitung und methodenbezogenes Controlling durch Leitungskräfte und Träger. So kann die Implementierung von Case Management zu Weiterentwicklung und Professionalisierung von Sozialarbeit in der Suchthilfe beitragen – jenseits der oftmals eher therapeutischen Orientierung.

4. Case Management ist ein intensiv auf die Kooperation in der Region angewiesener Ansatz. Abstimmung, Koordination und Monitoring von Hilfeprozessen können nur gelingen, wenn sie nicht durch Abgrenzungstraditionen zwischen Einrichtungen und Trägern erschwert, sondern stattdessen durch eine kooperative Kultur in der Region unterstützt werden. Träger, die Case Management umsetzen wollen, sollten deshalb umfassende Öffentlichkeitsarbeit durchführen, das Leistungsprofil und die eigenen Vorgehensweisen transparent machen. Zudem sollten sie sich in der Region für den Aufbau verbindlicher Kooperationsstrukturen und die regionale Implementierung ergebnisorientierter Steuerungsinstrumente engagieren.

Case Management in der AIDS-Arbeit

Von Christine Sellin

Der nachfolgende Beitrag basiert auf der Studie „Case Management – Wegbahnung für Patienten durch die Aufklärungs-, Beratungs- und Versorgungslandschaft", die das Institut für Sozialforschung und Gesellschaftspolitik (ISG) im Auftrag des Bundesministeriums für Gesundheit durchgeführt hat.

1 Definition und Elemente von Case Management

Case Management ist eine personenorientierte Methode der individuellen Fallsteuerung, der Begleitung der KlientInnen durch die Versorgungslandschaft, die sicherstellt, dass die KlientInnen alle Hilfen, die sie benötigen, erhalten. Case Management ist ein ganzheitlicher Arbeitsansatz, der alle gesundheitlichen und sozialen Aspekte der KlientInnen berücksichtigt und entsprechende notwendige Gesundheits-, Beratungs- und Betreuungsmaßnahmen koordiniert. Die KlientInnen sind wesentliche Ko-ProduzentInnen, deren aktive Mitwirkung integraler Bestandteil des Verfahrens ist – sie sind nicht ausschließlich passive LeistungsempfängerInnen.

Für Case Management gibt es diverse Anwendungsmöglichkeiten im sozialen und medizinischen Bereich, allerdings auch eine begriffliche Vielfalt: von Disease Management über Care Management, Managed Care und Integrated Health Care bis zu Quality Management. Diese Methoden stehen alle stellvertretend für Strategien, die die Steuerung und Vernetzung von Versorgung bei gleichzeitiger Kostenkontrolle zum Ziel haben. Allerdings weisen diese Ansätze unterschiedliche Ausprägungen und Ebenen auf, z.B. sind sie entweder fall- oder systemorientiert und sie agieren entweder unmittelbar in der Lebenswelt der KlientInnen – in Kooperation mit anderen Dienstleistungsanbietern oder in übergreifenden Zusammenhängen. Wie auch immer die konkrete Ausgestaltung sein mag – wichtig ist, sich auf eine Definition festzulegen.

Case Management, wie es im Rahmen der Studie „Case Management – Wegbahnung für Patienten durch die Aufklärungs-, Beratungs- und Versorgungslandschaft" verwendet wird, steht für die individuelle Fallsteuerung und umfasst die Elemente Informationspool, Assessment, Hilfeplanung, Monitoring, Re-Assessment und Evaluation (Abbildung 12).

Das Schaubild zeigt schematisch den idealtypischen Ablauf das Case-Management-Prozesses – unabhängig vom Anwendungsbereich. Case Management ist durch aufeinander folgende Phasen oder Arbeitsschritte gekennzeichnet.

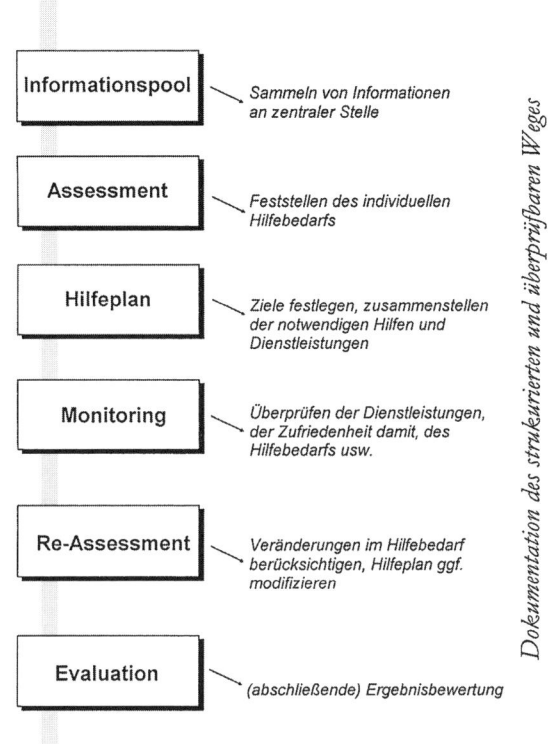

Abb. 12:
Case Management –
Phasenmodell
des Arbeitsansatzes

Der Case-Management-Prozess beginnt mit der Zusammenstellung von Informationen zum bestehenden Leistungsangebot bzw. zur Versorgungsstruktur (Informationspool). Im Kontakt mit den KlientInnen werden die fallbezogenen Informationen zusammengestellt, d.h. es erfolgt eine Aufstellung der Leistungen, die die KlientInnen benötigen (Assessment). Daran schließt sich die Aufstellung eines Hilfeplans an, die Case ManagerIn und KlientIn gemeinsam vornehmen. Der Hilfeplan ist das zentrale Steuerungsinstrument für den Case-Management-Prozess und enthält eine konkrete Aufstellung der zu erbringenden Leistungen und der Leistungserbringer – einschließlich des Vermerks, ob professionelle oder ehrenamtliche Kräfte diese Dienstleistungen erbringen. In gewissen Zeitabständen wird nicht nur überprüft, ob und wie die Leistungen erbracht werden und ob der Hilfesuchende damit zufrieden ist, sondern auch, ob sich der Hilfebedarf geändert hat (Monitoring). Ist dies der Fall, so wird der Hilfeplan entsprechend an die aktuelle Bedarfslage des Hilfebedürftigen angepasst und zum Assessment und zum Hilfeplan zurückgekehrt (Re-Assessment). Bei Abschluss des Falls wird noch einmal anhand vorab definierter Kriterien überprüft, welche Effekte mit den im Rahmen des Case Managements einge-

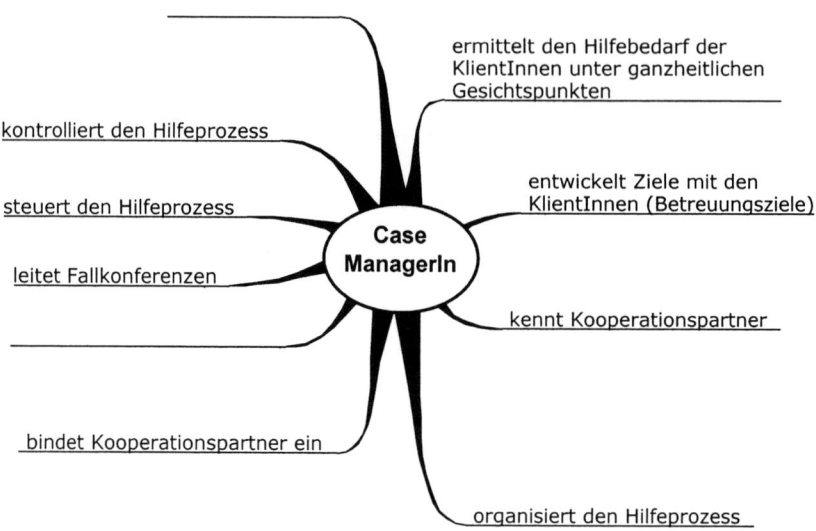

Abb. 13: Aufgaben von Case ManagerInnen

leiteten Maßnahmen erzielt wurden (Evaluation). Case Management ist allerdings nicht als schematische Abfolge von Handlungsschritten zu verstehen. Vielmehr steht der gesamte Prozess der Hilfeleistungen im Vordergrund, der sich lediglich in die einzelnen Phasen gliedert. Insofern ergeben sich – sofern der strukturierte Weg des Arbeitsansatzes in seinen Bestandteilen durchlaufen wird – an die Case ManagerInnen hohe Anforderungen: Eine detaillierte Kenntnis über die Hilfeinfrastruktur, die umfassende Erfassung und Analyse des Hilfebedarfs der Betroffenen (aktiv zuhören können!), das Aufstellen eines Hilfeplans als Steuerungsinstrument für die Arbeit mit den Kooperationspartnern gehören ebenso dazu wie einschätzen zu können, ob die Hilfen zum gewünschten Erfolg führen oder ob eine andere Unterstützung nutzbringender ist. Schließlich bedarf es einer vollständigen Dokumentation, die letztlich als Grundlage für die Bewertung des gesamten Prozesses dienen soll.

Den Case ManagerInnen fallen damit planende und koordinierende Steuerungsaufgaben zu, wie sie in Abbildung 13 schematisch dargestellt sind.

2 Verbreitung und Anwendung des Case Managements

Das erste Ziel der Untersuchung bestand darin, zu erheben, wie verbreitet der Arbeitsansatz Case Management bei Gesundheitsämtern und AIDS-Hilfen ist, welche Elemente des Case Managements zur Anwendung kommen und in welchen Situationen bzw. Anwendungsbereichen sie nach dieser Methode arbeiten. Dementsprechend war zunächst danach zu fragen, ob der Arbeitsansatz bekannt ist – unabhängig davon, ob die Einrichtungen selbst danach arbeiten oder nicht.

Einem hohen Prozentsatz der Befragten (71 %) war die Methode des Case Managements bekannt: 68 % der Gesundheitsämter und 83 % der AIDS-Hilfen kennen diesen Ansatz (s. Tabelle 8). Allerdings herrscht bei den befragten Gesundheitsämtern und AIDS-Hilfen bezüglich des Case Managements eine begriffliche Vielfalt vor.

Tab. 8: Ist Ihnen der Arbeitsansatz von Case Management bekannt und arbeiten Sie danach?

Case Manangement bekannt?	Gesundheits-ämter		AIDS-Hilfen		Insgesamt	
	abs.	in %	abs.	in %	abs.	in %
Grundgesamtheit	284	100	84	100	368	100
ja, arbeiten danach	19	7	19	23	38	10
ja, arbeiten z. T. danach	64	23	39	46	103	28
bekannt, arbeiten nicht danach	94	33	12	14	106	29
bekannt, aber nur HIV-Test	15	5			15	4
nicht bekannt	45	16	14	17	59	16
nicht bekannt, nur Test	47	17			47	13

Beim Interview wurde ihnen zunächst die Definition von Case Management vorgelesen, um sie im Anschluss danach zu fragen: „Wie nennen Sie diesen Ansatz?" Die Antworten der Befragten zeigten ein breites Spektrum dessen auf, was unter dem Begriff Case Management in der Praxis verstanden wird: Hilfe aus einer Hand, Einzelfallhilfe / Einzelfallbetreuung, ganzheitlicher Ansatz, vernetzte, personenzentrierte Betreuung, Vernetzung und Koordination, Pflegekoordination / Betreuungspflege, psychosoziale (und medizinische) Begleitung, integratives Arbeiten, Gesundheitsförderung. Die Fülle von Begrifflichkeiten unterstreicht nochmals die Notwendigkeit einer klaren Definition des Untersuchungsgegenstandes.

Den Befragten wurde sowohl bei der quantitativen Befragung als auch bei den qualitativen Interviews vorab die Definition des Case Managements vorgelegt, die diesem Projekt zugrunde liegt.

Hauptanwendungsbereich für das Case Management der befragten Einrichtungen ist die Beratung und (psychosoziale) Betreuung von HIV-Infizierten und AIDS-Kranken. Die Steuerung von Pflegeprozessen spielt angesichts des aufgrund der Kombinationstherapie veränderten Krankheitsbildes von AIDS im Alltag der Beratungsstellen kaum noch eine Rolle. Auch die AIDS-Pflegedienste, die sich auf die ambulante Pflege AIDS-Kranker spezialisiert hatten, öffnen sich mehrheitlich anderen Gruppen schwer erkrankter PatientInnen – wie etwa Onkologie-PatientInnen – oder stellen ihren Betrieb auf Grund der rückläufigen Nachfrage ein.

In welchen Hilfesituationen ist Case Management sinnvoll? Diese Frage wurde den Einrichtungen im Rahmen der Fallstudien gestellt und klar beantwortet: Grundsätzlich sind komplexe Fälle, also Hilfesituationen, in denen nicht nur ein Problemaspekt zu bewältigen ist, am besten für Case Management geeignet. Nach den Angaben der GesprächspartnerInnen lassen sich potenzielle Case-Management-Fälle nach folgenden Kriterien zuordnen:

■ Hilfesituationen, in denen die Einrichtung auf die Zusammenarbeit mit anderen angewiesen ist, da sie selbst kein entsprechendes Angebot vorhält,
■ Hilfesituationen, in denen mehrere Anbieter vorhanden sind und Doppelnutzungen zu vermeiden sind,
■ komplexe Fälle bzw. KlientInnen mit mehreren Problemaspekten, z.B.:
■ MigrantInnen,
■ Drogenabhängige / Substituierte,
■ Suchtkranke und
■ Psychisch Kranke.

3 Die Umsetzung des Case Managements

83 Gesundheitsämter und 58 AIDS-Hilfen gaben bei der Befragung an, Case Management in ihrer täglichen Arbeit zu praktizieren. Interessant war es nun, zu erfahren, welche Elemente des Case Managements tatsächlich zur Anwendung kommen – ob gemäß der „harten" Definition alle fünf Kriterien – oder gemäß der „weichen" Definition nur einige der fünf Kriterien genutzt werden:

- Informationspool,
- Assessment,
- Hilfeplan,
- Monitoring und
- Evaluation.

Die Häufigkeit der angewendeten Kriterien von Case Management wird in den nachfolgenden Tabellen aufgeführt.

Tab. 9: Verfügen Sie über umfassende Kenntnisse bezüglich des vorhandenen Leistungsangebotes für HIV-Positive bzw. AIDS-Kranke in der Region?

Informationspool	Gesundheits-ämter (N = 83)		AIDS-Hilfen (N = 58)		Insgesamt (N = 141)	
	abs.	in %	abs.	in %	abs.	in %
ja	82	99	56	97	138	98
nein	1	1	2	3	3	2

Tab. 10: Klären Sie zu Beginn eines Kontaktes mit den Hilfesuchenden, welche konkreten Hilfen und Dienste sie brauchen?

Assessment	Gesundheits-ämter (N = 83)		AIDS-Hilfen (N = 58)		Insgesamt (N = 141)	
	abs.	in %	abs.	in %	abs.	in %
ja	83	100	57	98	140	99
nein	0	0	1	2	1	1

Nahezu alle befragten Einrichtungen, die Case Management im Bereich von HIV und AIDS praktizieren, verfügen über umfangreiche Kenntnisse der regionalen Versorgungslandschaft – lediglich 3 von insgesamt 141 Einrichtungen verneinen dies. Mangelhafte Kenntnisse der Versorgungslandschaft dürften ein Case Management allerdings ernsthaft in Frage stellen.

Die frühzeitige Klärung dessen, was Hilfesuchende an Unterstützung und Dienstleistungen brauchen, ist für die befragten Gesundheitsämter und

AIDS-Hilfen selbstverständlich. Bereits zu Beginn des Kontaktes werden hier die notwendigen Hilfen eruiert.

Wenn es darum geht, den Betreuungsprozess planvoll anzulegen und zu strukturieren, verringert sich langsam die Zahl derer, die Case Management in der „reinen Form" praktizieren (s. Tabelle 11a). Dies trifft insbesondere dann zu, wenn es darum geht, gemeinsam mit den Hilfesuchenden abzuklären, inwieweit ihr soziales Umfeld in die Erbringung der Unterstützungsleistungen einbezogen werden kann bzw. in welchem Ausmaß auf professionelle Dienstleister zurückzugreifen ist.

Tab. 11a: Stellen Sie gemeinsam mit den Hilfesuchenden einen Hilfeplan auf bzw. machen Sie gemeinsam mit ihnen eine Aufstellung aller notwendigen Hilfen?

Hilfeplan	Gesundheits-ämter (N = 83)		AIDS-Hilfen (N = 58)		Insgesamt (N = 141)	
	abs.	in %	abs.	in %	abs.	in %
ja	70	84	53	91	123	87
nein	13	16	5	9	18	13

Tab. 11b: Wenn ja: Erörtern Sie bei der Aufstellung des Hilfeplans auch, ob die notwendigen Hilfen durch professionelle Kräfte zu erbringen sind oder ob Ehrenamtliche bzw. Freunde und Verwandte einbezogen werden können?

Hilfeplan	Gesundheits-ämter (N = 70)		AIDS-Hilfen (N = 53)		Insgesamt (N = 123)	
	abs.	in %	abs.	in %	abs.	in %
ja	70	100	50	94	120	98
nein			3	6	3	2

Tab. 12a: Überprüfen Sie nach einer gewissen Zeit:

Monitoring	Gesundheits-ämter (N = 80)		AIDS-Hilfen (N = 58)		Insgesamt (N = 138)	
Antwort = ja	abs.	in %	abs.	in %	abs.	in %
ob die Hilfen ausreichen	69	86	55	95	124	90
ob KlientIn mit Hilfe zufrieden ist	68	85	54	93	122	88
ob sich Hilfebedarf geändert hat	69	86	56	97	125	91

Tab. 12b: Wenn ja: In welcher zeitlichen Abfolge finden die Kontakte hauptsächlich statt?

Hilfeplan/Monitoring	Gesundheits-ämter (N = 80)		AIDS-Hilfen (N = 58)		Insgesamt (N = 138)	
Antwort = ja	abs.	in %	abs.	in %	abs.	in %
regelmäßig	24	30	20	34	44	32
unregelmäßig	8	10	2	4	10	7
auf Anfrage	24	30	20	34	44	32
individuell unterschiedlich	21	26	15	26	36	26
keine Angabe	3	4	1	2	4	3

Tab. 13: Wie viele Kontakte haben Sie ungefähr zu den Hilfesuchenden innerhalb eines halben Jahres – bezogen auf den Großteil
der Hilfesuchenden?

Hilfeplan	Gesundheits-ämter (N = 78)		AIDS-Hilfen (N = 56)		Insgesamt (N = 134)	
	abs.	in %	abs.	in %	abs.	in %
1 Kontakt	2	3			2	1
2 Kontakte	6	8			6	4
3 Kontakte	18	23	7	13	25	19
4– 5 Kontakte	11	14	3	5	14	10
mehr als 5 Kontakte	26	33	35	63	61	46
regelmäßig, nicht schätzbar	15	19	11	20	26	19

An den Äußerungen zum Hilfeplan wird deutlich, dass die Begleitung der
Hilfesuchenden ein langfristig angelegter Prozess ist, der sich nicht nur
über wenige Wochen erstreckt. Insbesondere bei der Frage, ob und in
welchen zeitlichen Abständen Kontakte stattfinden und wie viele Kontakte
dies pro Hilfesuchendem und Halbjahr sind, lässt sich ablesen, dass durchschnittlich etwa ein Kontakt pro Monat stattfindet. Diese Kontakte sind in
aller Regel nicht zeitlich terminiert und finden nach einem bestimmten Tur-
nus statt, sondern werden fallbezogen individuell gestaltet. Nur bei rund
einem Drittel der Hilfesuchenden finden die Kontakte regelmäßig zu einem
bestimmten – vorab vereinbarten Zeitpunkt – statt. Für diejenigen, die in
Gesundheitsämtern und AIDS-Hilfen tätig sind, bedeutet dies, dass sie ein
hohes Maß an Flexibilität aufweisen müssen, um den Bedürfnissen der
Hilfesuchenden gerecht werden zu können. Ihre Aufgabe ist es nicht nur
zu überprüfen, ob die Hilfen angemessen sind und ob die Hilfesuchenden
damit zufrieden sind, sondern gleichzeitig sind sie vor die Aufgabe gestellt,
die Qualität der Leistungserbringung im Blick zu behalten und die im
Rahmen des Case Managements eingeleiteten Maßnahmen einer Bewertung (Evaluation) zu unterziehen. Dass gerade die Evaluation mit
Schwierigkeiten verbunden ist, lässt sich daran erkennen, dass rund ein
Drittel der Befragten vollständig auf eine Evaluierung verzichtet (s. Tabelle
14a).

Tab. 14a: Wie werden die Maßnahmen, die im Rahmen des Case Managements ergriffen werden, evaluiert? (Mehrfachnennungen möglich)

Evaluation	Gesundheits-ämter (N = 83)		AIDS-Hilfen (N = 58)		Insgesamt (N = 141)	
	abs.	in %	abs.	in %	abs.	in %
gar nicht	37	45	8	14	45	32
nur im Ausnahmefall (Arzt)	2	2			2	1
persönliche Kontakte, Überprüfung	30	36	17	29	47	33
Einzelfallbesprechung	3	4	3	5	6	4
Fallkonferenz/ Teambesprechung	10	12	12	21	22	16
Leistungsdokumentation	9	11	28	48	37	26
Effizienzkontrolle	1	1	2	3	3	2
Jahresbericht/Statistik			4	7	4	3

Zwar scheint die Evaluation der Maßnahmen auf den ersten Blick durchaus im Bewusstsein präsent zu sein, jedoch ist ein Anteil von immerhin einem Drittel der Befragten, der seine Arbeit keinerlei Bewertung unterzieht, sehr hoch. Bei den Gesundheitsämtern liegt der Anteil derer, die keine Evaluation vornehmen, sogar bei 45 %. Dieses Ergebnis überrascht nicht, sondern liegt durchaus im üblichen Rahmen. Bei Organisationsentwicklungs-maßnahmen, bei Maßnahmen, die der Qualitätssicherung dienen, ist es häufig der Fall, dass die Wirkung dieser Maßnahmen kaum bis gar nicht überprüft wird, d.h. dass gewissermaßen eine Erfolgsmessung unterbleibt. Die Erfolgsmessung bzw. die Messung der Wirksamkeit der ergriffenen Maßnahmen setzt voraus, dass zuvor eindeutige Kriterien (so genannte Erfolgsfaktoren) definiert werden, anhand derer die Zielerreichung gemessen werden kann. Dieses methodische Verfahren ist noch wenig eingeübt, und hier besteht noch ein hohes Maß an Fortbildungsbedarf – nicht nur im Bereich des Gesundheitswesens. Denn auch im Bereich der Sozialverwaltung, die seit Jahren unter dem Begriff der „Neuen Steuerung" versucht, effizienz- und effektivitätssteigernde Maßnahmen zu ergreifen, unterbleibt sehr oft eine Überprüfung des Grades der Zielerreichung.

Dass nach Abschluss eines Falles nur bei einem geringen Teil eine Ergebnisbewertung vorgenommen wird, unterstreicht die Notwendigkeit einer entsprechenden Fortbildung und Sensibilisierung für die Sinnhaftigkeit der Evaluierung der eigenen Arbeit (s. Tabelle 14b).

Tab. 14b: Nehmen Sie nach Abschluss eines Falles eine Ergebnisbewertung vor?

Evaluation	Gesundheits-ämter (N = 83)		AIDS-Hilfen (N = 58)		Insgesamt (N = 141)	
	abs.	in %	abs.	in %	abs.	in %
ja	20	24	27	47	47	33
ja, andere	3	4	1	2	4	3
nein	51	61	21	36	72	51
weiß nicht	9	11	9	16	18	13

Zusammenfassend lässt sich festhalten: Die Anwendung aller fünf Kriterien, die das Case Management ausmachen (Informationspool, Assessment, Hilfeplan, Monitoring, Evaluation) realisieren insgesamt 33 der befragten Einrichtungen: 23 Gesundheitsämter und 10 AIDS-Hilfen. Dies entspricht einem Anteil von 23 % aller Case-Management- AnwenderInnen. Bezogen auf die Grundgesamtheit aller Befragten (N = 368) heißt dies, dass 9 % Case Management (mit allen Elementen) praktizieren: 8 % aller befragten Gesundheitsämter und 12 % aller befragten AIDS-Hilfen.

Dieses Ergebnis der Befragung von Gesundheitsämtern und AIDS-Hilfen deutete schon darauf hin, dass der überwiegende Teil der Einrichtungen Case Management nur fragmentarisch nutzt und dass höchstens 23 % aller Case-Management-AnwenderInnen die Methode in vollem Umfang umsetzen. Dass allerdings auch diese Zahl noch zu hoch angesetzt ist, zeigte sich bei den Fallstudien: Keine Einrichtung wendete alle Bestandteile des Case Managements an, etliche aber das zentrale Steuerungsinstrument des Hilfeplans.

Fallstudienergebnisse: Die Gespräche mit den Fachkräften aus 13 Modellregionen sollten u.a. darüber Auskunft geben, inwieweit und in welchem Ausmaß einzelne Bestandteile des Arbeitsansatzes zur Anwendung kommen. In den folgenden Ausführungen werden die bereits dargestellten

Phasen von Case Management (s. Abbildung 12) hinsichtlich ihrer Nutzung untersucht, um zu zeigen und beurteilen zu können,

- welche Phasen des Vorgehens problemlos umzusetzen sind und
- bei welchen Phasen es von Seiten der Akteure Abstriche in der Durchführung gibt bzw. welche Phasen eventuell übersprungen werden.

Die Fallstudien kommen zu dem Ergebnis, dass die Fachkräfte Case Management nicht bewusst als Methode einsetzen, aber wesentliche Elemente im Sinne von Case Management anwenden. Allen war bekannt, dass diese Methode für kurzfristige bzw. einmalige Beratungsgespräche irrelevant ist und dass diese Methode grundsätzlich nur bei komplexen Fällen anzuwenden ist.

Bei allen im Rahmen der Fallstudien befragten Einrichtungen war klar erkennbar, dass bei ihrer Arbeit die KlientInnen im Mittelpunkt stehen, um deren Bedarfe sich alle Maßnahmen, die im Rahmen des Case Managements ergriffen werden, ranken. Die KlientInnen sind die Hauptpersonen, die durch Case Management dabei unterstützt werden, die für sie notwendigen Hilfen verfügbar zu machen. Dies geschieht in den Modellregionen (d.h. in den Regionen, in denen Elemente des Case Managements angewendet werden und in denen Fallstudien durchgeführt wurden) – unabhängig davon, dass es zwischen den einzelnen Trägern immer wieder mal zu Konkurrenzen oder Missstimmigkeiten kommt – mit großem Engagement, aber mit unterschiedlich strukturierten Verfahrensabläufen.

Auch das implizite Ziel des Case Managements – die bestmögliche Versorgung der KlientInnen bei gleichzeitiger Beachtung der optimalen Nutzung der Ressourcen und der Wirtschaftlichkeit – war durchgängig im Vorgehen der Akteure aus den Modellregionen vorhanden. Ob dieses Ziel erreicht wird, hängt ganz wesentlich davon ab, dass diese Methode der integrierten Versorgung strukturiert und konsequent zur Anwendung kommt, d.h. dass sowohl die Ziele des Case Managements klar definiert sind als auch die Wege der Zielerreichung, dass das Verfahren des Case Managements transparent und nachprüfbar ist und dass das gesamte Verfahren von einer Case Managerin bzw. einem Case Manager gesteuert wird, der die erforderlichen Hilfen zusammenstellt und koordiniert. Das bedeutet, dass Verfahrensstandards vorliegen müssen, um im Sinne der Qualitätssicherung bei vergleichbaren Bedarfssituationen gleiche Vorgehensweisen zu praktizieren. Dies macht Case Management transparent und einer Evaluation (Bewertung) zugänglich.

Informationspool: Erfassung der Hilfsinfrastruktur

Die Aufgaben der ersten Phase eines erfolgreich verlaufendes Case Managements, das Sammeln von Informationen über die regionale Hilfeinfrastruktur in Form eines Informationspools, wurden von allen aufgesuchten Einrichtungen in vollem Umfang erfüllt. Nicht zuletzt durch die in aller Regel langjährigen Erfahrungen auf diesem Gebiet war den Fachkräften genau bekannt, welche Anlaufstellen im Bedarfsfall für medizinische, soziale, administrative oder rechtliche Fragen anzusteuern sind. Häufig liegen über Jahre gewachsene Kontaktbrücken oder persönliche Bekanntschaften zu den Fachkräften anderer Stellen des Hilfesystems vor. Schwierigkeiten, relevante Informationen zusammenzustellen, ließen sich allenfalls im Bereich Migration ausmachen, insbesondere dann, wenn es keine etablierten Strukturen für die Beratung von MigrantInnen oder Flüchtlingen in der Stadt gab.

Assessment

Beim ersten Beratungsgespräch wird oftmals das örtliche Hilfesystem vorgestellt und alternativ zur eigenen Einrichtung werden noch andere Stellen mit Hilfsangeboten genannt, damit sich die Ratsuchenden einen für sie passenden Anlaufpunkt für die Lösung ihrer Probleme auswählen können. In den meisten Fällen hatten die KlientInnen sich aber schon diesbezüglich entschieden, so dass die längerfristige Zusammenarbeit gewöhnlich gleich beim ersten Gespräch vereinbart werden konnte.

In der weiteren Folge des Beratungsprozesses werden relevante Informationen zur Situation des Klienten zusammengetragen, um eine Grundlage für die Feststellung des aktuellen individuellen Hilfebedarfs zu schaffen (Assessment). Je nach Problemlage müssen medizinische, soziale, sozialrechtliche, berufliche, partnerschaftliche, familiäre und andere problemrelevante Auskünfte gegeben werden. Dieser Arbeitsschritt ist nach Angabe der meisten Fachkräfte oft aufwendig und schwer durchzuführen, weil es z. B. bei MigrantInnen sehr häufig Sprachschwierigkeiten gibt; bei einigen KlientInnen die PartnerInnen hinzugezogen werden müssen; einige KlientInnen Hemmungen haben, über ihre Probleme offen zu sprechen; die erteilten Informationen nicht immer lückenlos sind.

Ist die Problemlage ausreichend analysiert und der Hilfebedarf ausgewiesen, können dann im nächsten Schritt Konzepte für die Problemlösung/-bewältigung entworfen werden. Wenn dies in Form konkreter Verabredungen geschieht, so wird damit individuell eine Form der Zusammenarbeit zwischen KlientIn und BeraterIn vereinbart, die die Grundlage der weiteren Hilfegewährung darstellt. In Abhängigkeit davon, wie die Beratungsarbeit der AIDS-Einrichtung finanziert wird – pauschal oder einzelfallbezogen – erfolgt eine schriftliche Fixierung der Vereinbarung über die Zusammenarbeit, um so einerseits gegenüber dem Geldgeber (in der Regel: Sozialhilfeträger bzw. Landeswohlfahrtsverband) die Beratungsarbeit nachweisen zu können und um andererseits die KlientInnen von Doppelbetreuungen abzuhalten. Doppelbetreuungen oder auch unstrukturierte Mehrfachbetreuungen kommen nach Angaben der befragten Einrichtungen häufiger vor, d.h. der Klient bzw. die Klientin lässt sich von verschiedenen Beratungsstellen gleichzeitig betreuen, die dann jeweils (und damit doppelt) abrechnen. Dies kann jedoch weitgehend vermieden werden, wenn beispielsweise regelmäßig trägerübergreifende Fallkonferenzen / Betreuungskonferenzen durchgeführt werden oder / und indem mit den KlientInnen schriftliche Betreuungsvereinbarungen abgeschlossen werden.

Dazu werden zwei praktische Beispiele angeführt: Seit Herbst 2000 werden in einer Modellregion regelmäßig trägerübergreifende Betreuungskonferenzen abgehalten, an denen die AIDS-Beratungsstellen, das Gesundheitsamt und die AIDS-relevanten Kliniken, bei denen die Beratungsstellen auch vor Ort mit einem Angebot (Patienten-Café) vertreten sind, teilnehmen. Hier werden neue Beratungsfälle vorgestellt und nach dem Leitstellenprinzip organisiert, d.h. die KlientInnen sind jeweils an eine Beratungsstelle hauptsächlich angebunden. Im Bedarfsfall zieht die jeweilige Leitstelle weitere externe Hilfen hinzu. In einer anderen Modellregion beruft die Case Managerin der AIDS-Hilfe regelmäßig einzelfallbezogene Fallkonferenzen mit den Beteiligten ein (zumeist sind dies: der oder die KlientIn, der oder die gesetzliche BetreuerIn und ggf. der Arzt oder die Ärztin der Schwerpunktpraxis), um die Lage zu erörtern und um abzuklären, wer welche Aufgaben hat und wer was bis wann macht.

Angestrebt wird, von den KlientInnen – auf freiwilliger Basis – eine schriftliche Zustimmung zu diesem Leitstellenprinzip zu erhalten. Die schriftliche Form der Betreuungsvereinbarung wird von den KlientInnen unterschiedlich aufgenommen: Einerseits sind die KlientInnen positiv überrascht, dass die Beziehung von KlientIn und BeraterIn jetzt eine formale Grundlage erhält und geben ihre Zustimmung; andererseits gibt es auch KlientInnen, die schriftlichen Vereinbarungen misstrauen und auf Anonymität bestehen. Diese KlientInnen verweigern die Unterschrift unter die Betreuungsvereinbarung – ihre Betreuung wird aber dann im Rahmen der Betreuungskonferenz besprochen, so dass auch in diesen Fällen Doppelbetreuungen vermieden werden.

Hilfeplanung

Hilfeplanung bezeichnet den komplexen Prozess der strukturierten, zielorientierten und planvollen Beratung. Er ist das wesentliche Element des Case Managements. Im Rahmen der Hilfeplanung wird gemeinsam mit den KlientInnen ein individueller Hilfeplan erstellt.

Planen, steuern, kontrollieren – das sind die drei Wesensmerkmale, die für eine erfolgreiche Hilfeplanung notwendig sind. Das setzt gewisse Fähigkeiten und Qualifikationen bei den BeraterInnen voraus. Sie brauchen Gesprächsführungskenntnisse, d.h. sie müssen ein Gespräch sinnvoll strukturieren können und KlientInnen mit in die Hilfeplanung einbe-

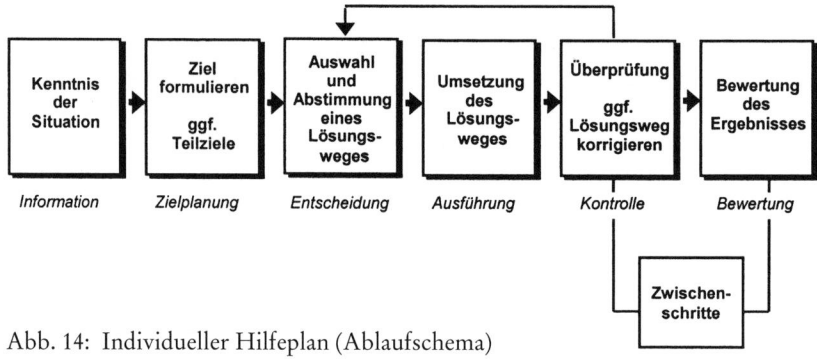

Abb. 14: Individueller Hilfeplan (Ablaufschema)

ziehen. Sie müssen in der Lage sein, deren Selbsthilfepotenzial und Unterstützungsbedarf identifizieren zu können. Von den BeraterInnen wird im Rahmen der Hilfeplanung erwartet, dass sie einen längerfristigen Prozess anlegen, steuern und kontrollieren, d. h. auch, dass sie eine Erfolgskontrolle durchführen und überprüfen, ob die geplanten Ziele erreicht werden. Die Kriterien für die Erfolgskontrolle ergeben sich aus den Zielen der Hilfeplanung – es kann nur das als Erfolg gewertet werden, was vorher als Ziel definiert wurde.

Das bedeutet auch, dass die Ziele möglichst kleinteilig zu definieren sind, um Erfolge dokumentieren zu können. Wenn das alleinige Ziel die „selbstständige Lebensführung" ist und keine Teilziele formuliert wurden, dann wäre z. B. die Vermittlung in eine Selbsthilfegruppe noch kein Erfolg. Globale Ziele sind in messbare Teilziele aufzusplitten (zu operationalisieren), die schrittweise abgearbeitet werden können.

Der Hilfeplan ist eine wesentliche Strukturierungshilfe und Arbeitsgrundlage für BeraterIn und KlientIn. Beide können zu jedem Zeitpunkt nachvollziehen, an welcher Stelle im Hilfeprozess sie sich gerade befinden und ob ggf. Anpassungs- bzw. Interventionsbedarf besteht – beispielsweise wenn sich der Hilfebedarf ändert oder neue Probleme auftauchen. Zudem übt der Hilfeplan einen gewissen „Druck" auf die Beteiligten aus, sich ihrer Ziele bewusst zu werden und deren Umsetzung planvoll zu verfolgen.

Der Prozess der Hilfeplanung kann nicht von einem Berater bzw. einer Beraterin und einer Institution allein umgesetzt werden. Es bedarf – zumindest in der eigenen Institution – Unterstützung bei der Anwendung dieses Verfahrens und darüber hinaus Kooperationspartner. Das Verfahren der Hilfeplanung ist untrennbar verbunden mit einem hohen Maß an Transparenz: Allen Beteiligten sind die Hilfeziele bekannt und man weiß, wer mit welchen Aufgaben und Funktionen in den Prozess eingebunden ist.

Nicht alle Träger unterstützen ihre MitarbeiterInnen dabei, Hilfeplanung im Sinne des Case Managements anzuwenden, vor allem dann nicht, wenn es darum geht, Aufgabenfelder oder bestimmte Zielgruppen für die eigene Institution – in Konkurrenz zu anderen – zu „sichern". Hier kann es dann insbesondere auf der Leitungsebene zu Reibungsverlusten kommen.

Eine Möglichkeit, Reibungsverluste zu minimieren ist die Einrichtung einer trägerunabhängigen Koordinierungsstelle. Konsens ist, dass ein neutrales / trägerunabhängiges Gesundheitsamt mit allen Institutionen kooperieren und sachorientiert, d.h. am Wohle der KlientInnen orientiert bei gleichzeitiger Beachtung der Wirtschaftlichkeit, arbeiten kann. Insbesondere in Nordrhein-Westfalen, einem Bundesland, das in einem Landesgesetz die Koordination im AIDS-Bereich zur Pflichtaufgabe der Gesundheitsämter gemacht hat, wurde diesbezüglich über positive Erfahrungen berichtet.

Die Analyse des Hilfebedarfs mündet in den aufgesuchten Einrichtungen nicht automatisch in einen Hilfeplan. Etwa 80 % der befragten Fachkräfte stellen eine solche Planung auf, während die übrigen 20 % gleich mit pragmatischen Schritten beginnen. Letztere sind der Meinung, dass

- sich die Planung wegen des geringen Umfanges der Aktivitäten nicht lohnt,
- sich die Situation ständig verändert und somit eine Planung nicht effektiv ist,
- aus Datenschutzgründen keine Schriftstücke über die KlientInnen angelegt werden dürfen oder
- man mit den KlientInnen immer in Kontakt ist und somit keine Planungsunterlagen benötigt.

Der eigentliche Hilfeplan, der in rund 80 % der Einrichtungen zur Anwendung kommt, ist von der Form und vom Inhalt her recht unterschiedlich. In einigen wenigen Fällen wird er zudem nur mündlich entworfen, mit dem Klienten abgesprochen und aus der Erinnerung heraus werden dann die entsprechenden Schritte eingeleitet. Die meist bevorzugte schriftliche Form der Hilfeplanungen wird z.B. in einem Aufgabenheft festgehalten, als eine Art Aktennotiz vermerkt oder wird als gesondertes Planungsdokument ausgewiesen. Letztere Variante, die gewöhnlich eine einheitliche Struktur aufweist, ist eher die Ausnahme. Nur bei einer aufgesuchten Einrichtung gibt es eine voll implementierte EDV-gestützte Lösung für die Aufstellung des Hilfeplans, d.h. die einzelnen Bestandteile des Plans werden mit Hilfe einer speziell entwickelten Software in den Computer eingegeben.

Die inhaltlichen Bestandteile der Hilfepläne haben nach den Aussagen der Fachkräfte – bis auf die beiden oben geschilderten Beispiele – keine einheitliche Struktur. Meist sind in den Hilfeplänen

- die aktuell erforderlichen Hilfen,
- die einzelnen Schritte der Hilfeleistung und
- der Zeitraum der Hilfeleistungen und die Hilfeleistenden ausgewiesen.

Eine detaillierte Hilfeplanung mit

- genauer Zielfestlegung mit Untergliederung in Teilziele,
- Benennung der Grundlage der Zusammenarbeit zwischen Ratsuchenden und Einrichtung,
- der Dokumentation der eigenen Initiative des Ratsuchenden,
- der Benennung der Gründe für den Abbruch der Hilfeleistungen oder
- der Definition von Erfolg oder Erfolgsindikatoren

sind dagegen selten oder gar nicht anzutreffen. Auch bei der Arbeit mit dem Hilfeplan gibt es sehr unterschiedliche Vorgehensweisen. So ist in den meisten Fällen der Hilfeplan ein ausschließliches Planungs- und Kontrollinstrument für die jeweilige Fachkraft. Zwar wird der Ablauf des Plans gewöhnlich mit den KlientInnen abgesprochen, doch bekommen diese in aller Regel keine Kopie des Schriftstückes.

Die Kontrolle der im Hilfeplan aufgezeigten Aufgaben erfolgt meist als Selbstkontrolle, d.h. durch die Fachkräfte selbst. Besonders bei personell kleinen Einrichtungen ist das verständlicherweise der Fall. Bei Einrichtungen mit stärkerer personeller Besetzung werden nach den Berichten solche Kontrollen häufig auch im Rahmen von Team- oder Fallbesprechungen durchgeführt.

Zusammenfassend lässt sich einschätzen, dass die Mehrzahl der Akteure im Bereich HIV/AIDS Planungen der Hilfeleistungen vornimmt. Das eigentliche Planungsdokument ist jedoch vom Inhalt, von der Struktur und der Form von Einrichtung zu Einrichtung oder auch von Fachkraft zu Fachkraft sehr verschieden. Formal wird somit zwar die Phase „Aufstellung eines Hilfeplans" des Case Managements von der Mehrzahl der Akteure erfüllt, doch gibt es hinsichtlich der Qualität der aufgestellten Pläne noch Verbesserungsbedarf. Eine Diskussion über Zielrelevanz sowie die stärkere Einbindung der KlientInnen in die Aufstellung eines Hilfeplans kann als ein Instrument für den einzuschlagenden Weg und für die anschließende Reflexion zur Optimierung beitragen.

Durchführung der Hilfe/Kooperationen

Die Vielfalt der zu erbringenden Hilfeleistungen lässt sich nur mit Hilfe von Kooperationen zu Behörden und anderen Beratungsstellen umfassend realisieren. Zum einen reichen – je nach Komplexität der Problemstellung – die eigenen Kompetenzen nicht immer aus und zum anderen sind bei bestimmten Problemen hoheitliche Rechte anderer Professionen (Juristen/

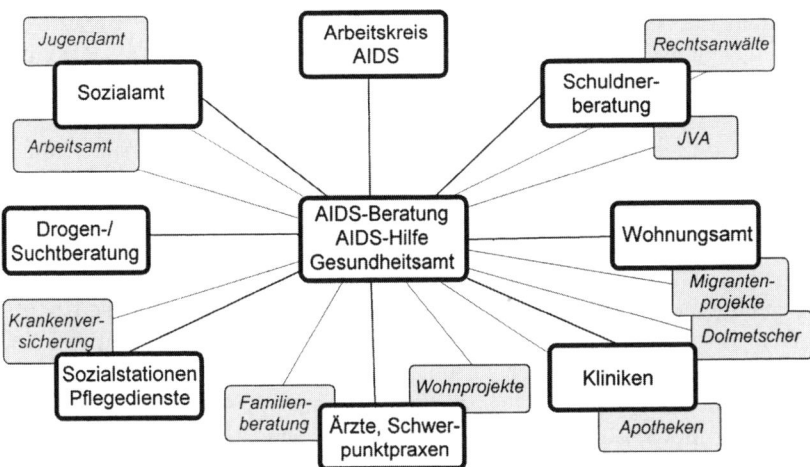

Abb. 15: Häufig einbezogene Kooperationspartner im HIV / AIDS-Netzwerk

Behörden) einzuhalten. So verstehen sich die Fachkräfte in dieser Phase als OrganisatorInnen bzw. ManagerInnen in der Problembewältigung.

Weitgehend nutzen können die Akteure ein über Jahre hinweg (selbst) aufgebautes Netzwerk speziell für den Bereich HIV / AIDS, das nach den Aussagen der Befragten in allen aufgesuchten Regionen voll funktionsfähig ist. Die Zusammenarbeit mit den Kooperationspartnern erhielt überall eine gute Bewertung. Innerhalb des Netzwerkes gibt es Institutionen, mit denen es enge Kooperationen gibt und solche, die weniger häufig in die Problemlösungen eingebunden sind (s. Abbildung 15).

Die psychische und auch oft physische Stabilisierung der Ratsuchenden ist nach Ansicht der Fachkräfte im Prozess der Hilfeleistungen eine der wichtigsten Aufgaben. Deshalb werden die KlientInnen in dieser Phase des Case Managements so weit es geht in die Arbeit eingebunden, nicht zuletzt, um Hilfe zur Selbsthilfe zu leisten. So wird etwa angestrebt, dass die Ratsuchenden selbst Behörden (nach den vorbereitenden Kooperationsmaßnahmen) aufsuchen oder dass sie stetig ermutigt bzw. motiviert werden, ihre Hilfen selbst zu organisieren.

Einbindung des sozialen Umfeldes: Bei der Einbeziehung von PartnerInnen, Angehörigen und Bekannten in die Problembewältigung lassen sich nach Meinung der Fachkräfte kaum Verallgemeinerungen oder Regeln ableiten, weil das soziale Umfeld von Fall zu Fall sehr unterschiedlich ist. Betroffene, die gesellschaftlich isoliert sind, stehen neben Personen mit intakten partnerschaftlichen oder familiären Verhältnissen. Nichtsesshafte suchen die Beratungsstellen ebenso auf wie AkademikerInnen, die voll im Berufsleben stehen.

Allerdings ist bei den KlientInnen, die längerfristig an die Beratungsstellen angebunden sind, in der Tendenz festzustellen, dass das soziale Umfeld – wenn es überhaupt vorhanden ist (!)– wenig tragfähig ist und sich kaum in die Betreuungsarbeit einbeziehen lässt. Auffallend ist dies insbesondere bei ehemaligen DrogengebraucherInnen, die heute substituiert sind, Kontakte zur Familie schon früh abbrachen und auch zur Drogenszene keine Verbindungen mehr haben.

Auch jene Einrichtungen, die spezielle Pflegeangebote haben, verweisen auf ein kaum vorhandenes soziales Umfeld ihrer KlientInnen. In solchen Fällen bildet die Beratungsstelle den Hauptansprechpartner für die KlientInnen und muss sich bemühen, hier ein soziales Umfeld zu entwickeln, was die Einrichtungen durch verschiedene Maßnahmen unterstützen (etwa durch ein eigenes Café-Angebot, gemeinsame Speisenzubereitung, Gesprächsgruppen, Organisieren von Ausflügen usw.). In Fällen, in denen – die Zustimmung des Ratsuchenden vorausgesetzt – auf PartnerInnen, Verwandte, Bekannte oder auch KollegInnen zurückgegriffen werden kann, spielt die Angehörigenarbeit eine wichtige Rolle in den Einrichtungen. Da Pflegefälle in den einschlägigen AIDS-Beratungsstellen kaum noch vorkommen bzw. diese an andere spezialisierte Stellen überwiesen werden, dient die Einbeziehung von Angehörigen heute hauptsächlich der psychischen Stabilisierung der Betroffenen. Nur in Einzelfällen wird mit den Angehörigen auch eine hauswirtschaftliche Hilfe organisiert.

Delegation von Aufgaben: In ihrer Managerfunktion können die AkteurInnen in den Beratungsstellen zwar eine ganze Reihe von Problemen selbst klären, doch müssen sie bei speziellen Fachfragen auf die o. g. Kooperationspartner im AIDS-Netzwerk zurückgreifen. Abbildung 16 zeigt eine Gegenüberstellung, welche Probleme und Fragen die Beratungsstellen in der Regel selbst bewältigen und welche an andere Stellen delegiert werden.

Die in Abbildung 16 vorgenommene Einteilung spiegelt allerdings nur Durchschnittsangaben wider und ist nicht zwingend für alle Einrichtungen. So können z. B. Wohnungsangelegenheiten mitunter durch persönliche Kontakte auch selbst geregelt werden. Ist ein Arzt / eine Ärztin in der Einrichtung beschäftigt, lassen sich natürlich auch medizinische Fragen beantworten. Gleichermaßen wird mitunter bei der Schuldenproblematik (wenn die Schulden nicht zu hoch sind) den KlientInnen beratend zur Seite gestanden. Demgegenüber sind Probleme, die vorwiegend Behörden oder JuristInnen lösen können, erwartungsgemäß selbst kaum zu klären. Eindeutig waren zudem die Meinungen über Probleme im Zusammenhang mit Drogen / Sucht / Alkohol: KlientInnen, die auf diesem Gebiet Hilfe benötigen, werden in den aufgesuchten Einrichtungen ausnahmslos an entsprechende Beratungsstellen vermittelt.

Die Frage, ob Case ManagerInnen ExpertInnen für alle Problembereiche sind, kann eindeutig verneint werden. Alle Befragten delegieren im

Eigene Bewältigung	Delegation an andere Stellen
allgemeine Beratung zu HIV / AIDS	Pflege
sozialrechtliche Beratung	medizinische Fragen
psychische Stabilisierung	Haushaltsführung
HIV - Test mit Beratung (Ges.-Amt)	juristische Vertretung
psychosoziale Betreuung	Ausländer-/ Asylrecht
Kontakte zu Behörden	Rentenberatung
Zusammenstellung der Hilfen	Schulden
Angehörigenbetreuung	Drogen / Alkohol / Sucht
Aufbau eines gesellschaftlichen Umfeldes	Beschäftigung / Arbeit
Psychotherapie (wenn Fachpersonal vorhanden)	Wohnungsangelegenheiten
Hilfe zur Selbsthilfe	

Abb. 16: Delegation im Rahmen des Case Managements:
Welche Aufgaben werden selbst bewältigt, was wird delegiert?

Sinne des Case Managements bestimmte Aufgaben teilweise oder vollständig an andere Institutionen. Oftmals geben sie den KlientInnen Basisinformationen – etwa im medizinischen oder rechtlichen Bereich – für weitergehende Fragen verweisen sie aber grundsätzlich an entsprechende Fachstellen bzw. vermitteln die entsprechenden Kontakte. Die Mitarbeiterin einer AIDS-Hilfe formulierte es so: „Wir delegieren alle Aufgaben, für die es andere Zuständigkeiten gibt bzw. alle Aufgaben, für die es im konkreten Fall andere Ansprechpartner gibt." Nach Angaben der Befragten gestaltet es sich teilweise aber schwierig, den KlientInnen zu vermitteln, dass sie sich auch mit anderen Stellen auseinandersetzen müssen und Case ManagerInnen nicht alle Aufgaben übernehmen können.

Dauer des Case Managements: Die Beantwortung der Fragen: „Wie lange sind die Case ManagerInnen durchschnittlich in die einzelne Hilfesituation eingebunden?" und „Wann endet das Case Management in der Regel?" zeigte zweierlei Ergebnisse: Erstens wurde nochmals deutlich, wie breit das Spektrum der mit Case Management betreuten Fälle bei den befragten Einrichtungen ist, und zweitens zeigte sich, dass ein klar definiertes Ende für Case Management noch weitgehend fehlt.

Übereinstimmend gaben die befragten ExpertInnen an, dass sich die Einbindung der Case ManagerInnen in die Betreuung in der Regel über mehrere Monate bzw. Jahre erstreckt – allerdings mit unterschiedlicher

Intensität. So ist die Anfangsphase des Case Managements eine sehr zeit-
aufwendige Phase, in der nicht nur der individuelle Hilfebedarf zu ermitteln und gemeinsam ein Hilfeplan aufzustellen ist, sondern in der auch
erste Schritte einzuleiten sind – z.B. um den materiellen Lebensunterhalt
sicherzustellen, den Wohnraum zu sichern oder um Kontakte zu kooperie-
renden Einrichtungen zu vermitteln. Anschließend gibt es immer wieder
einmal Krisensituationen, in denen die KlientInnen einer stärkeren Betreuung und Unterstützung bedürfen, aber es gibt auch längere Phasen, in
denen nur ein lockerer Kontakt zu den KlientInnen gehalten wird – so die
Ergebnisse der Umfrage in den Modellregionen. Das Spektrum der Betreu-
ungszeiten reicht bei den befragten Einrichtungen von einigen Wochen bis
zu 10 Jahren. Allerdings scheint die intensivere Betreuung bei einem Zeitraum von etwa 2 Jahren zu liegen.

Kein einheitliches Bild gab es bezüglich der Frage, wann das Case Management endet: ob mit der psychischen und physischen Stabilisierung des
Klienten oder dann, wenn alle notwendigen Hilfen organisiert wurden oder
erst mit dem Tod des Klienten. Insbesondere für die Einrichtungen, die
keinen (schriftlichen) Hilfeplan aufstellen, war diese Frage schwierig oder
gar nicht zu beantworten.

Als Fazit der Analyse über die Durchführung der Hilfen und Unterstützungen für Menschen mit Problemen im Bereich HIV / AIDS lässt sich
festhalten, dass die Fachkräfte die Durchführungsphase als ihr Haupt-
betätigungsfeld sehen und auch hier die stärksten Verbindungen zum
methodischen Vorgehen des Case Managements erkennen. Besonders die
meist selbst aufgebauten Netzwerkstrukturen und ständig gepflegten
Kooperationen bilden eine wesentliche Grundlage für eine erfolgreiche
Arbeit und machen nach Meinung vieler FachexpertInnen den eigentlichen
Kern von Case Management aus. Es kann geschlussfolgert werden, dass die
Ratsuchenden oftmals schnell und unbürokratisch Hilfe bekamen und somit ihre Situation stabilisiert werden konnte. Unberücksichtigt blieb bei
den Einschätzungen aber häufig die Tatsache, dass im Rahmen von Case
Management vor und nach der Durchführungsphase noch weitere Schritte
durchzuführen sind, die für die Beurteilung des gesamten Prozesses von
Bedeutung sind und auch zur Verbesserung bzw. Sicherung der Qualität
der Hilfeleistungen dienen.

Monitoring / Re-Assessment

Case Management sieht für die Phase des Monitorings insbesondere die
Überprüfung der bislang erzielten Effekte vor und die Abfrage der Zufriedenheit der KlientInnen mit den erbrachten Diensten und Leistungen. Ab-
sehbare Fehlplanungen, dass etwa die eingeleiteten Maßnahmen nicht zum
aufgestellten Ziel bzw. zum gewünschten Erfolg führen, lassen sich so vermeiden. Gegebenenfalls ist dann der Hilfebedarf unter den nun gegebenen

Bedingungen erneut zu analysieren und andere Hilfeleistungen auszuwählen und einzuleiten (Re-Assessment).

Diese Phase des Case Managements wurde zwar von den GesprächspartnerInnen als wichtig angesehen, doch betrachtete man sie häufig nicht als einen expliziten – planvoll anzulegenden – Arbeitsschritt. So gibt es nach Auskunft der Befragten ohnehin im Prozess der Arbeit eine ständige Rückkoppelung zwischen der eigenen Einrichtung und den KlientInnen und Kooperationseinrichtungen. Vor allem, wenn Komplikationen irgendwelcher Art auftreten, erhalten die Befragten gewöhnlich sehr schnell darüber Informationen und können dann unmittelbar darauf reagieren. Nach Ansicht der Befragten ist es überflüssig, einen separaten arbeitsmethodischen Schritt einzulegen, um die Zufriedenheit der KlientInnen mit den erbrachten Diensten in Erfahrung zu bringen – vielmehr gehen Informationen über neue Hilfebedarfe fließend in die Aufgaben der zu erbringenden Leistungen ein.

Eine Kommune hat es den Trägern der psychosozialen Beratung im Rahmen der Qualitätssicherung zur Auflage gemacht, eine Befragung zur Zufriedenheit unter den KlientInnen durchzuführen.

Die Meinung der Fachkräfte über Monitoring / Re-Assessment hängt offensichtlich damit zusammen, dass man Aufgaben dieser Phase als eine Selbstverständlichkeit ansieht, die nicht einer theoretisch-methodologischen Beschreibung bedürfen. Sicher hängt das aber auch damit zusammen, dass die Aufgaben hauptsächlich im psychosozialen Bereich angesiedelt sind und gewöhnlich aus einer ganzen Reihe – meist kleinerer – Einzelaktivitäten bestehen, die sich recht schnell überprüfen lassen (z. B. Wohnungsbeschaffung, rechtliche Fragen usw.).

Evaluation: Bewertung der Ergebnisse

Die letzte Phase des Arbeitsansatzes Case Management, die Evaluation, spielt in den aufgesuchten Einrichtungen noch eine geringe Rolle. Eine Ergebnisbewertung wird zwar häufig – meist in Form von Team- oder Fallbesprechungen – vorgenommen, doch erfolgt diese kaum strukturiert. Das hängt insbesondere damit zusammen, dass

▨ den Akteuren Detailkenntnisse der einzelnen Phasen von Case Management nicht bekannt sind und sie somit eine Ergebnisbewertung erst gar nicht vorsehen,

▨ dieser Arbeitsschritt nicht als notwendig angesehen wird,

▨ aus Zeitgründen dieser Arbeitsschritt nicht durchgeführt wird bzw. werden kann und

▨ Fremdinstitutionen für eine Evaluation nicht zur Verfügung stehen (Kostenfragen).

Darüber hinaus gibt es Unsicherheiten bzgl. der Frage, was den Erfolg der Arbeit ausmacht, nach welchen Kriterien die erreichten Ergebnisse gemessen werden sollen und wie Qualitätsstandards im Hilfebereich von HIV/AIDS festzulegen sind. Vor allem jene Fachkräfte, die bemüht sind, ihre Arbeit zu überprüfen und zu optimieren und sich mit anderen auszutauschen, setzen sich mit dieser Frage auseinander.

Ob der gesamte Ablauf des Case Managements ausreichend dokumentiert wird, ließ sich in den geführten Gesprächen nur schwer überprüfen. Mehrheitlich war den Gesprächen jedoch zu entnehmen, dass jeweils eine Akte vorliegt, nach der die Fachkraft oder die Einrichtung die Hilfeleistungen für den Betroffenen nachvollziehen konnte. Es ist aber zu bezweifeln, ob diese Form der vorliegenden Dokumentation den Prozess von Case Management in seinen Phasen ausreichend widerspiegelt. Vielmehr lässt sich aus den geführten Gesprächen ableiten, dass hier nur eine bürotechnische Verwaltung der Aktennotizen und des Schriftverkehrs mit Behörden und anderen Stellen vorgenommen wurde.

Ein funktionierendes Case Management ist auf den regelmäßigen Austausch mit anderen angewiesen. Dem kontinuierlichen Erfahrungsaustausch – trägerintern und trägerübergreifend – wird von allen Befragten ein hoher Stellenwert eingeräumt, und es war festzustellen: Je intensiver nach der Methode Case Management gearbeitet wird, desto stärker wird die Notwendigkeit des regelmäßigen Erfahrungsaustausches hervorgehoben. Nur durch einen geregelten Erfahrungsaustausch kann sichergestellt werden, dass alle Beteiligten über die gleichen Informationen verfügen und in der Lage sind, die gleichen Ziele zu verfolgen. Gleichzeitig kann so sehr frühzeitig Interventionsbedarf erkannt werden – es können aber auch Doppelbetreuungen bereits im Frühstadium vermieden werden.

Zusammenfassung

Die Gespräche im Rahmen der Fallstudien lassen den Schluss zu, dass bei den AIDS-Einrichtungen eine Auseinandersetzung mit Case Management als Mittel der Qualitätssicherung sich noch in einer frühen Phase befindet. Es war nicht festzustellen, dass Case Management offensiv und bewusst als Qualitätssicherungsinstrument genutzt wurde. Nicht zuletzt die Notwendigkeit, die eigene Arbeit mit den vorhandenen finanziellen Mitteln zu bewältigen, lässt die Einrichtungen nach Wegen der Optimierung ihrer Arbeit suchen. Dies führt immer mehr zur Auseinandersetzungen mit stärker strukturierten und standardisierten Arbeitsabläufen und trägt zur Qualitätssicherung bei.

Auf der Grundlage der oben beschriebenen Teiluntersuchungen der einzelnen Phasen von Case Management stellt sich in der Zusammenfassung nunmehr die Frage, ob die Fachkräfte in den Einrichtungen den Arbeitsansatz des strukturierten Vorgehens voll, ansatzweise oder gar nicht umge-

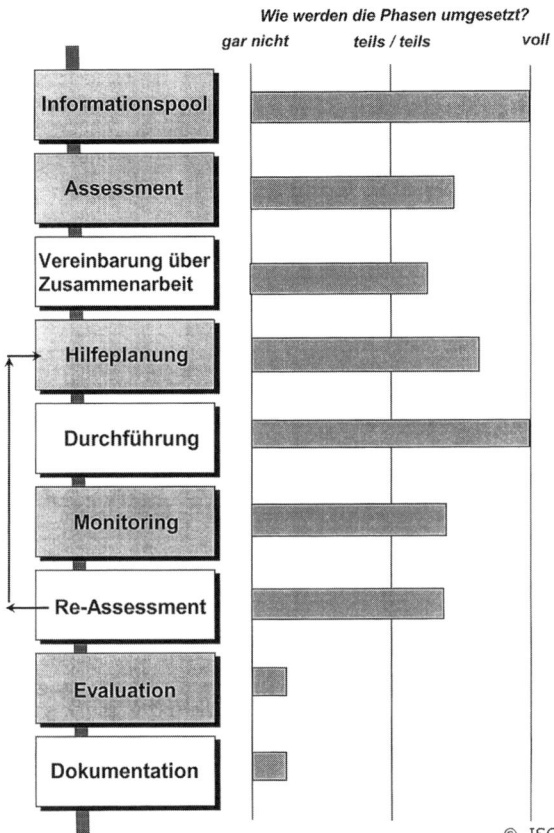

Abb. 17: Anwendung
der Elemente des
Case Managements

© ISG

setzt haben. In Abbildung 17 sind noch einmal die Phasen von Case Management dargestellt, und es wurde jeweils auf der Grundlage der geführten Gespräche in den Modellregionen ausgewertet, inwieweit der jeweilige Arbeitsschritt bei den befragten Einrichtungen zur Anwendung kommt, also ob er voll, teilweise oder gar nicht umgesetzt wurde. Dabei spielten sowohl quantitative als auch qualitative Kriterien eine Rolle. Die vorgenommene Einschätzung kann lediglich Tendenzen wiedergeben, zumal die Ergebnisse überwiegend auf verbal geäußerten Meinungen basieren. Insofern kann diese Darstellung nur als Orientierungshilfe dienen.

Zumindest in zwei Phasen lässt sich eine volle Umsetzung der nach Case Management definierten Arbeitsschritte bestätigen. Das ist zum einen das Sammeln umfassender Informationen über das regionale Hilfesystem (Informationspool) und zum anderen die Durchführungsphase, die gewöhnlich vom Umfang und vom Aufwand am größten ist. Aber auch andere Phasen finden in der Arbeit der Fachkräfte weitgehend ihren Niederschlag. Hervorzuheben sind insbesondere die wichtigen Aufgaben im Rahmen des Assessments und auch der Hilfeplanung. Weitgehend unbefriedigend sind dagegen die Evaluationsaktivitäten, die derzeit noch kaum zur Anwendung kommen. Auch die Dokumentation des geschlossenen Case-Management-Prozesses konnte in den Einrichtungen nicht überzeugen.

Wenn auch nach diesen Einschätzungen der mosaikartig zusammengeführten Phasen von Case Management keine volle Umsetzung des Arbeitsansatzes bestätigt werden kann, wird der Arbeitsansatz sowohl von seinem Sinn als auch in seinen wesentlichen Bestandteilen von den meisten Fachkräften, die angeben, nach dieser Methode zu arbeiten, genutzt.

Die Einrichtungen haben sich auf diese neuen Entwicklungen weitgehend eingestellt und teilweise umgestellt. Im Vordergrund der Aktivitäten steht die Beratung und Begleitung von Betroffenen. Die Pflege von AIDS-Kranken spielt nur noch eine untergeordnete Rolle. Aufgrund rückläufiger Pflegefallzahlen öffnen sich HIV-Spezialpflegedienste mehr und mehr Menschen mit anderen chronischen Krankheitsbildern, wie z.B. aus dem onkologischen Bereich.

In der großen Mehrzahl versuchen die Fachkräfte in Einrichtungen des Bereiches HIV/AIDS ihre Arbeitsmethoden und insgesamt ihr Vorgehen ständig zu verbessern. Über neue Methoden wird diskutiert und es wird geprüft, ob diese für die Arbeit nutzbringend sind. Gleichwohl ist festzustellen, dass die seit Jahren auf diesem Gebiet arbeitenden ExpertInnen mitunter in Routinen verfallen sind und wenig experimentierfreudig auf diesem Gebiet oder sogar skeptisch gegenüber neuen Methoden sind, weil die bisherige Arbeit in der Selbsteinschätzung überwiegend positiv ausfällt.

Der Arbeitsansatz des Case Managements ist nur bei einer Minderheit von Einrichtungen im Bereich HIV/AIDS von Bedeutung. Einrichtungen, die dieses methodische Vorgehen favorisieren, setzen allerdings die einzelnen Phasen nicht in vollem Umfang um. Mitunter fehlen wichtige Arbeitsschritte des Gesamtprozesses. Trotz dieser Einschränkungen ist festzustellen, dass eine wachsende Zahl von Einrichtungen sukzessive Elemente des Case Managements anwendet.

Wenn Case Management in all seinen Phasen nicht in vollem Umfang in den Einrichtungen umgesetzt wird, gibt es dafür verschiedene Gründe. Eine personell geringe Besetzung der Einrichtungen und eine oftmals hohe Arbeitsbelastung der Fachkräfte trägt sicher dazu bei, einige Aufgaben, z.B. solche der Evaluation, nicht voll zu erfüllen. Es ist aber auch festzustellen, dass den AkteurInnen kaum (methodische) Instrumente oder technische Hilfsmittel für den Einsatz von Case Management zur Verfügung stehen. Spezielle Software, wie in anderen Qualitätsmanagementsystemen üblich, gibt es für Case Management im Bereich HIV/AIDS noch nicht bzw. befindet sich in der Erprobungsphase. Es wäre sicher eine große Erleichterung und methodische Hilfe, wenn solche Computerprogramme, die u.a. den gesamten Ablauf des Case Managements dokumentieren, in den Einrichtungen zum Einsatz kommen würden.

Bei einem produktiven Einsatz von Case Management im Bereich HIV/AIDS sollten verschiedene inhaltlich-methodische Fragen weiter diskutiert und geklärt werden. Dazu gehört zum einen eine exakte Zielbestimmung (z.B. im Hilfeplan), die häufig Schwierigkeiten bereitet, zum anderen gibt es in der Folge bisher nur unscharfe Erfolgskriterien für die Einschätzung der Effekte der eingeleiteten Hilfemaßnahmen. Solche Kriterien sind aber für die Evaluation des Vorgehens und für die Ergebnisbewertung eine wesentliche Voraussetzung. Es ist zu vermuten, dass derartige Fragen nicht allein von den Fachkräften – neben dem Tagesgeschäft – geklärt werden können. Sicher können Modellprojekte dazu beitragen, einerseits die Instrumente für Case Management zu entwickeln und andererseits die praktische Anwendung und Umsetzung aller Elemente dieses Arbeitsansatzes zu erproben.

An Case ManagerInnen werden hinsichtlich Qualifikation, Berufserfahrungen und Persönlichkeitseigenschaften bestimmte Anforderungen gestellt, die die meist langjährig beschäftigten Fachkräfte im HIV-Hilfesystem überwiegend erfüllen. Auch im beruflichen Umfeld müssen bei dem Einsatz moderner Arbeitsmethoden geeignete Rahmenbedingungen vorliegen. Das mitunter anzutreffende Fehlen von Weiterbildungsmöglichkeiten, eine nur vage Arbeitsplatzsicherheit oder eine personelle Unterbesetzung wirken sich auf die Nutzung von Case Management kontraproduktiv aus.

Die Arbeit mit MigrantInnen verstärkt sich in den AIDS-Beratungsstellen deutlich. Ihre Versorgung wird häufig als unzureichend eingeschätzt. Fehlende DolmetscherInnen oder noch fehlende Versorgungsstrukturen für MigrantInnen verschärfen die Situation zusätzlich. Auch sind die Fachkräfte oft unzureichend für solche Aufgaben und spezielle Probleme ausgebildet oder vorbereitet.

Empfehlungen

Dem Ergebnis der Untersuchung zufolge wird ein Case Management, das die strukturierte Hilfeplanung als wesentliches Steuerungsinstrument begreift und dementsprechend Hilfeziele formuliert und deren Zielerreichung erfolgt, in der Praxis der AIDS-Arbeit kaum angewendet. Dies liegt zum einen daran, dass den PraktikerInnen entsprechende Kenntnisse fehlen, dass kaum Instrumente für das Case Management vorliegen und dass Konkurrenzsituationen ein trägerübergreifendes Case Management oftmals erschweren oder verhindern. Vor diesem Hintergrund ist Folgendes zu empfehlen:

▓ Der Arbeitsansatz des Case Managements sollte über Fortbildungsangebote den Aktiven der AIDS-Arbeit nahe gebracht werden, damit sie sich auf einer soliden fachlichen Grundlage diese Methode der effektiven und effizienten Arbeit aneignen können. Case Management ist in den Einrichtungen zu fördern und zu fordern, da es bei komplexen Situationen immer darum geht, begrenzte Mittel effektiv und effizient (also: wirksam und wirtschaftlich) einzusetzen. Dies ist nur dann möglich, wenn klar definiert wird, welche Ziele erreicht werden sollen, welche Wege der Zielerreichung gewählt werden und wer an dem Prozess beteiligt ist (Transparenz des Verfahrens). Diese klare Struktur macht (Teil-)Ergebnisse einer Messung – und damit Bewertung – zugänglich.

▓ Festlegung von Verfahrensstandards und Umsetzung von Hilfeplanung: Für die Anwendung des Case Managements in der AIDS-Arbeit sind Instrumente zu entwickeln, die ein strukturiertes und zielorientiertes Case Management zulassen. Dazu gehört der Hilfeplan ebenso wie ein Evaluationsraster. Standardisierte Verfahrensabläufe, die festlegen, dass in vergleichbaren Situationen nach einem vergleichbaren Verfahren vorgegangen wird, sind ein wichtiger Schritt in Richtung Qualitätssicherung.

▓ Case Management als trägerübergreifende Kooperation und Vernetzung sollte modellhaft erprobt werden, um aufzuzeigen, welche Synergieeffekte zu erreichen sind, wenn die AkteurInnen – unabhängig von Finanzierungsgrundlagen – sach- und ressourcenorientiert arbeiten können. Case ManagerInnen können am effizientesten arbeiten, je unabhängiger sie von Einrichtungen agieren können und je geringer ihre Verpflichtungen sind, „ihrer" Einrichtung KlientInnen – und damit Refinanzierungsmöglichkeiten – zuzuführen.

▓ Ein geregelter Informationsaustausch der Fachkräfte untereinander, die in einer Region tätig sind, ist notwendig, damit die AkteurInnen sich und ihre Arbeit den jeweils Anderen vermitteln können. Die Akteure des Case Managements müssen immer in Kontakt bleiben – Case Management ist keine Methode, die sich auf schriftlichem Wege per Anweisung umsetzen lässt, dazu bedarf es persönlicher Kontakte, gemeinsamer trägerübergreifender Fortbildungen der MitarbeiterInnen oder auch eines trägerübergreifenden Austauschs. Transparenz muss insbesondere in Bezug auf Arbeitsinhalte, Zielgruppen und Finanzierung der Träger gewährleistet sein.

▓ Die Rolle der Gesundheitsämter als aktive und koordinierende Instanzen, die trägerunabhängig agieren können, sollte im Kontext des Case Managements gestärkt werden. Insbesondere ist eine unabhängige Koordinierungsstelle sinnvoll für die Bedarfsermittlung, die Ermittlung der Angebotskapazitäten, der Angebotsstruktur (Infopool) und der planvollen Unterstützung beim Aufbau von Versorgungsstrukturen.

Anhang

Zur Studie: Das ISG – Institut für Sozialforschung und Gesellschaftspolitik – wurde vom Bundesministerium für Gesundheit mit der Untersuchung „Case Management – Wegbahnung für Patienten durch die Aufklärungs-, Beratungs- und Versorgungslandschaft" beauftragt. Zielsetzung der Studie, die von Juli 2000 bis Oktober 2001 durchgeführt wurde, war es, einerseits aufzuzeigen, wie verbreitet der Ansatz des Case Managements in der Arbeit mit HIV-Infizierten und AIDS-Kranken bei Gesundheitsämtern und AIDS-Hilfen ist und andererseits Positiv-Beispiele der Anwendung des Case Managements aufzuzeigen. Die nachfolgenden Ausführungen basieren auf den Ergebnissen der Studie und beschränken sich auf die Diskussion der Frage: Inwieweit kommt Case Management mit all seinen Elementen bzw. nur fragmentarisch zur Anwendung?

Methodik der Studie: Bei der Studie wurde ein Methodenmix aus quantitativen (Phase I) und qualitativen Erhebungsschritten (Phase II) angewendet, um einerseits einen Überblick über Ausmaß, Verbreitung und Anwendungsgebiete des Case Managements im Bereich der HIV- und AIDS-Betroffenheit zu erhalten, und um andererseits Aussagen zur praktischen Anwendung des Verfahrens zu ermöglichen. In Phase I der Studie wurden zwei Erhebungen durchgeführt: bei Gesundheitsämtern (insg. 338) und bei AIDS-Hilfen (insg. 120). Im Einzelnen erfolgten die Interviews mit dem Fragebogen in verschiedenen Stufen:

1. Zunächst wurde eine Definition von Case Management vorgestellt, um anschließend zu erfragen, ob nach diesem Ansatz gearbeitet wird. Wenn ja, schlossen sich Fragen der Stufen 2 und 3 an – wenn nein, wurden nur noch ergänzende Rahmendaten erhoben.
2. Um die Vollständigkeit der Implementierung von Case Management zu erfassen, wurde die Anwendung aller Elemente des Case Managements einzeln nacheinander abgefragt.
3. Zur Erschließung erster Erkenntnisse über die praktische Anwendung des Case Managements wurden nach Häufigkeit der Anwendung, der Zielgruppen für Case Management, der beteiligten Kooperationspartner und der Beurteilung dieses Arbeitsansatzes durch die AnwenderInnen selbst gefragt.

Im Rahmen der Phase II wurden 13 qualitative Fallstudien durchgeführt, die sich im Wesentlichen mit der praktischen Umsetzung des Case Managements befassten. Dabei wurde nochmals erhoben, welche Elemente des Case Managements zur Anwendung kommen, in welchen Hilfesituationen und bei welchen Zielgruppen. Die Fallstudien untergliederten sich in zwei unterschiedlich breite Erhebungsstränge: in 48 Leitfaden-Gespräche mit

Fachkräften des AIDS-Bereichs (z.B. AIDS-Hilfen, Gesundheitsämter, AIDS-Beratungsstellen freier Träger, betreute Wohnprojekte, Drogenberatungsstellen, Stricherprojekten, der Arbeitskreis AIDS) und in die schriftliche anonyme Befragung HIV-Positiver, die im Rahmen des Case Managements begleitet werden.

Datenbasis: Mit 368 von 508 telefonisch kontaktierten Gesundheitsämtern/ AIDS-Hilfen konnten Gespräche zum Thema Case Management erfolgreich realisiert werden. Dies entspricht einer Ausschöpfungsquote von 72 %. Von den realisierten Interviews entfielen 77 % (N = 284) auf die Gesundheitsämter und 23 % (N = 84) auf die AIDS-Hilfen. Im Rahmen der Fallstudien wurden in 13 Modellregionen 48 Gespräche mit Fachkräften von Einrichtungen aus dem Bereich HIV und AIDS geführt (im Einzelnen wurden Fallstudien in Berlin, Dresden, Duisburg, Essen, Frankfurt am Main, Fulda, Hamburg, Karlsruhe, Köln, München, Nürnberg, Oldenburg und Potsdam durchgeführt). Darüber hinaus liegen von 27 HIV-positiven KlientInnen der befragten Einrichtungen ausgefüllte Fragbögen vor, in denen Sie zu Ihrer Zufriedenheit mit dem Case Management befragt wurden.

Case Management als zentrales Element einer dienstleistungsorientierten Sozialhilfe

Von Claus Reis

Seit dem Erscheinen der letzten Auflage haben sich die gesetzlichen Grundlagen des Case Management / Fallmanagement im Bereich der Sozialhilfe gründlich verändert. Das SGB II sieht für erwerbsfähige Hilfesuchende (ehemalige Sozialhilfe- und Arbeitslosenhilfeempfänger) neben der materiellen Leistung „Arbeitslosengeld II" umfangreiche Eingliederungsleistungen vor, die von einem „persönlichen Ansprechpartner" gesteuert werden. Die Ausführungen des vorliegenden Artikels gelten auch für die neue Praxis des „Fallmanagements", zumal das Gesetz darauf abzielt, lokal entwickelte Handlungsansätze (wie sie Gegenstand des Beitrags sind) flächendeckend zu verallgemeinern.

Seit Beginn der 1990er Jahre sind bundesweit erhebliche Veränderungen in den Sozialämtern festzustellen. Diese beinhalten meist die Perspektive, Sozialhilfe künftig als „Dienstleistung" zu organisieren. Zur Begründung wird auf Argumentationsmuster aus dem Umkreis der Diskussion um „Neue Steuerung", gleichzeitig aber auch auf Traditionsbestände der Sozialhilfe, wie die persönliche Hilfe, zurückgegriffen (Trube 1996; KGSt 1997; Kuntz 1999; Strunk 1999; Urban 1997).

Hintergrund dieser Bestrebungen ist die spezifische Problematik der Sozialhilfe: Anhaltend hohe Ausgaben für die Hilfe zum Lebensunterhalt, die üblicherweise als teilstandardisierter Sozialtransfer in großen Fallzahlen geleistet wird, belasten die kommunalen Haushalte. Gleichzeitig sind immer komplexere persönliche Hilfen erforderlich, um die Kombinationen materieller und psychosozialer Notlagen zu bearbeiten, die mit Armut einhergehen können. Die hierfür verantwortliche Entstandardisierung von Lebenslagen macht die tradierten Formen sozialstaatlicher Problembewältigung zunehmend obsolet: „In dem Maße, wie ... die Umwelt der Verwaltung immer weniger als standardisierten – einer Konditionalprogrammierung zugänglichen – Problemstellungen besteht und die Erreichung von Handlungszielen eine eigeniniative Mobilisierung der Handlungsmittel durch die Verwaltung erfordert, erweist sich die dem traditionellen Kodifikationsprinzip entsprechende Konditionalprogrammierung als eine Fessel und als Hindernis, einer handlungsadäquateren Finalprogrammierung Platz zu machen" (Wollmann 1996, 8). Dieses Hindernis zu überwinden, steht ganz oben auf der Agenda des „New Public Management".

Alleine der Rückgriff auf einzelne betriebswirtschaftlich-technische Instrumente der neuen Steuerung, der allenthalben auch in den Sozialverwaltungen zu beobachten ist (z.B. Benchmarking, Controlling, Kosten- und Leistungsrechnung), reicht jedoch nicht aus, um der skizzierten Problemlage zu begegnen und die Sozialämter in Anbieter von Dienstleistungen zu transformieren. Vielmehr stehen die Kommunen vor einer konzeptionellen Herausforderung und müssen dabei eine doppelte Aufgabe bewältigen:

- Sie müssen die sozialpolitischen Ziele ihrer Arbeit klären und ein eigenes fachliches Profil als soziale Dienstleister entwickeln. Das beinhaltet (1) eine Konkretisierung der Ziele, (2) die Entwicklung adäquater Strategien und (3) die Ableitung von Instrumenten, die zur Zielerreichung geeignet sind.
- Sie müssen Planungs- und Steuerungskompetenz ausbauen, um Informationen über Problemlagen und Zielgruppen zu gewinnen und problemgerechte Angebote zu entwickeln.

Positive Erfahrungen einzelner Sozialhilfeträger mit einer Intensivierung von Beratungsleistungen in Kombination mit Angeboten der „Hilfe zur Arbeit" zeigen eine Lösungsformel für das oben skizzierte Ausgangsproblem: die „passgenaue" oder „maßgeschneiderte" Hilfe an der Schnittstelle zwischen der Erarbeitung von personenbezogenen Hilfeangeboten und der Vermittlung arbeitsfähiger Hilfeempfänger in den ersten Arbeitsmarkt. Zur Erreichung des Ziels „Verselbstständigung von Sozialhilfeempfänger" wird mit dem Einsatz unterschiedlicher Instrumente experimentiert, die an Handlungsformen aus dem Bereich der Sozialarbeit anknüpfen: „Ausstiegsberatung", „Hilfeplanung" und „Fallmanagement" greifen Traditionen auf, die in der internationalen Diskussion meist mit dem Begriff „Case Management" bezeichnet werden. Trotz einer insgesamt positiven Resonanz in der Praxis liegt bislang kein zureichender Überblick über die verschiedenen kommunalen Konzepte, geschweige denn eine wissenschaftlichen Kriterien genügende Systematisierung vor (Versuche in diese Richtung Reis 1997; Ministerium für Arbeit und Soziales, Qualifikation und Technologie des Landes Nordrhein-Westfalen (MASQT) 2000a und b; MASQT 2001).

Die Absicht des vorliegenden Beitrags ist der Versuch, eine solche Systematisierung vorzuschlagen. Da dem Case Management oder zumindest einer an dessen Prinzipien orientierten Praxis bei den skizzierten Veränderungsstrategien eine prominente Rolle zukommt, beinhaltet dieser Beitrag gleichzeitig eine Auseinandersetzung mit den Anforderungen an ein bedarfsgerechtes Case Management in der Sozialhilfe.

1 Die Instrumente und ihr Setting

Bei der Diskussion um die „Zukunft der Sozialhilfe" geht es aus fachlicher Sicht darum, die richtige Kombination materieller Hilfen und persönlicher Hilfen in der örtlichen Sozialhilfepraxis zu bestimmen und ein entsprechendes Leistungsangebot als „komplexe Dienstleistung" unter Berücksichtung der örtlich gewachsenen Aufgabenteilung zwischen öffentlichen und freien Trägern zu organisieren (Bartelheimer 2000).

In zwei Forschungsprojekten („Sozialbüros" und „Integrierte Hilfe zur Arbeit", beide im Auftrag des MASQT in Nordrhein-Westfalen) hatte ein Forscherteam die Chance, Elemente der Sozialhilfepraxis mit empirischen Methoden zu analysieren. Im Modellprojekt „Sozialbüros" standen die verschiedenen interaktiven Handlungsformen, insbesondere Beratung, Hilfeplanung und Case Management im Vordergrund des Interesses. Im Pilotprojekt „Integrierte Hilfe zur Arbeit" konnten wir die Bausteine einer bedarfsorientierten „Hilfe zur Arbeit" beschreiben und analysieren, die dem Anspruch „passgenauer Hilfe" gerecht werden kann. Wir haben hierfür die Praxis der „Hilfe zur Arbeit" in sieben Kommunen in Nordrhein-Westfalen über zwei Jahre hinweg begleitet und ausgewertet und im kritischen Vergleich Instrumente und ihre Kombination untersucht, die als Bausteine einer „integrierten Hilfe zur Arbeit" gelten können (MASQT 2000 b und 2001). Unser wichtigstes Ergebnis ist dabei die Erkenntnis, dass allein die Verknüpfung der „vertikalen" Integration einzelfallbezogener Hilfen (die Case Management als zentrales Element aufweist) mit der „horizontalen" Integration von Elementen der Planung und Steuerung das Ziel passgenauer Hilfe zu realisieren vermag, dass somit die Reichweite des Case Managements als einzelfallbezogener Hilfe bestimmt wird durch die Qualität der horizontalen Integration. Aus der Analyse der praktischen „Modelle" Integrierter Hilfe zur Arbeit haben wir einen „Idealtypus" im Weberschen Sinne gewonnen, dem sich die Praxis der untersuchten Kommunen mehr oder minder deutlich annähert. Dieser Idealtypus bildet die Grundlage für die Systematisierung und vergleichende Bewertung unterschiedlicher kommunaler Praxen. Im Zuge des Aufbaus von Dienstleistungsangeboten im Rahmen der Hilfe zur Arbeit wurde deren Reichweite ausgedehnt, ist die Sozialhilfe flächendeckend von einer Reformwelle erfasst worden. Deutlich zum Ausdruck gebracht wird dies im Projekt „Sozialagenturen – Hilfen aus einer Hand" des Landes Nordrhein-Westfalen, das darauf abzielt, in systematischer Weise Handlungs- und Organisationsformen einer als Dienstleistung konzipierten Sozialhilfe zu analysieren und zu evaluieren. Der von uns im Kontext der Hilfe zur Arbeit entwickelte Idealtyp wird somit weiterentwickelt zu einem Modell „Sozialagentur", das in elf Varianten in den nächsten drei Jahren in NRW erprobt und beforscht wird. Allerdings ist stets zu berücksichtigen, dass die lokalen Bedingungen (Arbeitsmarkt, Trägerlandschaft, sozialpolitische Schwerpunktsetzung) immer wieder notwendige „Varianzen" konstituieren.

Über Beratung hinausgehende Dienstleistungsangebote wurden in der Sozialhilfe zunächst im Rahmen der „Hilfe zur Arbeit" entwickelt. Dies gilt auch für unsere Standorte, obwohl auch dort vereinzelt bereits Über-

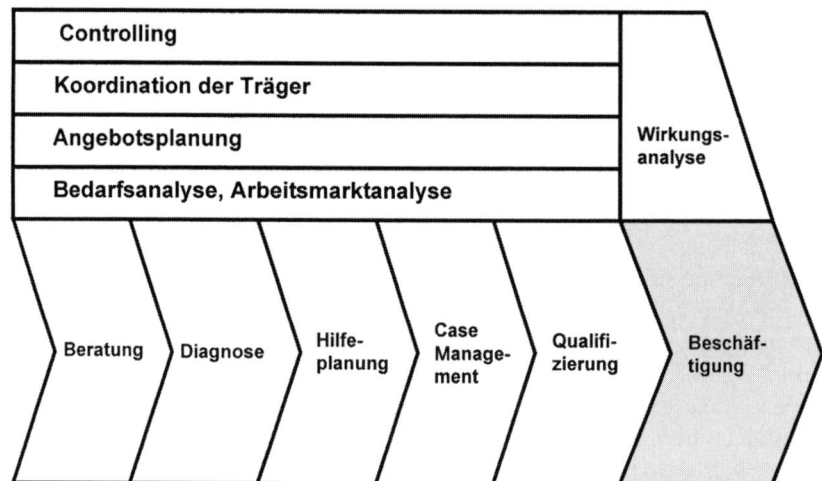

Abb. 18: Leistungskette „Integrierte Hilfe zur Arbeit"

legungen angestellt werden, die Sozialhilfegewährung von Grund auf umzustellen. Deshalb baut die Konstruktion unseres Idealtyps dienstleistungsorientierter Sozialhilfe in einem ersten Schritt auf Überlegungen zur „integrierten Hilfe zur Arbeit" auf.

Wir sprechen dann von „Integrierter Hilfe zur Arbeit", wenn sich alle Beschäftigungs-, Qualifizierungs- und Hilfeangebote am individuell festgestellten „Bedarf" des Hilfeempfängers orientieren und das Steuerungsziel „bedarfsgerechte Hilfe" lautet. „Integrierte Hilfe zur Arbeit" beinhaltet ein auf den Einzelfall hin ausgerichtetes System von Instrumenten der Arbeitsvermittlung, der Qualifikations- und Beschäftigungsförderung wie auch der Sozialarbeit (Beratung, Hilfeplanung, Case Management), das gleichzeitig einzelfallübergreifende, sozialplanerische Orientierungen aufweist. Diese realisieren sich in den Elementen „horizontaler Integration". Diese enthält eine Bedarfs- und Bestandsanalyse, aus der heraus strategische Ziele für das Feld der Hilfe zur Arbeit formuliert werden. Von diesen Zielen leitet sich die Planung eines Angebots an Maßnahmen und Hilfen ab (s. Abbildung 18).

Vertikale Integration

Für die Optimierung der Hilfe im Einzelfall müssen potenziell mehrere Elemente kombiniert werden, um eine insgesamt hochkomplexe Dienstleistung zu realisieren („vertikale Integration"). Kernelement der vertikalen Integration ist dabei das „Case Management". Die einzelnen, über das Case

Management kombinierten und integrierten einzelfallbezogenen Handlungsformen sind:

(1) „Beratung" als Einstiegsberatung in die Hilfe zur Arbeit. Die Handlungsform „Beratung" kann nach den Untersuchungen im Rahmen des Modellprojekts „Sozialbüros" durch zwei Grundelemente charakterisiert werden (MASQT 2000 a, 87):

▨ Die inhaltliche Struktur: Der Ratsuchende erwartet, dass er den Beratungsinhalt auf seine eigene Lebenspraxis hin „auswerten" und verwerten, die Kommunikation praktisch werden lassen kann. Die Qualität der Beratung bemisst sich an ihrer praktischen Anwendbarkeit. Beratung weist über sich selbst hinaus, hat sich außerhalb der besonderen sozialen Gesprächssituation „Beratung" zu bewähren. Dieser praktische Problembezug muss in der Beratungssituation selbst als Ko-Produktion zwischen Berater und Ratsuchendem „hergestellt" werden. Diese „Ko-Produktion" realisiert sich darin, dass es dem Ratsuchenden gelingt, sein Problem zu formulieren, und der Berater in der Lage ist, das Problem des Ratsuchenden zu verstehen.

▨ Die formale Struktur: Es besteht eine strukturelle Asymmetrie der Beratungskommunikation, die im Verlauf des Beratungsprozesses spezifisch wechselt. Ratsuchende und Berater nehmen komplementäre Rollen ein: Der Ratsuchende gibt Informationen, der Berater „verwertet" diese Informationen; der Berater strukturiert das Gespräch, der Ratsuchende überlässt sich der „Führung" durch den Berater; der Berater entwickelt einen Vorschlag, der Ratsuchende setzt ihn um – oder auch nicht. Grundsätzlich hat der Ratsuchende das Entscheidungsrecht über die Umsetzung der Beratungsinhalte inne; dies bildet die motivationale Basis des Beratungsprozesses.

Die Freiwilligkeit von Beratung ist dabei häufig eine notwendige handlungsleitende Fiktion, d.h. der Berater und auch der Ratsuchende realisieren ko-produktiv die Handlungsform „Beratung", halten sie über einen gewissen, von beiden Partnern definierten Zeitraum hinweg aufrecht und unterstellen die Freiwilligkeit der Interaktion. Diese Freiwilligkeit muss nicht von Anfang an gegeben sein (ist somit nicht Bedingung des Beginns der Beratung), aber nur dann, wenn eine beiderseitige Einwilligung in den Prozess der „Beratung" erreicht ist, kann dieser effektiv realisiert werden: Wenn der Ratsuchende sein Problem nicht formuliert oder der Berater das Problem nicht verstehen will, kommt allenfalls eine gestörte Kommunikation, aber keine „Beratung" zustande.

Beratung stellt einen wichtigen Baustein der „Integrierten Hilfe zur Arbeit" und auch der Sozialhilfe allgemein dar. Sie kann für sich alleine stehen, z.B. dann wenn sich Hilfeempfänger als Folge einer Beratung selbst helfen können und keine weitere Unterstützung benötigen. Beratung kann aber auch das erste Element einer „Leistungskette" darstellen, kann verknüpft werden mit weiteren Handlungsformen, die in ihrer Logik über Beratung hinausgehen, z. B. systematisches Assessment bzw. Hilfeplanung.

(2) „Assessment / Anamnese / Diagnose". Dieses Element des Hilfeprozesses kann unterschiedlich ausgestaltet sein. Funktional geht es immer darum, Problemlagen des Hilfeempfängers als solche zu erkennen, ihre Ursachen und Verknüpfungen zu identifizieren und in Bezug zum Ziel der Dienstleistung, Hilfe zur Arbeit zu gewähren, zu setzen. Dieser Prozess stellt einerseits ein Element komplexer „Beratung" dar, denn auch dort geht es ja darum, Problemlagen zu erkennen und zu strukturieren. Die Aufgabe „Assessment / Anamnese / Diagnose" kann aber innerhalb des Beratungsprozesses speziell ausgewiesen oder gar aus diesem herausgelöst spezialisiert werden. Im ersten Fall geschieht dies in Form einer abgegrenzten „Etappe" des Beratungsprozesses, etwa als „Potenzialanalyse". Mit dem zweiten Fall haben wir es zu tun, wenn Problem- oder Ressourcenanalysen von „Spezialisten" durchgeführt werden. Diese verwenden hierzu meist eine eigene Methode, die Diagnoseverfahren von Beratungsprozessen deutlich trennt. Allerdings darf auch ein spezialisiertes Assessment den ko-produktiven Charakter des Gesamtprozesses nicht aus den Augen verlieren: Das Assessment ist für die über Beratung hinausgehenden Prozesse der Hilfeplanung und des Case Managements von hoher Bedeutung, da die hier gesammelten Daten und Informationen die notwendige Voraussetzung für die Erstellung eines bedarfsorientierten individuellen Hilfeplans bilden. Psychodiagnostische Assessment-Verfahren, die die Hilfeempfänger im Status von „Versuchsobjekten" fixieren, sind nur wenig geeignet, um deren Beteiligung an der Hilfeplanung zu fördern.

(3) „Hilfeplanung". Wenn Diagnosen nicht folgenlos bleiben, sondern Konsequenzen für die Lösung von Problemen haben sollen, münden sie in eine Hilfeplanung. Das Spezifikum dieser Handlungsform besteht in der Festlegung des zukünftigen Handelns des Hilfeempfängers wie des Beraters. Durch den Abschluss von (implizit oder explizit getroffenen) Zielvereinbarungen wird versucht, dieses zukünftige Handeln zu strukturieren und vorhersehbar zu machen. Das Entscheidungsrecht bleibt zwar beim Ratsuchenden, wird aber gleichzeitig über eine zeitlich, sozial und sachlich begrenzte Selbstverpflichtung gebunden. Der Ratsuchende muss (idealerweise) nicht jede Hilfe annehmen, die ihm angeboten wird, sondern kann die ihm adäquat erscheinende Hilfe „aushandeln". Er trifft eine Entscheidung über Annahme oder Ablehnung und verpflichtet sich in diesem Rahmen zu eigenen Aktivitäten.

(4) Während die „Hilfeplanung" die Planung von Hilfen zur Problemlösung und den Abschluss von Vereinbarungen zwischen „Berater" und „Ratsuchendem" beinhaltet, konstituiert die Realisierung der Vereinbarungen eine neue Handlungsform, die sich nicht nur auf die Interaktion zwischen Berater und Ratsuchenden erstreckt, sondern spezifische Steuerungsleistungen beinhaltet. Wenn Hilfeplanung in die Organisation und Bereitstellung eines Hilfeangebots übergeht, wird sie zum „Case Management". Diese Trennung ist insofern erheblich, als mit der Realisierung geplanter Hilfen andere Formen des Rechts in Anspruch genommen werden als mit der Beratung bzw. Hilfeplanung (MASQT 2000 a).

Die „Case Management Society of America" definiert Case Management „als einen kooperativen Prozess, in dem Versorgungsangelegenheiten und Dienstleistungen erhoben, geplant, implementiert, koordiniert, überwacht und evaluiert werden, um so den individuellen Versorgungsbedarf eines Patienten mittels Kommunikation und verfügbarer Ressourcen abzudecken" (Ewers 2000 a, 56). Aus dieser Definition können die beiden Pole des Case Managements gut erschlossen werden: die Orientierung am individuellen Bedarf einerseits, die Planung und Steuerung eines Versorgungsangebots andererseits. Case Management beinhaltet somit – wie auch Beratung und Hilfeplanung – die persönliche Interaktion als ein zentrales Element, im Unterschied zur klassischen Einzelfallhilfe jedoch die Koordination von Sach- und Dienstleistungen als ein weiteres. Die Hilfe wird nicht umfassend vom Case Manager persönlich erbracht, sondern über weite Teile vermittelt; damit diese Vermittlung optimal erfolgt, ist ein professionell gestalteter interpersoneller Prozess nötig, der den Case Manager zum „Insider-Experten" (Lamb/Stempel 2000, 166) macht, d. h. zu einer Person, die sowohl die Binnenperspektive des Klienten wie die Außenperspektive (des Versorgungssystems) einnehmen und beide Perspektiven vermitteln kann. Case Management in diesem Sinne beinhaltet eine doppelte Orientierung:

- an den Bedürfnissen des Klienten und
- an den Strukturen des Versorgungssystems. (Ein Proprium des Case Managements ist es, dass die „Versorgungskontinuität" nicht nur professionelle Angebote umfasst („services"), sondern sich auch auf Ressourcen im sozialen Umfeld des Klienten erstreckt. Der „Fall", der Gegenstand des Case Managements ist, wird als „sozialer Fall" betrachtet. Das bedeutet, dass das Netzwerk, in dem der Klient lebt, nicht nur in der Problemanalyse rekonstruiert, sondern potenziell auch in die Lösungsstrategie einbezogen wird.)

Idealerweise sollen diese unterschiedlichen Orientierungen zu Gunsten der Versorgungsnotwendigkeiten des Einzelfalls integriert werden.

Case Management agiert entlang eines zeitlich definierbaren Versorgungsbedarfs kontinuierlich („over time") und koordiniert Hilfsangebote quer zu bestehenden Grenzen von Ämtern, Diensten und Einrichtungen („across services"). Der zentrale Begriff ist der der „Versorgungskontinuität" (Ewers 2000b, 55). Case Manager müssen die Aufgabe wahrnehmen, die Zersplitterung vorhandener Angebote aufzuheben bzw. zu kompensieren, indem eine Koordinationsleistung vollbracht wird, die mehr ist als der Hinweis auf bestehende Dienste und Einrichtungen: Orientiert an den Gegebenheiten des Einzelfalls werden geeignete Angebote ausgewählt, vermittelt und verbindlich gesteuert. Bei aller Differenzierung zwischen unterschiedlichen Konzepten darf ein Minimum an Versorgungskontinuität, d.h. „Schnittstellenmanagement", nicht unterschritten werden, wenn noch von „Case Management" die Rede sein soll.

Im Rückgriff auf das Konzept der „Handlungsform" kann die Sicherung von „Versorgungskontinuität" als funktionaler Kern der Handlungsform Case Management begriffen werden. Diese Sicherung vollzieht sich über drei Teilfunktionen, die in den verschiedenen Konzepten des Case Managements unterschiedlich stark gewichtet werden und der Ausgangspunkt für erhebliche Differenzen in Ziel und Ausgestaltung von Case Management sind:

Die anwaltliche Funktion: Sie „zielt auf Menschen, die angesichts konfliktträchtiger Lebenssituationen (z.B. Armut, mangelnde Bildung, Behinderung) oder unvorhergesehener biographischer Lebenskrisen (z.B. Unfall, Arbeitslosigkeit, schwere Erkrankung) nicht in der Lage sind, ihre persönlichen Interessen aufgrund von kurz-, mittel- oder langfristiger individueller Hilfsbedürftigkeit und/oder gesellschaftlicher Machtlosigkeit geltend zu machen" (Ewers 2000a, 63). Die Handlungslogik, mit der diese Funktion realisiert wird, besteht darin, den „Fall" konsequent aus der Perspektive des Klienten zu sehen und Hilfsmöglichkeiten so zu zentrieren, dass die notwendigen Ressourcen an den individuellen Bedürfnissen des Klienten ausgerichtet werden. Hierzu gehört es dann auch, Versorgungslücken zu entdecken und durch die Entwicklung geeigneter Angebote zu schließen: „Im Sinne einer Bottom-up-Strategie will Case Management zu einem patientenorientierten und bedarfsgerechten Ausbau des Sozial- und Gesundheitssystems und zu einer effizienteren Lösung vorhandener Versorgungsprobleme beitragen" (Ewers 2000a, 65).

Zur Logik der „anwaltlichen" Funktion gehört es dabei, aus Abhängigkeiten und Machtlosigkeit herauszuführen und diese nicht etwa zu verstärken. Dies bedeutet, im Sinne des „Empowerment" individuelle Bewältigungsstrategien zu entdecken und/oder zu entwickeln. Der Case Manager nimmt hier die Rolle eines „Coachs" ein, „indem er zur Reflexion über das Handeln des Klienten und seines sozialen Netzwerkes anregt. Reflexion des eigenen Handelns heißt, darüber nachzudenken, welche alternativen Handlungsweisen in einer gegebenen Situation möglich sind, um so dem Ziel, Veränderungen anzubahnen, gerecht werden zu können." (Oostrik/Steenbergen 2000, 259). Die anwaltliche Logik besteht somit weder darin, all das zu tun, was der Klient wünscht, noch darin, ihm „bedarfsgerechte" Lösungen überzustülpen, sondern entfaltet sich in der Aufgabe, gemeinsam mit dem Klienten situationsangemessene Bewältigungsstrategien zu entwerfen und durch entweder bereits vorhandene oder noch zu entwickelnde Hilfsangebote zu verstärken. Dies setzt auf Seiten des Case Managers voraus, dass er einerseits in der Lage ist, eine kontinuierliche, auf das persönliche Wachstum des Klienten hin orientierte professionelle Beziehung zu diesem einzugehen und andererseits nicht nur die professionellen Netzwerke wie auch die Klientennetzwerke gut kennt, sondern auch kompetent zu nutzen weiß.

Die vermittelnde Funktion: Die Handlungslogik besteht hier darin, einen möglichst umfassenden Überblick über das Hilfeangebot zu gewinnen und Verbindungen zwischen individuellem Bedürfnis einerseits und diesem Angebot andererseits herzustellen, ein „individuelles Versorgungspaket" zu schnüren (Ewers 2000a, 68) und dessen Umsetzung in die Wege zu leiten. Die Realisierung dieser Handlungslogik erfordert eine „neutrale" Position, denn es gilt, zwischen den beiden Polen „Klient" und „Versorgungssystem" zu vermitteln. Im Zentrum des Handelns steht auch weniger der Klient und seine Problemlage als vielmehr der Prozess der Leistungserbringung, d.h. seine Koordination und seine Überwachung („Monitoring" und „Controlling"), die Handlungslogik ist im Kern somit „Steuerungslogik".

Die selektierende Funktion: Da der Zugang zu den Ressourcen des Versorgungssystems durch rechtliche und/oder administrative Regeln begrenzt wird, ist eine wesentliche Teilfunktion des Case Managements die der „Zugangssteuerung", d.h. der Entscheidung, welche Personen mit welcher Zielsetzung in Prozesse des Case Managements aufgenommen werden und welche nicht. Diese Funktion bringt die dem Einzelfall vorgelagerten gesellschaftlichen Belange zum Ausdruck. Gerade in dieser Funktion hat der Case Manager die Aufgabe, auf die Effektivität des Hilfeprozesses und die Effizienz der einzelnen Angebote zu achten. Die Handlungslogik ist hier weniger durch „Aushandeln" als vielmehr durch „Kalkulieren" und „Kontrollieren" geprägt. Sie ist eine betriebswirtschaftliche Logik: Es geht darum, darauf zu achten, dass das Versorgungspaket nicht nur an die individuelle Situation angepasst (d.h. „passgenau") ist, sondern effektiv und effizient umgesetzt wird. „Der Case Manager soll ... die Gewähr dafür bieten, dass sowohl bei den Leistungserbringern als auch bei den Nutzern ein Bewusstsein für die wirtschaftlichen Folgen des Versorgungsgeschehens entsteht und der Rückgriff auf vorhandene Ressourcen im Sinne der sparsamen Mittelverwendung beeinflusst wird" (Ewers 2000a, 71).

Keine dieser Funktionen wird in der hier dargestellten idealtypischen Form für sich alleine realisiert, vielmehr werden die unterschiedlichen Funktionen in den diversen Case-Management-Konzepten in vielfältiger Weise kombiniert. Allerdings wirken sich Schwerpunktsetzungen an den beiden Polen der anwaltlichen bzw. selektierenden Funktion stark auf die Gesamtausrichtung eines Konzeptes aus; in der US-amerikanischen Diskussion werden hier „consumer-driven" (klientenorientierte) und „system-driven" (systemorientierte) Konzepte gegenübergestellt: „In einigen Einrichtungen des Sozial- und Gesundheitswesens ist Case Management in erster Linie als eine Form der kontinuierlichen Begleitung und parteilichen Unterstützung für die Patienten/Klienten und ihr soziales Umfeld konzipiert … In anderen … dient es übergeordneten Steuerungsinteressen von Versorgungseinrichtungen, Kostenträgern und politisch Verantwortlichen, um Zugangs- und Verteilungsgerechtigkeit sowie einen effizienten Einsatz der vorhandenen Ressourcen zu gewährleisten." (Ewers 2000a, 84). Systemorientierte Konzepte ähneln dabei manchmal mehr dem „Care Management", d.h. der effektiven und effizienten Organisation von Versorgungsleistungen ohne systematischen Bezug auf die Bedürfnisse des Einzelfalls (Ewers 2000, 38f.). Demgegenüber gilt es als Proprium des Case Managements festzuhalten, dass die Versorgungskontinuität für den Einzelfall gesichert werden soll (vgl. oben). Allerdings sind Lösungen denkbar, die Grundgedanken des „Care Managements" und des „Case Managements" miteinander zu kombinieren. In der Pflegewissenschaft wird die Entwicklung und Steuerung von „klinischen Pfaden" diskutiert (vor allem Zander 2000), die sich nicht an Einzelfällen, sondern an Fallgruppen orientieren und eine Optimierung standardisierbarer Arbeitsabläufe und Leistungsketten zum Ziel haben. Individuell ansetzende Case Manager werden dann nur dort eingesetzt, wo solche „Standardversorgungspläne" nicht greifen bzw. zu unbefriedigenden Ergebnissen führen.

Im Rahmen unserer Forschung hatten wir Gelegenheit, zwei deutlich unterscheidbare Typen von Leistungsketten zu untersuchen, die beide Case Management als zentrales Element aufweisen. In der Gegenüberstellung zeigen sich Parallelen zu den hier skizzierten Varianten eines „consumer-driven" und eines „system-driven" Case Managements.

In beiden Fällen zielt das Case Management auf die „Aktivierung" von Sozialhilfeempfängern zur Aufnahme einer Beschäftigung. Bei Typ A werden arbeitsfähige Hilfeempfänger einem dezentralisiert operierenden „Case Manager" zugewiesen. Dieser hat die Aufgabe zu beraten, eine Diagnose durchzuführen und geeignete Hilfeangebote zu vermitteln, auch wenn diese nicht unmittelbar mit Beschäftigung verknüpft sind, sondern zunächst dazu beitragen, eine prekäre materielle und psychische Situation zu entlasten. Während der Betreuung durch den Case Manager läuft die Hilfe zum Lebensunterhalt weiter.

Im Fall von Typ B ist dies anders. Die Hilfe zum Lebensunterhalt wird mit der Überweisung an den Case Manager eingestellt; dieser hat die Aufgabe, den Sozialhilfeempfängern statt materieller Hilfe Arbeit oder einen Praktikumsplatz anzubieten; das damit erzielte Entgelt tritt an die Stelle der Sozialhilfeleistung. Allerhöchstens ergänzend können Sachleistungen gewährt werden (z. B. Krankenscheine, Warengutscheine). Ein auf Fallanalysen gestützter Vergleich der beiden Varianten zeigt massive Unterschiede:

Bei Typ A kann durch die materielle Hilfe eine prekäre soziale und psychische Situation „beruhigt" werden. Dadurch wird Zeit gewonnen, um einerseits die Selbsthilfekräfte der Klienten (wieder) zu stärken, andererseits die „dauerhaft richtige" Perspektive (Ausbildung, Beschäftigung) zu entwickeln.

Demgegenüber entsteht bei Typ B durch die Einstellung der Geldleistung ein Zeitdruck, der vorschnelle Entscheidungen begünstigt. Da keine Zeit ist, kann nur auf ein sofort erreichbares Angebot von Beschäftigungs- und Praktikumsplätzen zurückgegriffen werden, der individuelle Bedarf wird durch das Angebot zensiert. Insofern bemisst sich die Qualität des Case Managements Typ B verstärkt an der Reichhaltigkeit eines rasch zur Verfügung stehenden Hilfe- und Maßnahmenspektrums.

Zwar wird bei Typ B die rasche Verselbstständigung aus der Sozialhilfe gefördert, ob gleichzeitig auch eine zumindest mittelfristige Perspektive geschaffen ist, bezweifeln selbst Mitarbeiter, hier ein Berufsberater: „Es sind manchmal Jugendliche, bei denen man nicht ausschließen kann, dass sie auf Dauer für eine Ausbildung in Frage kommen, die aber im Grunde innerlich gar nicht aufgeschlossen sind. Sie wollen lieber viel Geld verdienen und kommen auch unter so einem gewissen äußeren Druck hierher … Wir versuchen die dann auch zu erreichen, nur das ist bei dieser Klientel noch ein Stück schwieriger … weil wirklich auch der finanzielle Druck dahinter steht." (Bartelheimer 2001, 162)

Verstärkt wird der Druck dadurch, dass bei allen Beteiligten Unsicherheit darüber herrscht, was nach Ablauf des Praktikums geschehen soll, das auf 6 Monate begrenzt ist. Die meisten von uns befragten Hilfeempfänger gingen davon aus, dass sie dann mittellos wären und keinen Sozialhilfeanspruch hätten. Unabhängig von der rechtlichen Bewertung dürfte klar sein, dass dies wenig mit der Einräumung von Perspektiven zu tun hat.

In beiden Varianten erweist sich die klare Ausrichtung des Case Managements auf die Aufnahme einer Beschäftigung als problematisch. Während im Feld „Qualifikation" und „Beschäftigung" ein gut ausgebautes Kooperationsnetz existiert, fehlt dies für andere wichtige Lebensbereiche (z. B. „Wohnen"), die Klienten sind dort weitgehend auf Eigenaktivitäten verwiesen. Zudem zeigen die von uns untersuchten Fälle eine symptomatische Überschätzung der Möglichkeiten und Ressourcen, den Arbeitsalltag zu bewältigen und spiegelbildlich eine Unterschätzung psychischer Problemlagen.

Besonders drastisch ist dies bei Variante B. Unzuverlässigkeiten und erst recht Maßnahmenabbrüche gelten dort schnell als Disziplinlosigkeit, die sanktioniert wird, und nicht als Symptom einer gesundheitlichen oder psychischen Problematik, deren Behandlung vielleicht langfristig dazu führen könnte, den Klienten in den Arbeitsmarkt zurückzuführen.

Treten die psychischen Probleme klar hervor, erfolgt bei Typ B die Rückverweisung in die „normale" Sachbearbeitung, da keine Zeit bleibt, komplexere Probleme zu bearbeiten, solange die materielle Hilfe unterbrochen ist und das Konzept nicht vorsieht, dass diese im Rahmen des Case Managements gewährt wird.

Obwohl in beiden Varianten ähnliche Instrumente eingesetzt werden, ist das institutionelle Setting doch gänzlich anders, Typ A könnte als „consumer-driven", Typ B als „system-driven" Case Management bezeichnet werden. Und auch die dem jeweiligen Setting zugrunde liegenden Zielorientierungen unterscheiden sich deutlich, auch wenn sie nicht offen ausgesprochen werden. Typ A zielt auf eine eher nachhaltige Integration in Beschäftigung, Existenzsicherung in der Sozialhilfe ist – trotz der klaren Ausrichtung auf Verselbstständigung – zumindest ein legitimes Mittel zur Flankierung der Aktivierung. Dagegen polarisiert Typ B den Bezug von materieller Hilfe und „Selbsthilfe" und setzt auf eine möglichst rasche Verselbstständigung, ohne deren Perspektiven gründlich zu reflektieren.

Horizontale Integration

Damit das mit dem Element „Hilfeplanung" konzipierte und über das Element „Case Management" konkret organisierte Hilfeangebot für den Einzelfall zeitnah zur Verfügung steht, bedarf es einer einzelfallübergreifenden Steuerungsleistung. Diese Steuerungsleistung beinhaltet die Kombination unterschiedlicher Elemente einer komplexen einzelfallübergreifenden und einzelfallunabhängigen Leistungsstruktur („horizontale Integration").

Es ist nicht davon auszugehen, dass die im Einzelfall jeweils benötigten Hilfen immer schon vorhanden sind. Somit besteht die Gefahr, dass „bedarfsgerechte Hilfe" in eine schematische Anpassung des Bedarfs an das Angebot mutiert. „Passgenaue Hilfe" kann somit nur dann wirklich realisiert werden, wenn über die Planung und Koordinierung eines auf die potenziellen Bedarfsfälle abgestimmten Angebots sichergestellt ist, dass auf geeignete Hilfen zeitnah zurückgegriffen werden kann. Die über das Case Management zu bewerkstelligende „Steuerung im Einzelfall" muss ergänzt werden durch eine Angebotssteuerung.

Die für die Angebotssteuerung horizontal zu integrierenden Strukturelemente sind: Bedarfsanalyse, Bestandsanalyse, Zielentwicklung, Planung, Koordination, Controlling und Evaluation.

(1) Die „Bedarfsanalyse" unterstützt die konkrete Zielbildung durch die Identifizierung qualitativer und quantitativer Zielgruppen für die kommunale Sozialhilfe- und Beschäftigungspolitik. So lassen sich Zielgruppen für unterschiedliche Strategien der Erwerbsintegration im Rahmen der Hilfe zur Arbeit oder kommunaler Bildungsstrategien eingrenzen (Landeshauptstadt Wiesbaden 1998). Daten für die Bedarfsanalyse können durch die Auswertung von Falldokumentationen gewonnen werden. Je zielgenauer die in der Hilfeplanung ausgehandelten Problemlösungen, Zielvereinbarungen und Versorgungsdefizite dokumentiert werden, umso besser ist das Datenmaterial, das für die Planung zukünftiger Hilfeangebote zur Verfügung steht.

(2) Die „Bestandsanalyse" informiert über die von der Sozial- und Arbeitsverwaltung erbrachten Leistungen nach Art, Höhe und sozialer Struktur ihrer Nutzer. Geschäftsstatistiken und Geschäftsberichte sind das Werkzeug kontinuierlicher Beobachtung und Dokumentation der Leistungsprozesse und ihrer Nutzer. Die Informationen müssen zeitnah, in gleicher Struktur und regelmäßig aus prozessproduzierten Daten gewonnen werden.

(3) Aus der Bedarfsanalyse und der Bestandsanalyse können strategische Ziele der Hilfe zur Arbeit abgeleitet werden, welche die Gegebenheiten der örtlichen Situation widerspiegeln. So sollte es von Lage und Perspektiven der örtlichen Arbeitsmärkte einerseits und der Qualifikationsstruktur der arbeitslosen Sozialhilfeempfänger andererseits abhängen, welchen Stellenwert in der lokalen Beschäftigungspolitik das Ziel bekommt, den Ausbau bestimmter Qualifikationen verstärkt zu unterstützen oder – umgekehrt – das Ziel, kurzfristige Vermittlungen in den ersten Arbeitsmarkt zu forcieren.

Die Formulierung strategischer Ziele bedarf allerdings einer fundierten Problemanalyse (d. h. Bedarfs- und Bestandsanalyse) als rationaler Grundlage und macht nur dann Sinn, wenn diese Ziele stringent in konkrete Angebote und Leistungen umgesetzt werden.

Wie eng Bedarfs- und Bestandsanalysen, Zielformulierung und die Ausgestaltung eines Hilfeinstrumentariums miteinander verknüpft sind, zeigen ex negativo die Ansätze eines Case Managements des Typs B (s. o.), soweit dieses sich speziell an Jugendliche und junge Erwachsene als Zielgruppe richtet. Das strategische Ziel besteht hier darin, Sozialhilfebedürftigkeit kurzfristig zu vermeiden, das rhetorisch bemühte Leitziel ist das der „Verselbstständigung".

Die Zielformulierung basiert jedoch in den von uns untersuchten Fällen weniger auf einer fundierten Problemanalyse als auf der „common sense"-Unterstellung, Jugendliche würden, wenn sie nicht sofort Arbeitsangebote erhalten, in Lethargie versinken und zu Dauerbeziehern von Hilfe zum Lebensunterhalt werden. Diese Unterstellung drückt jedoch mehr die Ängste von Erwachsenen und / oder Sozialpolitikern aus, als dass sie – bezogen auf die Bundesrepublik – durch empirische Fakten gestützt würde. Personen im Alter zwischen 18 und 27 Jahren sind üblicherweise in weit höherem Maße bereits nach 6 Monaten auch ohne spezielle Unterstützung wieder aus dem Sozialhilfebezug ausgeschieden als Personen aus anderen Altersgruppen.

Allerdings zeigen verschiedene Studien, dass der typische Weg von Jugendlichen und jungen Erwachsenen in prekäre Erwerbsbiographien sich in Deutschland als ausgeprägtes Pendeln zwischen „Jobs" und Beschäftigung beschreiben lässt (Mutz u. a. 1992) – ein Kreislauf, der angesichts der erwartbaren Arbeitsmarktentwicklung der nächsten Jahre zeitversetzt in Dauerarbeitslosigkeit führen kann, wenn er nicht durchbrochen wird.

Das strategische Ziel der Vermeidung von Sozialhilfeabhängigkeit wird in den genannten Konzepten somit kurzfristig erreicht, nicht jedoch das Leitziel einer dauerhaften Verselbstständigung, denn die genannte Praxis unterstützt prekäre Berufsbiographien, anstatt sie zu verhindern.

Unabhängig von der erheblichen rechtlichen Problematik sind die Maßnahmen bezogen auf das Leitziel daher ineffektiv; sie sind aber auch ineffizient: Weil gerade Jugendliche auch ohne Unterstützung des Sozialamtes Jobs finden, produziert „Arbeit sofort" Mitnahmeeffekte. Diese lassen sich bei ausreichender Datenbasis annäherungsweise darüber quantifizieren, dass Abgänge aus der Sozialhilfe mit und ohne Unterstützung miteinander verglichen werden.

Kaschiert werden Ineffektivität und Ineffizienz durch Refinanzierungsrechnungen, die eine mangelhafte Problemanalyse in fiskalische Münchhausenserien transformieren. Die falsche Unterstellung langer Verweildauern wird hier zur Grundlage fiktiver Ersparnisse, die allerdings nur dann gegeben wären, wenn ein Jugendlicher sich tatsächlich so lange in der Sozialhilfe aufhalten würde wie in der Rechnung erträumt.

(4) Die Planung von Leistungen wird sich im Feld der Hilfe zur Arbeit vielerorts so darstellen, dass eine vielgliedrige Trägerlandschaft einbezogen werden muss, denn Beratungs- Beschäftigungs- und Qualifizierungsangebote werden von unterschiedlichsten Trägern vorgehalten.

(5) Die Koordination der Anbieter und Träger beinhaltet im Kontext integrierter Hilfe nicht nur die gemeinsame Planung eines zukünftigen Leistungsangebots, sondern dessen Steuerung nach Maßgabe der zentralen Ausrichtung am prognostizierten Bedarf und nicht am Bestand an Maßnahmeplätzen, die „besetzt werden müssen". Hier muss vielerorts ein grundsätzlicher strategischer Wechsel vollzogen werden, der allen Beteiligten ein Umdenken abverlangt.

(6) Bedarfs- und Bestandsanalysen sowie Ergebnisse der Evaluation bilden den Grundstock für ein operatives und strategisches Controlling, das

eines der zentralen Steuerungsinstrumente der „Integrierten Hilfe zur Arbeit" darstellt. In ihm werden Informationen über die Hilfeprozesse im Einzelfall ebenso zusammengefasst und verdichtet wie die Daten, die für die Planung und Koordination zukünftiger Angebote wichtig sind. Im Gegensatz zum Controlling dient die Evaluation der „Wirkungen" und „Auswirkungen" der Leistungsprozesse der Sozialhilfe nicht direkt der Steuerung der Sozialhilfe, sondern liefert mit zum Teil erheblichem Zeitverzug und aufwendigen sozialwissenschaftlichen Methoden Erkenntnisse über beabsichtigte und insbesondere unbeabsichtigte Auswirkungen der kommunalen Sozialhilfepolitik. Auf der kommunalen Ebene sind vor allem Reaktionen von Zielgruppen auf die Leistungsprozesse von Sozialhilfe von Interesse, die nicht in den Genuss dieser Leistungen kommen. Welche Folgen hat z.B. die Unterstützung der Arbeitsaufnahme oder der beruflichen Bildung von Sozialhilfeempfängern auf andere Zielgruppen, deren Lebenslage lediglich knapp oberhalb der Sozialhilfe angesiedelt ist? Gibt es hier Verdrängungsprozesse, reduziert z.B. die aktive Jobvermittlung für arbeitslose Sozialhilfeempfänger die Chancen von Arbeitssuchenden ohne Sozialhilfeansprüche?

2 Steuerungsanforderungen in der Sozialhilfe

Die bisherigen Ausführungen konzentrierten sich auf jenen Bereich der Sozialhilfe, in dem die Diskussion um eine Verstärkung des Dienstleistungsaspektes am weitesten fortgeschritten ist.

Bei einer Ausweitung der hier skizzierten Instrumente und Modelle auf die Sozialhilfe allgemein (z.B. im Rahmen einer „flächendeckenden" Einführung von Case Management wie in Köln, Stuttgart und vielen anderen Kommunen) darf der normative, d.h. institutionelle Kontext nicht übersehen werden, in dem die Sozialhilfe steht.

Betrachten wir die Hilfe zum Lebensunterhalt nach dem BSHG von ihren rechtlichen Begründungen im Grundgesetz und im SGB I her (Krahmer 2001), so können wir feststellen, dass Sozialhilfe ein durch Gesetz festgelegtes Leistungssystem ist, welches Menschen bei dem Vorliegen einer gesetzlich definierten Bedarfslage Hilfe leistet, ohne dass es auf deren Ursachen ankommt und ohne dass die Hilfsbedürftigen besondere Vorleistungen oder Gegenleistungen erbringen müssen. Vielmehr werden die Hilfen mit dem Ziel geleistet,

- ein menschenwürdiges Leben zu ermöglichen, welches sich als soziokulturelles Existenzminimum mit den Dimensionen der materiellen Teilhabe, der individuellen Teilhabe (eigene Persönlichkeitsentwicklung, angemessene Wohnung, selbstständige Lebensführung) und der gesellschaftlichen Teilhabe (Bildung, Kultur, Kommunikation) operationalisieren lässt, und

■ den Hilfsbedürftigen soweit wie möglich zu befähigen, unabhängig von ihr zu leben. Hierbei muss dieser nach Kräften mitwirken (BSHG § 1 Abs. 2). Hilfe zur Selbsthilfe verweist regelhaft auf eine vorrangige Sicherung der Lebensführung durch familiale Unterstützung, auf die vorrangige Sicherung des Lebensunterhaltes durch Erwerbsarbeit oder auf die Nutzung vorrangiger Sozialversicherungsleistungen.

Das BSHG beschreibt somit Leistungstatbestände und regelt einen spezifischen Dienstleistungsprozess. Das Ziel des Dienstleistungsprozesses ist die menschenwürdige und von Sozialhilfeleistungen unabhängige Lebensführung. Die Hilfe zur Arbeit stellt nur einen Teil dieses Leistungsprozesses dar und zwar den Teil, der sich explizit auf das Ziel der Hilfe zur Selbsthilfe durch Arbeit bezieht. Ziele, die in diesem Kontext entwickelt werden, bilden ebenso wie die entsprechend eingesetzten Instrumente und ihr Setting nur einen (wenn auch großen) Ausschnitt des Zielkorridors der Sozialhilfe ab. Wird dies nicht zureichend reflektiert, dann droht das Teilziel der „Verselbstständigung" hegemonial zu werden und die Sozialhilfe in ihren normativen Grundlagen schleichend zu verändern. Dies ist die grundsätzliche, auch verfassungsrechtlich relevante Problematik etlicher zurzeit diskutierter „Aktivierungskonzepte".

Der oben entwickelte Idealtypus „integrierter Hilfe zur Arbeit" muss modifiziert werden, soll er sich insgesamt auf „Sozialhilfe als Dienstleistung" beziehen lassen. Insbesondere ist dabei das Verhältnis von materieller und persönlicher Hilfe zu klären. Modellhaft könnte eine Konstruktion einzelfallspezifischer Leistungsprozesse folgendermaßen aussehen (s. Abbildung 19).

Eine Steuerung des „Produktes" Sozialhilfe im Kontext der kommunalen Leistungsproduktion ist mit der einzelfallbezogenen Steuerung, auch in Form eines ausgefeilten Case Managements, noch nicht vollständig. Sie sollte ergänzt werden durch die einzelfallübergreifende Steuerung des Produktes „Sozialhilfe" hinsichtlich seiner Wirkungen und Kosten im Kontext des gesamten kommunalen Handlungsfeldes der sozialen Existenzsicherung und der Gestaltung von Lebenslagen und Lebenschancen.

Die Sozialhilfeleistung ist eingebettet in den kommunalen Aufgabenkanon der sozialen Daseinsvorsorge mit den Zielen der Sicherung einer menschenwürdigen und selbstständigen Lebensführung, der sozialen Integration der Einwohner und der Förderung solidarischer Lebensweisen. Das Potenzial der aktuellen Renaissance einer Kommunalisierung der Sozialpolitik liegt in dieser örtlichen Politikintegration, in dem systematischen Zusammenwirken von Stadt(teil)entwicklungspolitik, Kinder- und Jugendhilfepolitik, Wirtschafts-, Arbeitsmarkt- und Bildungspolitik. Aktuelle Projekte der „Sozialen Stadt", soziale Betriebe oder integrierte Beschäftigungsförderstrategien dokumentieren erfolgreiche kommunale Politikmodelle.

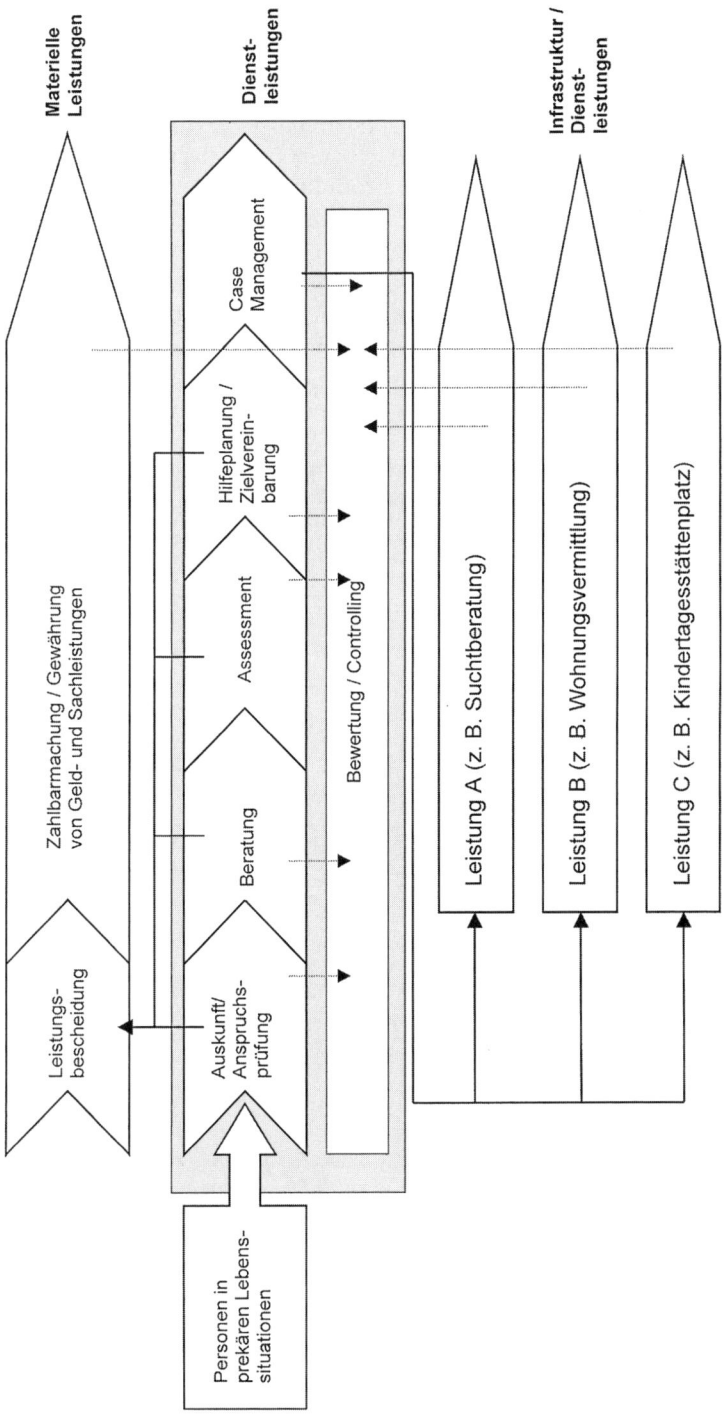

Abb. 19: Die Leistungskette eines modernisierten Sozialamtes (Variante)

Sozialplanung und Sozialberichterstattung haben in der strategischen Steuerung kommunaler sozialer Dienstleistungen wesentliche Aufgaben. Wenn diese wahrgenommen werden, fungiert Sozialplanung als wichtige Vermittlungsinstanz zwischen den Interessen und Bedürfnissen der Menschen, ihren annäherungsweise objektivierbaren Lebenslagen und Lebensführungsmustern und der öffentlichen Produktion sozialer Dienstleistungen in den kommunalen, staatlichen und gemeinnützigen Systemen des Sozialstaates.

Die oben genannten Bausteine horizontaler Integration, nämlich Bedarfs- und Bestandsanalyse, bilden wesentliche Schnittstellen zwischen dem einzelfallorientierten Case Management und einer so verstandenen Sozialplanung. Denn für die Realisierung des Anspruchs, bedarfsgerechte Hilfe zu leisten, ist es notwendig, das vorhandene Angebot beständig zu überprüfen und zu modifizieren. Eine solche Modifikation darf aber nicht von der gesellschaftlichen Aufgabe der Sozialhilfe, die soziale Integration abzustützen, abstrahieren. Hier greift einzelfallorientierte Hilfe über, ist eingebettet in einen umfassenderen sozialpolitischen Kontext.

Case Management mit alten pflegebedürftigen Menschen

Lehren aus einem Modellversuch

Von Michael Wissert

1 Rahmenbedingungen des Modellversuchs

Das Projekt „Ergänzende Maßnahmen zur ambulanten Rehabilitation älterer Menschen" wurde von April 1994 bis März 1996 von einem Berliner Altenselbsthilfeträger, dem Sozialwerk Berlin e. V., an einem Krankenhaus im östlichen Teil Berlins (Krankenhaus Lichtenberg im gleichnamigen Bezirk) und in einem westlichen Teil Berlins (Krankenhaus Am Urban in Kreuzberg) durchgeführt. Aufgabe war es, Interventionsmöglichkeiten im Handlungsfeld der Sozialarbeit zu untersuchen und weiterzuentwickeln, mit denen es zukünftig gelingen sollte, von älteren Menschen nicht erwünschte Heimverlegungen abzuwenden oder zeitlich hinauszuzögern, speziell in und nach gravierenden gesundheitlichen Lebenskrisen. Dabei sollten Gesichtspunkte der Effektivität und der Effizienz eines veränderten methodischen Settings sozialarbeiterischen Handelns erprobt und untersucht werden. Die Planung des Projekts folgte dem Ansatz der „Zielorientierten Projektplanung" (Sauer 1992). Als Projektziele im Sinne direkter und unmittelbarer Wirkungen standen im Zentrum der Untersuchung:

- Verminderung der Verweildauer in der akutstationären Behandlung,
- Verlangsamung des „Drehtüreffekts" und
- Vermeidung oder kontrolliertes zeitliches Verzögern der Übersiedelung in ein Heim.

Um diese Ziele zu erreichen, hatten sich die Beraterinnen des Projekts (drei Mitarbeiterinnen aus den Berufsgruppen Sozialarbeit und Pädagogik sowie eine Verwaltungskraft) als angestrebte prozessorientierte Wirkungen folgende Aufgaben gesetzt:

- über bestehende Möglichkeiten im Hilfesystem umfassend zu informieren,
- individuelle Dienstleistungspakete für den einzelnen Menschen zusammenzustellen,
- notwendige Hilfen zu organisieren, ihre Zielgenauigkeit zu überprüfen und gegebenenfalls das Hilfesystem zu verändern,
- Klienten- und Hilfesystem zu verzahnen und

■ die Kooperation zwischen den einzelnen Gliedern der Versorgungskette herzustellen.

Auf der Ebene von Oberzielen sollten indirekte Wirkungen des Case-Management-Handelns erfasst werden, z. B. auf die subjektive Befindlichkeit der alten Menschen sowie ökonomische Wirkungen.

Neben der Beschränkung auf die beiden Krankenhäuser sollten zur Absicherung der wissenschaftlichen Auswertung nur solche Patienten in dem Modellprojekt beraten werden, die in den beiden Berliner Bezirken Lichtenberg und Kreuzberg wohnten, zwischen 70 und 85 Jahre alt waren, die Einweisungsdiagnosen „Oberschenkelhalsbruch", „Schlaganfall" oder „Schwere Herzinsuffizienz" hatten und bei der AOK Berlin krankenversichert waren.

Das Projekt wurde von der AOK Berlin durch eine Gesamtpauschale über ein Drittel der Kosten, von den beiden Bezirksämtern Kreuzberg und Lichtenberg von Berlin (ein Drittel der Kosten durch Klienten bezogene Fallpauschalen) sowie von der Senatsverwaltung für Soziales finanziert (ein Drittel der Kosten durch Klienten bezogene Fallpauschalen). Das Bundesministerium für Familie, Senioren, Frauen und Jugend finanzierte die wissenschaftliche Begleitung.

Der Beratungsansatz des Projekts folgte der Methode des Case Managements bzw. des Unterstützungsmanagements (Wissert u. a. 1996). Seine Grobstruktur lässt sich mit folgenden Handlungsschritten skizzieren:

■ Vorfeldklärung / Case Finding,
■ Assessment,
■ Ausarbeitung des Hilfeplans,
■ Kontraktierung des Reha- oder Versorgungsplans,
■ Umsetzung des Reha- oder Versorgungsplans und
■ Evaluation.

Bei der Vorfeldklärung bzw. beim Case Finding wird ermittelt, ob eine Case-Management-Beratung als notwendig oder sinnvoll angesehen bzw. vom Klienten gewünscht wird.

Unter Assessment wird die Analyse der derzeitigen Lebens- und Gesundheitssituation der Klienten verstanden. In diese Bewertung fließen die Einschätzungen aller am Rehabilitations- und Versorgungsprozess Beteiligten ein. Besondere Bedeutung liegt dabei auf den Selbstbeurteilungen der alten Menschen.

Die Hilfeplanung vollzieht sich in zwei Teilschritten: Auf der Grundlage der Ergebnisse des Assessments werden im Hilfeplan von den Case Managern Vorschläge und Lösungsmodelle zur Beseitigung vorgefundener Versorgungslücken aufgelistet, um dem alten Menschen, wenn er dies wünscht, eine Rückkehr in die häusliche Umgebung zu ermöglichen. Auf der

Grundlage des von den Beratern vorgelegten und erläuterten Hilfeplans entscheiden die Klienten, welche Hilfen sie in Anspruch nehmen möchten. Der daraus entwickelte Rehabilitations- oder Versorgungsplan ist Ausdruck des Selbstbestimmungsrechts: Die alten Menschen behalten speziell in dieser Phase des Case Managements die Verantwortung und Entscheidung über ihren gewünschten weiteren Lebensweg, ihren Versorgungsgrad und die konkreten einzelnen Hilfen bei der häuslichen Versorgung. Der Planungsprozess endet mit dem Auftrag an die Case Manager und einem Kontrakt, die Organisation der Hilfen zu initiieren, zu begleiten und zu koordinieren (Umsetzung des Reha-Plans).

Schlusspunkt ist die Evaluierung und die damit einhergehende Entpflichtung der Berater. Die Evaluierung kann dabei sowohl auf die Beurteilung des Prozesses als auch der Beurteilung der mit den Maßnahmen erreichten Zielen (Wirkungsevaluierung) ausgerichtet sein und in zwei Phasen erfolgen: unmittelbar nach Abschluss des Case Managements und zu einem späteren Zeitpunkt, z.B. sechs Monate nach Abschluss der Beratung.

2 Zugang zur Zielgruppe

Insgesamt konnten während der Projektlaufzeit 170 Klienten mittels Case Management beraten werden. Ursprünglich war geplant worden, die Altersgruppe für die Projektteilnehmer auf 70 bis 80 Jahre zu begrenzen. Schon kurz nach Beginn des Projektes zeigte sich jedoch, dass das Altersspektrum nach oben „aufgeklappt" werden musste (bis zu den 85-Jährigen). Zum einen verhinderte ein nicht zu stoppender Filtereffekt des Krankenhauspersonals den Zugang der Menschen unterhalb von 75 Jahren zur Case-Management-Beratung, zum anderen bestand gerade für Menschen über 80 Jahre ein hoher Beratungsbedarf, was sich dann auch im Laufe des Beratungsprozesses in der höheren Beratungsintensität dieser Altersgruppe manifestierte (Overbeck u.a. 1997). Aufgrund des Altersspektrums war klar, dass von dem Projekt wesentlich mehr Frauen (75 %) als Männer erfasst wurden. Der größere Anteil der Patienten, etwa 45 %, war der Diagnosegruppe „Schwere Herzinsuffizienz" zuzurechnen, danach folgten die Krankheitstypen „Oberschenkelhalsbruch" (etwa 27 %) und „Schlaganfallerkrankungen" (knapp 23 %). Einige Personen (etwa 5 %) ließen sich keiner dieser Diagnosegruppen zuordnen, wurden aber dennoch zu Klienten des Modellversuchs.

Das Projekt agierte als externe Einrichtung an den beiden Krankenhäusern. Die organisatorische und personelle Steuerung des Modellversuchs war nicht in das Krankenhaus bzw. in die beiden Krankenhäuser verlagert worden, sondern das Case Management wurde als Dienstleistung eines externen Trägers, nämlich des Sozialwerks Berlin e. V., zur Verfügung gestellt und von den Krankenhäusern genutzt. Die Beraterinnen waren aber in Büros im Krankenhaus untergebracht. Somit war es nicht in das Patientenmeldesystem integriert (Datenschutz), daher wurden den Beraterinnen nicht alle Personen mit den oben genannten Krankheitsdiagnosen unter Beachtung der weiteren Begrenzungen genannt, beziehungsweise wurden umgekehrt auch solche gemeldet, die nicht darunter fielen. Hier wird die (für den Modellversuch und für alle Case-Management-Stellen nicht gewollte) Filterfunktion der Krankenhäuser sichtbar, die von sich aus eine Vorauswahl trafen und meist Patienten mit vermeintlich „leichteren Problemlagen" nicht meldeten. Trotz einer Änderung des Zugangsverfahrens konnte diese Filterfunktion bis zum Ende des Projekts nicht völlig vermieden werden.

3 Erreichung der Projektziele – direkte Wirkungen

Anhand einer Reihe vom Projekt festgelegter Merkmale bzw. Faktoren, die für eine Verlegung in ein Heim verursachend sein können, wurde versucht, eine Einschätzung der so genannten Heimprognose der alten Menschen vorzunehmen. Bei 141 Klienten (Gesamtheit 170) war aufgrund des erreichten Beratungsstandes eine Beurteilung der Heimprognose möglich. Mit großer Sicherheit wäre bei 78 Personen (55 % aller Klienten) eine Heimverlegung nach der akuten Krankenhausbehandlung erfolgt.

Davon lag bei 52 Personen ein eindeutiges Votum der behandelnden Ärzte vor, das unter anderem mit der Ratlosigkeit der Ärzte hinsichtlich der Organisation der Versorgung und Betreuung nach der akutstationären Behandlung, einer Entlastung von Handlungsdruck aber auch mit „therapeutischem Nihilismus" erklärt werden muss.

Das Merkmal „ärztliches Votum" war fast immer begleitet von anderen Einflussfaktoren, die den Ärzten und dem Pflegepersonal sowie anderen eine dauerhafte stationäre Pflege zunächst nahe legten. Die größte Bedeutung hatten dabei die akuten Krankheitsbedingungen, die sowohl in der Krankheitsform (Schwere und Verlauf der Krankheit), in der Verwirrtheit der alten Menschen als auch in einer Multimorbidität ihren Niederschlag fanden.

Bei einer Reihe der Ausgangslagen hätte die Persönlichkeit des Patienten mit ihren unterschiedlichen Dimensionen, wie z.B. pessimistische Grundstimmung, fehlende Lebensperspektive, fehlender Lebenssinn und situative Ängstlichkeit eine Heimverlegung gefördert. Es ist aber interessant, dass die Konstellationen überwogen, bei denen die Persönlichkeit des alten Menschen nicht für eine Heimverlegung gesprochen hat, also andere Faktoren das Institutionalisierungsrisiko bedingt haben.

Ein fehlendes Engagement von Angehörigen ist nicht umfänglich nachzuweisen, sondern eher das Gegenteil. Allerdings setzten bei einem nicht zu unterschätzenden Anteil die Angehörigen ihr Engagement für eine Heimverlegung ein. Dabei fiel in den meisten Fällen das Heimvotum der Angehörigen mit dem der Ärzte zusammen, in nur wenigen Fällen drängten die Angehörigen auf eine Verlegung in ein Heim, ohne dass die Ärzte dafür votiert hätten.

Interessant ist es schließlich auch, dass die gegebene häusliche Versorgungslage bei keinem alten Menschen zu einer Heimbetreuung geführt hätte, während die Wohnsituation in einer Reihe von Fällen das Institutionalisierungsrisiko erhöht hat.

Von den 78 Problemlagen, bei denen von einer drohenden Heimbetreuung auszugehen war, haben fünf Personen im Rahmen der Vorfeldklärung bzw. des Case Findings keinen Beratungskontrakt abgeschlossen, d.h. sie wollten nach einer ersten Information keine Case Management Beratung wahrnehmen. Von den verbliebenen 73 konnte bei 43 Personen eine Reha-Planung erstellt und so umgesetzt werden, dass die alten Menschen nach Hause zurückkehren konnten. In acht Fällen erfolgte ein Abbruch der Beratung (z.B. durch die Intervention von Angehörigen), weitere acht Menschen mussten im Laufe des Planungsprozesses in ein Heim umziehen und vierzehn verstarben im Planungszeitraum.

Die Tatsache, dass (ohne Vorfeldklärungen) bei 59 % der Menschen, die von einer direkten Verlegung vom Akutkrankenhaus in ein Heim bedroht waren und diese stationäre Pflege ablehnten, eine Entlassung nach Hause ermöglicht wurde, kann als großer Erfolg des Projekts bezeichnet werden, denn diese Menschen hätten ohne das Case Management sehr wahrscheinlich nicht nach Hause zurückkehren können.

Der Umstand, dass ein Anteil von 19 % in der Case-Management-Planungsphase verstorben ist, lässt sich damit erklären, dass es sich bei alten Menschen, die sich in Akutkrankenhäusern befinden und eine Heimprognose aufweisen, meist um gravierende Problemlagen handelt, bei denen das Todesrisiko sehr hoch ist.

Der Abbruch der Beratung muss nicht in jedem Fall als Misserfolg gewertet werden, da zum Teil die alten Menschen selbst oder ihre Angehörigen die weitere Organisation der Hilfen übernommen haben.

Bei 54 weiteren Projektklienten wurde eine Case-Management-Planung erstellt und umgesetzt, ohne dass diese unmittelbar von einer Heimverlegung bedroht waren. Die Tatsache, dass für diese Patienten therapeutische Maßnahmen eingeleitet, ambulante Dienste und Hilfsmittel organisiert, Wohnungsanpassungen geplant und diverse Anträge auf Hilfen bzw. Kostenübernahmen gestellt wurden, hatte jedoch Einfluss auf das fernere Institutionalisierungsrisiko sowie auf die Verhinderung bzw. Verzögerung der Wiedereinweisung in das Akutkrankenhaus (Drehtüreffekt).

Die Beurteilung der Wirkung des Projektes auf Drehtüreffekte hinsichtlich des sich laufend wiederholenden Wechsels akutstationärer und ambulant-häuslicher Versorgung ist von bestimmten Daten abhängig, die aus unterschiedlichen Gründen im Rahmen des Modellprojektes nur beschränkt erhoben werden konnten. Für die Auswertung dieses Effektes konnte lediglich auf die im Rahmen der Case-Management-Beratung erhobenen Daten zurückgegriffen werden, die weder über das zeitliche Vorfeld noch über die Zeit nach dem Unterstützungsmanagement exakte bzw. umfassende Auskunft geben können. Untersucht wurden diejenigen Personen, die während der laufenden Beratung das Kriterium „Drehtüreffekt" erfüllten, indem sie innerhalb eines Jahres wieder in akutstationäre Behandlung eingewiesen wurden und bei denen die oben angesprochenen Daten für die Zeiten vor und nach der Unterstützungsberatung in Sonderrecherchen ermittelt werden konnten. Die statistische Auswertung mittels einer linearen Regressionsanalyse zeigt, dass der Trend der häufigen bzw. langen stationären Behandlungsphasen erheblich verlangsamt und verkürzt worden ist. Vor allem aber wurde durch das Case Management die unheilvolle Dynamik der immer kürzer werdenden Phasen der häuslichen Versorgung gestoppt und völlig umgekehrt: Spätestens nach der ersten Wiedereinweisung als „Projektklienten", d.h. nach der zweiten Case-Management-Intervention, wurde bei den für die Berechnung erfassten alten Menschen innerhalb des Beobachtungszeitraumes von sechs Monaten keine stationäre Versorgung mehr notwendig. Aufgrund der zu geringen Fallzahl für diese Berechnung können die Ergebnisse nur bedingt verallgemeinert werden. Es konnte aber nachgewiesen werden, dass mit der Case-Management-Beratung ein erheblicher Effekt auf die Drehtürproblematik ausgeübt wird. An dieser Stelle sollten weitere Forschungen ansetzen.

Ob das Case Management in diesem Handlungsfeld einen Einfluss auf die Verweildauer im Krankenhaus hat, ließ sich empirisch nicht gesichert feststellen, da aufgrund der Filterfunktion der Krankenhäuser beim Zugang zu den Patienten keine Vollerhebung aller Patienten mit der gleichen Eingangsdiagnose vorgenommen werden und die Krankenkasse keine Vergleichsdaten zur Verfügung stellen konnte. Nach dem Eindruck der Beraterinnen wurden dort, wo solche Reha-Beratungen schon frühzeitig begonnen werden konnten, die Klienten früher als andere Patienten aus dem Krankenhaus entlassen.

Eine geringe, methodisch bewusst herbeigeführte Verlängerung der Verweildauer trat in zwei Fällen auf, in denen die Klienten dem Beratungsteam erst sehr spät gemeldet wurden. Der Entlassungstermin musste dann um einige Tage verschoben werden, um die notwendige ambulante Versorgung sicherzustellen.

Mit Blick auf die beiden beteiligten Krankenhäuser wurde festgestellt, dass es beim internen Vergleich der drei Krankheitsdiagnosen erhebliche Unterschiede in der durchschnittlichen Verweildauer der Projektklienten gab, obwohl der Zugang des Case Managements zu ihnen in beiden Einrichtungen gleich war. Institutionsinterne Faktoren scheinen einen erheblichen Einfluss auf die Verweildauer zu haben, der die Wirkungen des Case Managements stark überlagert. Auch in diesem Bereich sind weitere Forschungen dringend erforderlich.

4 Evaluation indirekter Wirkungen

Auf der indirekten Wirkungsebene, also der Ebene der Oberziele, sollten die Verbesserung der subjektiven Befindlichkeit sowie ökonomische und strukturelle Wirkungen untersucht werden.

Wichtigstes, auf den Klienten bezogenes Oberziel war die Sicherung und Verbesserung der subjektiven Befindlichkeit. Dieser oft auch mit Lebensqualität bezeichnete Bereich umfasst unterschiedliche Dimensionen. Die Fragestellung des Case-Management-Projekts beinhaltete sieben Dimensionen: Neben dem Wohlbefinden und dem Grad der generellen, subjektiv empfundenen Selbstbestimmung hinsichtlich der weiteren Lebensplanung im Alter nach krisenhaften Ereignissen mit zum Teil bleibenden körperlichen Einschränkungen und chronischen Erkrankungen zählten objektivierbare Dimensionen spezifischer Bereiche der Selbstständigkeit hierzu, wie zum Beispiel die mittels ADL-/IADL-Skalen erfassbaren, funktionalen und alltagspraktischen Tätigkeiten (z.B. Schlafen, Essen, Körperhygiene / Lesen, Telefonieren). Ferner gehörten die Einschätzungen der gegenwärtigen sowie der zukünftigen Lebenslage und Aspekte der gesundheitlichen Situation aus der Sicht des Klienten dazu.

Die nach Abschluss des Case Managements am häufigsten verbesserte Dimension stellte das sich „Wohlfühlen zu Hause" dar: Bei 85 % aller Personen traf dies zu. Danach folgten neue oder wieder geknüpfte „Kontakte zur Umwelt" (53 %), „Genesungsfortschritte" (40 %) und neue oder wieder gewonnene „Lebensperspektiven" (38 %). Am Ende der Rangfolge rangierten die Kriterien „keine Schmerzen haben", „neue Aktivitäten" und „Selbstständigkeit". Die Ergebnisse zeigen, dass die Wirkungen des Case Managements sich für die alten Menschen insbesondere sehr stark anhand emotionaler und sozialer Kriterien manifestieren und nur im geringeren Maß von gesundheitlichen und funktionalen Kriterien beeinflusst werden. Lediglich bei zwei Klienten von insgesamt 97 mit abgeschlossener Case-Management-Planung, konnte in keiner der sieben erfassten Dimensionen eine Verbesserung erreicht werden. Bei allen anderen in die Datenerhebung einbezogenen Personen ist zumindest für einen Bereich eine Verbesserung der subjektiven Befindlichkeit beobachtet worden.

Wie die bisherige Darstellung der Projektziele schon gezeigt hat, können ökonomische Wirkungen bei der Verkürzung der Verweildauer nicht nachgewiesen werden. Nachweisbar waren solche Wirkungen des Drehtüreffekts, ohne dass sie mit den vorliegenden Daten als exakt bezifferbare

Einsparungen in Form von Minderausgaben bei den Krankenkassen berechnet werden konnten.

Bei den ökonomischen Wirkungen der Vermeidung des Heimaufenthaltes konnte belegt werden, dass für Träger der Sozialhilfe eine ambulante Versorgung immer dann ökonomisch interessant ist, wenn

- die erwarteten Kosten der stationären Unterbringung im Vergleich zu den ambulanten Kosten relativ hoch sind,
- die Kosten der ambulanten Betreuung im Vergleich zu denen der stationären relativ niedrig sind, insbesondere bei Pflegebedürftigen mit pflegenden Angehörigen, und wenn ein Mix von Sach- und Geldleistungen vereinbart wird,
- pflegebedürftige Menschen Familienangehörige haben und
- Pflegebedürftige nur über ein geringes eigenes Einkommen verfügen.

Obwohl das Modellvorhaben vor Einführung der zweiten Stufe der Pflegeversicherung durchgeführt wurde, können diese Aussagen auch heute noch gelten. Erste Untersuchungen zur ökonomischen Zielerreichung der Gesetzlichen Pflegeversicherung zeigen, dass die ökonomischen Wirkungen des Case Managements bei der Vermeidung nicht notwendiger bzw. von alten Menschen nicht gewünschter stationäre Pflege weiterhin für den Träger der Sozialhilfe sehr bedeutsam sein werden (Roth/Rothgang 2001).

Das Problem für den Sozialhilfeträger stellt sich jedoch sowohl hinsichtlich „seines" Case-Management-Zugangs im Akutkrankenhaus zu möglicherweise zukünftig stationär Pflegebedürftigen als auch hinsichtlich des Zeitpunkts des Beratungsbeginns, da der Sozialhilfeträger in der Regel keine Kenntnis von den akuten, im Krankenhaus behandelten Krisen hat. Er wird erst dann eingeschaltet, wenn eine Kostenträgerschaft auf ihn zukommt. In diesem Falle ist aber oft schon die Entscheidung für die Verlegung in ein Heim gefallen, wenn nicht gar bereits vollzogen.

Der Zugang wird für den Sozialhilfeträger auch deshalb schwierig, da beim Auftreten einer Pflegebedürftigkeit nicht sofort Sozialhilfebedürftigkeit angenommen werden kann. In der Regel verfügen ältere Menschen über Sparguthaben oder anderes Vermögen, die vorrangig eingesetzt werden müssen, bevor der Sozialhilfeträger leistungspflichtig wird. Wartet der Sozialhilfeträger aber ab, bis diese Ersparnisse abgeschmolzen sind, dann ist der Zeitpunkt für ein gelingendes bzw. relativ einfaches und kostengünstiges Case Management längst verpasst.

Die Akzeptanz von Case-Management-Beratung durch die alten Menschen bzw. deren Angehörige lässt sich mit einer Reihe von kasuistischen Beobachtungen belegen. In einem erheblichen Maße haben die Beraterinnen dazu beigetragen, dass von den pflegebedürftigen Menschen neue Lebensperspektiven entwickelt wurden. Ferner konnte durch die intensive Beratung der Angehörigen erreicht werden, dass sich deren ursprüngliche

Meinung hinsichtlich der Notwendigkeit einer Heimunterbringung veränderte. Hier spielte vor allem eine Rolle, dass den Angehörigen klar wurde, welche ambulanten Hilfen zur Verfügung stehen und dass sie bei der Planung und Organisation immer auf das Case Management zurückgreifen konnten. Bei einem Teil von Angehörigen war sichtbar, dass sie nach einer anfänglichen Beratung selbst die Organisation der ambulanten Hilfen übernommen haben. Damit wurde ihr Selbsthilfepotenzial erheblich gestärkt.

Die Frage der Akzeptanz einer neuen Beratung(seinrichtung) von den alten Menschen wurde erheblich davon beeinflusst, wer die Kontakte für die Beraterinnen zu ihnen herstellte und welche Informationen alten Menschen in diesem Zusammenhang von Dritten (Krankenhauspersonal) gegeben wurden. Darüber hinaus erwies sich ein möglichst früher Zugang zur Beratung nach der Aufnahme in das Krankenhaus für die Akzeptanz bei den alten Menschen als ein wesentlicher Faktor. Als von den alten Menschen möglicherweise zukünftig selbst zu bezahlende Dienstleistung hätte das Case Management bei ihnen allerdings keine Akzeptanz finden können.

5 Fragen und Probleme der Implementierung externer Case-Management-Beratung

Das Krankenhaus ist häufig erstes Glied in der institutionellen Rehabilitationskette. Menschen erfahren hier nach gesundheitlichen Krisen oder Unfällen ihre primäre Versorgung. Gleichzeitig eröffnen die Krankenhäuser den weiteren Rehabilitationsweg, indem ihre Mitarbeiter über mögliche Verlegungen in Fachkliniken oder andere Rehabilitationseinrichtungen entscheiden. Von der Ausstattung der Einrichtungen und den genutzten Kompetenzen der Mitarbeiter hängt es ab, ob die ersten notwendigen, therapeutisch-rehabilitativen Maßnahmen frühzeitig, d.h. bereits im Akutkrankenhaus, erfolgen. Ausschlaggebend hierfür ist – neben den organisatorisch-institutionellen Rahmenbedingungen – die Einstellung der MitarbeiterInnen zur Rehabilitation alter Menschen. Der Satz: „Lohnt es sich denn überhaupt in diesem Alter?", geistert auch heute noch durch viele Köpfe. Abgesehen von der ethischen Problematik nimmt diese Meinung älteren Menschen jegliche Chance, ihre durch eine massive gesundheitliche Krise eingebüßten Fähigkeiten wieder zu erlangen oder neue, kompensatorische Fertigkeiten zu erlernen.

Mit der Verankerung eines externen, koordinierenden, organisierenden und prozessmanagenden Beratungsteams sollte organisatorisch sowohl die Rehabilitation im Krankenhaus verbessert als auch die individuelle, poststationäre Versorgung optimiert werden. Das Case Management zielte darauf ab, älteren Menschen die Wiedereingliederung in die häusliche Umgebung und eine ambulante Rehabilitation zu Hause zu ermöglichen.

Über die Verankerung einer neuen Beratungseinrichtung, über die Voraussetzungen, Bedingungen und Probleme soll im Folgenden aus der Sicht des externen Teams, das kurz als „Reha-Beratung" bezeichnet wird, berichtet werden.

Rahmenbedingungen

Neue Handlungsstrukturen lassen sich in bestehenden Organisationen sowohl über interne Veränderungen der Organisation als auch durch die Anbindung externer Organisationen erreichen, die z.B. neue Handlungskonzepte von außen hineintragen.

Mit dem Modellprogramm wurde die zweite Variante gewählt, die Verankerung neuer Handlungsstrukturen durch Externe. Es stellt sich nun die Frage nach den notwendigen Rahmenbedingungen, um ein außen stehendes Projekt in bestehende Organisationen zu integrieren. Diese Rahmenbedingungen werden vor allem gebildet durch:

- die Analyse des strukturellen Bedarfs,
- die Trägerschaft,
- den Informationstransfer und
- die Handlungskompetenz des Case-Management-Teams.

Analyse des strukturellen Bedarfs

Im Vorfeld eines jeden sozialen Projekts sollte eine generelle Analyse der Ausgangslage erfolgen (hier speziell zur rehabilitativen Versorgung und Pflege alter Menschen nach Krankenhausaufenthalten). In dieser Analyse gilt es zu untersuchen, ob für das geplante Angebot ein Bedarf vorhanden ist, welche quantitativen und qualitativen Dimensionen er aufweist, wer Kostenträger (für alle oder einzelne Maßnahmen) des Projekts ist und welche Wege zur Etablierung des Projektes zu beschreiten sind.

Das Modellprogramm „Reha-Beratung" konnte für sich als Vorteil verbuchen, dass der grundsätzliche Bedarf nach Beratung im Bereich der Rehabilitation alter Menschen nach der Methode des Case Managements bereits in einem vorhergehenden Modellprojekt unter gleicher Trägerschaft nachgewiesen werden konnte. Wichtige positive Wirkungen institutionsübergreifender, koordinierender Beratung für alte Menschen in komplexen Problemlagen waren somit bereits dokumentiert. Ungeklärt geblieben waren spezielle Dimensionen der Effektivität und der Effizienz des Case Managements speziell im Handlungsfeld des Akutkrankenhauses.

Trägerschaft

Das Modellprogramm fand in Trägerschaft einer Altenselbsthilfeorganisation statt. Es war angesiedelt in zwei Berliner Krankenhäusern, die sich in kommunaler bzw. wohlfahrtsverbandlicher Trägerschaft befinden. Hierbei war als Vorteil anzusehen, dass sowohl der Projektträger als auch eines der Krankenhäuser dem gleichen Wohlfahrtsverband angehören.

Zu vermuten ist, dass mit der Anbindung an die Altenselbsthilfeorganisation (Sozialwerk Berlin e. V.) als einem relativ „kleinen Träger" in der Soziallandschaft die Zustimmung der Krankenhäuser zum Modellprogramm eher ermöglicht wurde, als wenn ein als ebenbürtig eingeschätzter Konkurrenzverband mit diesem Ansinnen an die beiden Krankenhäuser herangetreten wäre. Zwischen Verbänden, die das gleiche Dienstleistungsangebot vorhalten bzw. sich als Konkurrenten einschätzen, wird sich die Etablierung eines externen Projektes als schwieriger und zeitintensiver erweisen. Mitarbeiter externer Projekte werden häufig mit einer gewissen Distanziertheit betrachtet, da ihnen in ihrer außen stehenden Stellung gleichzeitig eine Kontroll- und Überwachungsmöglichkeit zugeschrieben wird. Die Arbeit des Krankenhauses wird mit den Augen Dritter beobachtet und beurteilt. Das Gefühl, kontrolliert zu werden, tritt umso stärker auf, je größer sich die Konkurrenz zwischen den Trägern darstellt. Im Extremfall kann sogar das Ziel, die Verbesserung der Rehabilitation älterer Menschen, „zu Gunsten" von Distanzierungen, Ängsten und Konkurrenzgefühlen geopfert werden.

Informationstransfer

Zur Etablierung externer Projekte spielt die Kenntnis über innerorganisatorische Hierarchien und Informationsflüsse eine zentrale Rolle. Auch wenn die Verhandlungen über die geplante Kooperation hierarchisch gesehen von der obersten zur untersten Ebene erfolgen müssen („Top-down-Ansatz"), so gilt es dennoch, jede Ebene, die mit dem Projekt in Berührung kommen wird, mit einzubeziehen und zu informieren. Es ist nicht ausreichend, vertragliche Absprachen nur auf den höheren Hierarchieebenen zu führen, d. h. mit der Ärztlichen Leitung, den Chefärzten, der Verwaltungsleitung bzw. der Geschäftsführung eines Krankenhauses. Insbesondere die Handlungs- oder Durchführungsebene, d. h. die Ebene, mit der ein externes Projekt in seiner Beratungsarbeit schwerpunktmäßig im beruflichen Alltagshandeln kooperieren wird, sollte frühestmöglich in Absprachen integriert werden.

Es kann nicht davon ausgegangen werden, dass der Informationstransfer insbesondere in Großorganisationen derart gut funktioniert, dass ein Informationsfluss zwischen allen Ebenen gegeben ist. In der Realität ist man eher mit der Situation konfrontiert, dass Informationen „auf halbem Wege stecken bleiben".

So sind denn auch die Case Managerinnen der „Reha-Beratung" damit konfrontiert worden, dass – entgegen der Absprachen – bei Projektbeginn kaum einer der Ober- und Stationsärzte, der Pflegedienstleitungen und des Pflegepersonals auf den ausgewählten Krankenhausstationen über die generellen Absprachen, die Ziele des Projekts oder gar über den mit den Krankenhausleitungen vereinbarten Zugangsmodus zu den Projektklienten krankenhausintern informiert worden war.

Zur Motivation und zum Aufbau der Bereitschaft zur Zusammenarbeit erscheint es sinnvoll, möglichst viele der zukünftigen Kooperationspartner im Vorfeld in die Verhandlungen und Vorabsprachen zu integrieren, um diese am Entscheidungs- und Initiierungsprozess zu beteiligen und somit die Verankerung und das Votum zur Zusammenarbeit zu erleichtern.

Zwischen dem Projekt, den Krankenhäusern und weiteren Entscheidungsträgern (wie z.B. Finanziers) getroffene Absprachen und Vereinbarungen sollten schriftlich fixiert werden, um sich zu einem späteren Zeitpunkt auf diese berufen zu können und auch um abwesenden Personen oder Gruppen die Möglichkeit zu geben, sich zu informieren und gleichzeitig eine Transparenz für alle Beteiligten herzustellen. Dieses hat umso größere Bedeutung, als insbesondere im Krankenhaus ein häufiger Personalwechsel stattfindet, der u.a. auf die ständige Rotation in der Ärzteschaft (Assistenzärzte) zurückzuführen ist.

Handlungskompetenz

Viele Case-Management-Projekte versuchen, das meist bestehende Problem der Finanzierung von Personalkosten durch die Regelungen des Arbeitsförderungsgesetzes (AFG) zu lösen. Dies scheint ein gangbarer Weg zu sein, in einer befristeten Zeitspanne methodische, konzeptionelle oder andere Problemlösungsalternativen zu testen und zu bewerten. Dabei wird jedoch oft übersehen, dass Arbeitsbeschaffungsmaßnahmen (ABM) nicht immer die zur Zielerreichung des Projekts erforderlichen personellen Kompetenzen zu sichern vermögen. Da Case-Management-Stellen in der Regel „handlungspraktisches Neuland" bedeuten, wäre es eigentlich dringend erforderlich, sehr gut ausgebildete und erfahrene Mitarbeiter zu gewinnen, deren Kompetenzprofil das Erreichen der angestrebten Projektziele sichern kann. Dies ist bei Mitarbeitern, die Arbeitsbeschaffungsmaßnahmen in Anspruch nehmen können, nicht immer der Fall, da sie über z.T. längere Zeiträume keine Berufspraxis mehr haben.

Ferner sind ABM-fähige Berufsgruppen nicht immer diejenigen, deren berufsspezifisches Kompetenzprofil zu dem in der jeweiligen Case-Management-Arbeit gegebenen Aufgabenspektrum passt. Konkret bedeutet dies, dass sozialarbeiterische Aufgaben, z.B. von Altenpflegern oder Krankenpflegern, in der Regel nicht bzw. nicht in ausreichender Qualität erbracht werden können. Wäre dies anders, so wären die entsprechenden

Curricula nicht mehr stimmig bzw. die berufsspezifischen Handlungsfelder müssten neu bestimmt und geordnet werden. Mit (hinsichtlich der Fachdisziplin) falsch besetzten Stellen wird man die Projektziele nicht oder nur eingeschränkt erreichen können und die Verankerung neuer Handlungskonzepte wird dadurch schwieriger, vor allem bei externen Projektteams.

Generell gilt: Es gibt zwar ein durch ein normiertes Curriculum allgemein anerkanntes und gültiges Kompetenzprofil des Case Managements, aber es gibt im Handlungsfeld der Rehabilitation und Versorgung alter Menschen keine Berufsgruppe, die einen Anspruch auf die alleinige Ausübung der Funktionen des Case Managements erheben könnte.

Zuletzt soll noch der innovative Charakter von Case-Management-Modellvorhaben angesprochen werden: Auch hier sollte die zu den Projektzielen passende berufliche Kompetenz den Vorrang genießen gegenüber bisherigen (gewohnten und z. T. sozialgesetzlich ableitbaren) Regelungen. Konkret: Zwar besitzt im Handlungsfeld der Rehabilitation und Versorgung alter Menschen die Medizin eine Gate-Keeper-Funktion, die zur Ereichung der Projektziele notwendigen Kompetenzen sind aber eher bei anderen Berufsgruppen zu finden (Sauer / Wissert 1997). Aus diesem Grund wurde auf Ärzte im Team der „Reha-Beratung" verzichtet, obwohl man wusste, dass gerade die Gate-Keeper-Funktion sowie die gegenwärtige hierarchische Stellung dieser Disziplin eine Ankoppelung an das medizinisch dominierte Handlungsfeld „Krankenhaus" möglicherweise sogar begünstigt hätte.

Hemmnisse

Die Verankerung eines externen Case Management Beratungsteams im Krankenhaus kann von zwei wichtigen Faktoren erschwert werden: institutionellen und personellen Hemmnissen.

Institutionelle Erschwernisse: Mit der Dimension der institutionellen Hemmnisse sind Probleme gemeint, deren Ursachen in der Struktur und den ablaufbezogenen Gegebenheiten der Institution zu suchen sind. Hierzu zählen neben den bekannten Kommunikationsproblemen „totaler Institutionen", der schlechte oder fehlende Informationstransfer bei Personalwechsel durch Fluktuation auf den Stationen, das Selbstverständnis von Krankenhäusern im Rehabilitationsprozess und der derzeitige Stellenwert der Berufsgruppe(n), die sich in externen Case-Management-Stellen wieder finden.

Als Projekt der Sozialarbeit floss bei dem Versuch der Verankerung immer auch die Stellung, das „Ansehen" dieser Berufsgruppe im Krankenhaus mit ein. Wird die Sozialarbeit ausschließlich als zuarbeitende Servicedienstleistung für die Medizin, als Organisatorin der häuslichen Krankenpflege oder „Kostenabklärerin" definiert, dann werden auch neue, externe Dienste mit diesem Ansehen konfrontiert und müssen zunächst ihre Notwendigkeit und Fachlichkeit unter Beweis stellen. Ausschlaggebend für die Neubewertung des Beitrages von Sozialarbeit als Case Management ist ein anderes Verständnis von Rehabilitation, bei dem neben medizinischen auch soziale und psychische Komponenten einbezogen werden und gleichwertig nebeneinander stehen. Die größere Effektivität dieses Handlungsansatzes ist durch Ergebnisse aktueller gerontologischer Forschung in den Fällen ausreichend belegt, in denen es gelingt, dem Case Management im konkreten Handlungsablauf den richtigen Stellenwert zu verschaffen, damit die Berater als kompetente Partner im Rehabilitationsprozess und als Experten auf ihrem Gebiet tätig werden können.

Daraus folgt, dass Case Management mit der Aufnahme alter Menschen im Krankenhaus in den Rehabilitationsprozess integriert sein muss: Neben der medizinisch-therapeutischen Behandlung sind die Analyse der Lebenslage, der Lebensgewohnheiten und -umstände der alten Menschen und die notwendigen häuslichen Hilfen zu erfassen, mögliche Maßnahmen zu planen und entsprechend den Bedürfnissen (Wünschen) der alten Menschen und der pflegenden Angehörigen zu organisieren.

Für die Mitarbeiterinnen des Modellprogramms bedeutete dieses, dass sie – neben den eigentlichen Case-Management-Planungen – über permanente Informations- und Öffentlichkeitsarbeit in Richtung der Mitarbeiterschaft des Krankenhauses ihre Methodik und ihren institutionsübergreifenden Beratungsansatz darstellen mussten. Dadurch konnte erreicht werden, dass sie zum einen frühzeitig über „ihre" Patienten informiert wurden und zum anderen gleichzeitig seitens der anderen Berufsgruppen als kompetente Ansprechpartner wahrgenommen wurden.

Ein weiteres Problem ist die „Filterfunktion" in Bezug auf den Informationsfluss zwischen dem Krankenhaus und einem in der Einrichtung tätigen, externen Beratungsprojekt:

▪ Im Sinne des Datenschutzes konnten nur diejenigen Patienten von den Case Managerinnen ausführlich über das Beratungsangebot informiert werden, die sich vorher dem Krankenhauspersonal gegenüber mit der Weitergabe relevanter Grunddaten (Name, Adresse, Diagnose und Krankenkasse) einverstanden erklärt hatten.

▪ Da die Meldung über das Krankenhauspersonal erfolgte, fand an dieser Stelle eine Vorauswahl statt. Sehr oft wurden nur diejenigen Patienten auf die Erlaubnis der Datenweitergabe angesprochen und später dem Projekt gemeldet, die vom Krankenhauspersonal als „rehabilitationsfähig bzw. rehabilitationswürdig" eingeschätzt wurden.

Für das Modellprojekt mit seinem wissenschaftlichen Anspruch (vergleichbares Klientel, gleiche Methodik in beiden Krankenhäusern etc.) ergab sich damit eine weitere Problematik hinsichtlich der Vergleichbarkeit und der Übertragbarkeit der Daten und Projektergebnisse.

Personenbezogene Erschwernisse: Die mit Case-Management-Projekten verbundene Veränderung gewohnter, traditioneller Strukturen und Handlungsweisen löst bei den Mitarbeitern einer Institution eine Vielzahl von Gefühlen aus, mit denen die Case Manager konfrontiert werden. Neben Unterstützung und Kooperations- sowie Veränderungswünschen müssen sich Externe auch mit hemmenden, kontraproduktiven Haltungen auseinandersetzen. Diese werden teils offensiv vorgetragen, teils im Verborgenen gehalten und können in der Kooperation Spannungen verursachen, die individuell durch Konkurrenzgefühl, Angst vor Arbeitsplatzverlust, Unwillen zur Veränderung, Angst vor der Kontrolle der eigenen Arbeit durch Externe, Angst vor Neuerungen, Desinteresse und Neid ausgelöst werden (hierzu auch: Damerius/Hinte 1997, 23 ff).

Diese Gefühle sind teilweise nachvollziehbar und verständlich – sie wirken sich aber auch beeinträchtigend auf mögliche Beratungserfolge des Case Managements aus. Durch den Versuch einer Leugnung von Konkurrenzgefühlen besteht die Gefahr der Manifestierung dieser Gefühle und, damit einhergehend, der Spannungen zwischen Stammpersonal und dem externen Team. Wenn sie nicht offen angesprochen werden (können), wird die Chance vertan, sie als Störungen auf der Beziehungsebene sowie in der Kooperation mit ihren Einflüssen auf Arbeitsinhalte und -ergebnisse zu erkennen und in einen fachlichen Diskurs treten zu können, um sie möglicherweise abzubauen, zu mindern oder ihre negativen Wirkungen auf die Case-Management-Planungen zu verringern.

Folgerungen

Zusammenfassend lassen sich bei der Verankerung von Case Management Projekten im Krankenhaus folgende wichtige Faktoren benennen.

Professionalität des Case-Management-Teams: Wichtige Voraussetzung für die Verankerung von neuen Handlungsstrukturen ist die Professionalität der Mitarbeiter. Dies umfasst sowohl Dimensionen struktureller Qualität, wie z.B. die im Team vorhandenen Kompetenzen, als auch der Prozessqualität, die sich in einer professionellen Haltung sowie einer möglichst effektiven und effizienten Anwendung und Nutzung dieser Kompetenzen niederschlagen. Bezogen auf das Case Management im Handlungsbereich alter pflegebedürftiger Menschen im Akutkrankenhaus bedeutet dies, dass die Mitarbeiterinnen

- Kenntnisse über die Versorgungslandschaft und speziell über die Strukturen und die Handlungsabläufe der Institution „Krankenhaus",

▩ umfangreiche und spezifische Rechtskenntnisse (BSHG, SGB I, SGB V, SGB IX, SGB XI sowie andere gesetzliche Grundlagen des Sozialrechts),

▩ Kenntnisse über Wohnraumberatung und Wohnungsanpassung,

▩ Kenntnisse im Bereich des Theorie- und Handlungswissens der Kommunikation, der Gesprächsführung, der Familienberatung, der Moderation von (interdisziplinären) Planungsgesprächen und der Strukturierung von Konfliktgesprächen,

▩ Planungskompetenz für ein EDV-gestütztes Case Management,

▩ betriebswirtschaftliche, ökonomische Grundkenntnisse,

▩ Kompetenzen in Sozialmanagement, besonders für die Planung, das Monitoring und die Evaluation sowie für die Organisation und das Zeitmanagement einzelner Case-Management-Planungen, aber auch für den Projektgesamtverlauf und

▩ sozialplanerische Grundkenntnisse bzw. Kenntnisse über gemeinwesenorientierte Ansätze aufweisen müssen (Sauer / Wissert 1997).

Dieses Fachwissen und die beruflichen Erfahrungen des einzurichtenden Case-Management-Teams sind notwendig, um in der Institution den Gedanken reifen zu lassen, dass ein externes Projekt hilfreich und für die alten Patienten und ihre Angehörigen unterstützend sein kann. Große Bedeutung kommt dem entsprechend dem Moderationsgeschick von Case Managern zu.

Öffentlichkeitsarbeit: Zur Verankerung neuer Projekte und neuer Handlungsstrukturen bedarf es projektbegleitend einer kontinuierlichen Öffentlichkeitsarbeit. Die Öffentlichkeitsarbeit zielt vor und unmittelbar nach der Einrichtung einer Case-Management-Stelle darauf ab, über die Ziele, Aufgaben und Verfahrenswege sowohl im Krankenhaus als auch in den jeweiligen sozialräumlichen Einzugsgebieten und projektbezogenen Gremien zu informieren. Hierdurch sollen der Bekanntheitsgrad erhöht und die Basis für Kooperationsstrukturen und -systeme geschaffen werden. Es handelt sich hierbei nicht um eine einmalige Aktion, sondern Öffentlichkeitsarbeit ist auch nach der Etablierung von Case-Management-Stellen erforderlich. In diesem Zusammenhang sind auch Erfolge bzw. Misserfolge in der Arbeit zu benennen, um den Kooperationspartnern zu dokumentieren, dass die Zusammenarbeit auch für ihre Belange produktiv und gewinnbringend sein kann. Nur dadurch wird die Bereitschaft zur weiteren Kooperation entwickelt und gefestigt. Gleichzeitig wird durch Öffentlichkeitsarbeit Transparenz hergestellt, um u. a. frühzeitig Ressentiments abzubauen. Mit der Öffentlichkeitsarbeit stellen sich die externen Mitarbeiter der fachlichen Diskussion. Bestehende, althergebrachte Strukturen können nur verändert werden, indem man die Notwendigkeit zur Veränderung belegen kann und sich hierüber mit dem Kooperationspartner in Diskurs und Auseinandersetzung begibt.

Zeit: Neugestaltung von Strukturen und Veränderung von Handlungsabläufen erfolgen nicht von heute auf morgen. Allein zur Etablierung dieser externen Case-Management-Stelle und zur Vereinbarung von Absprachen waren auf den verschiedenen Handlungsebenen allein in den beiden Krankenhäusern während der ersten drei Quartale der Projektlaufzeit insgesamt rund 50 Gespräche notwendig. Nicht eingerechnet sind hierbei Termine mit anderen Kooperationspartnern, wie Bezirksämtern oder Krankenkassen. Diese Zeit muss bei der Planung von Case-Management-Stellen berücksichtigt werden. Das Zeitbudget der Beraterinnen war somit nicht allein durch die einzelhilfebezogene Beratungsarbeit ausgefüllt, sondern die Zeitprofile weisen darüber hinaus weitere Sparten für Konzeptentwicklung und -umsetzung, Öffentlichkeitsarbeit, wissenschaftliche Begleitung, allgemeine Verwaltung und Wegezeiten auf.

Bei der Berechnung der prozentualen Verteilung des von den Mitarbeiterinnen verausgabten Zeitbudgets nach Funktionszeiten ergab sich folgendes Bild: Aufgrund der erforderlichen Kooperationsabsprachen wurde im ersten Quartal des ersten Projektjahres ein relativ hoher Zeitanteil für den entsprechenden Funktionsbereich „Konzeptentwicklung" benötigt (26 % des zur Verfügung stehenden Gesamtzeitbudgets), im dritten Quartal waren es nur noch 14 %. Für den Funktionsbereich „Verwaltung" sank der Anteil am Gesamtzeitbudget von 40 % im ersten auf 33 % im dritten Quartal. Für Case-Management-Planungen (Funktionsbereich „Beratung") stieg der Wert von 22 % im ersten Quartal sehr rasch auf 41 % im dritten Quartal (Overbeck u. a. 1997).

Transparenz: Für die Verankerung des externen Projekts hat es sich als sehr wichtig erwiesen, dass eine Transparenz der Arbeit der Case-Management-Stelle erreicht werden konnte. Die unterschiedlichen Kooperationspartner haben sowohl in die Arbeit der Beratungsstelle als auch in die eingeleiteten komplexen Hilfeplanungen und -systeme einen Einblick erhalten. In diesem Zusammenhang war es besonders bedeutsam, den Kollegen der in die Case-Management-Planungen unmittelbar einbezogenen Handlungsebenen anhand von beispielhaften Fallskizzen aufzuzeigen, wie die Case Managerinnen konkret vorgegangen sind und welche Reha-Erfolge durch die Kooperation aller Beteiligten und das sich Einlassen auf neue Handlungsabläufe erzielt werden konnten.

Perspektiven

Qualifizierung im Case Management

Bedarf und Angebote

Von Peter Löcherbach

1 Qualifizierungsbedarf im Case Management

Auf die Frage, wie man Case Manager wird, gibt es in der Bundesrepublik mindestens zwei Antworten. Zunächst eine triviale: Man(n)/Frau nennt sich so. Dies ist möglich, da der Titel bzw. die Zusatzbezeichnung bisher nicht geschützt sind. Die angemessener ist allerdings: Professionelle absolvieren nach ihrer Grundausbildung eine anerkannte Weiterbildung zum Case Manager bzw. zur Case Managerin. Anfang 2003 wurden von der *Fachgruppe Case Management der Deutschen Gesellschaft für Sozialarbeit* (DGS) in Kooperation mit den *Berufsverbänden* in den Bereichen *Soziale Arbeit* (DBSH) und der *Pflege* (DBfK) gemeinsam Richtlinien zur Weiterbildung verabschiedet, die 2004 erweitert wurden. Diese enthalten Standards zur curricular gestützten Qualifizierungsmaßnahmen für Case Manager (siehe Anhang oder im Internet: www.case-manager.de/cm-richtlinien.htm). In diesem Beitrag werden theoretische und praktische Kriterien zu Qualifizierungsbedarf und -angeboten für die weitere Diskussion dargestellt.

In der Literatur werden an Funktion und Person des Case Managers hohe Erwartungen geknüpft: Case Manager sollen neben der zentralen und durchgängig genannten Kooperations- und Koordinationsfunktion (beispielsweise Wendt 1997; Raiff/Shore 1997; Ewers/Schaeffer 2000) selektive Funktion (Gate-Keeping) und Steuerungsfunktion übernehmen; sie sind Anwälte (Advocacy-Funktion), Vermittler und Makler (Broker-Funktion), Unterstützer (Support-Funktion) oder Systemagent (Schwaiberger 2002) und, nicht zu vergessen, fallführende Organisatoren. Dass Case Manager es dabei stets mit komplexen Situationen, schwierigem Klientel und unzureichenden Rahmenbedingungen zu tun haben, ist zudem genuines Merkmal dieses neuen „Dienstleistungstypus". Praxiserfahrungen bestätigen die hohe Relevanz von Personalqualifikation und Professionalität (Schu und Wissert in diesem Band) im Case Management. Insbesondere werden Verhandlungsgeschick und Performance als wesentliche Kompetenzen genannt, die die Funktionsfähigkeit des Modells steuern (Löcherbach/Ningel 2001, 21). Es gibt zwar auch die Ansicht, dass für die Vermittlungs- und Beratungsaufgaben im Case Management vor allem gesunder Menschenverstand, Beharrlichkeit, Verständnis für das sozialökologische Umfeld und ein ausgeprägtes Organisationstalent genügen und daher die Person wichtiger als „der akademische Grad" sei (Witherigde 1989 zit. n. Raiff/Shore

Tab. 15: Klassifizierung von Case Management-Konzepten

Ewers/Schaeffer (2000)	Wendt (1997)
Soziales Case Management	Privates Case Management
Case Management in der beruflichen Rehabilitation	Soziales Case Management
Case Management in der Primärversorgung	Primärärztliches Case Management
Case Management für katastrophale oder kostenintensive medizinische Ereignisse und	Case Management bei Versicherungen
Medizinisch-Soziales Case Management	Krankenpflegerisches Case Management
Case Management innerhalb und außerhalb des Krankenhauses	Case Management in der Akutversorgung

1997, 144); allerdings wird darauf hingewiesen, dass höher qualifiziertes Personal besser auf ein autonomes Arbeiten und den Umgang mit komplexen Fragen, wie z.B. der Beschaffung knapper Ressourcen und Bereitstellung adäquater Unterstützung, vorbereitet sei (Kanter 1998 zit. n. Raiff/Shore 1997, 145).

Für die Einstellung eines Bewerbers sind einschlägige Berufserfahrungen oft wichtiger als bestimmte formale Ausbildungsabschlüsse, obwohl Erfahrungen vorliegen, dass zwischen einer längeren formalen Ausbildung und der späteren Effektivität als Case Manager eine positive Beziehung besteht. US-amerikanische Modelle, die auch paraprofessionelle Mitarbeiter und Nutzer bzw. Angehörige als Case Manager einsetzen, sind allerdings bisher nicht ausgewertet und gäben zu unendlich vielen Fragen Anlass (Raiff/Shore 1997, 146–151).

Bisher können weder Gesundheits-, Pflege- noch Sozialprofessionen für sich beanspruchen, Case Manager hinreichend auf ihre Tätigkeiten vorzubereiten. Am ehesten gelingt dies wohl noch den Sozialprofessionen, da der Ursprung von Case Management in der Sozialarbeit als die Weiterentwicklung des Case Work zu sehen ist. Überdies findet eine Ausdifferenzierung von Case Management in der Praxis statt, die bei Qualifizierungsmaßnahmen zu beachten ist. So klassifizieren Ewers und Schaeffer

(2000, 59–60) sowie Wendt (1997, 55) mit Bezug auf die US-amerikanische Szene verschiedene Case-Management-Konzepte, die die Vielfalt verdeutlicht (s. Tabelle 15).

Die im jeweiligen Arbeitsfeld benötigten oder auch erworbenen spezifischen Kompetenzen sind Basisqualifikationen, auf die eine Case-Management-Qualifikation aufbaut.

2 Qualifizierungsdimensionen

Der Einsatz von Case Managern, so unterschiedlich die Anwendungsfelder auch sein mögen, unterscheidet prinzipiell Fallmanagement (-steuerung) und Systemmanagement (-steuerung). Mit Fallmanagement ist die konkrete Unterstützungsarbeit zur Verbesserung der persönlichen Netzwerke gemeint. Es antwortet auf die Frage, wie Case Manager am besten (effektiv und effizient) einen hilfsbedürftigen Menschen begleiten und stützen können und wie dieser Prozess zu steuern ist. Systemmanagement bezieht sich auf die Nutzung, Heranziehung und Initiierung von Netzwerken und beantwortet die Frage, wie Case Manager am besten die Versorgung im Gebiet ihrer Zuständigkeit managen und das System der Versorgung optimieren können (zur Abgrenzung der Begriffe Case Management, Care Management und Managed Care, siehe Wendt in diesem Band). In der konkreten Praxis fließen beide Aspekte zusammen. So ist ein Systemmanagement einerseits notwendige Voraussetzung für das Fallmanagement, wenn es darum geht, vorhandene Ressourcen zu steuern; andererseits sollten Anpassungen durch ein Systemmanagement aufgrund von Bedarfslagen erfolgen, die erst durch das Fallmanagement offenkundig werden (s. Reis in diesem Band).

Das hier vorgestellte Qualitätsprofil für Case Manager stellt die generalistischen, an der Praxis orientierten, Kompetenzen für ein Case- und Care Management vor. Diese sind durch die im jeweiligen Anwendungsbereich geforderten Spezialkenntnisse (z. B. in den Bereichen Altenpflege, Sozial-, Jugend-, Suchtkranken-, Wohnungslosen- und Straffälligenhilfe, Rehabilitation sowie der medizinischen und pflegerischen Versorgung) zu ergänzen. „Der Begriff der Kompetenz … beinhaltet sowohl die Bedeutung der Fähigkeit, als auch die der Zuständigkeit für die Lösung von Problemen" (Knüppel/Wilhelm 1987, 108).

Zunächst wird auf das Konzept der Schlüsselqualifikationen verwiesen (Richter 1995; Literaturübersicht von Wolf 2000). Case Manager benötigen allgemeine Schlüsselqualifikationen, die ihre spezifische Handlungskompetenz steigern sollen. Handlungskompetenz als Ganzes ergibt sich aus dem synergetischen Zusammenwirken der Bereiche Sach-, Methoden-, Sozial- sowie der Selbstkompetenz. Es können auf verschiedenen Abstraktionsebenen die Kompetenzebenen von den Ebenen der Fähigkeiten („abi-

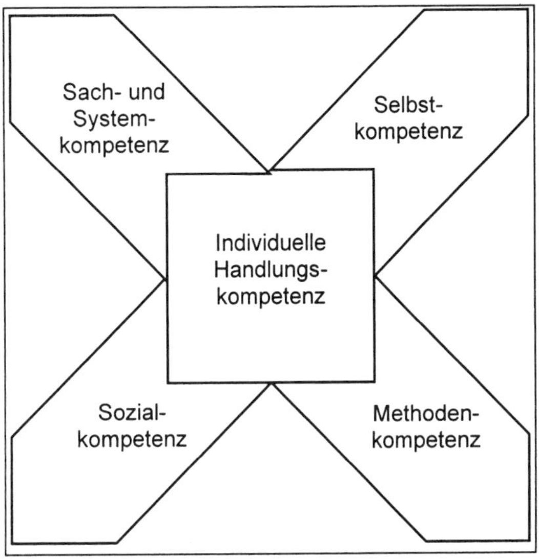

Abb. 20:
Handlungskompetenz
als Schnittmenge

lities") und Fertigkeiten („skills") unterschieden werden, die sich durch
eine zunehmende Konkretisierung unterscheiden. Schlüsselqualifikationen
sind auf der höchsten bzw. abstraktesten Ebene anzusiedeln und bezeichnen kompetenztheoretisch „die allgemeine Fähigkeit, konkrete Handlungen (Tun, Sprechen, Denken) jeweils situationsgerecht zu generieren
(erzeugen) bzw. zu aktualisieren" (Reetz 1990 zit. n. Schewior-Popp 1998,
17).

Eingebettet ist die Handlungskompetenz in ein berufliches Selbstverständnis als Case Manager (s. Abbildung 20).

Berufliches Selbstverständnis

Wie in vielen anderen Professionen, so ist auch im Case Management eine
positive Grundeinstellung gegenüber den Kunden bzw. Nutzern notwendig, die die radikale Ressourcenorientierung im Case Management
nahe legt. Unabdingbar ist eine Klarheit über die Funktion als Case Manager. Dies ist nicht nur für den Case Manager selbst zur Abgrenzung seiner
Tätigkeiten notwendig, sondern zur Transparenz für die schon beteiligten
oder noch zu gewinnenden Netzwerkpartner konstitutiv. Bei der Frage,
wer, wann, was und wie zu erbringen hat, sind auch die Leistungen des
Case Managers zu benennen. Das ethische Grundverständnis, patienten-
bzw. klientorientiert zu arbeiten, verweist auf ein Kriterium zur Bewertung
von Effizienz und Effektivität von Maßnahmen, ohne damit ökonomische
Aspekte zu negieren.

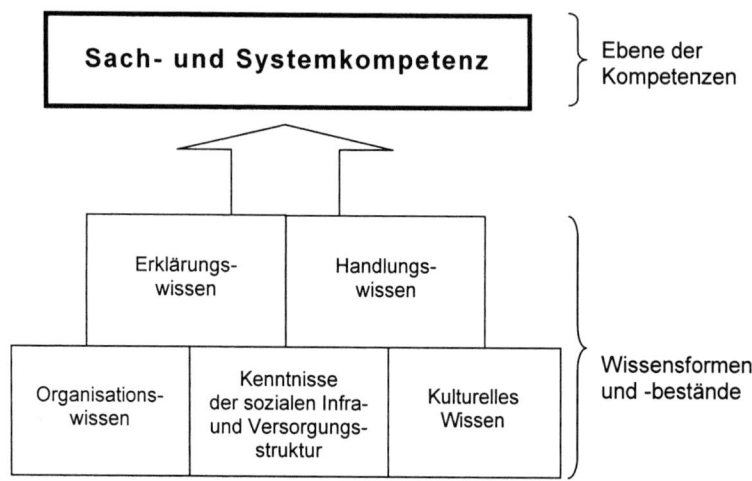

Abb. 21: Aspekte der Sach- und Systemkompetenz
(in Anlehnung an Wolf 2000, 54)

Sach- und Systemkompetenz

Während Schlüsselqualifikationen berufsübergreifende Kompetenzen umfassen, beinhaltet die Sach- und Systemkompetenz das spezifische Spezialwissen bzw. die Verfügung über Fachwissen, über die „operativen Wissensbestände einer Profession" (Olk 1989, 89), für das Case Management (siehe Abbildung 21).

Spezifisches Erklärungs- und Handlungswissen: Case Manager arbeiten in und mit sozialen Netzwerken, sind in diese eingebunden und nutzen sie. Daher benötigen sie vertiefte Kenntnisse über die Entstehung und Veränderung von Sozialen Netzwerken und Theorien zur Sozialen Unterstützungsarbeit. Diese Theorien sind mit globalen Case-Management-Konzepten und Case-Management-Strategien (Unterstützungs- oder Fallmanagement, System- oder Versorgungsmanagement, Community Care, Managed Care) zu verbinden. Wissenschaftliches Wissen ist zur Durchführung von fundierten Bedarfs- und Bestandanalysen als Voraussetzung für eine Angebotsteuerung im Versorgungssektor obligat.

Organisationswissen: Neben Rechts- und Verwaltungskenntnissen, die die Rahmenbedingung von Case Management strukturieren, sind insbesondere vertiefte Kenntnisse über den Aufbau, die Organisation und die Leistungsangebote von Institutionen erforderlich. Die für das Fallmanagement notwendige Heranziehung professioneller Netzwerke kann nur gelingen, wenn nicht nur die konzeptionell verfassten Angebote, sondern die konkreten Möglichkeiten der Einrichtungen und Dienste mit ihren Mitarbeitern persönlich bekannt sind. Sozial- und gesundheitliche Leistungen werden wohlfahrtsstaatlich auf administrativem Weg transportiert. „Es gehört daher zu den besonderen Stärken eines Unterstützungsmanagements, sich auf diesen Wegen geschickt bewegen zu können" (Wendt 1997, 54) und die Übertragung von Case-Management-Prinzipien auf das allgemeine Verwaltungshandeln und den gesamten öffentlich-rechtlichen Bereich (New Public Management) sowie das Gesundheitswesen zu leisten. Der spezifische Ablauf im Fallmanagement erfordert strategische und organisatorische Kenntnisse. Während ausgiebige Rechts- und Verwaltungskenntnisse bei Fachkräften der Sozialen Arbeit durch das Studium vorausgesetzt werden können (ggf. anwendungsspezifisch zu ergänzen sind), bedarf es hier für andere Professionen einer gezielten Qualifizierung.

Kenntnis der sozialen Infra- und Versorgungsstruktur: Case Management verlangt eine sozialräumliche Orientierung bzw. eine Systemperspektive, da der Klient (im Gesundheitswesen: Patient) in einem ganzheitlichen Bezugsrahmen interagierender Komponenten zu sehen ist. Klientnetzwerke und professionelle Netzwerke kennzeichnen den sozialen Raum, in dem einerseits der Klient seine jeweiligen Probleme mehr oder weniger erfolgreich bewältigt und in dem andererseits sozial- und/oder gesundheitsrelevante Dienstleistungen für den einzelnen Klienten erbracht werden. Zur Allokation von Ressourcen, zur Integration sozialer Dienstleistungen und deren komplementäre Nutzung sind daher sozialräumliche Kenntnisse unabdingbar.

Kulturelles Wissen: Die Betonung im Case Management, Hilfe in bestimmten, identifizierbaren Lebensbereichen zu leisten und Kompetenzen des Klienten zu beachten, verweisen auf eine tief greifende Beschäftigung mit dem Verhalten des Klienten und den Hintergründen seines Verhaltens. In der Bewerkstelligung passender Unterstützung kommt es darauf an, in der persönlichen, familiären und gemeindebezogenen Lebenswelt gestaltend zu agieren. Neben dem Wissen über Zielgruppen, die Lebenslage und Lebensumstände (kulturelle Kompetenz) der Klienten, sind Kenntnisse über soziale Zusammenhänge von Gesundheit und Krankheit notwendig.

Methoden- und Verfahrenskompetenz

Methodenkompetenz beinhaltet neben der Anwendung von Verfahren und Techniken zur Problemlösung auch die Analyse der Problemlage, das Formulieren von Zielen und die Etablierung von Rahmenbedingungen, unter denen sich methodisches Handeln vollzieht (Galuske 1998, 21, s. Remmel-

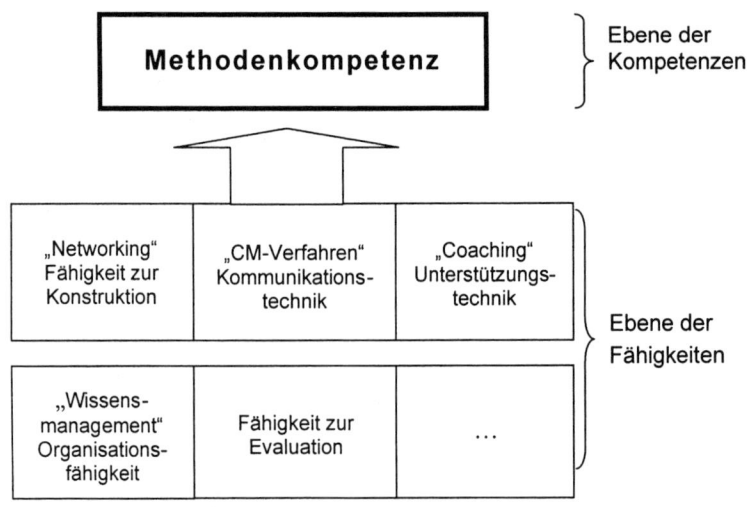

Abb. 22: Einzelfähigkeiten der Methodenkompetenz

Faßbender in diesem Band). Als Einzelfähigkeiten werden u.a. die Fähigkeit zu analytischem, strukturierendem, vernetztem, kontextuellem und kritischem Denken sowie Kreativität und Innovationsfähigkeit zur Methodenkompetenz gerechnet (Richter 1995, 35; Belz/Siegrist 1997, IV–10). Methodenkompetenz im Case Management heißt, ziel- und ergebnisorientiert zu handeln im Sinne der zielgerichteten Umsetzung fachlichen Wissens, und verlangt die konzertante Anwendung allgemeiner und spezifischer Vorgehensweisen und Strategien (s. Abbildung 22).

So werden die Schlüsselqualifikationen Problemlösefähigkeit, Kreativität und Lernfähigkeit konkretisiert. Gerade das Case Management bietet auf der Basis sozialarbeiterischer Methodik spezielle Vorgehensweisen für die praktische Umsetzung an. So greifen Oostrik und Steenbergen (2000, 254–260) auf drei in Verbindung stehende Techniken (Verfahrensweisen) für das Case Management zurück, die ich modifizieren und um zwei weitere ergänzen werde:

(1) Die Konstruktionstechnik dient der (Re-)Konstruktion von Unterstützungsnetzwerken im sozialen Raum und fordert den Case Manager als „Sozial-Architekten". Der Akzent liegt bei einem (Neu-)Entwurf oder einer (Re-)Konstruktion von sozialen Netzwerken in der ambulanten Versorgung. Als methodischer Ansatz dient hier Networking oder Soziale Netzwerkarbeit. Sie erfordert vom Case Manager einerseits interaktive und kommunikative Fähigkeiten, da sie in enger Kooperation mit den Betroffenen erfolgt, andererseits konstruktive Fähigkeiten, indem sie „... aktiv zum Aufbau, zur Aufrechterhaltung und zur Ausweitung von sozialen Netzwerken beiträgt" (Oostrik/Steenbergen 2000, 255). Dabei ist die Unterscheidung von professionellen Netzwerken und Klientennetzwerken konstitutiv und verlangt ein Arbeiten auf drei Ebenen: dem sozialen Raum des Klienten, der eingefasst wird von einem Netzwerk unterschiedlicher Professionen und Dienstleistungen, die wiederum in einem institutionellen Rahmen kooperierender und mitunter auch konkurrierender Hilfeeinrichtungen eingebunden sind. Konstruktionstechnik wird damit zum Teil des Systemmanagements. Und sie muss darüber hinausgehen, und zwar dann, wenn eine einzelfallübergreifende Systemsteuerung im Sinne einer Angebotsplanung erfolgen soll. Reis spricht hier von der horizontalen Integration im Case Management. (s. Reis in diesem Band). Für die Arbeit in und mit professionellen Systemen auf regionaler und überregionaler Ebene sind Techniken der Konferenzleitung und -moderation hilfreich.

(2) Die Kommunikationstechnik sieht den Case Manager als Aushandlungspartner. Eine Funktion, die zunächst dem Fallmanagement zuzuordnen ist. Primär geht es um die Initiierung und Aufrechterhaltung eines kommunikativen Prozesses, d.h. die Aushandlung von Zielsetzungen der Hilfeleistungen, von Maßnahmen und deren Durchführung und Kontrolle zwischen den beteiligten Personen. Dieser Prozess erfolgt in den einzelnen Phasen des Case Managements (Beratung, Assessment, Service-Planning, Linking, Monitoring und Evaluation) und kann als vertikale Integration dieser Handlungsformen betrachtet werden (s. Reis in diesem Band). Die Anforderung besteht darin, die unterschiedlichen Ziele der Beteiligten zur Übereinstimmung zu bringen, deren Umsetzung flexibel, d.h. einerseits durch Vereinbarungen, andererseits durch Anpassungen, zu verwirklichen und schließlich, die Ergebnisse transparent zu machen. Techniken der Gesprächsführung, der Verhandlungsführung und Konflikthandhabung, Präsentations- und Moderationstechniken sind hier ebenso notwendig, wie die organisatorische Fähigkeit, das Fallmanagement zu strukturieren.

(3) Die nächste Dimension umfasst die Unterstützungstechnik und sieht den Case Manager als Coach sozialer Lernprozesse. Bei der Technik des „Coachings" wird zwischen der professionellen Kompetenz auf der einen und den Fähigkeiten des Klienten und seines sozialen Netzwerkes auf der anderen Seite unterschieden: „Es geht in diesem Prozess sowohl um eine Ausweitung der individuellen Handlungskompetenzen der jeweils Beteiligten, als auch um die Handlungskompetenzen des sozialen Netzwerkes als Ganzen" (Oostrik/Steenbergen 2000, 259). So können z.B. in Gesprächen, Trainingskursen oder mit Hilfe von Verfahren der Psycho-Edukation Hinweise gegeben werden, wie bestimmte Situationen anders angegangen werden können und welche alternativen Möglichkeiten des Handelns und Verhaltens sich bieten. Es geht auch um die Frage, was das soziale Netzwerk leisten kann, um bei der Bewältigung der jeweiligen Problemsituation den

Nutzer besser unterstützen zu können. Dies sind Verfahrensweisen, die für das Fallmanagement und für das Systemmanagement relevant sind.

(4) Eine zentrale Dimension, die hier zusätzlich ausgewiesen wird, umfasst als Teil einer spezifischen Organisationsfähigkeit die Fähigkeit zum „Wissensmanagement". Der Case Manager muss zunächst in der Lage sein, die unterschiedlichen Daten zu Informationspaketen zu strukturieren, die die beteiligten Dienstleister für ihren Entscheidungsfindungsprozess benötigen. Er stellt Informationszusammenhänge her, die üblicherweise nur in den Köpfen der Leistungsträger existieren: „Aus den einzelnen Informationen der Teilnehmer knüpft der CM ein semantisches Netz, das Wissen integriert ... [und] ... vorhandene Informationen zu einer gemeinsamen Sicht [verbindet]" (Koerdt 2001, 2). Im weiteren Prozess sind Behandlungsabläufe systematisch zu strukturieren und zu organisieren. Zur Ausgestaltung dieser Dimension sind Fähigkeiten zur Nutzung von EDV-Programmen zum Klient- und Institutionsmanagement sowie Grundlagenkenntnisse von Computervernetzung notwendig. Letzteres ist insbesondere bei der Kommunikation über das Internet oder Intranet (E-Mail, Datenaustausch) erforderlich. Neuere Entwicklungen, wie z. B. im Bereich von Health-Care-Informations-Systemen (HCIS), stehen erst am Anfang der Nutzung (Koerdt 2001).

(5) Eine weitere Dimension betrifft die Evaluationstechnik. Es geht um die Anwendung spezifischer Case-Management-Dokumentations- und Evaluationsverfahren unter den Aspekten permanenter Qualitätsverbesserung. Dies verlangt die Einführung und Anwendung einer Case-Management-spezifischen Leistungsdokumentation (Schleuning/Welschehold 2001, 102). Es gibt bereits eine Vielzahl von Dokumentationsprogrammen. Sie genügen aber nur teilweise den spezifischen Anforderungen einer fall- und systembezogenen Dokumentation (z. B. Kauder 1998; Gromann 2001; MASQT 2000). Erst die Dokumentation der Kundenpfade von der ersten Kontaktaufnahme bis hin zum Abschluss der Dienstleistungen ermöglicht die Analyse und Evaluation des planmäßigen Vorgehens und Leistungsgeschehens. Deren Ergebnisse sind Voraussetzung für die Erstellung optimaler Wege, die bei einer bestimmten Bedarfs- und Problemlage gegangen werden sollten und die dann in Behandlungsleitlinien und Qualitätsstandards für eine kontinuierliche Verbesserung der Versorgung münden. Dabei kann einerseits nach Struktur-, Prozess- und Ergebnisdimensionen unterschieden werden, andererseits kann die Relevanz für das Fall- oder das Systemmanagement herausgearbeitet werden. Auch hier sind spezifische EDV-Kenntnisse zur Nutzung von computerunterstützten Dokumentations- und Evaluationsprogrammen hilfreich. Genannt seien exemplarisch das Programm „CompASS.CaseManager" (Internet: www.prosozial.de/prosozial) sowie die vielen bereichsspezifischen Programme mit

differenzierten Auswertungsmodulen. Das System IBRP (Integrierte Behandlungs- und Reha-Planung) unterstützt neben Leistungsabrechnung und -dokumentation auch Hilfeplanung sowie regionale Kooperation und Bedarfsplanung. Es wird inzwischen von einigen Bundesländern verbindlich für einzelne Anwendungsbereiche vorgeschrieben (Gromann 2001, 8–9). Im Rahmen der wissenschaftlichen Begleitung von „Sozialbüros" in Nordrhein-Westfalen wurde die EDV-Anwendung „Sozialberatung" entwickelt (MASQT 2000), die von verschiedenen Einrichtungen im Netzwerk betrieben werden kann und die für die Entwicklung einer umfassenden Case-Management-Dokumentation und Evaluation durchaus weiterentwickelt werden könnte.

Sozialkompetenz

Der Begriff der Sozialkompetenz umfasst bestimmte Einstellungen und darauf basierende Verhaltensweisen, die in der Interaktion mit anderen Individuen zum Tragen kommen und die das Austarieren eigener und fremder Bedürfnisse, Wünsche und Interessen als wesentliches Merkmal betrachten. So werden Kommunikations-, Kooperations-, Konflikt- und Durchsetzungsfähigkeit sowie Toleranz, Empathie, Sensibilität und Frustrationstoleranz als Bestandteile von Sozialkompetenz genannt. Vereinzelt wird auch eine, auf ethischen Werten basierende Grundhaltung anderen Menschen gegenüber als Bestandteil von Sozialkompetenz betrachtet (Wolf 2000, 68f; Faix / Laier 1991, 63f; Richter 1995, 35). Es wird deutlich, dass Sozialkompetenz sich mit Selbstkompetenz überschneidet.

Des Weiteren ist professionelles Handeln meist institutionell gebunden und erfolgt aufgrund eines gesellschaftlichen oder institutionellen Auftrags. Die gesellschaftlichen und institutionellen Rahmenbedingungen wirken sich maßgeblich auf die Case-Management-Praxis aus; sie eröffnen Handlungsspielräume oder begrenzen diese (Wolf 2000, 69) und sind deshalb immer auch zu reflektieren. Im Case Management wird diese Diskussion unter den Stichworten „Angebotsorientierung" versus „Nutzerorientierung" (Wendt 1997, 87) oder „consumer-driven" versus „system-driven" Case Management (s. Klug in diesem Band) geführt.

„Zusammenfassend lässt sich also Sozialkompetenz als die Summe der Fähigkeiten bezeichnen, die notwendig sind, um ein Gleichgewicht zwischen allen in einer Handlungssituation vorliegenden Interessen herzustellen" (Wolf 2000, 69). Sie zeigt sich darin, „… daß der oder die Handelnden in der Lage sind, ihre Gefühle, Interessen und Bedürfnisse zu erkennen, die Gefühle, Interessen und Bedürfnisse der jeweiligen Partner und Partnerinnen in der beruflichen Handlungssituation wahrzunehmen, die Rahmenbedingungen, unter denen der soziale Umgang stattfindet, zu berücksichtigen und eine Balance zwischen diesen drei Polen im gezeigten Verhalten zu finden" (Damm-Rüger / Stiegler 1996, 11).

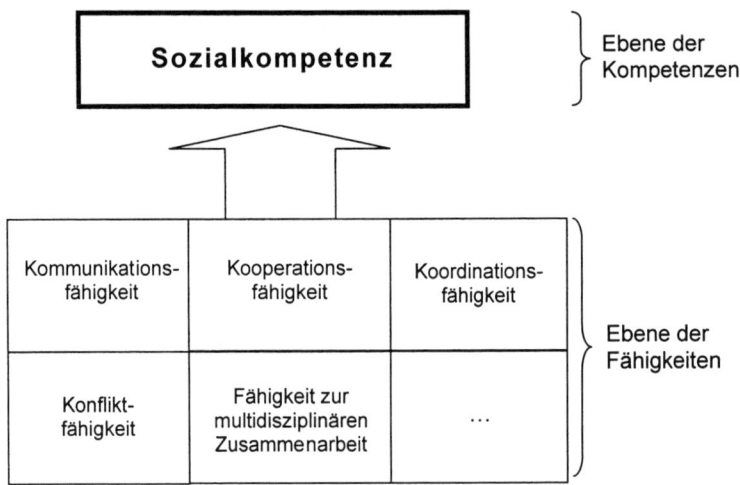

Abb. 23: Einzelfähigkeiten der Sozialkompetenz (in Anlehnung an Wolf 2000, 68)

Aus der Vielzahl der unter dem Begriff der Sozialkompetenz subsumierten Fähigkeiten werden die vorgestellt, die im Hinblick auf die berufliche Praxis des Case Managers besonders relevant erscheinen (s. Abbildung 23).

Kommunikations- und Interaktionsfähigkeit: In allen Arbeitsfeldern des Case Managements ist Kommunikationsfähigkeit unerlässlich. Diese wird allgemein verstanden als

> „... die Bereitschaft und das Vermögen des Einzelnen, bewusst und selbstkongruent zu kommunizieren, indem er/sie sich anderen möglichst klar und deutlich mitteilt, anderen bewusst zuhört, Wesentliches von Unwesentlichem zu unterscheiden weiß, auf die Bedürfnisse anderer eingeht und auf nonverbale Signale achtet" (Belz/Siegrist 1997, IV– 28).

Auch die Fähigkeit zur Metakommunikation, in der mit dem Ziel der Beziehungsklärung die Kommunikation selbst zum Inhalt der Kommunikation gemacht wird, ist hierzu zu zählen (grundsätzlich: Watzlawick u.a. 1982).

Als wichtigsten Bestandteil sozialarbeiterischer Kommunikationsfähigkeit, und dies gilt in gleicher Weise für das Case Management, betrachtet Lüssi die Sprachkompetenz der Fachkraft; sie bezieht sich auf das Verstehen unterschiedlicher Sprachstile, verständliches Sprechen, klar formuliertes Schreiben und auf das Kommunizieren mit fremdsprachigen Problembeteiligten (Lüssi 1998, 184–189). Gerade der letzte Punkt verweist auf die von Raiff/Shore geforderte kulturelle Kompetenz von Case Managern in einer pluralistischen Gesellschaft, die nicht zum Mainstream gehörigen Kulturtraditionen einbeziehen zu können (Raiff/Shore 1997, 96). Für Lüssi umfasst Kommunikationsfähigkeit die Fähigkeiten, sich flexibel auf den Kommunikationspartner einzustellen „… und die Kommunikation auch dann aufrechtzuerhalten, wenn es in der Beziehung zum Partner zu Spannungen, Konflikten oder gar zu feindseligen Handlungen gekommen ist" (Lüssi 1998, 194). „Von dieser Schlüsselqualifikation ist das Wissen über kommunikationstheoretische Aspekte sowie das Beherrschen von Methoden und Techniken der Gesprächsführung, Moderation usw. analytisch zu trennen" (Wolf 2000, 74)

Der Ansatz, bei der Hilfeplanung, Vermittlung und Durchführung der Hilfen die Mitglieder des sozialen und professionellen Netzes zu nutzen, erfordert die Fähigkeit, mit ganz unterschiedlichen Kommunikationspartnern in Kontakt zu treten und sich mit ihnen austauschen zu können. Das Spektrum reicht von mitbetroffenen Angehörigen über Selbsthilfegruppenmitglieder, ehrenamtlich engagierten Bürgern bis hin zu Mitarbeitern unterschiedlicher Professionen in Spezialdiensten und Einrichtungen. Kommunikationsfähigkeit bedeutet in diesem Zusammenhang, die unterschiedlichen Sprachcodes, Deutungen und Implikationen verstehen und ggf. für alle Beteiligten übersetzten zu können, Behandlungsvorstellungen auf dem je spezifischen Hintergrund einzubeziehen und klar und verständlich den Gesamtbehandlungsplan zu vertreten. Dabei ist diese Kommunikationsfähigkeit eng mit der Kooperationsfähigkeit verknüpft: Unter der Zielvorgabe, die im Versorgungsgebiet vorhandenen informellen und professionellen Ressourcen optimal zu nutzen und sie klientbezogen zu einem Komplexleistungsbündel zusammenzuführen, ist Kooperation der Schlüssel für ein funktionierendes Case Management.

Kooperationsfähigkeit: Eine gute Kommunikation ist Voraussetzung und Teil der nötigen Kooperation in sozialen und gesundheitlichen Belangen. Die Verbindung von Unterstützung (social support) bzw. fachlicher Behandlung und Bewältigung (coping) gelingt nicht, wenn die Unterstützer oder Behandler ohne Arbeitsbeziehung zu ihren Klienten vorgehen (Wendt 1997, 84). Kooperation meint also zunächst einmal die Zusammenarbeit zwischen Case Manager und Klient. So werden Vertrauen, Bereitschaft, von anderen zu lernen, Ehrlichkeit, Freundlichkeit, Hilfsbereitschaft, offener Informationsfluss und Konfliktfähigkeit als Kennzeichen eines kooperativen Arbeitsklimas betrachtet (Wolf 2000, 75; auch Deutsch 1976, 31–34). In der Heranziehung anderer Fachkräfte und Dienste werden Kooperation und Koordination zu einem Erfordernis der Funktionsfähigkeit des Systems. Die Notwendigkeit einer Kooperation mehrerer Fachleute ergibt sich aus der Komplexität individueller Problemlagen einerseits und der Einbindung des Case Managers in eine Institution sowie die damit verbundene Notwendigkeit der Optimierung von Arbeitsabläufen andererseits. In Anlehnung an die Sozialarbeit kann auch für das Case Management eine formulierte Leitlinie beruflichen Handelns das Kooperationsprinzip sein: Das Berücksichtigen systemtheoretischer Erkenntnisse bei der sozialen Problemlösung „… bedeutet notwendig, dass der Sozialarbeiter versucht, mit allen lösungswichtigen Dritten zu kooperieren, das heißt: sein und ihr Handeln im Problemzusammenhang derart funktionell zu koordinieren, dass aus dem Problemsystem ein eigentliches Problemlösungssystem wird"(Lüssi 1998, 321).

Konstitutiv für das Case Management ist das Arbeiten in einer Vielzahl von Kontakten zu Personen (einem „flimmernden Geflecht"), die manchmal sporadisch, manchmal kontinuierlich und manchmal vertragsmäßig zusammenkommen. Solche beruflichen Beziehungen bestehen fallspezifisch und fallübergreifend, je nachdem, ob das Fallmanagement oder das Versorgungsmanagement im Vordergrund steht. Ein umfassendes Netz von Berufsbeziehungen kann daher als Indikator für die berufliche Kompetenz betrachtet werden (Kähler 1999). Auch wenn ein Case Management zum Ziel hat, klientbezogene Netzwerke und Zusammenarbeit nicht nach persönlichen Bedürfnissen und Beziehungen zu gestalten, sondern in der Weise, dass „… Networking als Kommunikations- und Informationssysteme so etabliert werden, dass persönliche Interessen immer den Zielinteressen des Gesamtsystems hintenanstehen" (Koerdt 2001, 1), zeigt die Praxis, dass ein Informationsnetzwerk die Beziehungsdimension zwar relativiert, sie aber nicht aufhebt.

Das Herstellen und Aufrechterhalten von Kooperationsbeziehungen kann sich aufgrund von Vorbehalten, Rivalität und Konkurrenz als schwierig erweisen. Daher ist es bedeutsam, dass der Case Manager die Fähigkeit besitzt, bei den Kooperationspartnern Vertrauen herzustellen (vgl. auch Wolf 2000, 76). Das Wissen um Kooperationsvoraussetzungen, die Techniken zur Moderation und Verhandlungsführung bei Helfer- oder Fallkonferenzen, sind analytisch von der Kooperationskompetenz zu trennen.

Koordinationsfähigkeit: In Versorgungssystemen wird von Koordination gesprochen, wenn Vorgänge aufeinander abgestimmt und Handlungen von Personen, Diensten und Einrichtungen einander zugeordnet und miteinander verknüpft werden. „Der Case Manager erschließt für den Bürger Dienste, arrangiert sie und knüpft Kontakte zu den dienstleistenden Stellen. Die Aufgabe des Heranführens (linking) ist oft eine recht umfangreiche und setzt voraus, dass sich ein Case Manager gut im System der Dienste und mit Leistungsberechtigungen auskennt" (Wendt 1997, 86).

Während die Kooperationsfähigkeit die Beziehung mit den Nutzern und den Fachkräften fokussiert, betont die Koordinationsfähigkeit die organisatorische Kompetenz, Dienste für den Nutzer und mit den Fachkräften im optimalen Ablauf abzustimmen. Die Koordination im Case Management, auch die reflexive Überwachung (Monitoring) von Diensten, stellen so etwas wie fortlaufende Rückmeldungsprozesse dar, mit deren Hilfe sich feststellen lässt, ob die Serviceplanung dem Bedarf der Klienten wirksam Rechnung trägt oder nicht, und ob der Zustand des Klienten eine Planänderung erforderlich macht. Sie wird auch als Schnittstellenmanagement, als Arbeit an den Nahtstellen, bezeichnet. Neben einer guten Performanz (die die Vorbereitung, Darstellung und Präsentation von Fragestellungen und Arbeitsergebnissen beinhaltet), sind hier vor allem Planungs- und Organisationsvermögen gefordert. Präsentationstechniken und Techniken der Ablaufplanung und -organisation sind analytisch von der Koordinationskompetenz zu trennen.

Konfliktfähigkeit: In Zusammenhang mit Kommunikations-, Kooperations- und Koordinationsfähigkeit ist auch die Fähigkeit zu angemessenem Umgang mit Konflikten zu nennen. „Sie beinhaltet eine positive Einstellung zu Konflikten, die Fähigkeit, sie rechtzeitig zu erkennen, sich ihnen zu stellen und konstruktive Lösungsstrategien anzuwenden" (Wolf 2000, 77). Soziale Konflikte können definiert werden als Interaktionen zwischen Beteiligten (Individuen, Gruppen, Organisationen), wobei Unvereinbarkeiten im Denken, Vorstellen, Wahrnehmen, Fühlen und Wollen mit anderen als Beeinträchtigung im Realisieren eigener Pläne erlebt werden (in Anlehnung an Glasl 1994, 14). Sie zeichnen sich durch die Tendenz zur Eskalation und einen dynamischen Verlauf aus, der bestimmten Gesetzmäßigkeiten folgt, sofern die Konflikte unbearbeitet bleiben.

Grundsätzlich erfolgt ein Case Management immer in Verbindung mit dem formellen System der sozialen und gesundheitlichen Versorgung. Case Manager bewegen sich mehr oder weniger unabhängig in den Strukturen dieses Systems. Sie arbeiten in und mit Netzwerken. Dabei erfolgt eine Vernetzung auf verschiedenen Ebenen. Im Verhältnis der Ebenen untereinander bestehen Abhängigkeitsverhältnisse. So schafft die Steuerung auf der oberen Systemebene (z. B. Bereichsebene) Spielraum zur Steuerung auf der Ebene des direkten Dienstes oder behindert sie. Ob Vernetzung gelingt, hängt nicht nur vom Case Manager ab. Diese eigentliche Organisationsaufgabe verlangt daher nicht nur organisatorische Kompetenz. Ein Netzwerk stellt die Infrastruktur dar, die eingerichtet und unterhalten sein will. In struktureller Hinsicht ist eine Arbeit notwendig, die für den einzelnen Dienst nötige und günstige Voraussetzungen schafft und Konflikte minimiert.

Selbstständige Anbieter lassen häufig nicht ohne weiteres zu, dass bereichsübergreifend koordiniert und kooperiert wird. Sie definieren sich selbst häufig als Fallverantwortliche und verweigern sich dem vom Case Manager angebotenen Unterstützungsmanagement. Es besteht häufig auch die Angst, vom Case Manager in der selbstständigen Berufsausführung beschnitten zu werden. Außerdem bestehen Befürchtungen, kontrolliert oder in der Auswahl nicht angemessen berücksichtigt zu werden (Selektion der

Dienste durch den Case Manager). Ein besonderes Problem für Konflikte stellen hier die (unbeabsichtigten) Kränkungen in Netzwerken dar. Kränkungen sind nicht nur individuelle Phänomene, die bei einzelnen Menschen im Zusammenleben mit anderen auftreten, sie können auch innerhalb und zwischen Institutionen auftreten (Wardetzki 2000, 144 ff). Die Gefühle die dabei aufkommen, sind ähnlich denen bei individuellen Kränkungen und werden durch die Mitarbeiter repräsentiert. Sie betreffen Neid, Rivalität, Missachtung oder Geringschätzung von Leistung. Rivalität betrifft die Selbsteinschätzung im Vergleich mit anderen Institutionen (wer ist besser oder kompetenter, wer setzt Trends usw.). Wenn jede Institution das „Sagen" für sich reklamiert, wird der Kontakt untereinander kaum ohne Verletzungen ablaufen. Jede kritische Äußerung kann dann als Angriff oder Eingriff interpretiert und mit einem Gegenschlag beantwortet werden. Rivalität kann besonders dann auftreten, wenn eine bestimmte Klientel „für sich reklamiert wird". Neid betrifft die personelle und materielle Ausstattung von Institutionen und führt zu Problemen, wenn dies nicht kommuniziert und damit nicht offen gelegt werden kann. Ventile stellen dann möglicherweise Abwertungen oder Unterstellungen (Inkompentenzvorwurf) dar. Neid entsteht oft auch, wenn z.B. aufgrund der Unterschiede in den Eingangsbedingungen, eine Einrichtung die „bessere Klientel" im Vergleich zur anderen rekrutieren kann. Unterstützt werden diese Prozesse häufig dadurch, dass die Beteiligten (z.B. Klinik, ambulanter Sektor) sich nicht genügend austauschen bzw. die Besonderheit des jeweiligen Sektors nicht anerkennen. Über Art und Notwendigkeit der Behandlung wird sich dann kränkend ausgetauscht. Kränkungen können allerdings auch von politischer Seite aus geschehen, wenn Leistungen nicht angemessen honoriert werden bzw. die unterschiedlichen Eingruppierungen der beteiligten Berufsgruppen für die Beteiligten nicht nachvollziehbar sind. Solange eine Institution relativ unabhängig arbeitete, konnte sie sich aus kränkenden Abhängigkeiten weitgehend heraushalten. Case Management aber baut auf starke Vernetzungen und gegenseitiges Angewiesensein auf, ein „Heraushalten" ist kaum möglich. Die Fähigkeit zur Verhandlungsführung, die Wahrnehmung einer mediatorischen Funktion, bei der zwischen den einzelnen Interessen und Positionen der Verhandlungsteilnehmer solange vermittelt wird, bis eine Einigung erzielt ist, stellt daher einen wichtigen Teilaspekt von Konfliktfähigkeit dar.

Analytisch von der Schlüsselqualifikation „Konfliktfähigkeit" sind u.a. das Wissen über Konfliktverläufe und Strategien zur konstruktiven Bewältigung von Konflikten sowie das Verfügen über deeskalierende Techniken, Techniken der Verhandlungsführung und Konflikthandhabung zu trennen (Wolf 2000, 80).

Multidisziplinäre Zusammenarbeit: Ergänzend zur Kooperations- und Koordinationsfähigkeit und im Case Management besonders zu beachten, ist die Fähigkeit zur interdisziplinären Zusammenarbeit, speziell die Fähigkeit in einem inter- oder multidisziplinären Team zu arbeiten. Die Arbeit im multidisziplinären Team oder das Team-Case-Management dient der Konzentration von professionellem Wissen (Raiff/Shore 1997, 126ff). Der Case Manager muss die Arbeit der einzelnen Professionen im Team reflektieren und die im Team arbeitenden Professionen nach außen vertreten können. Dies verweist zunächst auf die fachliche Qualifikation des Case Managers, d.h. er muss in seinem Arbeitsbereich über ein ausgewiesenes Fachwissen und eine gute Reputation verfügen. Die Stellung des Case Managers im multidisziplinären Team ist häufig prekär und schließt unter Umständen schwierige Sondierungsphasen und Perioden nur bedingter Anerkennung ein.

In einer Hierarchie kann es zu Konflikten in der Beziehung zu Vorgesetzten oder innerhalb der Leitung eines Teams kommen. Der Leiter ist gegenüber dem Träger der Einrichtung und den Leistungsträgern verantwortlich, die Verantwortung für das Team-Case-Management liegt bei einem Mitarbeiter. Wird vom Leistungsträger Einfluss auf die Auswahl der Person des Team Case Managers geübt, ist die Kombination dieser drei Aspekte konfliktträchtig. Der Case Manager muss über die Fähigkeit verfügen, seine Rolle in der Hierarchie realistisch einzuschätzen und die eigenen Befugnisse nicht zu überschätzen. Bei Konflikten mit Vorgesetzten ist ein zu vorsichtiges, ängstliches Vorgehen ebenso problematisch wie die Angst vor Nachteilen. Fehlt die Fähigkeit, Vorgesetzten gegenüber entschieden auftreten zu können, wird bei einer kontroversen Einschätzung von Sachverhalten und Problemlagen eher den Einschätzungen erfahrenerer oder vorgesetzter Mitarbeiter vertraut (z.B. bei der Frage, welche Schritte zur Problembewältigung nötig sind und wie sie organisiert werden) als der eigenen Planung. Stringentes und konsequentes Verhalten unterstützen die Transparenz in der Vorgehensweise.

■ Daneben sind die Beziehungen der Teammitglieder untereinander zu beachten. Die speziellen Attribute der Aufgabe (Team, gesamtheitlich, professionsübergreifend, etc.) führen leicht zu dem Wunsch nach einer „basisdemokratischen Kuschelecke" und widersprechen der Forderung nach Effizienz und Effektivität. Die exponierte Stellung des Case Managers kann das Klima im Team gefährden, kollegiale Beziehungen können belastet werden. Vorhandene Konflikte wirken sich dann auf die Zusammenarbeit aus (z.B. durch eine mangelnde Bereitschaft, dem Case Manager zu helfen, erfolgreich zu sein). Effektivität und Effizienz der Arbeit von Kollegen wird im Monitoring vom Case Manager überprüft, Leistungen werden evaluiert. Die Dokumentation gelungener und nicht gelungener Interventionen von Kollegen erfolgt in kritischen Rückmeldungen an Kollegen und stellt hohe Anforderungen an die Teamfähigkeit Aller.

■ Berufsspezifische Kontroversen (z.B. zwischen Medizinern, Psychologen, Pflegewirten, Pflegekräften, Pädagogen und Sozialarbeitern) können Auswirkungen auf die Akzeptanz der Person des Case Managers und dessen fächer- und professionsübergreifende Zusammenarbeit bzw. in das Vertrauen der Zusammenarbeit haben. Hier gilt es, ideologische Diskrepanzen (z.B. zwischen personenbezogener und systemischer Sicht, zwischen edukativen/pädagogischen Methoden und stützendem Zugang) und verschiedene paradigmatische Ausgangslagen (z.b. zwischen verhaltentherapeutischer, analytischer oder systemischer Sicht) auszubalancieren. Uneinigkeit unter den Professionellen aufgrund der Unfähigkeit, zu gemeinsamen Einschätzungen zu gelangen, und die fehlende Bereitschaft, einmal eingenommene Positionen zu revidieren oder Strategien in Einklang zu bringen, verlangen eine hohe Integrationsfähigkeit des Case Managers.

Der Case Manager im Team muss als Moderator einen schwierigen Gesamtprozess mit konkurrierenden Variablen koordinieren und leiten, braucht dafür neben der Integrationsfähigkeit auch mediatorische Kompetenz.

Die dargestellten Variablen der Sozialkompetenz sind insbesondere beim Versorgungsmanagement – der Kooperation und Koordination auf regionaler und überregionaler Ebene – in die Fach- und Selbstkompetenz zu integrieren. Nach der Analyse von Bedarfs- und Versorgungslagen kann die Implementierung von neueren Konzepten und die Veränderung von Versorgungsstrukturen dauerhaft nur gelingen, wenn die Systembeteiligten hinsichtlich Zielen, Organisations-, Ablauf- und Entscheidungsstrukturen die Verantwortung gemeinsam wahrnehmen. Dies bedarf eines Moderators, der diesen Prozess begleiten, steuern und anschaulich darstellen kann.

Selbstkompetenz

Selbstkompetenz, auch als „personale Kompetenz" bezeichnet, „... bezieht sich auf einen kompetenten Umgang mit der eigenen Person, deren Möglichkeiten und Grenzen" (Wolf 2000, 83) und steht in engen Zusammenhang bzw. Überschneidungen mit der Sozialkompetenz. Selbstkompetenz umfasst die Fähigkeiten, die ein Individuum in die Lage versetzen, mit der eigenen Person im jeweiligen beruflichen Lebenskontext zurechtzukommen und diese weiterzuentwickeln. Im Mittelpunkt dieser Dimension der Schlüsselqualifikationen stehen daher insbesondere die Weiterentwicklung der Persönlichkeit sowie die Fähigkeit zur Selbstreflexion, der Urteilsbildung und der Selbstorganisation (Belz/Siegrist 1997, IV–9; Richter 1995). Als Teilfähigkeiten eines kompetenten Umgangs mit sich selbst sind u.a. benannt: Kritikfähigkeit, Belastbarkeit, Selbstbewusstsein, Selbstwertgefühl, Werthaltung, Sensibilität für eigene Bedürfnisse und Fähigkeit zum Bedürfnisaufschub (Faix/Laier 1991, 63; s. Abbildung 24).

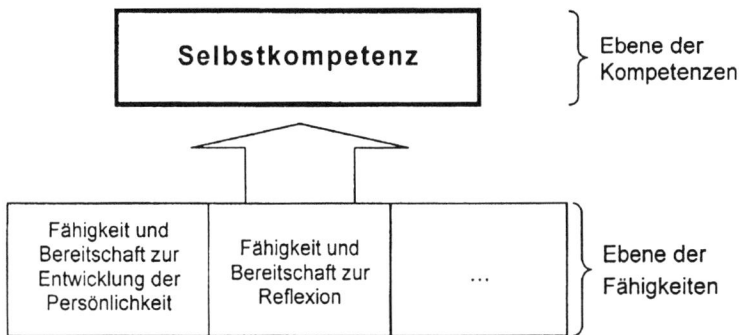

Abb. 24: Einzelfähigkeiten der Selbstkompetenz (Wolf 2000, 84)

Selbstsicherheit und Selbstbewusstsein: Aufgrund der vielfältigen, mitunter konfliktträchtigen Interaktionen, die den Case-Management-Prozess strukturieren, kommt den Variablen Selbstsicherheit und Selbstbewusstsein hohe Bedeutung zu. Im Sinne einer Selbststeuerung geht es darum, in der Umwelt Veränderungen zu bewirken, mit denen die Rahmenbedingungen des Handelns verbessert und die eigenen Handlungsmöglichkeiten erweitert werden können. Fall- und Systemmanagement verlangen die Fähigkeit, Initiative zu ergreifen, offen und authentisch zu agieren. Das Bewusstsein und die Verfügung über das eigene Wissen, die Klarheit über die Rolle als Case Manager und die Erfahrung von Gestaltbarkeit von Situationen sind Teilaspekte der Selbstsicherheit.

Fähigkeit und Bereitschaft zur Reflexion: Der Stellenwert der Reflexion ergibt sich zunächst aus dem Sachverhalt, dass in der Interaktion mit anderen Personen immer auch Anteile der durch (berufs-) biographische Erlebnisse geprägten eigenen Persönlichkeit aktiviert werden und in diese einfließen. Dies beinhaltet, sich selbst reflektierend gegenüberzutreten, d.h. eigene Gefühle, eigenes Denken und Verhalten im beruflichen Kontext zu reflektieren. Durch Erkennen und Verstehen eigener Handlungsmotive, eine realistische Anspruchshaltung und das Erkennen von Belastungen, die außerhalb der eigenen Person ihre Ursache haben, lässt sich Reflexionsfähigkeit als weitere basale Fähigkeit für ein Case Management bezeichnen: „Sie ermöglicht einerseits, sowohl Gefährdungen als auch Entwicklungspotentiale für das berufliche Instrument der Persönlichkeit zu erkennen; andererseits bildet sie die Grundlage für Prozesse der Selbst- und Fremdevaluation, die zum Ziel haben, die Funktionsfähigkeit des Instrumentes der Persönlichkeit zu verbessern bzw. die Effektivität und Effizienz des eigenen Handelns zu optimieren" (Wolf 2000, 90). Analytisch von der Reflexionsfähigkeit zu trennen ist das Wissen über Reflexions- und Evaluationsprozesse und die Methoden und Techniken der Selbst- und Fremdevaluation.

Zusammenfassend ergibt sich folgendes Kompetenzprofil, das die wesentlichen Fähigkeiten für ein Case- und Care Management skizziert.

Kompetenzprofil: Case Manager

Berufliches Selbstverständnis
- Positive Grundeinstellung gegenüber den verschiedenen Kunden (Klienten, Kooperationspartnern)
- Klarheit über Funktion als CM
- Ressourcenorientierung
- Patient-/Klientorientierung als ethische Grundlage

Sach- und Systemkompetenz
- Erklärungs- und Handlungswissen
- Organisationswissen
- Kenntnis der medizinischen und sozialen Infra- und Versorgungsstruktur
- Kulturelles Wissen
- Arbeitsfeldspezifisches Wissen
- Stichworte: Konzepte und Strategien, Rechts- und Verwaltungskenntnisse, Wissen über Organisationsentwicklung, Wissen über Zielgruppen, Lebenslage und Lebensumstände, soziale Zusammenhänge von Gesundheit und Krankheit, BWL-Kenntnisse

Methoden- und Verfahrenskompetenz
- Networking
- Verfahrenskompetenz in Assessment, Serviceplanung, Linking, Monitoring
- Coaching
- Wissensmanagement
- Evaluationskompetenz
- Stichworte: analytische, informatorische, planerische, verfahrensichere Fähigkeiten, Ressourcenallokation und -sicherung, Präsentation, Medienkompetenz, EDV-Kompetenz

Soziale Kompetenz
- Kommunikationskompetenz
- Kooperative Handlungskompetenz
- Koordinationskompetenz
- Kritik- und Konfliktfähigkeit
- Fähigkeit zur multidisziplinären Zusammenarbeit
- Stichworte: Initiierung und Moderierung multidisziplinärer und inter-

institutioneller Zusammenarbeit, Zuverlässigkeit und Verbindlichkeit, Einfühlungs-, Wahrnehmungs- und Differenzierungsvermögen, stringentes Verhalten und Konsequenz, Verhandlungsführung, Systemsteuerung, Rollenperformanz

Selbstkompetenz
■ Selbstsicherheit und Selbstbewusstsein
■ Reflexionskompetenz
■ Stichworte: Kontaktfähigkeit, Offenheit, Authentizität, Belastbarkeit, Initiative, Selbstreflexion, Urteilsbildung und Selbstorganisation

3 Weiterbildungsmöglichkeiten im Case Management

Die vorgestellten Schlüsselqualifikationen sind, mit Ausnahme der berufsspezifischen Sach- und Systemkompetenz, auch für andere Berufe gültig und relevant. Sie wurden im Hinblick auf die Anforderungen im Case Management spezifiziert. Die für ein Case Management notwendige berufliche Handlungskompetenz entsteht aus der Sach- und Systemkompetenz, mit den für das Case Management erforderlichen Wissensformen, und aus der spezifischen Methoden-, Sozial- und Selbstkompetenz.

Zusatzausbildungen in diesem Bereich sind daraufhin zu überprüfen, ob die dargestellten Kompetenzen vermittelt werden können, insbesondere auch, ob sie die geforderten Wissensinhalte im Rahmen von praxisorientierten Trainingseinheiten vertiefen können. Sie sollen neben der Vermittlung von Sachkompetenz auch die Aneignung von für ein Case Management relevanten Schlüsselqualifikationen anregen und fördern. Für Case-Management-Weiterbildungen sind weiterhin sowohl die generellen Aspekte als auch die kontextbezogenen (arbeitsfeldspezifischen) Aspekte von Case Management relevant.

„Die Erfahrung mit der Implementation von Case Management lehrt, dass es oft fragmentarisch praktiziert und oberflächlich in einer humandienstlichen Organisation realisiert wird. Egal, ob sich die damit befassten Personen dann Case Manager/in nennen oder nicht, sie üben sich in einzelne Elemente des Einschätzens, Planens, Kontrollierens und Evaluierens ein und sind auch vielleicht qualifiziert genug, diese Elemente in ihrem Handlungsfeld miteinander in einem continuum of care zu verbinden. Extra ausgebildete Case Manager/innen sollen aber mehr können. Sie erwerben über vorhandene Handlungsfähigkeiten in ihrem beruflichen Betätigungsfeld hinaus die Kompetenz, selbständig im Prozess des Case Managements und gegebenenfalls über ihn zu disponieren" (Wendt 2004 b, 2)

Tab. 16: Liste der anerkannten CM-Weiterbildungsinstitute

PLZ	Institution	Internet/E-Mail
01191	Institut „Arbeitstelle für Fort- und Weiterbildung" der Evang. Hochschule für Soziale Arbeit, Postfach 200143, Dresden	www.ehs-dresden.de info@ehs-dresden.de
13355	Heidelberger Institut für Beruf und Arbeit GmbH (Hiba Berlin), Brunnenstraße 128, Berlin	www.hiba-impulse.de info@hiba-impulse.de
14167	Institut für Innovation und Beratung (INIB) an der Ev. Fachhochschule Berlin, Teltower Damm 118-122, Berlin	www.evfh-berlin.de info@evfh-berlin.de p.wissmann@via-berlin.de
22303	Zentrum für Praxisentwicklung an der Hochschule für angewandte Wissenschaften Hamburg (ZEPRA), Saarlandstraße 30, Hamburg	www.haw-hamburg.de/sp/zepra neuffer@sp.haw-hamburg.de
24113	Institut für berufliche Aus- und Fortbildung gGmbH, Qualifizierungszentrum Diesterweg 22, Kiel	www.ibaf.de iq-ki@ibaf.de annette.hoecker@ibaf.de
33602	Institut für wissenschaftliche Weiterbildung der Fachhochschule des Mittelstands, Ravensberger Straße 10g, Bielefeld	www.fhm-mittelstand.de info@fhm-mittelstand.de
40229	Renatec Wege in die Arbeit, Ellerkirchstr. 80, Düsseldorf	www.renatec.de grosch@renatec.de wita@renatec.de
48149 50668	FH Münster: Weiterbildung des Fachbereiches Sozialwesen Hüfferstraße 27, Münster KFH Nordrhein-Westfalen, Koordinationsstelle für Fort- und Weiterbildung Wörthstraße 10, Köln	www.fh-muenster.de weiterbildung@fh-muenster.de www.kfhnw.de weiterbildung@kfhnw.de

Fortsetzung von Tabelle 16

PLZ	Institution	Internet/E-Mail
50968	Fortbildungsakademie der Wirtschaft (FAW), gemeinnützige Gesellschaft mbH, Schönhauser Straße 64, Köln	www.faw.de reinald.fass@faw-personal.de
52080	Institut für Beratung und Supervison (IBS-Aachen), Heckstraße 25, Aachen	www.ibs-networld.de/ case-management.html office@ibs-networld.de
55122	KFH-Mainz, Institut für Fort- und Weiterbildung, Saarstr. 2, Mainz	www.kfh-mainz.de bender@kfh-mainz.de
63571	Burckhardthaus, Herzbachweg 2, Gelnhausen	www.burckhardthaus.de zentrale@burckhardthaus.de
79114	EFH-Freiburg, IfW, Bugginger Str. 38 Freiburg	www.efh-freiburg.de schindler@efh-freiburg.de
81245	Hans-Weinberger-Akademie der AWO, Industriestr. 31, München	www.hwa-online.de/ muenchen.49.0.html k.fluegel@hwa-online.de
86156	beta-institut, Kobelweg 95, Augsburg	www.beta-institut.de edith.martinec@beta-institut.de
88250	FH-Ravensburg-Weingarten KWW, Doggenriedstraße, Ravensburg	www.fh-weingarten.de platzek@fh-weingarten.de

Durch die verabschiedeten „Standards und Richtlinien für die Weiterbildung: Case Management im Sozial- und Gesundheitswesen und in der Beschäftigungsförderung" gibt es in der Bundesrepublik die Möglichkeit, zertifizierte Angebote zu erfassen. Die Richtlinien umfassen nicht nur Aussagen über Zielgruppen und Zulassungsvoraussetzungen, Inhalte, Dauer, Methoden, Abschluss und Anerkennung, sondern auch über institutionelle Voraussetzungen für Anbieter wie Case-Management-Ausbilder/innen (s. Richtlinien im Anhang).

Bis Ende 2004 wurden insgesamt 15 Ausbildungsinstitute (siehe Tabelle 16) und 60 Case-Management-Ausbilder/-innen zertifiziert. Neben den aufgeführten Weiterbildungen werden in der nächsten Zeit weitere Anbieter auf den Markt kommen, da die Bedeutung von Case Management wächst (eine aktuelle Übersicht findet sich im Internet unter: www.case-manager.de/cm-richtlinien.htm).

Darüber hinaus existieren Case-Management-Module in anderen Weiterbildungen z. B. in einigen Master-Studiengängen der Bundesrepublik, in Weiterbildungen in der Schweiz, Österreich und den Niederlanden sowie in Schulungen, die im Rahmen von Modellprojekten durchgeführt werden. Diese wurden in die folgende Aufstellung nicht aufgenommen.

In der Übersicht (siehe S. 240f) wird exemplarisch der Aufbau einer von der Anerkennungskommission zertifizierten Weiterbildung dargestellt.

Zulassungsvoraussetzungen: Voraussetzungen für die Weiterbildung sind ein sozialprofessioneller Hochschulabschluss (Sozialarbeit oder Pflegemanagement) oder ein anderer Hochschulabschluss (Psychologie, Medizin, Soziologie, Verwaltungsfach) mit zusätzlich nachgewiesen Kenntnissen in den Bereichen Sozialrecht, Kommunikation und Gesprächsführung, Moderation sowie Selbstreflexion.

Inhaltliche Schwerpunkte: Case Management im Sozialwesen(Aufbaumodul Soziale Arbeit); Case Management im Gesundheitswesen (Aufbaumodul Gesundheitswesen)

Dauer: 156 Stunden Voraussetzung; 210 Stunden (114 Basismodul; 96 Aufbaumodul)

Aufbau und Inhalte

6-teiliger Kurs

■ *Basismodul 1* (3 Tg.): Einführung: Geschichte und Modelle des CM, Phasen und Methoden des CM, Anwendungsbeispiele, Anforderungsprofil
Regionaltreffen (1 Tg.): Vertiefung und Praxisanwendung

■ *Basismodul 2* (3 Tg.): Fallsteuerung: CM als Fallmanagement, Rollenklärung, Konkrete Ausgestaltung der Phasen, Netzwerk- und Ressourcenanalyse
Regionaltreffen (1 Tg.): Vertiefung und Praxisanwendung

■ *Basismodul 3* (3 Tg.): Systemsteuerung: CM als Netzwerkmanagement, Etablierung und Handhabung von Netzwerken, Koordination und Steuerung von Hilfen, Konfliktmanagement
Regionaltreffen (1 Tg.): Vertiefung und Praxisanwendung

■ Basismodul 4 (3 Tg.): Evaluation: CM als Qualitätsprodukt, Rechenschaftslegung, Dokumentations- und Evaluationsverfahren

Aufbaumodul Soziale Arbeit

■ *Aufbaumodul 1* (3 Tg.): institutionelle Rahmenbedingungen: Arbeitsfelderhebung; spezifische Fragestellungen des Systemmanagement; Optimierung der Versorgungsstruktur; relevante gesetzliche Grundlagen des Sozialgesetzbuchs (SGB); fachspezifische Kenntnisse; Voraussetzungen und Verfahren der Implementierung

■ *Aufbaumodul 2* (3 Tg.): Zielgruppenspezifische Handlungsstrategien: Zielgruppenspezifische Ressourcen- u. Problemanalyse, fallbezogene Beratung und Steuerung auf der Basis individueller Kompetenz und/oder möglicher (gesundheitlicher) Einschränkungen; arbeitsfeldspezifische Konzeptentwicklung; Modellprojekte im Bereich Rehabilitation und aktivierender Arbeitsvermittlung
hinzu kommen 24 Lerneinheiten Supervision und kollegiale, selbstorganisierte Arbeitsgruppentreffen zwischen den Kursabschnitten

Aufbaumodul Gesundheitswesen (Alternativ)

■ *Aufbaumodul 1* (3 Tg.): institutionelle Rahmenbedingungen: Arbeitsfelderhebung; Systemmanagement in Einrichtungen des Gesundheitswesens; Optimierung der einrichtungsinternen Versorgungsstruktur; Verzahnung der stationären und ambulanten Versorgung; relevante gesetzliche Grundlagen (SGB u.a.); fachspezifische Kenntnisse; Voraussetzungen und Verfahren der Implementierung

■ *Aufbaumodul 2* (3 Tg.): zielgruppenspezifische Handlungsstrategien: spezifische Bedarfsermittlung und Ressourcenanalyse (Assessment); Prozess- und Systemsteuerung durch die Entwicklung von Clinical Pathways; fallbezogene Beratung und Steuerung insbes. bei multimorbiden PatientInnen und komplikationsträchtigen Behandlungsverfahren; Case Management Konzepte in Krankenhaus, Krankenkasse, Pflegeeinrichtung und anderen Gesundheitsdiensten; Entwicklung und Erprobung von Dokumentationssystemen
hinzu kommen 24 Lerneinheiten Supervision und kollegiale, selbstorganisierte Arbeitsgruppentreffen zwischen den Kursabschnitten

Methoden: Theorieinputs, erfahrungsbezogene Lerneinheiten anhand exemplarischer Fälle, Einzel- und Gruppenarbeit, Literaturstudium, Arbeitsfelderhebung, Konzepterstellung, PC-Anwendung, Austausch und Diskussion im Plenum

Prüfung: Abschlussarbeit in Form einer Haus- oder Projektarbeit

Abschluss: Zertifikat: zertifizierte/r Case Manager/in (DGS, DBSH, DBfK)

Kosten: Zwischen ca. € 2500 und € 5000 je nach Anbieter

Ein Angebot nach den Richtlinien greift die zentralen Aspekte des Case Managements im Basismodul auf. In den Aufbaumodulen wird sich auf einzelne Anwendungsfelder spezialisiert (z.B. Jugendhilfe, Beschäftigungsförderung, Altenhilfe, Migration, Gesundheitswesen, Pflege). So werden einerseits die generellen Case-Management-Themen (globale Konzepte und zentrale Strategien des Case Managements) ausreichend behandelt, andererseits erfolgt in den praxisbezogenen Inhalten, die immer in konkreten Arbeitsfeldern angesiedelt sind, eine Vertiefung. Die eingesetzten Methoden lassen grundsätzlich erwarten, dass neben der Wissensdimension auch die entsprechenden praxisorientierten Fähigkeiten durch Rollenspiel, szenische Inszenierungen, exemplarische Fall- und Gruppenarbeit, Projektarbeit und PC-Training gefördert werden. Zulassungsvoraussetzungen, Prüfungen und Abschlüsse sind in den zertifizierten Weiterbildungen vergleichbar. Eine durchgängige Evaluation ist bei allen anerkannten Weiterbildungen verpflichtend.

Erste Erfahrungen: Die Standards haben Pilotfunktion in der Bundesrepublik übernommen, denn sie sind vor allem auch für die Nutzer / Klienten wichtig: „Mit ihrer Verbreitung, Förderung und Weiterentwicklung soll", wie es in der Präambel heißt, „das Vertrauen in Case Management-Angebote bei Menschen, die Case Management in Anspruch nehmen, gestärkt werden und für Auftraggeber und Kostenträger verlässliche Qualitätskriterien benannt werden" (Standards und Richtlinien für die Weiterbildung: Case Management; im Anhang, S. 248ff).

Case Manager benötigen die Kompetenz, interdisziplinär vermitteln und transdisziplinär geleistete Hilfestellung mit Blick auf den Einzelfall zu koordinieren. Hierzu wird ein Wissen über den Aufbau von Netzwerken, Koordinations- und Kooperationsstrategien vermittelt.

Von Case Managern kann zudem erwartet werden, dass sie notwendige Arbeitsinstrumente für die Fallarbeit entwickeln: noch nicht bestehende Assessmentverfahren, Servicepläne, Verbindungen zwischen Assessment und Serviceplan, Monitoringinstrumente sowie Evaluationsinstrumente. Dieses wird in den Weiterbildungen gelehrt und nicht selten im Rahmen der schriftlichen Ausarbeitung im Rahmen der Abschlussarbeit der Weiterbildung präsentiert. Die i.d.R. auf gesetzliche Grundlagen zurückgreifenden und vertraglich geregelten Strukturen eines vernetzten Versorgungssystems, in dem der Case Manager autorisiert die beteiligten Dienste fachlich aufeinander abstimmt, bestehen allerdings derzeit häufig nicht in den Handlungsfeldern, in denen zertifizierte Case Manager arbeiten.

Mit Blick auf die bisherigen Erfahrungen aus den zertifizierten Weiterbildungen und ersten empirischen Ergebnissen über den Aufgabenbereich zertifizierter Case Manager in der Praxis kann gesagt werden, dass der Vermittlungsgrad an Wissen über den Aufbau von Netzwerken, das in den Weiterbildungen vermittelt werden kann, daher begrenzt ist, weil viele Teilnehmer/-innen in der Weiterbildung an ihrem Arbeitsplatz (noch) nicht zuständig für den Aufbau von Netzwerken im Übergang zur Systemsteuerung sind.

4 Fazit

Die aufgezeigten Qualifikationsanforderungen und die Beispiele zur Weiterbildung zeigen, dass die Entwicklung von Qualifizierungsmaßnahmen den Standards für die Case-Management-Weiterbildungen folgen:

- Gegenstand, Ziel und Gliederung der Weiterbildung,
- Zeitlicher Umfang,
- Zulassungsvoraussetzungen,
- Ausbildungsinhalte und Methoden,
- Abschlussleistung/-prüfung,
- Abschlusszertifikat und Zertifizierung und
- Evaluation

Zu den Standards gehören die Theorievermittlung des allgemeinen Case Managements (nicht nur Ausschnitte); die praktischen Anteile umfassen sowohl das fallbezogene Case Management als auch das systembezogene Case Management (bzw. Care Management). In diese Entwicklung wurden Standards, wie z. B. die Standards der Case Management Society of America (CMSA) einbezogen (Wendt 1997, 152–164). Erste Erfahrungen zeigen, dass sich diese Standards nicht nur in der Bundesrepublik durchzusetzen beginnen, sondern in der Schweiz und in Österreich bereits als Orientierung dienen. Die Fachgruppe Case Management der Deutschen Gesellschaft für Sozialarbeit bzw. die Deutsche Gesellschaft für Care und Case Management (DGCC) werden mit ihren Kooperationspartnern eine Weiterentwicklung vorantreiben.

Qualitative Merkmale und Besonderheiten des Case-Management-Tätigkeitsprofils, die es von den Tätigkeitsspektren qualifizierter Sozialarbeit/Pflege bzw. Managementarbeit unterscheiden, sind nicht die beschriebenen Einzelkompetenzen, sondern die Kombination von begleitender und koordinierender Tätigkeit, eine höhere Flexibilität in Bezug auf Ressourceneinsatz sowie das systemische und systematische Vorgehen in Bezug auf Serviceplanung und Monitoring (Schleuning/Welschehold 2000, 95, Wendt 2004, 5). Das hier vorgestellte ideale Kompetenzprofil kann nicht darüber hinweg täuschen, dass in der Praxis der Systemsteuerung die Case-Management-Kompetenzen nur sinnvoll durch Integration in entsprechenden Strukturen wirksam werden können. Parallel zur rapiden Verbreitung von Case Management in der Bundesrepublik muss deshalb neben einer Qualifizierung der Anwender auch der Auf- und Ausbau der horizontalen Bausteine erfolgen, durch Case-Management-orientierte Organisationsstrukturen, die in die Sozial- und Gesundheitsplanung integriert sind. Ansonsten besteht die Gefahr, dass das viel versprechendes Konzept zur zwar modernen, aber inhaltsleeren „Worthülse" zu verkommen droht.

5 Perspektiven

Zusammen mit den übrigen Beiträgen wird mit den Ausführungen zu Qualitätsanforderungen ein aktueller Zwischenstand in der Entwicklung und Implementierung des Case Managements in Deutschland markiert. Insofern bleiben Fragen offen.

Wolf-Rainer Wendts Feststellung, nicht alles sei Case Management, wo Case Management drauf stehe, lässt sich an einigen Beiträgen sehr deutlich aufzeigen. So stellt sich die Frage, welche Mindeststandards erfüllt sein müssen, damit von Case Management gesprochen werden kann. Zu denken ist an Prozessstandards einerseits, aber auch an eine konzeptuelle Verankerung in bereichsspezifischen Konzeptionen. Hier steht die Praxis des Case Managements in einigen Bereichen noch im Experimentierstadium (Löcherbach 2003). Kritisch anzumerken ist, dass Case Management nicht allein aus einer Abfolge von Arbeitsschritten besteht, sondern Leitprinzipien, wie etwa Kunden- und Dienstleistungsorientierung, Empowerment (FG-CM-DGS 2005), mindestens ebenso zentral sind wie die Phasen, von denen zudem viele Praktiker behaupten, sie gingen intuitiv nach diesem Schema vor.

In diesem Zusammenhang wird die Frage auftauchen, welche Profession am besten für das Case Management geeignet ist: Ist naturgemäß die Soziale Arbeit Basisqualifikation des Case Managements oder bieten Ausbildungen anderer in einzelnen Beiträgen genannter Professionen (Ärzte, Krankenschwestern, Pflegefachkräfte oder gar Verwaltungswirte etc.) genauso gute oder gar bessere Fundamente für eine Zusatzqualifikation? Die Meinungen zu diesem Thema gehen weit auseinander: Für die Entwicklung von Case-Management-spezifischen Zusatzqualifikationen ist nicht ohne Belang, welches Profil zukünftige Case Manager erfüllen sollen und wie das in einem grundständigen Studium, einem Aufbaustudiengang bzw. entsprechenden Fortbildungen qualifiziert werden soll. Möglicherweise wird man diesen Problemkreis nur bereichsspezifisch lösen können, zumal offenkundig sehr viel verschiedene und divergierende Anforderungen an den Case Manager gestellt werden. Für Hochschulen wird eher früher als später zu entscheiden sein, wie Case Management oder zumindest seine Grundtechniken, wie in einem Beitrag gefordert, im Studium, also in einem Bachelor- oder Masterstudiengang, verankert werden soll.

Bislang nur in der Fachliteratur behandelt, und auch hier nicht von allen rezipiert, sind die verschiedenen Orientierungen des Case Managements:

Deutlich formuliert in der US-amerikanischen Literatur, stellt sich die Frage nach dem „consumer driven" oder dem „system driven" Case Management oder nach der Verbindung zwischen beiden. In der derzeitigen Diskussion um Qualitätsanforderungen und Effizienz in der beruflichen Arbeit mag den Trägern eine Systemsteuerung näher liegen als eine Fallsteuerung, während die Praxis dringend eine Strukturierung ihrer fallbezogenen Prozesse sucht. Um nicht in eine dysfunktionale Auseinandersetzung um ein Entweder-Oder zu geraten, bedarf es eines klaren Blicks für beide Dimensionen. Weitere begriffliche Differenzierungen und empirische Untersuchungen über die Wirksamkeit sind nötig. Einige Beiträge in diesem Buch zeigen die Richtung an.

Zuletzt sei eine zentrale Aufgabe für die Zukunft angesprochen: Eigene Forschung bezüglich Wirksamkeit, Effizienz, Kundenzufriedenheit, Kosteneinspareffekten etc. ist dringend notwendig und beginnt in der Bundesrepublik. Um Case Management langfristig zu verankern, das zeigen angloamerikanische Erfahrungen, muss empirisch erwiesen werden, dass Case Management deutliche Vorteile gegenüber den „herkömmlichen" Verfahren hat. Angesichts der andauernden Diskussionen um die „Grenzen des Sozialstaats" liegt hier einerseits die Chance, mit Case Management ein Erfolgsmodell zu etablieren, wie sich an den Beispielen auch aus diesem Buch zeigen lässt, andererseits zeigen sich in Ländern, in denen Case Management längst zur Regel geworden ist, die ethischen Probleme: in der Funktion des Case Managers verbinden sich widerstreitende Interessen, die nicht immer in Übereinstimmung zu bringen sind. Die bislang bei uns sehr wenig diskutierte „advocacy"-Funktion des Case Managements kann für Zweifelsfälle die Richtung weisen. Doch auch hier fehlen empirische Erfahrungen der Umsetzung dieser berufsethischen Verpflichtung. Offene Fragen rufen nach einer systematischen Beantwortung. Was also ist zu tun? Einige der möglichen Perspektiven seien hier genannt:

1. Entwicklung von Standards für die Praxis: International wird heute in verschiedensten Bereichen ein Case Management eingeführt. Worin aber besteht ein solches Case Management? Woran kann ein Auftraggeber erkennen, dass die zu beauftragende Fachkraft tatsächlich nach dem Case Management-Ansatz vorgeht? Hierzu bieten sich verbindliche Standards an. Standards sind fachlich anerkannte Kriterien, die beschreibbar, beobachtbar und überprüfbar sein müssen. Sie werden zum Maßstab, um beispielsweise festzulegen, was in einer bestimmten Situation von Fachkräften zu leisten ist und welche Ziele zu erreichen sind. Standards sind idealiter das Ergebnis eines Prozesses, an dem Mitarbeiter, Nutzer, Träger, Fachgremien/-gesellschaften und Berufsverbände beteiligt sind. Für die Praxis des Case Managements haben sich neben den aus den USA und den aus Australien stammenden Standards (CMSA 1995 und 2004) in Deutschland „Qualitätsstandards für das Fallmanagement" (DV 2004) etabliert. Diese

Praxisstandards werden auch vom Schweizer Netzwerk Case Management diskutiert. Im Bereich der Beschäftigungsförderung ist ein Fachkonzept „Beschäftigungsorientiertes Fallmanagement im SGB II" erarbeitet worden (siehe Beitrag Bohrke-Petrovic / Göckler in diesem Band), im Bereich des Berufsverbandes der Berufsbetreuer werden derzeit solche Standards erarbeitet.

2. Etablierung einer eigenen Forschung: Unabdingbar sind empirische Forschungen über Wirkungen des Case Managements. Neben den verschiedenen Modellprojekten sind insbesondere hier Effektivitätsstudien notwendig. In der Bundesrepublik etabliert sich derzeit ein Forschungsspektrum, das von Einzelfall- über Vergleichs- bis hin zu Verlaufsstudien reicht. Zahlreiche Veröffentlichungen belegen die Innovationskraft von Case Management (Löcherbach / Schmid 2005). Diese Entwicklung wird von der Fachgruppe Case Management intensiv verfolgt.

3. Professionalisierung im und durch Case Management: Auch wenn Case Management in verschiedensten Bereichen erprobt und angewendet wird, zeigt sich, dass die verschiedenen Ebenen des Case Managements in sehr unterschiedlichem Ausmaß zum Einsatz kommen. Nach wie vor werden zudem einzelne Elemente aus dem Grundkonzept des Verfahrens „ausgeschnitten" oder grundsätzliche Prinzipien des Case Managements nicht beachtet. Es ist zwar, wie die Praxis zeigt, nicht zwingend notwendig, immer alle Elemente des Case Managements vollständig umzusetzen: So können auch Teilimplementationen durchaus erfolgreich sein und zu wichtigen Verbesserungen in der Versorgung führen, allerdings nur dann, wenn die Standards umgesetzt werden (Löcherbach 2003). Case Management führt insgesamt zu einem professionellen Verständnis in der Fall- und Systemarbeit. Neue professionelle Strukturen werden aufgebaut, wie das Beispiel Case-Management-Fachgruppe der DGS mit den Arbeitsgruppen Forschung, Praxis, Weiterbildung zeigt. Hierdurch erfolgt eine sinnvolle Ausdifferenzierung des Case Managements. Benötigt wird eine „Vereinigung" der Case Manager/-innen, die ihre Interessen als zertifizierte Case Manager wahrnehmen. Verwirklicht wird dies durch die neu gegründete „Deutsche Gesellschaft für Care und Case Management". Diese kann als fach- und professionspolitische Austausch- und Entwicklungsplattform für Case Manager/-innen, Ausbildungsinstitute und assoziierten Experten dienen und so Theorie, Praxis und Ausbildung von Case Management verbinden. Unterstützt wird dieser Prozess sicher durch die neue Fachzeitschrift „Case Management".

Anhang

Standards und Richtlinien für die Weiterbildung

Case Management im Sozial- und Gesundheitswesen und in der Beschäftigungsförderung (DGS/DBSH/DBfK)

Einleitung/Begründung

Die nachfolgenden Weiterbildungsstandards sind das Ergebnis der Fachdiskussionen der Fachgruppe „Case Management" der Deutschen Gesellschaft für Sozialarbeit (DGS) und der Kooperation mit dem Deutschen Berufsverband für Soziale Arbeit (DBSH) und dem Deutschen Berufsverband für Pflegeberufe (DBfK) vom 29. 01. 2003, geändert am 22. 12. 2004. In jüngster Zeit hat sich die Diskussion um die Anwendbarkeit dieser Standards auch für den Bereich der Beschäftigungsförderung entwickelt.

In die Diskussion flossen Informationen über bereits praktizierte Case Management-Weiterbildungen in Deutschland, Österreich und der Schweiz ein. Die Standards wurden entwickelt, um die Qualität von Case Management und Case Management-Weiterbildungen besser sichern zu können. Mit ihrer Verbreitung, Förderung und Weiterentwicklung sollen das Vertrauen in Case Management-Angebote bei Menschen, die Case Management in Anspruch nehmen, gestärkt werden und für Auftraggeber und Kostenträger verlässliche Qualitätskriterien benannt werden. Case Management soll als professionsübergreifender Ansatz etabliert und ihm soll gegenüber anderen beruflichen Handlungskonzepten durch Vereinheitlichung der Weiterbildungsstandards und Kommunizierbarkeit von Qualität mehr Gewicht verliehen werden. Die hohen Anforderungen, die an ein Case Management gestellt werden, verlangen eine spezifische Weiterbildung auf der Basis einer qualifizierten Berufsausbildung.

Den Interessentinnen und Interessenten ermöglichen die Standards einen Überblick über essenzielle Ausbildungselemente. Sie geben eine Entscheidungshilfe bei der Auswahl von Ausbildungselementen und Weiterbildungsangeboten, bieten eine Orientierung in Fragen der Qualifizierung der eigenen Tätigkeit als Case Managerin bzw. Case Manager und bilden überdies die Basis für Entscheidungen, selbst eine Case Management-Weiterbildung anzubieten.

Gegenstand

Gegenstand der Standards sind die berufsübergreifende Weiterbildung in Case Management mit Schwerpunkt Gesundheits- und Sozialwesen und in der Beschäftigungsförderung (Teil 1) und die Anerkennung von Ausbildungsinstituten und Ausbilderinnen bzw. Ausbildern (Teil 2). Die Standards enthalten Voraussetzungen für die Anerkennung als zertifizierte Case Managerinnen bzw. Case Manager sowie als Ausbilderinnen und Ausbilder für Case Management.

Ethische Grundsätze

Essenziell sind die berufsethischen Grundsätze der jeweiligen Profession (vgl. „Die berufsethischen Prinzipien" des DBSH bzw. den „ICN-Ethikkodex" des DBfK im Anhang). Darüber hinaus dient eine Nutzerorientierung im Case Management der Sicherung der Klienten- bzw. Patientenperspektive. Eine ausschließlich ökonomische Orientierung verstößt gegen die Grundsätze des Case Management.

Teil 1

A 1   Weiterbildungsrichtlinien

A 1.1   Ziele
- Rollenklarheit als Case Managerin bzw. Case Manager
- Vertiefte Kenntnisse in Case Management
- Verfahrenssicherheit in der Fallsteuerung
- Befähigung zur ressourcen- und netzwerkorientierten Arbeit
- Grundkenntnisse auf dem Gebiet der Systemsteuerung und Anwendungsbezüge

A 1.2   Zulassungsvoraussetzungen
- abgeschlossenes einschlägiges Hochschulstudium (im Bereich der Beschäftigungsförderung kann nach Prüfung ein dem Hochschulabschluss vergleichbarer Abschluss als Zulassungsvoraussetzung anerkannt werden) und mindestens einjährige Berufserfahrung oder vergleichbare abgeschlossene pflegeberufliche Ausbildung und mindestens zweijährige Berufserfahrung

- Nachweis über Befähigungen / Kenntnisse in:
  - Kommunikations- und Gesprächsführung   mind. 54 Stunden
  - Moderation   mind. 18 Stunden
  - allgemeine sozialrechtliche Kenntnisse   mind. 48 Stunden
  - Selbstreflexion   mind. 36 Stunden
  (diese können anerkannt oder während der Weiterbildung additiv erworben werden)

- eine entsprechende berufliche Praxis während der Weiterbildung im Gesundheits- und Sozialbereich oder in der Beschäftigungsförderung

A 1.3   Gliederung und zeitlicher Umfang
Die Weiterbildung umfasst mindestens 210 Stunden (á 45 Minuten). Für spezifisch-pflegerische Weiterbildungen gilt nach wie vor eine Mindestpflichtstundenzahl von 720 Std. zur Anerkennung als Weiterbildung (DBfK); die CM-Weiterbildung nach diesen Richtlinien ist eine interdisziplinäre.

- Basismodul (mindestens 114 Stunden)
  - theoretische und praktische Grundlagen des
    Case Management   96 Stunden
  - kollegiale Beratung / Supervision   18 Stunden

▦ arbeitsfeldspezifisches Modul (mindestens 96 Stunden): Vertiefung von Fragen des Systemmanagements sowie spezifischer Anwendungen (z.B. Kinder- und Jugendhilfe, Altenhilfe, Pflege, Krankenhausversorgung, Soziale Dienste, Vermittlung in Arbeit):
– arbeitsfeldspezifische Vertiefung des Case Management   48 Stunden
– Supervision   24 Stunden
– selbstorganisierte Arbeitsgruppen   24 Stunden

A 1.4 Inhalte

▦ Geschichte, Definitionen und Funktionen von Case Management
▦ Konzepte von Case Management, einschließlich Strategien, Verfahren und Phasen von Case Management
▦ ethische Dimensionen von Case Management, z.B. Nutzer- und Anbieterorientierung, Consumer- vs. Systemorientierung
▦ relevante gesetzliche Grundlagen des Case Management
▦ Netzwerktheorien und Netzwerkarbeit
▦ Ressourcenanalyse und Ressourcensicherung
▦ Konzepte zur Bedarfsermittlung und Angebotssteuerung
▦ handlungsfeldspezifische Theorien und Anwendungen
▦ Fallmanagement und Fallsteuerung
▦ Systemmanagement und Systemsteuerung
▦ Qualitätssicherung im Case Management

A 1.5 Didaktik und Methodik

▦ Impulsreferate, Theoriearbeit
▦ Gruppenarbeit und Plenumsdiskussion
▦ Rollenspiel, Training, selbstreflexive Verfahren
▦ exemplarische Fallarbeit
▦ Konzeptentwicklung
▦ Präsentation
▦ Moderation
▦ EDV-Anwendung

A 1.6 Abschluss

▦ schriftliche Abschlussarbeit in Form einer Hausarbeit über einen Ausschnitt aus dem Case Management einschließlich einer theoretischen Fundierung des Dargelegten unter Verwendung einschlägiger Literatur
▦ Alternativ zur schriftlichen Hausarbeit ist eine adäquate Projektarbeit möglich.
▦ Das Thema der Abschlussarbeit wird mit der Kursleitung abgesprochen und von ihr genehmigt. Die formalen Anforderungen werden von der Kursleitung festgelegt. Dabei soll die schriftliche Hausarbeit einen Umfang von 15 Manuskriptseiten mit 3 000 Zeichen pro Seite plus Literaturverzeichnis nicht unterschreiten.
▦ Die Abschlussarbeit wird von der Kursleitung hinsichtlich des Erfolgs bewertet. Bei Nichtanerkennung kann die Arbeit mit einem neuen Thema einmalig wiederholt werden.

A 1.7 Zertifikat

Das Zertifikat bei erfolgreichem Abschluss lautet „Zertifizierte Case Managerin" bzw. „Zertifizierter Case Manager" mit dem Zusatz „anerkannt nach den Richtlinien der DGS, DBSH, DBfK".

A 2 Übergangsregelung

Die Anerkennungskommission kann bis 31. 12. 2005 in der Vergangenheit absolvierte Weiterbildungen aus dem Bereich der Beschäftigungsförderung zur Case Managerin bzw. zum Case Manager auf Antrag als gleichwertig anerkennen und ein Zertifikat (gemäß A 1.7 dieser Richtlinien) ausstellen. Die Absolventin bzw. der Absolvent hat den Nachweis der Gleichwertigkeit zu erbringen. Die Anerkennung ist gebührenpflichtig. Die Gebühr beträgt 200,00 €.

Teil 2

B 1 Richtlinien zur Anerkennung von Ausbildungsinstituten und Ausbilder/innen für den Bereich Case Management im Sozial- und Gesundheitswesen und in der Beschäftigungsförderung

Zur Anerkennung von Instituten und Ausbilder/innen richtet die Fachgruppe Case Management im Auftrag der Deutschen Gesellschaft für Sozialarbeit (DGS) eine Anerkennungskommission ein. In dieser Kommission sind vertreten: Delegierte der DGS, des DBSH, des DBfK und aus dem Bereich der Beschäftigungsförderung. Die Kommission berät und entscheidet über die eingereichten Anträge. Die Fachgruppe Case Management wird über die Ergebnisse der Kommissionsarbeit regelmäßig informiert und berät die Anerkennungskommission.

B 1.1 Kriterien für die Anerkennung von Ausbildungsinstituten

1. Voraussetzung für die Anerkennung der Ausbildungsinstitute Case Management durch die Ausbildungskommission ist die Benennung einer verantwortlichen Ausbildungsleitung – mindestens zwei anerkannte Ausbilder/innen – sowie die Vorlage eines schriftlichen Curriculums über die Inhalte, Schwerpunkte und Methoden der Weiterbildung, die den Standards dieser Richtlinien (Teil 1) entsprechen müssen.
2. Es ist der Nachweis zu erbringen, dass das beantragende Ausbildungsinstitut über organisatorische, konzeptionelle und personelle Möglichkeiten zur Durchführung einer Weiterbildung zum Zeitpunkt der Antragstellung verfügt.
3. Die Anerkennung erhält das Institut unter der konkret benannten Ausbildungsleitung. Die Ausbildungsleitung verantwortet die Weiterbildung. Die Ausbildungsleiter/innen müssen Case Manager/innen gemäß dieser Richtlinien (Teil 1) sein. Die Vermittlung der Ausbildungsinhalte der Weiterbildungen muss im Basismodul zu mindestens 80 % von anerkannten Ausbilder/innen vorgenommen werden. Wünschenswert ist eine Mitgliedschaft in einer der an der Weiterbildung beteiligten Organisationen (DGS, DBSH, DBfK).
4. Die anerkannten Ausbildungsinstitute verpflichten sich, gemeinsam mit der Anerkennungskommission und der Fachgruppe Case Management der DGS, mindestens einmal im Jahr zur Teilnahme an einem Qualitätszirkel. Erfüllt ein Ausbildungsinstitut die Informationspflicht zwei Jahre lang nicht, so erlischt die

Anerkennung. Die Anerkennung erlischt auch bei einem Wechsel der Ausbildungsleitung, wenn nicht innerhalb von 6 Monaten eine neue Ausbildungsleitung benannt und von der Ausbildungskommission bestätigt wird.

5. Das Ausbildungsinstitut verpflichtet sich auf der Grundlage der Standards und
   Richtlinien (Teil 1) auszubilden und seine Arbeit zu evaluieren (Selbstevaluation
   mit externer Beratung oder Fremdevaluation).

B 1.2 Antragstellung und Bearbeitung in der Anerkennungskommission

Die antragstellenden Institute reichen ihre Unterlagen anhand einer Checkliste ein.
Sie senden 4 Exemplare sämtlicher Unterlagen an die Anerkennungskommission
und erhalten eine Empfangsbestätigung.

Die Anerkennungskommission bearbeitet die Anträge vertraulich. Der Antrag
darf nicht durch die Mitglieder / Angehörige des antragstellenden Instituts bearbeitet werden. Kommen die Mitglieder der Anerkennungskommission zu unterschiedlichen Ergebnissen, wird ein weiteres Mitglied aus der Fachgruppe Case
Management hinzugezogen. Die Dauer der Bearbeitung eines Antrages beträgt in
der Regel 3 Monate. Nachfragen oder eine nötige Klärung erfolgen mit den Antragstellern direkt. Ist eine Anerkennung (noch) nicht möglich, wird den Antragstellern
Gelegenheit zu einem persönlichen Gespräch mit der Kommission gegeben.

B 1.3 Gebühren

Die Gebühr für die Anerkennung eines Institutes beträgt einschließlich der Anerkennung von zwei Ausbildungsleiter / innen 800 €.

B 2 Kriterien für die Anerkennung von Ausbilder / innen

Einzelne Personen richten ihren Antrag auf Anerkennung als Ausbilder / in im Bereich Case Management an die Anerkennungskommission. Folgende Kriterien sind
zu erfüllen und müssen schriftlich nachgewiesen werden:

1. Ausbildung als Case Manager / in im Sinne der Standards und Richtlinien (Teil 1)
   für die Weiterbildung Case Management im Sozial- und Gesundheitswesen und
   in der Beschäftigungsförderung.
2. Nachweis einer mindestens dreijährigen Berufserfahrung, davon mindestens
   zwei Jahre als Case Manager / in nach der Case Management-Weiterbildung.
   Dieser Nachweis ist mit einer Referenz von Personen zu versehen, die die berufliche Entwicklung der Ausbilder / in begleitet haben.
3. Nachweis über die pädagogische Eignung und didaktischen Fähigkeiten (Richt-
   wert: Durchführung von 120 Fort- und Weiterbildungsstunden). Dies kann auch
   als Co-Trainer / in erworben werden. Die Fortbildungserfahrungen müssen sich
   nicht zwingend auf Case Management beziehen.
4. Zwei schriftlich dokumentierte Falldarstellungen der eigenen Case Manage-
   ment-Praxis, die sich über alle Phasen des Case Managements erstrecken.
5. Ausbilder / innen für Case Management verpflichten sich zur Teilnahme an dem
   jährlich von der Fachgruppe Case Management der DGS initiierten Qualitätszirkel.

B 2.1 Übergangsregelung

Folgende Übergangsregelung gilt bis zum 31. 12. 2005: Die Übergangsregelung gilt
für Ausbilder / innen aus dem bzw. im Bereich der Beschäftigungsförderung, die

bereits zum Zeitpunkt der Verabschiedung der Standards über langjährige Ausbildungs- und Case Management-Erfahrung verfügen.

Erfahrene Ausbilder/innen beschreiben ihren Ausbildungs- und -berufsweg entsprechend der allgemeinen Regelung und wählen eine adäquate Darstellungsweise.

Der Antrag auf Anerkennung als Ausbilder/in für Case Management gemäß dieser Richtlinien kann innerhalb der Übergangsregelung gleichzeitig mit dem Antrag auf Anerkennung als zertifizierte/r Case Manager/in (gemäß A 1.7) gestellt werden. Die zeitliche Frist von mindestens zwei Jahren zwischen Anerkennung zum/r Case Manager/in und der Antrag auf Anerkennung als Ausbilder/in für Case Management entfällt innerhalb der Übergangsregelung.

B 2.2 Antragstellung und Bearbeitung in der Anerkennungskommission

Die antragstellenden Ausbilder/innen reichen ihre Unterlagen anhand einer Checkliste ein. Sie senden 4 Exemplare sämtlicher Unterlagen an die Anerkennungskommission und erhalten eine Empfangsbestätigung.

Die Anerkennungskommission bearbeitet die Anträge vertraulich. Der Antrag darf nicht durch Mitglieder der eigenen Institute der Antragsteller/innen bearbeitet werden. Kommen die Mitglieder der Anerkennungskommission zu unterschiedlichen Ergebnissen, wird ein weiteres Mitglied aus der Fachgruppe Case Management hinzugezogen. Die Dauer der Bearbeitung eines Antrages beträgt in der Regel 3 Monate. Nachfragen oder eine nötige Klärung erfolgen mit den Antragsteller/innen direkt.

B 2.3 Gebühren

Die Gebühr für die Anerkennung als Case-Management-Ausbilder/in gemäß dieser Richtlinien beträgt 500 €.

Frankfurt, 29. 01. 2003
Michael Monzer (DGS), Franz Wagner (DBfK), Prof. Dr. Michael Wissert (DGS), Prof. Dr. Hugo Mennemann (DGS), Peter Wissmann (DGS), Waltraud Baur (DGS), Andreas Podeswik, Volker Schneider (DBSH), Prof. Dr. Peter Löcherbach (Sprecher der Fachgruppe Case Management, DGS)

geändert: Mainz, 22. 12. 2004
Prof. Dr. Peter Löcherbach (Sprecher der Fachgruppe)
Deutsche Gesellschaft für Sozialarbeit, Fachgruppe Case Management

Volker Schneider (Geschäftsführer)
Deutscher Berufsverband für Soziale Arbeit (DBSH)

Franz Wagner (Geschäftsführer)
Deutscher Berufsverband für Pflegeberufe (DBfK)

Berufsethische Prinzipien des DBSH

Beschluß der Bundesmitgliederversammlung vom
21.– 23. 11. 1997 in Göttingen

Präambel

Soziale Arbeit ist die Institution der beruflich geleisteten Solidarität mit Menschen, insbesondere mit Menschen in sozialen Notlagen. Die berufsethischen Prinzipien des DBSH sind für alle Mitglieder des DBSH verpflichtend und dienen damit der Überprüfung und Korrektur des beruflichen Handelns. Der DBSH greift hiermit das Grundsatzpapier der International Federation of Social Workers von 1994 auf und setzt es um.

1   Ausgangslage

In jeder Gesellschaft entstehen soziale Probleme. Diese zu entdecken, sie mit ihren Ursachen und Bedingungen zu veröffentlichen und einer Lösung zuzuführen, ist der gesellschaftlich überantwortete Auftrag Sozialer Arbeit. Seine Grenzen sind bestimmt durch strukturelle, rechtliche und materielle Vorgaben. Beruflich geleistete Soziale Arbeit gründet jedoch letztlich in universellen Werten, wie sie etwa im Katalog der Menschenrechte oder den Persönlichkeitsrechten und dem Sozialstaatsgebot des Grundgesetzes zum Ausdruck kommen. Diese Werte fordern die Mitglieder des DBSH auf, den gesellschaftlichen Auftrag der Sozialen Arbeit mit seinen Begrenzungen zu bewerten und gegebenenfalls zu optimieren.

In der Würde der Person erfährt das Handeln der Mitglieder des DBSH seine unbedingte und allgemeine Orientierung. In der Solidarität und der Strukturellen Gerechtigkeit verpflichten sie sich auf Werte, die die Einbindung der Person in die Gesellschaft und ihren Schutz in der Gesellschaft sichern.

2   Allgemeine Grundsätze beruflichen Handelns

2.1   Die Mitglieder des DBSH erbringen eine für die demokratische Gesellschaft unverzichtbare Dienstleistung. Sie üben Ihren Beruf unter Achtung ihrer beruflichen Werte aus. Die Dienstleistung kann von jedem Menschen unabhängig von Herkunft, Geschlecht, Alter, Nationalität, Religion und Gesinnung in Anspruch genommen werden.

Die Mitglieder des DBSH begegnen jeder Art von Diskriminierung, sei es aufgrund von politischer Überzeugung, nationaler Herkunft, Weltanschauung, Religion, Familienstand, Behinderungen, Alter, Geschlecht, sexueller Orientierung, Rasse, Farbe oder irgendeiner anderen Neigung oder persönlichen Eigenschaft, eines Zustandes oder Status. Weder wirken sie bei solchen Diskriminierungen mit noch dulden oder erleichtern sie diese.

2.2 Die Mitglieder des DBSH ermöglichen, fördern und unterstützen durch ihr professionelles Handeln in solidarischer Weise

- die Initiative der beteiligten Menschen, deren eigenen Lösungen und ihre Mitwirkung,
- die Einbindung der beteiligten Menschen in ein Netz befriedigender und hilfreicher Beziehungen und
- bei den beteiligten Menschen Einstellungen und Fähigkeiten, mit denen sie zur Verbesserung der Welt beitragen können.

2.3 Die Mitglieder des DBSH haben den beruflichen Auftrag, die strukturell bedingten Ursachen sozialer Not zu entdecken, öffentlich zu machen und zu bekämpfen.

2.4 Die Fachlichkeit der Mitglieder des DBSH besteht in wissenschaftlich begründetem Handeln mit berufseigenen Verfahren.

2.5 Die Mitglieder des DBSH treten für die Verwirklichung der Rechte sozial Benachteiligter öffentlich ein. Sie sind gehalten, politische Prozesse in Gang zu bringen, mitzugestalten, sowie die hierfür benötigten Kräfte zu mobilisieren.

2.6 Die Mitglieder des DBSH erforschen soziale Not. Gestützt auf die Erkenntnisse der Sozialforschung machen sie öffentlich auf individuelle wie kollektive Problemlagen aufmerksam, verdeutlichen deren Ursachen und wirken auf Lösungen hin. Dabei arbeiten sie auf lokaler, nationaler und internationaler Ebene mit den am Problem beteiligten Menschen zusammen.

2.7 Die Mitglieder des DBSH sollen aktiv in der Sozialplanung mitwirken.

2.8 Die Mitglieder des DBSH wirken beim Beschaffen der für ihre Arbeit notwendigen Ressourcen mit. Mit zur Verfügung gestellten Ressourcen ist sorgfältig und wirtschaftlich umzugehen.

2.9 Die Mitglieder des DBSH dokumentieren die in Ausübung ihres Berufes gewonnenen Erkenntnisse und getroffenen Maßnahmen. Dies dient der Planung und Reflexion des Arbeitsprozesses.

2.10 Die Mitglieder des DBSH holen kollegiale Beratung ein, wenn die Situation zusätzliche Fachkompetenz erfordert. Dies erfolgt unter anderem durch berufsspezifische Supervision.

2.11 Die Mitglieder des DBSH eignen sich die aktuellen fachspezifischen wissenschaftlichen Erkenntnisse an (Fortbildungspflicht). Darüber hinaus sind sie zu Innovation und Forschung bereit.

2.12 Die Mitglieder des DBSH missbrauchen ihre Stellung nicht zur eigenen Vorteilsnahme.

3 Verhalten gegenüber Klientel

3.1 Die Mitglieder des DBSH achten die Privatsphäre und Lebenssituation der Klientel. Die Mitglieder des DBSH erkennen, respektieren und fördern die individuellen Ziele, die Verantwortung und Unterschiede der Klientel und setzen die Ressourcen der Dienststelle dafür ein.

3.2 Die Mitglieder des DBSH informieren ihr Klientel über Art und Umfang der verfügbaren Dienstleistungen sowie über Rechte, Verpflichtungen, Möglichkeiten und Risiken der sozialen Dienstleistungen und schließen darüber einen Kontrakt. Eine vorzeitige Beendigung dieses Kontraktes ist nur in Ausnahmefällen zulässig. Diese erfolgt wie die Verlängerung des Kontrakts, dessen Unterbrechung oder eine Vermittlung an andere Fachstellen ausschließlich im Benehmen mit der Klientel.

3.3 Die Mitglieder des DBSH wahren in ihren beruflichen Beziehungen oder Verpflichtungen Rechte, Güter und Werte der Klientel.

3.4 Die Mitglieder des DBSH nutzen ihre Beziehungen zur Klientel nicht zum ungerechtfertigten Vorteil. Sie gestalten ihre Beziehungen zur Klientel ausschließlich berufsbezogen.

3.5 Die Mitglieder des DBSH respektieren die Lebenssituation und Unabhängigkeit der beteiligten Menschen, bemühen sich um Verständnis und führen die Dienstleistung im Rahmen eines Kontraktes gewissenhaft und zuverlässig aus.

3.6 Die Mitglieder des DBSH sind verpflichtet, anvertraute persönliche Daten geheim zu halten. Sie geben diese Daten nur weiter, wenn sie aus gesetzlichen Gründen offenbart werden müssen. Personen, deren Daten weitergegeben werden, sind darüber zu unterrichten.

3.7 Die Mitglieder des DBSH erheben und speichern nur jene Daten und Fakten, die für die Durchführung und Rechenschaft über die Intervention nötig sind. Die Verpflichtung zur Geheimhaltung besteht auch nach Abschluss der beruflichen Beziehung.

3.8 Die Mitglieder des DBSH ermöglichen der Klientel angemessenen Zugang zu allen sie betreffenden Aufzeichnungen. Wenn Klientinnen / Klienten Zugang zu den Unterlagen erhalten, muss ausreichend Sorge dafür getragen sein, dass die der Verschwiegenheit unterliegenden Informationen über Dritte geschützt sind.

3.9 Diejenigen Mitglieder des DBSH, für die kein Zeugnisverweigerungsrecht besteht, bemühen sich um die Befreiung von der gesetzlichen Zeugnispflicht, wenn ihre Aussagen das Vertrauensverhältnis zur Klientel gefährden und dem keine ernstliche Gefährdung Dritter entgegensteht.

4   Verhalten gegenüber Berufskolleginnen und Berufskollegen

4.1   Kollegiales Verhalten für Mitglieder des DBSH bedeutet Wertschätzung und Anerkennung der Berufskolleginnen und -kollegen. Dies setzt die Identifikation mit dem eigenen Berufsstand voraus. In diesem Sinne sind Mitglieder des DBSH dazu verpflichtet, dem beruflichen Nachwuchs Traditionen des Berufsstandes zu erschließen.

4.2   Kollegialität der Mitglieder im DBSH wird wirksam,

- in der Anerkennung der Kolleginnen und Kollegen, die mit unterschiedlichen Aufgaben betraut sind,
- im gegenseitigen Beistand bei der Ausübung des Berufs,
- in der Absprache bei Hilfeprozessen, in denen bereits Berufskolleginnen und -kollegen tätig sind,
- in der aktiven und kritischen Beteiligung an der Ausbildung des beruflichen Nachwuchses und
- in der beruflichen Selbstorganisation.

4.3   Kritik ist in geeigneter und verantwortlicher Form zu üben und zu nutzen.

5   Verhalten gegenüber Angehörigen anderer Berufe

5.1   Die Komplexität der Problemstellungen im sozialen Bereich macht das Zusammenwirken von Angehörigen unterschiedlicher Berufe unabdingbar.

5.2   Die Mitglieder des DBSH vertreten gegenüber den Angehörigen anderer Berufe ihre spezifische Fachlichkeit und achten die Fachlichkeit anderer Berufe. Bei Konflikten zwischen unterschiedlichen fachlichen Standpunkten zeigen sie sich parteilich für das Wohl der Menschen, denen der Hilfeprozess dienen soll. Dabei berufen sie sich auf die Grundsätze dieser Berufsethik des DBSH.

5.3   Die Mitglieder des DBSH schaffen und gestalten das interdisziplinäre Zusammenwirken. Dies erfordert insbesondere die eigene Arbeit transparent zu machen, zu begründen und nachvollziehbar darzustellen; den spezifischen Beitrag der Sozialen Arbeit kenntlich zu machen und aktiv zu leisten; die Grenzen, die sich aus der Fachlichkeit und beruflichen Orientierung ergeben, zu wahren.

5.4   Die Mitglieder des DBSH setzen sich mit Weisungen und Anforderungen auf der Basis der eigenen Fachlichkeit und der berufsethischen Prinzipien kritisch auseinander.

6   Verhalten gegenüber Arbeitgeber/innen und Organisationen

6.1   Die Mitglieder des DBSH überprüfen, ob die Zielsetzungen, Strategien und Maßnahmen möglicher Kooperationspartner/innen auf die Förderung der beruflichen Praxis gerichtet sind und im Einklang mit den „Berufsethischen

Prinzipien des DBSH" stehen. Nur beim Vorliegen schwerwiegender Gründe kooperieren sie mit Institutionen und Organisationen, die diese Voraussetzungen nicht erfüllen.

6.2 Die Mitglieder des DBSH überprüfen vor Abschluss eines Arbeits- oder Dienstverhältnisses, ob der/die Arbeitgeber/in die Voraussetzungen zur Verwirklichung ihrer spezifischen Fachlichkeit bietet oder diese in einem angemessenen Zeitraum zu schaffen bereit ist. Nur in Ausnahmefällen gehen sie ein Arbeits- bzw. Dienstverhältnis ein, das diese Voraussetzungen nicht erfüllt. Sie haben das Recht und die Pflicht, den/die Arbeitgeber/in schriftlich über schwerwiegende Mängel oder Überforderungen zu informieren.

6.3 Die Mitglieder des DBSH sind zu konstruktiver und innovativer Zusammenarbeit mit dem/der Arbeitgeber/in verpflichtet. Bei einem Konflikt suchen sie mit dem/der Arbeitgeber/in zuerst institutionsinterne Möglichkeiten zur Beilegung.

6.4 Das Erreichen der berufsspezifischen Ziele wird durch eigene fachliche Erfolgskriterien bestimmt.

7 Verhalten in der Öffentlichkeit

7.1 Die Mitglieder des DBSH stellen ihren Berufsstand als gesellschaftliche Kraft dar, die auf wissenschaftlicher Basis mit den ihr eigenen Mitteln und Möglichkeiten eine für die Gesellschaft notwendige und wertvolle Dienstleistung erbringt. Abwertungen des Berufsstandes treten sie entgegen.

7.2 Die Mitglieder des DBSH machen ihren Auftrag, die Grundlagen und die Durchführung ihrer Arbeit sichtbar und transparent. Dabei stellen sie die Leistung ihres Berufsstandes in der Öffentlichkeit positiv dar und vertreten diesen nach außen.

7.3 Die Mitglieder des DBSH treten der Ausgrenzung und Abwertung der Menschen entgegen, die die Dienstleistung in Anspruch nehmen.

7.4 Die Mitglieder des DBSH fördern das Ansehen ihres Berufs.

8 Verfahrensregeln

Der DBSH setzt eine Kommission ein, um angesichts des sozialen Wandels diese Prinzipien einer kontinuierlichen Revision und Aktualisierung zu unterziehen und um konkrete Verfahrensregeln zu erarbeiten.

ICN-Ethikkodex für Pflegende

Erstmals wurde ein internationaler Ethikkodex für Pflegende 1953 vom International Council of Nurses (ICN) verabschiedet.

Der Kodex wurde seither mehrmals überprüft und bestätigt. Diese Fassung ist die neueste Überarbeitung, die im Jahr 2000 abgeschlossen wurde.

Der Deutsche Berufsverband für Pflegeberufe e.V. (DBfK) als deutsches Mitglied im ICN, versteht diesen Ethikkodex als Grundlage der Berufstätigkeit aller Krankenschwestern/-pfleger, Kinderkrankenschwestern/-pfleger und Altenpflegerinnen und -pfleger in Deutschland.

Präambel

Pflegende haben vier grundlegende Aufgaben:

Gesundheit zu fördern, Krankheit zu verhüten, Gesundheit wiederherzustellen, Leiden zu lindern. Es besteht ein universeller Bedarf an Pflege.

Untrennbar von Pflege ist die Achtung der Menschenrechte, einschließlich dem Recht auf Leben, auf Würde und auf respektvolle Behandlung. Sie wird ohne Unterschied auf das Alter, Behinderung oder Krankheit, das Geschlecht, den Glauben, die Hautfarbe, die Kultur, die Nationalität, die politische Einstellung, die Rasse oder den sozialen Status ausgeübt.

Die Pflegende übt ihre berufliche Tätigkeit zum Wohle des Einzelnen, der Familie und der sozialen Gemeinschaft aus; sie koordiniert ihre Dienstleistungen mit denen anderer beteiligter Gruppen.

Der Kodex

Der ICN-Ethikkodex für Pflegende hat vier Grundelemente, die den Standard ethischer Verhaltensweise bestimmen.

Elemente des Ethikkodexes

1 Pflegende und ihre Mitmenschen

Die grundlegende berufliche Verantwortung der Pflegenden gilt dem pflegebedürftigen Menschen.

Bei ihrer beruflichen Tätigkeit fördert die Pflegende ein Umfeld, in dem die Menschenrechte, die Wertvorstellungen, die Sitten und Gewohnheiten sowie der Glaube des Einzelnen, der Familie und der sozialen Gemeinschaft respektiert werden.

Die Pflegende gewährleistet, dass der Pflegebedürftige ausreichende Informationen erhält, auf die er seine Zustimmung zu seiner pflegerischen Versorgung und Behandlung gründen kann.

Die Pflegende behandelt jede persönliche Information vertraulich und geht verantwortungsvoll mit der Informationsweitergabe um.

Die Pflegende teilt mit der Gesellschaft die Verantwortung, Maßnahmen zugunsten der gesundheitlichen und sozialen Bedürfnisse der Bevölkerung, besonders der von benachteiligten Gruppen, zu veranlassen und zu unterstützen.

Die Pflegende ist auch mitverantwortlich für die Erhaltung und den Schutz der natürlichen Umwelt vor Ausbeutung, Verschmutzung, Abwertung und Zerstörung.

2 Pflegende und die Berufsausübung
Die Pflegende ist persönlich verantwortlich und rechenschaftspflichtig für die Ausübung der Pflege, sowie für die Wahrung ihrer fachlichen Kompetenz durch kontinuierliche Fortbildung.

Die Pflegende achtet auf ihre eigene Gesundheit, um ihre Fähigkeit zur Berufsausübung zu erhalten und sie nicht zu beeinträchtigen.

Die Pflegende beurteilt die individuellen Fachkompetenzen, wenn sie Verantwortung übernimmt oder delegiert.

Die Pflegende soll in ihrem beruflichen Handeln jederzeit auf ein persönliches Verhalten achten, das dem Ansehen der Profession dient und das Vertrauen der Bevölkerung in sie stärkt.

Die Pflegende gewährleistet bei der Ausübung ihrer beruflichen Tätigkeit, dass der Einsatz von Technologie und die Anwendung neuer wissenschaftlicher Erkenntnisse vereinbar sind mit der Sicherheit, der Würde und den Rechten der Menschen.

3 Pflegende und die Profession
Die Pflegende übernimmt die Hauptrolle bei der Festlegung und Umsetzung von Standards für die Pflegepraxis, das Pflegemanagement, die Pflegeforschung und Pflegebildung.

Die Pflegende wirkt aktiv bei der Weiterentwicklung der wissenschaftlichen Grundlagen der Profession mit.
Durch ihren Berufsverband setzt sich die Pflegende dafür ein, dass gerechte soziale und wirtschaftliche Arbeitsbedingungen in der Pflege geschaffen und erhalten werden.

4 Pflegende und ihre Kollegen
Die Pflegende sorgt für eine gute Zusammenarbeit mit den Kollegen aus der Pflege und anderen Professionen.

Die Pflegende greift zum Schutz des Patienten ein, wenn sein Wohl durch einen Kollegen oder eine andere Person gefährdet ist.

Originaltext englisch (ICN Code of Ethics for Nurses)

Der ICN ist ein Zusammenschluss von 122 nationalen Berufsverbänden der Pflege und vertritt weltweit Millionen von Pflegenden. Seit 1899 ist der von Pflegenden für Pflegende geführte Verband die internationale Stimme der Pflege und macht sich zum Ziel, Pflege von hoher Qualität für alle sicherzustellen und sich für eine vernünftige Gesundheitspolitik weltweit einzusetzen. www.icn.ch

Literatur

ACEP – American College of Emergency Physicians (eds.) (2005): Quality of Care and the Outcomes Management Movement. http://www.acep.org/webportal/PracticeResources/IssuesByCategory/QualityCare/QualityCareOutcomes ManagementMovement.htm (Mai 2005)

Amelung, Volker Eric, Schumacher, Harald (1999): Managed Care. Neue Wege im Gesundheitsmanagement. Gabler, Wiesbaden

Applebaum, Robert, Austin, Carol (1990): Long-Term Care Case Management: Design and Evaluation. Springer, New York

Arbeitskreis „Beschäftigungsorientiertes Fallmanagement" (2004): Fachkonzept „Beschäftigungsorientiertes Fallmanagement im SGB II". Herausgegeben von der Bundesagentur für Arbeit, Nürnberg. http://www.netzwerk.sgb2.info/download/informationsmaterial_ba/fachkonzept-abschlussfassung-fallmana gement.pdf (Mai 2005)

Barker, Robert L. (1995): The Social Work Dictionary. NASW Press, Washington D. C.

Bartelheimer, Peter (2000): Sozialhilfe als Dienstleistung – Versuch einer Übersicht. Frankfurt a. M. Unveröffentlichtes Manuskript

– (2001): Fallmanagement in der Praxis. Eine qualitative Analyse. Frankfurt a. M. Unveröffentlichtes Manuskript

Baudis, Rainer (2001): Case Management als Funktion eines Behandlungsver bundes. Suchttherapie 2, 2, 80–83

Baumberger, Jürg (2001): So funktioniert Managed Care. Anspruch und Wirklichkeit der integrierten Gesundheitsversorgung in Europa. Thieme, Stuttgart

Baur, Waltraud, Erhardt, Horst (2003): Consulting beim Aufbau von Nachsorgeeinrichtungen. In: Porz, Friedrich, Erhardt, Horst (Hrsg): Case-Management in der Kinder- und Jugendmedizin. Neue Wege in der Nachsorge. Thieme, Stuttgart, 69–72

Belz, Horst, Siegrist, Marco (1997): Kursbuch Schlüsselqualifikationen. Ein Trainingsprogramm. Lambertus, Freiburg i. Br.

Bertelsmann Stiftung (Hrsg.) (2003): Curriculum für die Gemeinsame Fortbildung von Fachkräften der Arbeitsämter, der Sozialverwaltungen und Dritten. Eine Modellprojekt im Rahmen des Gesamtprojektes „BiK – Beschäftigungsförderung in Kommunen" der Bertelsmann Stiftung. Gütersloh

beta Institut (Hrsg.) (2001): Die Augsburger Nachsorgeforschung (ANF) – Gesamtexposé. beta Institut für sozialmedizinische Forschung und Entwicklung gGmbH Augsburg

– (2004): Interdisziplinäre Nachsorge für Familien in der Pädiatrie – Weiterbildung Case Management im Sozial- und Gesundheitswesen. Schulungsbroschüre. beta Institut für sozialmedizinische Forschung und Entwicklung gGmbH Augsburg

Boetius, Jan (2000): Gesundheitsmanagement: Optimierung des Arzt-Patienten-Verhältnisses. Forum Wissenschaft. http://www.dhmd.de/forum-wissenschaft/fachtagung01/Erefboetius.html (Mai 2005)

Bölscher, Jens, v. d. Schulenburg, Johann-Matthias (2000): Ansatzpunkt für

Disease-Management-Konzepte am Beispiel des Krankheitsbildes Diab. melli-tus. Arzneimitteltherapie 18, 12, 374–377

Brindis, Claire D., Theidon, Kimberly S. (1997): The Role of Case Management in Substance Abuse Treatment Services for Women and Their Children. Journal of Psychoactive Drugs 29, 1, 79–88

Brisch, Karl Heinz (1999): Bindungsstörungen. Von der Bindungstheorie zur Therapie. Klett-Cotta, Stuttgart

Bulger, Susan, Feldmeier, Cyntia (1998): Developing Standards and Quality Measurements for Case Management Practice. Journal of Case Management 7, 3, 99–104

Bundesministerium für Familie, Senioren, Frauen und Jugend (Hrsg.) (1999): Case Management in Various National Elderly Assistance Systems. Kohlhammer, Stuttgart

Burmann, Norbert, Sellin, Christine, Trube, Achim (2000): Ausstiegsberatung für Sozialhilfeempfänger. Konzepte, Instrumente und Ergebnisse eines vergleichenden Modells. Texte und Materialien. Band 16 des Deutschen Vereins für öffentliche und private Fürsorge. Frankfurt a.M.

Camp, Richard/Tweet, A. (1994): Benchmarking Applied to Health Care. Journal of Quality Improvement 5, 20, 229–238.

Case Management (2000): Erfahrungen aus neun Ländern. Materialband und Workshop-Diskussion. Schriftenreihe des Bundesministeriums für Familie, Senioren, Frauen und Jugend, Band 189.3. Aufl. Kohlhammer, Stuttgart

CMSA – Case Management Society of America (Hrsg.)(1994): CMSA Proposes Standards of the Practice. The Case Manager 5, 1, 59–70

– (1995/2002): CMSA's Standard of Practice for Case Management. Dt. Übersetzung. In: Wendt (1997): Case Management im Sozial- und Gesundheitswesen. Lambertus, Freiburg i.Br., S. 152–164

CMSA – Case Management Society of Australia (2004): National Standards of Practice for Case Management. http://www.cmsa.org.au/CMSA%20Consultation%20standards.pdf (Mai 2005)

Cesta, Toni G., Tahan Hussein A., Fink, Louis F. (1998): The Case Manager's Survival Guide. Mosby, St. Louis

Christensen, Dana N., Todahl, Jeffrey, Barrett, William C. (1999): Solution-Based Casework. An Introduction to Clinical and Case Management Skills in Casework Practice. Aldine de Gruyter, New York

Cohen, Elaine L. (2001): Case Management Education. Preparing for Successful Implementation. In: Cohen, Elaine L., Cesta, Toni G. (eds.): Nursing Case Management. Mosby, St. Louis, 257–268

–, De Back, Vivien (1999): The Outcomes Mandate. Case Management in Health Care Today. Mosby, St. Louis

Connors, Kathleen (1996): Managed Care and Case Management. The Queensland Nurse 15, 3, 20–22

Cox, Enid O., Parsons, Ruth J. (1994): Empowerment-Oriented Social Work Practice with the Elderly. Brooks/Cole, Pacific Grove, CA

Damerius, Ruth, Hinte Wolfgang (1997): Regionalisierung des Sozial- und Jugendamtes: das „Oberhausener Modell". Theorie und Praxis der sozialen Arbeit 48, 1, 18–25

Damm-Rüger, Sigrid, Stiegler, Barbara (1996): Soziale Qualifikation im Beruf. Eine Studie zu typischen Anforderungen in unterschiedlichen Tätigkeitsfeldern. Hg. vom Bundesinstitut für Berufsbildung (BIBB), der Generalsekretär. Bertelsmann, Bielefeld

Deutsch, Morton (1976): Konfliktregelung: konstruktive und destruktive Prozesse. Ernst Reinhardt, München/Basel

Deutscher Berufsverband für Sozialarbeit, Sozialpädagogik und Heilpädagogik e. V. (DBSH) (Hrsg.) (1997): Professionell handeln auf ethischen Grundlagen. Berufsethische Prinzipien des DBSH. Eigendruck, Essen

Deutscher Bundestag, 15. Wahlperiode: Gesetzentwurf der Fraktionen SPD und Bündnis 90/Die Grünen: Entwurf eines Vierten Gesetzes für moderne Dienstleistungen am Arbeitsmarkt, BTD 15/1515 vom 5. 9. 2003

Deutscher Verein für öffentliche und private Fürsorge (2004): Empfehlungen des Deutschen Vereins zu Qualitätsstandards für das Fallmanagement. http://www. deutscher-verein.de/stellungnahmen/200403/pdf/20040301.pdf (Mai 2005)

di Piazza, S. (2001): Beratung in der Kinderkrankenpflege. Pflege 14, 1, 5–11

Dinerman, Mirjam (1992): Managing the Maze: Case Management and Service Delivery. Administration in Social Work 16, 1, 1–9

Döhner, Hanneli, Bleick, Christiane, Kofahl, Christopher, Lauterberg, Jörg (1999): Interdisziplinäres Case-Management in Kooperation mit dem Hausarzt: Verbesserung der Versorgung und der Lebensqualität geriatrischer Patienten. In: Deutsche Gesellschaft für Public Health e. V. (Hrsg.): Public-Health-Forschung in Deutschland. Hans Huber, Bern, 324–329

Donabedian, Avedis (1966): Evaluating the Quality of Medical Care. Milbank Memory Fund Quaterly, 44, 166–201

Duden. Das Fremdwörterbuch (1998). Dudenverlag, Mannheim

Engel, Heike, Engels, Dietrich (Bearbeiter) (1999): Case Management in verschiedenen nationalen Altenhilfesystemen. Schriftenreihe des Bundesministeriums für Familie, Senioren, Frauen und Jugend, Band 189.1. Kohlhammer, Stuttgart

Engler, Udo, Oliva, Hans (1997): Case-Management – Anspruch und Praxis in der Suchtkrankenhilfe. In: Landschaftsverband Westfalen-Lippe (Hrsg.): Case Management – Dokumentation der Fachtagung am 26. 06. 1997, Forum Sucht, Band 17. Münster, 5–15

Eurocounsel (1998): Grundsätze einer vorbildlichen Praxis für die Arbeitsmarktberatung, Europäische Stiftung zur Verbesserung der Lebens- und Arbeitsbedingungen. Luxembourg

Evaluationsbericht zum BiK- Projekt „Curriculum" (2004), Mannheim. Unveröffentlichtes Manuskript

Evers, Adalbert, Schulz, Andreas (2002): Fallmanagement im Rahmen der gegenwärtigen Hilfen zur Arbeit und sozialen Integration. In: Bertelsmann Stiftung, Hans- Böckler- Stiftung, KGSt (Hrsg.): Netzwerkkommunen der Zukunft. Produkte der Netzwerkarbeit. Band 14–2 Fallmanagement. VAS, Offenbach/M., 7–29

Ewers, Michael (2000): Case Management im Schatten von Managed Care: Sozial- und gesundheitspolitische Grundlagen. In: Ewers, Michael, Schaeffer, Doris (Hrsg.): Case Management in Theorie und Praxis. Huber, Bern, 29–52

– (2000a): Das anglo-amerikanische Case Management: Konzenptionelle und methodische Grundlage. In: Ewers, Michael, Schaeffer, Doris (Hrsg.): Case Management in Theorie und Praxis. Huber, Bern, 53–90
–, Schaeffer, Doris (Hrsg.) (2000): Case Management in Theorie und Praxis. Huber, Bern

Faix, Werner G., Laier, Angelika (1991): Soziale Kompetenz. Das Potential zum unternehmerischen und persönlichen Erfolg. Gabler, Wiesbaden
Feldes, Werner (2001): Gemanagte Teilhabe im SGB IX. Soziale Sicherheit 50, Heft Dezember, 408–412
FG-CM-DGS – Fachgruppe Case Management der Deutschen Gesellschaft für Sozialarbeit (Hrsg.) (2005): Leitprinzipien Case Management im Sozial- und Gesundheitswesen. Posititonspapier. http://www.case-manager.de/_themes/Leitprinzipien%20CM.pdf (Mai 2005)
Frager, Susan (2000): Managing Managed Care. Secrets from a Former Case Manager. John Wiley, New York
Frankel, Arthur J., Heft-LaPorte, Heidi (1998): Tracking Case Management Accountability: A Systems Approach. Journal of Case Management 7, 3, 105–111
Friedemann, Marie-Luise (1996): Familien- und umweltbezogene Pflege: Die Theorie des systemischen Gleichgewichts. Huber, Bern

Galuske, Michael (1998): Methoden der Sozialen Arbeit. Eine Einführung. Juventa, Weinheim/München
Gebhardt, Thomas (1998): Arbeit gegen Armut. Die Reform der Sozialhilfe in den USA. Westdeutscher, Opladen
Gehrmann, Gerd, Müller, Klaus (1992): Familie im Mittelpunkt. Auswirkungen auf Praxis und Lehre in der Sozialarbeit. In: Mrochen, Siegried, Berchtold, Elisabeth, Hesse, Alexander (Hrsg.): Standortbestimmung sozialpädagogischer und sozialarbeiterischer Methoden. Beltz, Weinheim, 75–82
–, – (1999): Management in sozialen Organisationen. Walhalla, Regensburg
Geißler, Iris, Remmel-Faßbender, Ruth (2000): Case-Management in der Praxis des Betreuungsrechts. In: Berufsverband für Betriebliche Sozialarbeit e.V. (Hrsg.): Case Management. Tagungsdokumentation. Hannover, 34–46
Geißler, Karlheinz A., Hege, Marianne (1991): Konzepte sozialpädagogischen Handelns. Beltz Weinheim/Basel
Geron, Scott M., Ghassler, Deborah (1994): The Quest for Uniform Guidelines for Long-Term Care Case Management. Journal of Case Management 3, 3, 91–97
Gesamtverband für Suchtkrankenhilfe im Diakonischen Werk der Evangelischen Kirche in Deutschland e.V. (Hrsg.) (2000): Diakonische Drogenhilfe – Positionspapier. NICOL, Kassel
Glasl, Friedrich (1994): Konfliktmanagement. Ein Handbuch zur Diagnose und Behandlung von Konflikten für Organisationen und ihre Berater. Haupt, Bern; Freies Geistesleben, Stuttgart
Göppner, Hans-Jürgen (1997): Teilrationalität als Problem der Entwicklung der Sozialarbeitswissenschaft als Praxiswissenschaft – am Beispiel lebenswelt- und personorientierter Ansätze. Sozialmagazin 22, 7/8, 34–43
Greulich, Andreas, Bechthold, Peter, Löffel, Nikolaus (2000): Disease Management. Patient und Prozeß im Mittelpunkt. R. v. Decker, Heidelberg

Groddeck, Norbert, Schumann, Michael (1994) (Hrsg.): Modernisierung Sozialer Arbeit durch Methodenentwicklung- und reflexion. Lambertus, Freiburg i. Br.

Gromann, Petra (2001): Integrierte Behandlungs- und Reha-Planung. Ein Handbuch zur Umsetzung des IBRP. Psychosoziale Arbeitshilfen Band 17. Psychiatrie, Bonn

Grossmann, Karin (2003): Nachsorgebedarf bei Frühgeborenen aus der Sicht der Entwicklungspsychologie In: Porz, Friedrich, Erhardt, Horst (Hrsg.): Case-Management in der Kinder- und Jugendmedizin. Neue Wege in der Nachsorge. Thieme, Stuttgart 27–31

Grossmann, Klaus E., Becker-Stoll, Fabienne, Grossmann, Karin, Kindler, Heinz, Schieche, Michael, Spangler, Gottfried, Wensauer, Miriam, Zimmermann, Peter (1997): Die Bindungstheorie. Modell, entwicklungs-psychologische Forschung und Ergebnisse. In: Keller, Heidi (Hrsg.): Handbuch der Kleinkindforschung. Huber, Bern, 51–95

Gutbrod, Tina, St. John, Karin, Rust, Libi, Wolke, Dieter (1999): The Mother-Infant Structured Play Assessment (MISPA): Very Preterm Infants and Their Mothers at 3 Months. Journal of Reproductive and Infant Psychology 17, 222–226

Häußler, Michael, Straßburg Hans-Michael (2003): International Classificiation of Functioning, Disability and Health (ICF). Bedeutung für die Sozialpädiatrischen Zentren. Kinderärztliche Praxis 74, 4, 251–258

Heiner, Maja (2004): Qualitätsentwicklung durch Evaluation. In: Peterander, Franz, Speck, Otto (Hrsg.): Qualitätsmanagement in sozialen Einrichtungen. 2. Aufl. Ernst Reinhardt, München / Basel, 132–151

Held, Klaus, Gödecker-Geenen, Norbert (2001): Empfehlungen zu Standards der Prozessqualität in der kardiologischen Rehabilitation. Forum Krankenhaussozialarbeit, 3 / 4, 82–84

Hillewaere, Liesbeth, Moons, Philip, Steeman, Els, Milisen, Koen, Borgermans, Liesbet, Abraham, Ivo (2000): Pflegerisches Case Management bei gerontopsychiatrischen Patienten: Ergebnisevaluation eines belgischen Modells. In: Ewers, Michael, Schaeffer, Doris: Case Management in Theorie und Praxis. Huber, Bern, 195–216

Hinte, Wolfgang, Litges, Gerd, Springer, Werner (1999): Soziale Dienste: Vom Fall zum Feld. Berlin, Edition sigma

Hoevels, Rosemarie, Lutz, Maren, Topp, Friedhelm, Hübner, Beate, Schwab, Michael, Herzog, Wolfgang, Hedtke-Becker, Astrid (2000): Ein interdisziplinäres Kooperationsmodell zwischen Sozialarbeit und Familienmedizin im internistischen Krankenhaus. In: Ortmann, Karlheinz, Waller, Heiko (Hrsg.): Sozialmedizin in der Sozialarbeit. Forschung für die Praxis. Wissenschaft und Forschung, Berlin, 75–85

Höhmann, Ulrike, Müller-Mundt, Gabriele, Schulz, Brigitte (1999): Qualität durch Kooperation. Gesundheitsdienste in der Vernetzung. Mabuse, Frankfurt

Holt, Barbara J. (1999): The Practice of Generalist Case Management. Allyn & Bacon, Boston

Hostler, Sharon L. (1991): Family-Centered Care. Pediatric Clinics of North America 38, 6, 1545–1561

Huber, Ellis (2000): Heilkunst in der postindustriellen Gesellschaft. http://www. ethik-21-medizin.de / seite24.htm (Mai 2005)

Infas – Institut für angewandte Sozialwissenschaft GmbH (2004): MoZArT neue Strukturen für Jobs. Abschlussbericht der wissenschaftlichen Begleitforschung. Hg. vom Bundesministerium für Wirtschaft und Arbeit, Dokumentation Nr. 541, Bonn

Jacobs, Herbert (1996): Hilfe ist möglich. Hilfeplanung als neuer Ansatz der Hilfe zur Selbsthilfe in der Sozialhilfe. Blätter der Wohlfahrtspflege 143, 6, 164–166

Kähler, Harro Dietrich (1999): Beziehungen im Hilfesystem Sozialer Arbeit. Zum Umgang mit BerufskollegInnen und Angehörigen anderer Berufe. Lambertus, Freiburg i. Br.

Kaplan, Kenneth O. (1990): Recent Trends in Case Management. Encyclopedia of Social Work. 18th Ed. (Supplement). NASW Press, Silver Spring, 60–67

Kauder, Volker, Kruckenberg, Peter (2005): Personenzentrierte Hilfen in der psychiatrischen Versorgung. Psychosoziale Arbeitshilfe 11. 5. Auflage. Psychiatrie-Verlag, Bonn

Keupp, Heiner (2000): Ermutigung zum aufrechten Gang. Soziale Arbeit muss für eine gelingende Lebensbewältigung zur Bildung neuer psychosozialer Schlüsselqualifikationen beitragen – Nachhaltigkeit als Auftrag einer ökologischen Moral. Blätter der Wohlfahrtspflege 147, 1/2, 9–12

–, Ahbe Thomas, Gmür, Wolfgang (1999): Identitätskonstruktionen. Das Patchwork der Identitäten in der Spätmoderne. Rowohlt, Reinbek

KGSt (Kommunale Gemeinschaftsstelle für Verwaltungsvereinfachung) (Hrsg.) (1997): Steuerung der Sozialhilfe. Bericht Nr. 11. Köln

Kisthardt Walter E., Rapp, Charles A. (1992): Bridging the Gap between Principles and Practice: Implementing a Strengths Perspective in Case Management. In: Rose, Stephen M. (ed.): Case Management and Social Work Practice. Longman, New York, 112–125

Klug, Wolfgang (2000): Braucht die Soziale Arbeit eine Ethik? – Ethische Fragestellungen als Beitrag zur Diskussion um die Sozialarbeitswissenschaft. In: Wilken, Udo (Hrsg.): Soziale Arbeit zwischen Ethik und Ökonomie. Lambertus, Freiburg i. Br., 175–207

– (2003): Mit Konzept planen – effektiv helfen. Ökosoziales Case Management in der Gefährdetenhilfe. Lambertus, Freiburg i. Br.

– (2004): „Fallmanagement: Effizienz durch Lernen". Sozialwirtschaft – Zeitschrift für Sozialmanagement 14, 2, 25–26

Knüppel, Helmut, Wilhelm, Johann (1987): Die Entwicklung selbstreflexiver Kompetenz in sozialwissenschaftlichen Studiengängen. Eine Feldstudie. Deutscher Studien, Weinheim

Koenig, Evelyn (2001): Collaborative Models of Case-Management. In: Cohen, Elaine L., Cesta, Toni G. (Eds.): Nursing Case Management. Mosby, St. Louis, 73–80

Koerdt, Alexander (2001): Health-Care-Informations-System (HCIS). Case Management und Systemsteuerung. Unveröffentlichtes Manuskript. Affoltern a. A.

Köhlen Christa, Beier Jutta (2001): Familienorientierte Pflege in der häuslichen Betreuung chronisch kranker Kinder. Kinderkrankenschwester 20, 9, 325–330

Krahmer, Utz (2001): Sozialrechtliche Funktionsbestimmung und Ziele des

Bundessozialhilfegesetzes In: Brülle, Heiner, Reis, Claus (Hrsg.): Neue Steuerung in der Sozialhilfe. Ernst Reinhardt, München/Basel, 35–48

Kronenberger, Gerd (2001): Fallmanagement in der Behindertenhilfe – Was soll das bringen? Nachrichtendienst des Deutschen Vereins für öffentliche und private Fürsorge (NDV) 81, 8, 262–266

Kuntz, Roger (1999): Hilfeplanung im Sozialamt – ein wichtiges Instrument für die Erreichung von mehr Effektivität und Effizienz in de Sozialhilfe. Nachrichtendienst des Deutschen Vereins für öffentliche und private Fürsorge (NDV) 79, 3, 71–75

– (2000): Kooperation, Vernetzung und Zielentwicklung bei der Hilfeplanung im Sozialamt. Nachrichtendienst des Deutschen Vereins für öffentliche und private Fürsorge (NDV) 80, 6, 174–181

Kunze, Heinrich, Kruckenberg, Peter (Hrsg.) (1999): Von institutions- zu personenzentrierten Hilfen in der psychiatrischen Versorgung. Band II. Schriftenreihe des Bundesministeriums für Gesundheit, Band 116/II. Nomos, Baden-Baden

Kusch, Michael, Labouvie, Hildegard, Bode, Udo (1999): Das „Care-Service-Science"-Konzept – eine mögliche Alternative zur Implementierung klinischer Praxisleitlinien. Kinderärztliche Praxis 5, 5, 307–308

–, –, Kanth, Eva (2000): Das Care-Service-Science-Konzept: Ein Beitrag zur Verbindung von Versorgung, Management und Forschung in der Pädiatrie. In: Frank, Reiner, Mangold, Burkard (Hrsg.): Psychosomatische Grundversorgung in der Pädiatrie. Kohlhammer Stuttgart, 197–213

Laake, Maria van (1999): Erfahrungen mit einem Casemanagement-Projekt. In: Petry, Detlef, Bradl, Christian: Multiprofessionelle Zusammenarbeit in der Geistigbehindertenhilfe. Psychiatrie, Bonn, 205–222

Lamb, Gerri S, Stempel, Joan E. (2000): Pflegerisches Case Management aus Patientensicht: Die Entwicklung zum Insider-Experten. In: Ewers, Michael, Schaeffer, Doris (Hrsg.): Case Management in Theorie und Praxis. Huber, Bern, 161–177

Landeshauptstadt Wiesbaden (Hrsg.) (1998): Das Programm Wege zur Berufsbildung für Alle. Wiesbaden

Laucht, Manfred, Esser, Günter, Schmidt, Martin H. (1998): Risiko- und Schutzfaktoren der frühkindlichen Entwicklung: empirische Befunde. Zeitschrift für Kinder-Jugendpsychiatrie 26, 1, 6–20

Lewkovicz, Marina (Hrsg.) (1991): Neues Denken in der Sozialen Arbeit. Mehr Ökologie – mehr Markt – mehr Management. Lambertus, Freiburg i. Br.

Löcherbach, Peter (1996): Soziale Unterstützungsarbeit. Socialmanagement 6, 5, 16–21

– (1998): Altes und Neues zum Case Management – Soziale Unterstützungsarbeit zwischen persönlicher Hilfe und Dienstleistungsservice. In: Mrochen, Siegfried, Berchtold Elisabeth, Hesse, Alexander (Hrsg.): Standortbestimmung sozialpädagogischer und sozialarbeiterischer Methoden. Beltz, Weinheim, 104–123

– (2003): Einsatz der Methode Case Management in Deutschland: Übersicht zur Praxis im Sozial- und Gesundheitswesen. In: 3. Augsburger Nachsorgesymposium 2003 – Kongressbericht. beta Institutsverlag

–, Ningel, Rainer(2001): Case Management im Team. Sozialmagazin 26, 2, 12–21

–, Schmid, Martin (2005): Forschungsansätze zu Fragen der Effektivität und Effizienz im CM. Mainz. Unveröffentlichtes Manuskript

Lodermel, Ivar, Trickey, Helen (eds.) (2001): „An Offer You Cannot Refuse": Workfare in International Perspective. The Policy Press, Bristol

Lowy, Louis (1988): Case Management in der Sozialarbeit. In: Mühlfeld, Claus (Hrsg.): Soziale Einzelhilfe, Brennpunkte Sozialer Arbeit. Diesterweg, Frankfurt, 31–39

Lüssi, Peter (1998): Systemische Sozialarbeit. Praktisches Lehrbuch der Sozialberatung. Haupt, Bern

Malterer, Michael (1999): Lord Woolf's Access to Justice. Effektivität im Zivilgerichtsverfahren von England und Wales – Darstellung und Hintergründe eines aktuellen Reformvorschlages. Dr. Kovac, Hamburg

MASQT – Ministerium für Arbeit und Soziales, Qualifikation und Technologie des Landes Nordrhein-Westfalen (Hrsg.) (2000): Modellprojekt „Sozialbüros" NRW. Endbericht. Veröffentlichungsnummer 1232. GWN, Neuss

– (2000a): Modellprojekt „Sozialbüros" Endbericht. Düsseldorf

– (2000b): Pilotprojekt „Integrierte Hilfe zur Arbeit". Wege aus der Sozialhilfe. Zwischenergebnisse der wissenschaftlichen Begleitung. Düsseldorf

– (2001): Pilotprojekt „Integrierte Hilfe zur Arbeit". Wege aus der Sozialhilfe. Endbericht der wissenschaftlichen Begleitung. Düsseldorf

Matzeder, Karl, Schopf, Peter (2000): Qualitätsmanagement in der beruflichen Rehabilitation. In: König, Joachim, Oerthel, Christian, Puch, Hans-Joachim (Hrsg.): Qualitätsmanagement und Informationstechnologien im Sozialmarkt. R. S. Schulz, Starnberg, 213–220

Mead, Lawrence, Deacon, Alan (1997): From Welfare to Work: Lessons from America. Institute for the Study of Civil Society, London

Meierjürgen, Rüdiger (1997): Case Management und Reha Beratung. Arbeit und Sozialpolitik 51, 7, 17–24

Melchinger, Heiner (1999): Ambulante Soziotherapie. Evaluation und analytische Auswertung des Modellprojektes „Ambulante Rehabilitation psychisch Kranker" der Spitzenverbände der gesetzlichen Krankenkassen. Schriftenreihe des Bundesministeriums für Gesundheit, Band 115. Nomos, Baden-Baden

Miley, Karla K., O'Melia, Michael, DuBois, Brenda L. (1998): Generalist Social Work Practice. 2nd ed. Allyn&Bacon, Needham Heights

Modellprojekt Gerontopsychiatrisches Verbundnetz in der Altenhilfe in Würzburg (Hrsg.) (1997): Integration und ambulante Versorgung älterer Menschen mit psychischen Störungen. Schriftenreihe des Bundesministeriums für Gesundheit, Band 86. Nomos, Baden-Baden

Moxley, David P. (1989; 1997): Case Management by Design. Nelson-Hall, New York

Mühlum, Albert (1994): Sozialarbeit und Ökologie. Blätter der Wohlfahrtspflege 141, 4, 61–63

– (1997): Sozialarbeitswissenschaft und Sozialarbeitslehre. Ihre Bedeutung für Studienreform und professionelle Praxis. Soziale Arbeit 46, 4, 122–128

–, Olschowy, Gerhard, Oppl, Hubert, Wendt, Wolf Rainer (Hrsg.) (1986): Umwelt, Lebenswelt. Beiträge zu Theorie und Praxis ökosozialer Arbeit. Diesterweg, Frankfurt

Mullahy, Catherine M. (1996): Case Management and Managed Care. In: Kongstvedt, Peter R.: The Managed Health Care Handbook. Aspen, Gaithersburg, 274–300

Müller, Klaus (1997): Integriertes Leistungsmanagement der medizinischen Versorgung. Gründe und Grundlagen für umfassende Behandlungs- und Rehabilitationsketten bei chronischen Krankheiten. Schriftenreihe der SGGP No. 54, Muri/Schweiz

Murer, Cherilyn G., Brick, Lyndean Lenhoff (1997): The Case Management Sourcebook. A Guide to Designing and Implementing a Centralized Case Management System. McGraw-Hill, New York

Mutz, Gerd, Ludwig-Mayerhofer, Wolfgang, Koenen, Elmar, Eder, Klaus, Bonß, Wolfgang (1992): Postindustrielle Arbeitslosigkeit. Analysen zur Strukturierung und Normalisierung diskontinuierlicher Erwerbsverläufe. Abschlussbericht an die DFG. München/Florenz/Hamburg: Typoskript.

NASW – National Association of Social Work (eds.) (1992): NASW Standards for Social Work Case Management (prepared by Case Management Standard Work Group, approved by the NASW Board of Directors June 1992)

Nelson, Eduard, Mohr, Joseph, Batalden, Peter, Plume, Susan (1996): Improving health care, Part 1: The clinical value compass. Journal on Quality Improvement, Band 22, 243–258

Neuffer, Manfred (1990): Die Kunst des Helfens. Geschichte der Sozialen Einzelhilfe in Deutschland. Beltz, Weinheim

– (1993): Case Management – alte Fürsorge im neuen Kleid? Soziale Arbeit 42, 1, 10–15

– (1998): Fallarbeit in einer Hand. Case Management in sozialen Diensten. Sozialmagazin 22, 7/8, 16–27

– (2001): Krisenintervention in der Sozialen Arbeit. Blätter der Wohlfahrtspflege 148, 7/8, 145–148

Oepen, Johannes (2004): Rehabilitation unter dem ICF-Paradigma. Kinderärztliche Praxis 95, 7, 466–475

Oliva, Hans, Görgen, Wilfried, Schlanstedt, Günter, Schu, Martina, Sommer, Lisa (2001): Case Management in der Suchtkranken- und Drogenhilfe – Abschlussbericht der wissenschaftlichen Begleitung zum Kooperationsmodell nachgehende Sozialarbeit – Modellbestandteil Case Management. Schriftenreihe des Bundesministeriums für Gesundheit, Bd. 139. Nomos, Baden-Baden

Olk, Thomas (1989): Abschied vom Experten. Sozialarbeit auf dem Weg zu einer alternativen Professionalität. Juventa, Weinheim/München

Oostrik, Hans, Steenbergen, Bas (2000): Case Management in der ambulanten psychosozialen Gesundheitsversorgung in den Niederlanden: das Nijmeger Modell. In: Ewers, Michael, Schaffer, Doris (Hrsg.): Case Management in Theorie und Praxis. Huber, Bern, 251–264

Orem, Dorothea E. (1997): Strukturkonzepte der Pflegepraxis. Ullstein Mosby, Berlin/Wiesbaden

Ortiz, Theresa J., Riipi, Lynn (2001): Case-Management. A Process not a Person. In: Cohen, Elaine L./ Cesta, Toni G. (eds.): Nursing Case Management. Mosby, St-Louis, 81–90

Overbeck, Anke, Sauer, Peter, Wissert, Michael (1997): Wieviel Beratungszeit ist notwendig? Untersuchung zu Beratungszeitprofilen beim Case Management in Berlin. Häusliche Pflege 6, 11, 44–51

Petermann, Franz, Warschburger, Petra (2001): Kinderrehabilitation. Hogrefe, Göttingen

Pfaff, Anita B., Wiedemann, Tanja, Mamberer, Florian, Freund, Florian (2003): Sozial-wissenschaftliche und gesundheitsökonomische Evaluation der Nachsorgeleistungen des „Vereins zur Familiennachsorge Bunter Kreis e. V." Endbericht. Institut für Volkswirtschaftslehre der Universität Augsburg

Podeswik, Andreas, Fromme, Carmen (2003): Case-Management bei Kindern mit Diabetes. In: Porz, Friedrich, Erhardt, Horst (Hrsg.): Case-Management in der Kinder- und Jugendmedizin. Neue Wege in der Nachsorge. Thieme, Stuttgart 43–46

Poertner, John (1996): Case Management with Severely Emotionally Disturbed Children and Adolescents. In: Austin, Carol, McClelland, Robert W.: Perspectives on Case Management Practice. Families International, Milwaukee, 99–123

Porz, Friedrich (2003): Case-Management in der Nachsorge bei Früh- und Risikoneugeborenen. In: Porz, Friedrich, Erhardt, Horst (Hrsg.): Case-Management in der Kinder- und Jugendmedizin. Neue Wege in der Nachsorge. Thieme, Stuttgart 31–34

– (2003a): Wissenschaftliche Begleitung von Case-Management in der Pädiatrie – die Augsburger Nachsorgeforschung. In: Porz, Friedrich, Erhardt, Horst (Hrsg.): Case-Management in der Kinder- und Jugendmedizin. Neue Wege in der Nachsorge. Thieme, Stuttgart, 73–78

–, Vonderlin, Eva, Freud, Wolfgang E. (1998): Psychosoziale Betreuung Frühgeborener und deren Eltern. International Journal of Prenatal and Perinatal Psychology and Medicine, H. 10, 89–96

–, Erhardt, Horst (1999): Neue Wege in der Nachsorge: das Augsburger Nachsorgemodell – Case-Management in der Sozialpädiatrie. Augsburg: betapharm Arzneimittel GmbH.

Porz, Friedrich, Erhardt, Horst (2003b): Struktur und Arbeitsbereiche des Augsburger Modells zur Familiennachsorge „Bunter Kreis". In: Porz, Friedrich, Erhardt Horst (Hrsg.): Case-Management in der Kinder- und Jugendmedizin. Neue Wege in der Nachsorge. Thieme, Stuttgart, 15–25

–, Podeswik, Andreas, Erhardt, Horst (2003c): Organisationsformen und Finanzierungsmöglichkeiten einer Nachsorgeeinrichtung nach dem Case-Management-Konzept. In: Porz, Friedrich, Erhardt, Horst (Hrsg.): Case-Management in der Kinder- und Jugendmedizin. Neue Wege in der Nachsorge. Thieme, Stuttgart, 47–52

–, –, Kanth, Eva, Kusch, Michael (2003d): Qualitätsmanagement im „Bunten Kreis" nach dem „Care-Service-Science-Konzept". In: Porz, Friedrich, Erhardt, Horst (Hrsg.): Case-Management in der Kinder- und Jugendmedizin. Neue Wege in der Nachsorge. Thieme, Stuttgart, 57–68

Powell, Suzanne K. (2000): Advanced Case Management. Outcomes and Beyond. Lippincott, Philadelphia

–, Ignatavicius, Donna (eds.) (2001): CMSA's Core Curriculum for Case Management. Lippincott, Philadelphia

Pretis, Manfred (2005): Frühförderung planen, durchführen, evaluieren. 2. Aufl., Ernst Reinhardt, München/Basel

Preuß, Klaus-Jürgen, Räbiger, Jutta, Sommer, Jürg H. (Hrsg.) (2002): Managed Care: Evaluation und Performance Measurement integrierter Versorgungsmodelle. Schattauer, Stuttgart

Pronovost, P. J., Kazandjian, V. A. (1999): A new learning environment: Combining Clinical Research with Quality Improvement. Journal of Evaluation in Clinical Practice 5, 1, 33–40

Rachold, Ursula (2000): Neue Versorgungsformen und Managed Care. Ökonomische Steuerungsmaßnahmen der Gesundheitsversorgung. Kohlhammer, Stuttgart

Raiff, Norma R., Shore, Barbara K. (1993): Advanced Case Management: New Strategies for the Nineties. Sage, Newbury Park

–, – (1997): Fortschritte im Case Management. Freiburg i. Br.: Lambertus.

Rantz, Narilyn J., Scott, Jill (1999): Promoting Self-Management of Chronic Illness. In: Cohen, Elaine L., De Back, Vivien: The Outcomes Mandate: Case Management in Health Care Today. Mosby, St. Louis, 215–225

Raschke, Peter, Degkwitz, Peter, Kalke, Jens (1999): Computergestützte Arbeit in der ambulanten Suchtkrankenhilfe. Ergebnisse der Basis- und Leistungsdokumentation für das Jahr 1998. Unveröffentlichtes Manuskript des Berichtentwurfs. ZIS, Hamburg

Reiberg, Ute, Sauer, Peter, Wissert, Michael (1997): Case Management auf dem Prüfstand. Hilfeplanung in der ambulanten Rehabilitation älterer Menschen. Forum Sozialstation 21, 85 und, 36–41, 44–46

Reid, Nelson P., Gundlach, James H. (1983): A Scale for the Measurement of Consumer Satisfaction with Social Services. Journal of Social Service Research 7, 1, 37–53

Remmel-Faßbender, Ruth (2005): Case Management – Chancen für eine Neuorientierung im Sozial- und Gesundheitswesen!? In: Coban, Ingrid, Schüler, Gisela (Hrsg.): Epilepsie bei Sozialarbeit 8. Beiträge und Materialien der 8. Fachtagung unter dem Thema „Arbeitsweisen der professionellen Sozialen Arbeit bei Epilepsien". einfälle, Berlin

Reis, Claus (1997): Hilfevereinbarungen in der Sozialhilfe. Archiv für Wissenschaft und Praxis der sozialen Arbeit 28, 2, 87–113

– (2003): Case Management. Theorie und Praxis. Hg. Vom Ministerium für Wirtschaft und Arbeit des Landes Nordrhein-Westfalen, Düsseldorf

– (2004): Fallmanagement in der Arbeitsförderung. Zur Praxis der inhaltlichen und organisatorischen Implementierung. In: MARE (Hrsg.): Hartz IV – Bessere Chancen für Arbeitslose? Implementierung von Fallmanagement in der Arbeitsförderung. Konzepte und Erfahrungen. Tagungsdokumentation. Offenbach/M.

Ribbert-Elias, Jürgen, Kamps-Link, Martin, Rothland, Stefan (1996): Qualitätsstandards für die Arbeitsform des Case-Managements. Soziale Arbeit 45, 5, 163–168

Richter, Christoph (1995): Schlüsselqualifikationen. Sandmann, Alling

Ridgely, Susan (1994): Practical Issues in the Application of Case Management to Substance Abuse Treantment. Journal of Case Management 3, 4, 132–139

Riegel, Klaus, Ohrt, Barbara, Wolke, Dieter, Österlund, Kalle (1995): Die Entwicklung gefährdet geborener Kinder bis zum fünften Lebensjahr – die Arvo Ylppö-Neugeborenen-Nachfolgestudie in Südbayern und Südfinnland. Enke, Stuttgart

Roberts-DeGennaro (1993), Maria: Generalist Model of Case Management Practice. Journal of Case Management 2, 3, 106–111

Rossi, Peggy (1999): Case Management in Health Care. A Practical Guide. W. B. Saunders, Philadelphia

Roth, Günter, Rothgang, Heinz (2001): Sozialhilfe und Pflegebedürftigkeit: Analyse der Zielerreichung und Zielverfehlung der Gesetzlichen Pflegeversicherung nach fünf Jahren. Zeitschrift für Gerontologie und Geriatrie 34, 4, 392–405

Rothman, Jack (1992): Guidelines for Case Management: Putting Research to Professional Use. F. E. Peacock, Itasca, Ill.

–, Sager, Jon Simon (1998): Case Management: Integrating Individual and Community Practice. Allyn & Bacon, Boston

Rüschmann, Hans-Heinrich, Roth, Andrea, Krauss, Christian (2000): Vernetzte Praxen auf dem Weg zu managed care. Springer, Berlin

Saischek, Waltraud (2000): Modell Projekt: Case Management des Sozial- und Gesundheitssprengels in Innsbruck-Stadt. In: Case Management – Erfahrungen aus neun Ländern. Schriftenreihe des Bundesministeriums für Familie, Senioren, Frauen und Jugend, Band 189. Kohlhammer, Stuttgart, 415–455

Sarimski, Klaus (2000): Frühgeburt als Herausforderung. Psychologische Beratung als Bewältigungshilfe. Hogrefe, Göttingen

Sauer, Peter (1992): Zielorientierte Projektplanung im sozialen Bereich. Schriftenreihe im Eigenverlag des BBJ CONSULT INFO, Ausgabe I-1992. Berlin

–, Wissert, Michael (1997): Wer ist der richtige Case Manager? Notwendige Maßnahmen beim Unterstützungsmanagement und die daraus folgende Qualifikation der KoordinatorInnen. Häusliche Pflege 6, 3, 51–58

Schaeffer, Doris (2000): Care Management. Pflege, 13, 17–26

–, Moers, Martin (1994): Überleitungspflege – Analyse eines Modells zur Regulation der Schnittstellenprobleme zwischen stationärer und ambulanter Versorgung. Zeitschrift für Gesundheitswissenschaften 2, 7–25

Schaitl, Heidi (2001): Case Management: US-amerikanische Modelle und ihre Anwendbarkeit in sozialen Diensten in Deutschland – dargestellt am Beispiel der ambulanten Wohnungslosenhilfe. Diplomarbeit an der Katholischen Universität Eichstätt. Wintersemester 2000/2001

Schaub, Heinz-Alex (1998): Case Management und chronifizierte biopsychosoziale Problemlagen. Gruppenpsychotherapie und Gruppendynamik 34, 1, 23–36

Scheithauer, Herbert, Petermann, Franz (1998): Zur Wirkungsweise von Risiko- und Schutzfaktoren in der Entwicklung von Kindern und Jugendlichen. Kindheit und Entwicklung 8, 1, 3–14

Schewior-Popp, Susanne (1998): Handlungsorientiertes Lehren und Lernen in Pflege- und Rehabilitationsberufen. Thieme, Stuttgart

Schleuning, Gabriele, Welschehold, Michael (2000): Modellprojekt Psychiatrisches Casemanagement. Schriftenreihe des Bundesministeriums für Gesundheit; Bd. 133. Nomos, Baden-Baden

Schöffski, Oliver, Glaser, Peter, Schulenburg, Johann Matthias von der (1998): Gesundheitsökonomische Evaluation – Grundlagen und Standortbestimmung. Springer Berlin/Heidelberg

Schrems, Berta (2001): Case Management in den sozialen Stützpunkten der MA 47. In: Dachverband Wiener Pflege- und Sozialdienste (Hrsg.): Das Wiener Modell für ambulante Dienste. Facultas, Wien, 190–205

Schu, Martina, Sommer, Lisa (1998): Case Management als Methode für die Arbeit mit suchtkranken Migranten. In: Deutsche Hauptstelle gegen die Suchtgefahren (Hrsg.): Sucht in unserer multikulturellen Gesellschaft. Lambertus, Freiburg i. Br., 98–115

–, Schlanstedt, Günter, Oliva, Hans (2001): Hilfeplanung für chronisch mehrfach Abhängige – zwischen Anspruch und Wirklichkeit. Suchttherapie 2, 2, 65–72

Schütz, Rudolf M. (1992): Rehabilitation und Krankenhaus. In: Roesner, Wolfgang, Labryga, Franz, Wischer, Robert (Hrsg.): 14. Internationales Krankenhaussymposium. Das Krankenhaus zwischen Wunsch und Wirklichkeit. Berlin, 217–222

Schuntermann, Michael F. (2004): Einführung in die internationale Klassifikation der Funktionsfähigkeit, Behinderung und Gesundheit (ICF) der Weltgesundheitsorganisation (WHO) unter besonderer Berücksichtigung der sozialmedizinischen Begutachtung und Rehabilitation. Frankfurt: VDR, Ausbildungsmaterialien zur ICF; Version 2.0. http://www.vdr.de/ (Mai 2005)

Schwaiberger, Maria (2002): Case-Management im Krankenhaus. Bibliomed, Melsungen

Seidel, Gisela, Grabow, Sabine, Schultze, Astrid (1996): Unterstützungsmanagement bei ausgewählten Problemlagen alter Menschen. In: Wissert, Michael u. a.: Ambulante Rehabilitation älterer Menschen. Lambertus, Freiburg i. Br., 152–175

Siegal, Harvey A. (1998): Comprehensive Case Management for Substance Abuse Treatment. Treatment Improvement Protocol (TIP) Series, 27. U. S. Department of Health and Human Services, Center for Substance Abuse Treatment, Rockville, MD

–, Rapp, Charles C. (eds.) (1996): Case Management and Substance Abuse Treatment. Practice and Experience. Springer, New York

Sohns, Armin (2000): Frühförderung entwicklungsauffälliger Kinder in Deutschland. Beltz, Weinheim

Sommerfeld, Peter (1998): Erkenntnistheoretische Grundlagen der Sozialarbeitswissenschaft und Konsequenzen für die Forschung. In: Steinert, Erika, Sticher-Gil, Britta, Sommerfeld, Peter, Maier, Konrad (Hrsg.): Sozialarbeitsforschung: was sie ist und leistet. Lambertus, Freiburg i. Br., 13–31

Staub-Bernasconi, Silvia (1991): Stellen sie sich vor: Markt, Ökologie und Management wären Konzepte einer Theorie und Wissenschaft Sozialer Arbeit. In: Lewkowicz, Marina: Neues Denken in der Sozialen Arbeit. Mehr Ökologie – mehr Markt – mehr Management. Lambertus, Freiburg i. Br., 12–46

Stoop, Karin, Leber, Lukas (2001): Organisationsentwicklung und regionales Management ambulanter Suchthilfe. Erfahrungen mit Case Management in der Perspektive Solothurn. Suchttherapie 2, 2, 84–89

Stroul, Beth. A. (1995): Case Management in a System of Care. In: Friesen, Barbara J., Poertner, John: From Case Management to Service Coordination for Children with Emotional, Behavioral, or Mental Disorders. Brookes, Baltimore, 3–25

Straßburg, Hans-Michael, Dacheneder, Winfried, Kreß, Wolfram (2002): Entwicklungsstörungen bei Kindern. 3. Aufl. Urban & Fischer, Lübeck

Strunk, Andreas (1999): Das Sozialamt als lernende Verwaltung im Neuen Steuerungsmodell. Nachrichtendienst des Deutschen Vereins für öffentliche und private Fürsorge (NDV) 79, 9, 299–304

Summers, Michael (2000): Facilitating Comparisons between Evaluations of Case Management Programms. Journal of Case Management 9, 2, 86–92

Summers, Nancy (2000): Fundamentals of Case Management Practice: Exercises and Readings. Brooks/Cole, Belmont (CA)

Szathmary, Balazs (2000): Neue Versorgungskonzepte im deutschen Gesundheitswesen: Disease und Case Management. Luchterhand, Neuwied

Thorenz, Andrea, Rottscheidt, Christa, Schmid-Sroka, Doris (2003): Übertragung von Case-Management-Elementen des Augsburger Modells auf andere Bereiche des Gesundheitswesens. In: Por, Friedrich, Erhardt, Horst (Hrsg.): Case-Management in der Kinder- und Jugendmedizin. Neue Wege in der Nachsorge. Thieme, Stuttgart, 79–82

Thyen, Ute, Meyer, Christiane, Morfeld, Matthias, Jonas, Stefan, Sperner, Jürgen, Ravens-Sieberer Ulrike (2000): Familien mit chronisch kranken und behinderten Kindern. Welche Lücken im Gesundheitswesen und welche Belastungen gibt es? Kinderärztliche Praxis 71, 5, 276–286

–, Müller-Godeffroy, Esther, Oepen, Johann, Lehmann, Hartwig, Seidel, Uli (2004): Verhaltensauffälligkeiten und seelische Belastungen bei chronischen Erkrankungen. Kinderärztliche Praxis 75, 8, 389–396

Todd, Warren E. (2001): Disease Management: A Systems Approach to Improving Patient Outcomes. Jossey-Bass, San Francisco

Tophoven, Christina (1995): Case Management – Ein Weg zu mehr Qualität und Wirtschaftlichkeit im Gesundheitssystem. Sozialer Fortschritt 44, 7, 162–166

– (2000): Case Management in ärztlichen Praxisnetzen als Zukunftsoption. In: Ewers, Michael, Schaeffer, Doris (Hrsg.): Case Management in Theorie und Praxis. Huber Bern, 265–273

Trube, Achim (1996): Sozialhilfe und neue Steuerungsmodelle. Sturzgeburten der Krise oder Sozialbürokratie im epochalen Wandel, 1. und 2.Teil. Nachrichtendienst des Deutschen Vereins für öffentliche und private Fürsorge (NDV) 76, 4 und 5, 122–127 und 145–149

– (2001): Organisation der örtlichen Sozialverwaltung und Neue Steuerung. Eigenverlag des Deutschen Vereins, Frankfurt a.M.

Urban, Manfred (1997): Hilfeplanung in der Sozialhilfe – von der Behörde zum Dienstleistungsamt Sozialhilfe. Heilbronn: Typoskript

Voß, Hubertus von (2004): Sozialmedizinische Nachsorge durchgesetzt. Kinderärztliche Praxis 75, 3, 194

Wahler, Steffen, Waller, Heidi (2000): Fallmanagement als innovative Dienstleistung eines Ärztenetzes. In: Ewers, Michael, Schaeffer, Doris (Hrsg.): Case Management in Theorie und Praxis. Huber Bern, 291–306

Walsh, Joseph M. (2000): Clinical Case Management with Persons Having Mental Illness. Brooks/Cole, Belmont, CA

Walter-Hamann, Renate (Hrsg.) (1998): Unternehmen mit Zukunft ... Von der

Wohnungslosenhilfe zum regionalen Hilfeverbund. Materialien zur Wohnungs-losenhilfe, H. 37. VSH. Soziale Hilfe, Bielefeld

Ward, Marcia D., Rieve, Julie A. (1997): The Role of Case Management in Disease Management. In: Todd, Warren E., Nash, David (eds.): Disease Management: A System Approach to Improving Patient Outcomes. American Hospital, Chicago, 235–259

Wardetzki, Bärbel (2000): Ohrfeige für die Seele. Kösel, Kempten

Watzlawick, Paul, Beavin John H., Jackson, Don D. (1982): Menschliche Kommu-nikation. Formen, Störungen, Paradoxien. Huber, Bern

Weil, Marie, Karls, James M. (1985): Case Management in Human Service Practice. A Systematic Approach to Mobilizing Resources for Clients. Jossey-Bass, San Francisco

Weis, Ilse, Nau, Hans (1998): Case-Management in der Krankenhaussozialarbeit. Forum Krankenhaussozialarbeit, 4, 34–36

Welters, Peter, Ackermann, Gerhard (2000): Weiterentwicklung der Dienst-leistungen im Zusammenhang mit der Beschäftigungsförderung. Praxis-modelle zur Beratung und beruflichen Orientierung von Jugendlichen: das Bei-spiel Krefeld. Mitteilungen des Landesjugendamtes Westfalen Lippe 145/2000, 21–24

Wendt, Wolf Rainer (1982): Ökologie und soziale Arbeit. Enke, Stuttgart
– (1992): Von der Defizitorientierung zur Ressourcenorientierung. Die Metho-denfrage muß in der beruflichen Sozialarbeit neu gestellt werden. Blätter der Wohlfahrtspflege 139, 5, 115–119
– (1997/1999/2001): Case-Management im Sozial- und Gesundheitswesen. Eine Einführung. Lambertus, Freiburg i. Br.
– (1998): Case Management und Betreuungsplanung. bt-info. Zeitschrift des Ver-bandes freiberuflicher Betreuer/innen e. V. 4, 2, 12–14
– (2000): Prozessoptimierung durch Case Management. In: Bundesarbeitsgemein-schaft Unterstützte Beschäftigung (Hrsg.): Impulse Nr. 17, 40–44
– (2001): Case Management: Prozess-Steuerung und Koordination in der Arbeit mit Abhängigen. Suchttherapie 2, 2, 61–64
– (2004a): Case Managment als Steuerungsaufgabe im Management der Fälle. In: MARE (Hrsg.): Hartz IV – Bessere Chancen für Arbeitslose? Implementierung von Fallmanagement in der Arbeitsförderung. Konzepte und Erfahrungen. Tagungsdokumentation. Offenbach/M.
– (2004b): Praxis und Weiterbildung: Ansprüche an die Qualität von Case Management. Beitrag zum 1. Qualitätszirkel am 24. 09. 2004. http://www.case-manager.de/_themes/Wendt.pdf (Mai 2005)
– (2004c): Praxis und Weiterbildung: Ansprüche an die Qualität von Case Mana-gement. http://www.case-manager.de/_themes/Wendt.pdf (Mai 2005)
– (Hrsg.) (1991/1995). Unterstützung fallweise. Case Management in der Sozial-arbeit. Lambertus, Freiburg i. Br.
– (Hrsg.) (1993): Ambulante sozialpflegerische Dienste in Kooperation. Lamber-tus, Freiburg i. Br.

Wiedemann, Tanja (2005): Wirtschaftlichkeit und Effektivität verbesserter am-bulant-stationärer Verzahnung durch Case Management. Eine Fall-Kontroll-Studie der Versorgung Früh- und Risikogeborener durch den Bunten Kreis. Peter Lang, Frankfurt a. M.

Wiegert, Michael (1999): Patientenorientiertes Casemanagement durch Sozialarbeit zur Verknüpfung von stationärer kardiologischer Rehabilitation mit beruflicher Reintegration. Forum Krankenhaussozialarbeit, 2, 22–25

Wienberg, Günther (Hrsg.) (1992): Die vergessene Mehrheit – Zur Realität der Versorgung alkohol- und medikamentenabhängiger Menschen. Psychiatrie, Bonn

Wilken, Udo (Hrsg.) (2000): Soziale Arbeit zwischen Ethik und Ökonomie. Lambertus, Freiburg i. Br.

Willmann, Helmut (1999). Jahresbericht 1998 des Suchtberatungszentrums. Bremerhaven: AWO Kreisverband Bremerhaven e. V.

Wissert, Michael u. a. (1996): Ambulante Rehabilitation alter Menschen. Beratungshilfen durch das Unterstützungsmanagement. Lambertus, Freiburg i. Br.

Wissmann, Peter, Grabow, Susanne (1994): Fallkonferenz mit Fachkompetenz. Forum Sozialstationen 66, 16–18

Wolf, Sr. Julia (2000): Der Schlüssel zur sozialen Problemlösung – Schlüsselqualifikationen im Verhältnis zur professionellen Identität und Handlungskompetenz in der Sozialen Arbeit. Diplomarbeit: KFH-Mainz, Sommersemester 2000

Wolke, Dieter (1986): Play Observation Scheme and Emotion Rating (Poser). Scoring Manual. University of Hertfordshire, Department of Psychology

–, Meyer, R. (1999): Ergebnisse der Bayerischen Entwicklungsstudie: Implikationen für die Praxis. Kindheit und Entwicklung 8, 1, 23–35

Wollmann, Hellmut: Verwaltungsmodernisierung: Ausgangsbedingungen, Reformanläufe und aktuelle Modernisierungsdiskurse. In: Reichard, Christoph, Wollmann, Hellmut (Hrsg.): Kommunalverwaltung im Modernisierungsschub? Birkhäuser, Basel/Boston/Berlin, 1–49

Woodside, Marianne, McClam, Tricia (1998): Generalist Case Management. A Method of Human Service Delivery. Brooks/Cole, Pacific Grove, CA

Yarmo, Deborah (1998): Research Directions for Case Management. Journal of Case Management 7, 2, 84–91

Zahr, Linda, Cole, Jean (1991): Assessing Maternal Competence and Sensitivity to Premature Infants Cues. Issues in Comprehensive Pediatric Nursing 14, 231–240

Zander, Karen (2000): Case Management, klinische Pfade und CareMaps: Stand der Entwicklung und Diskussion in den USA. In: Ewers, Michael, Schaeffer, Doris (Hrsg.): Case Management in Theorie und Praxis. Huber, Bern, 91–115

Die Autorinnen und Autoren

Bohrke-Petrovic, Siglinde (geb. 1951), Ausbildung als Berufsberaterin, Diplom-verwaltungswirtin der Fachrichtung Berufsberatung, Dozentin an der Fachhochschule des Bundes Fachbereich Arbeitsverwaltung in Mannheim; lehrt dort Beratung, Vermittlung und Fallmanagement in der Beschäftigungsförderung und entwickelt zugehörige Fortbildungsangebote zum Fallmanagement für die Schulung von MitarbeiterInnen von Kommunen und Bundesagentur für Arbeit; beteiligt an der Entwicklung der Prozessstandards im Fallmanagement in einem Arbeitskreis des Deutschen Vereins für öffentliche und private Fürsorge (2004)

Erhardt, Horst (geb. 1956), Ausbildung in Heilpädagogik, Kunsttherapie u. a.; Systemischer Familientherapeut, Qualifizierung im Sozialmarketing und Sozialmanagement, Case Management-Ausbilder (DGS, DBSH, DBfK); von 1985 bis 1999 psychosozialer Mitarbeiter des Klinikums Augsburg, davon acht Jahre am Kinderkrebszentrum; Mitbegründer des Bunten Kreises, war dort Projektleiter und hauptamtlicher Geschäftsführer; Derzeit ehrenamtlicher Geschäftsführer des Bunten Kreises e. V. und Geschäftsführer des gemeinnützigen beta Instituts für sozialmedizinische Forschung und Entwicklung, Augsburg

Göckler, Rainer (geb. 1956), Studium der Sozialwissenschaften und Germanistik, Dipl. Verwaltungswirt der FR Arbeits- und Berufsberatung; Tätigkeiten in Kommunen, bei freien Trägern und innerhalb der Bundesagentur für Arbeit; lehrt an der Fachhochschule des Bundes, Fachbereich Arbeitsverwaltung, Arbeitsmarkttheorie, -politik, Beratung und Vermittlung, Fallmanagement in der Beschäftigungsförderung sowie Beschäftigungsförderung

Klug, Wolfgang (geb. 1960), Prof. Dr., Dipl. Sozialpädagoge (FH), Sozialwissenschaftler, Prof. für Methoden der Sozialen Arbeit an der KU Eichstätt-Ingolstadt;. Case Management-Ausbilder (DGS, DBSH, DBfK), Sprecher der Arbeitsgruppe „Forschung im Case Management" in der Fachgruppe CM in der Deutschen Gesellschaft für Sozialarbeit; Forschungsschwerpunkte: Case Management in der Bewährungshilfe, Wohlfahrtsverbändeforschung, Sozialmanagement, Ethik und Ökonomie, Gefährdetenhilfe

Löcherbach, Peter (geb. 1957) Prof. Dr., Dipl. Pädagoge, Dipl. Sozialpädagoge (FH); Rektor der Kath. Fachhochschule Mainz, Case Management-Ausbilder (DGS, DBSH, DBfK), Sprecher der Arbeitsgruppe CM-Ausbildung der Deutschen Gesellschaft für Sozialarbeit, stellvertretender Vorsitzender der Deutschen Gesellschaft für Care und Case Management; zusammen mit Frau Remmel-Faßbender Entwicklung der ersten zertifizierten Case Management-Weiterbildung; Arbeits- und Veröffentlichungsschwerpunkte: Case Management, Bedarfs- und Gesundheitsplanung, Sozialarbeitswissenschaft, Präventionstheorie und -praxis

Podeswik, Andreas (geb. 1966), Dipl. Psychologe; klinisches Jahr in der Kinder- und Jugendpsychiatrie in Klingenmünster, Approbation als psychologischer Psychotherapeut sowie Kinder- u. Jugendpsychotherapeut, Kinderhypnotherapeut, Asthma- u. Neurodermitistrainer, Fachpsychologe Diabetes (DDG), Case Management-Ausbilder (DGS, DBSH, DBfK); in Trier u.a. Aufbau und Leitung der Villa Kunterbunt, Zentrum zur Betreuung und Nachsorge für schwerstkranke Kinder und deren Familien; derzeit verantwortlicher Projektentwickler im beta Institut mit den Schwerpunkten Case-Management und Patientenschulung

Porz, Friedrich (geb. 1949), Dr. med., Kinderarzt, Neonatologe; seit 1987 an der Kinderklinik Augsburg, derzeit leitender Oberarzt mit den Schwerpunkten Früh- und Neugeborenenmedizin und Kinderintensivtherapie; seit 1993 zweiter Vorsitzender des Bundesverbands „Das frühgeborene Kind e.V.". Mitbegründer der Nachsorge- und Case-Management-Modelleinrichtung „Bunter Kreis", (ehrenamtlicher) stellv. Geschäftsführer und Leiter der begleitenden Augsburger Nachsorgeforschung

Reis, Claus (geb. 1952), Prof. Dr., Soziologe; Professor für Sozialarbeit mit Schwerpunkt „Organisation sozialer Dienste" an der Fachhochschule Frankfurt, Fachbereich „Soziale Arbeit und Gesundheit", Case Management-Ausbilder (DGS, DBSH, DBfK). Arbeitsschwerpunkte: Verwaltungsreform, insbesondere im Bereich der Sozialhilfe, lokale Beschäftigungspolitik, lokale Wohnungspolitik, Sozialplanung, Entwicklung qualitativer Steuerungsinstrumente in der sozialen Arbeit

Remmel-Faßbender, Ruth (geb. 1954), Prof., Dipl. Päd., Dipl. Soz. Arb. (FH), Dipl. Rel. Päd.(FH), Supervisorin und Lehrsupervisorin (DGSv), Case Management-Ausbilderin (DGS, DBSH, DBfK); langjährige Berufserfahrung in verschiedenen Handlungsfeldern Sozialer Arbeit; Professorin für Interventionslehre an der Kath. Fachhochschule Mainz; Schwerpunkte: Methoden der Sozialen Arbeit, Supervision, Soziale Arbeit mit Mädchen und Frauen; Fortbildungstätigkeit: Case Management, Sozialtherapie und Qualitätsmanagement.

Schu, Martina (geb. 1961), Diplom-Pädagogin; Projektleiterin bei der Gesellschaft für Forschung und Beratung im Gesundheits- und Sozialbereich – FOGS, Case Management-Ausbilderin (DGS, DBSH, DBfK); Arbeitsschwerpunkte: wissenschaftliche Begleitung von Modellprojekten vor allem in Drogen- und Suchtkrankenhilfe, Jugendhilfe und Sozialarbeit; Konzeptionierung, Schulung und Evaluation von Case Management; Projekte zur Organisationsberatung und -entwicklung für freie, öffentliche und private Träger im Gesundheits- und Sozialbereich; Politikberatung

Sellin, Christine (geb. 1960), Sozialwissenschaftlerin; seit 1983 wissenschaftliche Mitarbeiterin im ISG Institut für Sozialforschung und Gesellschaftspolitik in Köln; Arbeitsschwerpunkte sind die Armuts- und Sozialhilfeforschung, wobei insbesondere Maßnahmen zur Überwindung der Sozialhilfebedürftigkeit – für besondere Zielgruppen und unter Anwendung des Instrumentes der Hilfeplanung – im Mittelpunkt stehen; der Veröffentlichungsschwerpunkt liegt ebenfalls im Bereich der Armuts- und Sozialhilfeforschung, zuletzt im Rahmen des ersten nationalen Armuts- und Reichtumsberichts der Bundesregierung

Wendt, Wolf Rainer (geb. 1939), Prof. Dr. phil., Dipl.-Psychologe; lehrt Sozialarbeit und Sozialwirtschaft in Stuttgart und Tübingen, Vorsitzender der Deutschen Gesellschaft für Sozialarbeit, Case Management-Ausbilder (DGS, DBSH, DBfK), Vorsitzender der Deutschen Gesellschaft für Care und Case Management; zahlreiche Veröffentlichungen zum Case Management, zur Geschichte und Wissenschaft der Sozialen Arbeit, zu Zivilgesellschaft und Bürgerengagement sowie zu sozialwirtschaftlichen Themen

Wissert, Michael (geb. 1949), Prof. Dr., Diplom-Sozialarbeiter, Diplom-Sozialpädagoge, Diplom-Soziologe; Professor für Sozialarbeit an der Fachhochschule Ravensburg-Weingarten, Case Management-Ausbilder (DGS, DBSH, DBfK); Arbeits-/Veröffentlichungsschwerpunkte: Arbeit mit alten und pflegebedürftigen Menschen, Evaluierung von Wirkungen Sozialer Arbeit, Methodik, Verfahren und Instrumente des Case Management

Sachregister

Wolfgang Klug
Erfolgreiches Kita-Management

Unternehmens-Handbuch für LeiterInnen und Träger von
Kindertagesstätten
2001. 182 Seiten. 34 Abb. 9 Tab. (978-3-497-01583-2) gb

In sechs Kapiteln beschreibt Wolfgang Klug, wie Träger zusammen mit den LeiterInnen ihre Organisation gestalten und ihre Personalressourcen zielgerichtet entwickeln können – jeweils mit kurzen theoretischen Einführungen. Dabei beantwortet der Autor Fragen, die das Verhältnis von Leitung und Träger maßgeblich bestimmen und in anderen Qualitätsmodellen oft ausgespart werden:

Wie können wir unsere Kita überlebensfähig machen?
Wie muss sich die Organisation der Einrichtung ändern?
Wie können Arbeitsabläufe optimal abgestimmt werden?

Klug gibt in diesem Fachbuch eine knappe Darstellung des aktuellen Forschungsstandes und liefert gleichzeitig vielfältige Anregungen für die Praxis.

www.reinhardt-verlag.de

Armin Krenz
Qualitätssicherung in Kindertagesstätten

Kieler Instrumentarium für Elementarpädagogik und
Leistungsqualität – K.I.E.L.
2001. DIN A4. 88 Seiten. 4 Checklisten. (978-3-497-01582-5) kt

Mit Hilfe des Kieler Instrumentariums für Elementarpädagogik
und Leistungsqualität können ErzieherInnen und LeiterInnen die
Qualität ihrer Einrichtung analysieren und langfristig steigern.
In 15 Themenbereiche und mehr als 400 Qualitätskriterien gegliedert, bieten die Checklisten Praktikern darüber hinaus die
Chance, Schwachstellen der Einrichtung zu orten und Strategien
zur Verbesserung der Qualität festzuhalten.

Bärbel und Werner Schlummer
Erfolgreiche Konzeptionsentwicklung in Kindertagesstätten

2003. 150 Seiten. 11 Abb. 7 Tab. (978-3-497-01653-2) kt

Eine zentrale Rolle für die tägliche Arbeit in der Kita spielt die
Konzeption und ihre Entwicklung. Das Autorenduo bietet konkrete Anregungen für die Entwicklung einer solchen Konzeption
und ihre Überarbeitung, stellt sich aber auch weiterführenden
Fragen. So wird die Verbindung zu anderen Aufgaben der Kita
hergestellt, z.B. zur Team- und Personalentwicklung, zur Öffentlichkeitsarbeit, zur Kooperation mit dem Träger und zur Profi-
lierung der Einrichtung im Wettbewerb. Ein unerlässliches
Arbeitsbuch für ErzieherInnen und FachberaterInnen und für
die gezielte Professionalisierung im Arbeitsfeld Kindertagesstätten.

 reinhardt
www.reinhardt-verlag.de

Franz Peterander
Otto Speck (Hrsg.)
Qualitätsmanagement in sozialen Einrichtungen

2., völlig neu bearb. Auflage 2004.
346 Seiten. 24 Abb. 3 Tab.
(978-3-497-01703-4) kt

Die Beiträge dieses Buches stellen theoretische und praktische Konzepte des Qualitätsmanagements vor. Neue Erkenntnisse und Erfahrungen bei der Umsetzung in der Frühförderung, in Kindertagesstätten, Schulen, Jugendhilfe, Erwachsenenbildung, Werkstätten der Behindertenhilfe, Rehabilitation, Altenhilfe etc. werden reflektiert. In die völlig neu bearbeitete Auflage wurden u. a. sieben neue Themen wie Personalentwicklung und Führung, Wissensmanagement, Total-Value-Management und Balanced Scorecard aufgenommen.

Otto Speck
Die Ökonomisierung sozialer Qualität

Zur Qualitätsdiskussion in Behindertenhilfe und Sozialer Arbeit
1999. 241 Seiten. 7 Abb. (978-3-497-01502-3) gb

Ist der Sozialstaat wirklich am Ende? Müssen soziale Dienstleistungen wirklich gekürzt werden, um qualitativ besser zu werden? Der renommierte Heilpädagoge Otto Speck liefert eine wohltuend fundierte und differenzierte Argumentation. Einerseits geht es um qualitative Weiterentwicklung und Sicherung der Lebensqualität. Andererseits werden ökonomische Tendenzen bis in die Basis dieser Arbeit wirksam.

reinhardt
www.reinhardt-verlag.de

Klaus Pawlowski
Konstruktiv Gespräche führen

Fähigkeiten aktivieren, Ziele verfolgen,
Lösungen finden
Mit zahlr. Zeichnungen von Ralf Kresin
4., aktual. Auflage 2005. ca. 352 Seiten.
ca. 30 Abb. ca. 5 Tab. (978-3-497-01780-5) kt

Dieser Ratgeber liefert das richtige
Handwerkszeug, mit dem man Gespräche vorbereiten und gestalten, das
Gesprächsverhalten anderer analysieren und deuten, Gesprächsstrategien
situationsgemäß anpassen kann.
Ein hilfreiches Lesevergnügen mit spannenden Ausflügen in
Theorie und Wissenschaft und zahlreichen Beispieldialogen aus
dem Alltag.

Langer / Schulz von Thun / Tausch
Sich verständlich ausdrücken

7., überarb. und erw. Auflage 2002
222 Seiten. (978-3-497-01606-8) kt

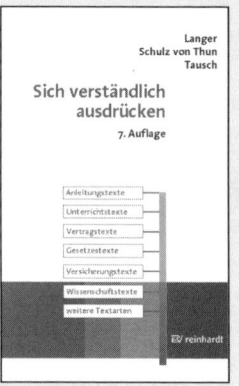

Viele Bücher und Artikel, vor allem
Antragsformulare, Vertragstexte und
Verträge sind in der Regel unverständ-
lich und schwer lesbar. Dabei könnte
bereits mit nur vier Merkmalen der
Verständlichkeit den Lesern und Zuhö-
rern viel Mühe erspart werden. Eine
Fülle von Beispielen sowie ein einfaches Trainingsprogramm
ermöglichen es jedem Leser, sich künftig verständlicher aus-
zudrücken.

ℝ/ reinhardt
www.reinhardt-verlag.de